Türk Göçü 2016 Seçilmiş Bildiriler - 1

TRANSNATIONAL PRESS LONDON

Books by TPL

Türk Göçü 2016 Seçilmiş Bildiriler – 1

Göç Üzerine Yazın ve Kültür İncelemeleri

Women from North Move to South: Turkey's Female Movers from the Former Soviet Union Countries

Turkish Migration Policy

Conflict, Insecurity, and Mobility

Family and Human Capital in Turkish Migration

Göç ve Uyum

Image of Istanbul: Impact of ECOC 2010 on the city image

Little Turkey in Great Britain

Overeducated and Over Here

Politics and Law in Turkish Migration

Turkish Migration, Identity and Integration

Journals by TPL

Migration Letters

Remittances Review

Göç Dergisi

Border Crossing

Journal of Gypsy Studies

Kurdish Studies

Transnational Marketing Journal

Türk Göçü 2016 Seçilmiş Bildiriler - 1

Yayına Hazırlayanlar
Pınar Yazgan & Fethiye Tilbe

TRANSNATIONAL PRESS LONDON
2016

Türk Göçü 2016 Seçilmiş Bildiriler - 1

Compiled by Pınar Yazgan & Fethiye Tilbe

First Published in 2016 by TRANSNATIONAL PRESS LONDON in the United Kingdom, 12 Ridgeway Gardens, London, N6 5XR, UK.

www.tplondon.com

Paperback

ISBN: 978-1-910781-38-8

Cover Design: Gizem Çakır

Cover Photo: Arif Bektaş

i

Yayına Hazırlayanlar

Dr. Pınar Yazgan lisans, yüksek lisans ve doktora derecelerini Sakarya Üniversitesi Sosyoloji Bölümü'nde tamamladı ve aynı bölümde Yardımcı Doçent olarak devam etmektedir. Dr Yazgan 2007-2008 yıllarında Danimarka'nın Kopenhag Üniversitesi'nde değişim öğrencisi olarak bulundu ve 2009 yılında Tübitak Yurtdışı araştırma bursu ile Danimarka Ulusal Sosyal Bilimler Araştırma Merkezi'nde (Danish National Research Center for Social Science) 6 ay süre ile doktora tezi araştırması için misafir araştırmacı olarak bulundu. Dr Yazgan 2003 yılından bu yana görev yaptığı Sakarya Üniversitesi Sosyoloji Bölümü'nde 2011 den bu yana Genel Sosyoloji ve Metodoloji Anabilim dalında öğretim üyesi olarak çalışmaktadır. *Göç Dergisi* ve *Border Crossing* dergilerinde editörlük görevi yapmakta olan Dr Yazgan'ın ulusötecilik, kimlik, aidiyet, medya çalışmaları ve kritik söylem analizi alanlarında çalışmaları bulunmaktadır. En yeni çalışmaları arasında I. Sirkeci ve J.H. Cohen ile birlikte derlediği *Conflict, Insecurity and Mobility* (2016) adlı kitap ve *Migration Letters* dergisinde 2015 yılı Ekim ayında yayınlanmış olan Suriye Krizi ve Suriyeli Göçerler başlıklı özel sayı (Cilt 12, Sayı 3) bulunmaktadır.

Dr. Fethiye Tilbe Sakarya Üniversitesi, Çalışma Ekonomisi ve Endüstri İlişkileri Bölümünden (2002-2006) mezun oldu. Bir yıllık özel sektör deneyiminden sonra (2006-2007), Atatürk Üniversitesinde Finans alanında Yüksek Lisansını (2007-2010) tamamladı. 2016 yılında Marmara Üniversitesi, Çalışma Ekonomisi Anabilim Dalında tamamladığı "Düzensiz Göçmenlerin Göçmen Dövizi Gönderme Pratikleri: Londra'daki Türkiye Göçmenleri Örneği" başlıklı teziyle Doktor unvanını aldı. 2011 yılından beri Namık Kemal Üniversitesi, Çalışma Ekonomisi ve Endüstri İlişkileri Bölümünde Araştırma Görevlisi olarak çalışmaktadır. Tilbe, 2014 yılında TÜBİTAK Doktora Sırası Araştırma Bursu ve Regent's University London Araştırma desteği ile Temmuz 2014-Haziran 2015 tarihleri arasında Regent's University London Centre for Transnational Studies'te Prof. Dr. İbrahim Sirkeci yönetiminde doktora tez çalışmasını sürdürmüştür.

Giriş

Pınar Yazgan[1] ve Fethiye Tilbe[2]

Göç Dergisi'nin Ekim 2016 sayısında Yüceşahin, Tilbe ve Sirkeci'nin (2016) belirttiği gibi, küreselleşme ifadesi artan nitelikte bir hızı zihinlerde imgelemektedir. Akla gelebilecek her türlü durum bu hıza maruz kalmaktadır. Böylelikle de mobilite küreselleşmenin kaçınılmazı olarak hem bir durum, hem bir olgu hem de salt bir dinamik olarak maddi ve sembolik dünyamızı sarmalamış durumdadır. Bu noktada Castells'in (2011) ağ toplumu ifadesi de önem kazanmaktadır. Zihnimiz yine bizi köklerle ağlanmış bir dünya toplumu imgesine götürmektedir. Birçok diğer kavram gibi göç kavramına da yeniden ve yeniden türlü türlü içerikler yükleme, yöntembilim geliştirme, sürekli yenilenen analizler gerektirmektedir. Dolayısıyla sıkça bir araya gelme ve tartışma ihtiyacı hiç olmadığı kadar elzem bir hale gelmektedir.

Özellikle de çatışma bölgeleri ve bu bölgelerden kapitalist gelişmiş ekonomilere doğru yönelen kitlesel hareketler söz konusu olduğunda içinde yaşadığımız dönem çarpıcı niteliktedir. Türkiye de Bauman'ın (2013) ifade ettiği bu "akışkanlıklar çağında" fazlasıyla çevre ülkelerde ki beşeri hareketliliklerden etkilenmiş ve günümüze değin karmaşık göç motivasyonlarında hedef ve kaynak olagelmiştir. 1950'li yıllarla başlayan hızlı kentleşmeyi 1960'lı yıllarla devam eden misafir işçi göçü 1970 ve 1980'li yıllarda aile birleşimi, 1990'lı yıllarda ise sığınmacı akışı, 2000'ler düzensiz göç devam ettirmiştir (Sirkeci vd., 2012: 35). Günümüzde ise akış tüm bu kategorilere meydan okuyan neredeyse bir formsuzluğa bürünmüştür. Son on–on beş yıl süresinde ülkenin doğusundaki durum ve süreçler nedeniyle beşeri güvensizlik (bkz. Sirkeci, 2006) kavramıyla açıklanabilecek olan bir motivasyonla gerçekleşen ve Avrupa'ya geçişte bir köprü vazifesi gören bir ülke halini almışken yine Orta Doğu'daki çatışmaların devamı niteliğindeki Suriye iç savaşıyla kitlesel göç akınını dramatik bir biçimde deneyimlemiştir. Tam da bu süreçte bir göç ülkesi olma yolunda sığınmacıları kabul süreci ve yine bu sığınmacıları Akdeniz üzerinden Avrupa'ya geçişi noktasında geçiş ülkesi olma özelliğini de aynı zamanda taşır hale gelmiştir. İçinde yaşadığımız bu "göçler çağında" (Castles ve Miller, 2008) tüm bu mobilite formlarını zıtlıkları, çelişkileri ve dinamikliği içerisinde barındıran Türk Göç olgusu elbette ki araştırmacıları çok çeşitli yönleriyle cezbetmektedir.

Türk Göç Konferansları bu alanda önemli bir boşluğu doldurarak bir okul vazifesi görmektedir. 2012 yılında Regent Ulusötesi Çalışmalar Merkezinin ev sahipliğini yaptığı ilk Türk Göç konferansında bu yana artan bir ilgi ve süreklilik, konferansı küresel bir kapsamın oluşuma doğru götürmüştür. Uluslararası bir platformda farklı ülkelerden, kuramsal ve metodolojik çeşitliliğin yanısıra ampirik çalışmalarla da dikkat çeken bir katılımla 2016 yılı 12-15 Temmuz tarihlerinde, bu konferansların dördüncüsü Viyana Üniversitesi'nde gerçekleşti. Oturum ve konulardaki çeşitlilik göç alanında çalışanlara çok geniş nitelikte seçenekler sundu. Konferans bu niteliği ile de

---

[1] Dr. Pınar Yazgan, Sakarya Üniversitesi, Sosyoloji Bölümü'nde Yardımcı Doçent olarak görev yapmaktadır. E-mail: pyazgan@gmail.com.
[2] Dr. Fethiye Tilbe, Namık Kemal Üniversitesi, Çalışma Ekonomisi ve Endüstri İlişkileri Bölümü'nde Araştırma Görevlisidir. E-mail: fthytilbe@gmail.com.

Yazgan, P., Tilbe, F. (der.) (2016).
Türk Göçü 2016 Seçilmiş Bildiriler I.
London: Transnational Press London.

sürekli ve dinamik bir eğitim platformuna da dönüştü. 23-26 Ağustos 2017'de Atina'da beşincisi gerçekleşecek konferansta ulusötesi tartışmaların yer alması ve geniş kapsamlı zengin bir paylaşım ortamının oluşacağı öngörülüyor.

Viyana'daki dördüncü konferansta titiz bir hakem sürecinin ardından 72 oturum 2 workshoptan oluşan bir konferans programı oluşturulmuştur. 350 sözlü sunum 400 yazar tarafından dünyanın çeşitli ülkelerden katılımla gerçekleştirilmiştir. Türk Göçüne ilişkin çok sayıda çalışma farklı disiplinlerden katılımcılar tarafından dört gün boyunca tartışılmıştır. Konferansta göç ve güvenlik, toplumsal cinsiyet, kamu yönetimi, geri dönüş göçü, hukuksal konular, katılım, diyaspora, eğitim, sanat ve edebiyat, kimlik, kamuoyu, medya söylemi, göçmen işçiler, iç göç, din, azınlıklar, etnik gruplar ve tarım konuları tartışılmıştır.

IV. Türk Göç Konferansında sunulan seçme bildiri metinlerinin bir kısmı revize edilerek ve genişletilerek çeşitli ulusal ve uluslararası dergi ve kitaplarda yayınlandı. Bu derlemede sizlere konferansta sunulan bildirilerden bir seçki daha sunuyoruz. Bu bildiri derlemesi göç alanında temel alanlar çerçevesinde dört bölümden oluşmaktadır. İlk bölüm de Göç, Ekonomi ve Sosyal Politika, ikinci bölümde Göç, Kimlik Ve Diaspora, üçüncü bölümde Kentleşme, Siyaset ve Göç Politikaları ve dördüncü bölüm ise Tarih, Sanat ve Göç başlığı altında çeşitli çalışmalar yeralmaktadır. Umuyoruz ki bu çalışmalar da Türkçe göç yazınının gelişmesine mütevazı bir katkı olacaktır.

Son olarak konferans öncesinde ve sırasında değerli katkılarından dolayı yüzlerce araştırmacı arkadaşımıza hakemlik yaptıkları, oturum başkanlığı ve program oluşumundaki katkıları, katılımcılarımıza değerli çalışmalarını bizimle paylaştıkları için teşekkür ederiz. Konferans sırasındaki gönüllü öğrenci ekibimize ve onların iki lideri Deniz Özalpman ve Denise Tan'a teşekkür ederiz. Konferansa kurumsal destek sağlayan Viyana Üniversitesi, California Davis Üniversitesi Nüfus çalışmaları Gifford Merkezi, Manisa Celal Bayar Üniversitesi Nüfus ve Göç Araştırmaları Merkezi, Londra Regent's Üniversitesi Ulusötesi Araştırmalar Merkezi, Ankara'dan Küresel Politika ve Strateji, Hornig Coffee, Viyana Kongre Merkezi, Danube Üniversitesi Krems ve Transnational Press London'a teşekkür ederiz. Gelecek yıl 23-26 Ağustos 2017 tarihlerinde yeni çalışmalar ve tartışmalar ile Harokopio Üniversitesi Atina kampüsünde buluşmak dileğiyle (Detaylı bilgi için: www.migrationcenter.org).

Kaynakça

Bauman, Z. (2013). *Liquid times: Living in an age of uncertainty*. London: Polity by John Wiley & Sons.

Castells, M. (2011). *The rise of the network society: The information age: Economy, society, and culture (Vol. 1)*. Chichester: John Wiley & Sons.

Castels, S. & Miller, M. J. (2003). *The age of migration: international population movements in the modern world*. New York: Guilford.

Sirkeci, I. (2006). *The environment of insecurity in Turkey and the emigration of Turkish Kurds to Germany*. New York & Lampeter: Edwin Mellen Press.

Sirkeci, I., Cohen, J. H., & Yazgan, P. (2012). Turkish culture of migration: Flows between Turkey and Germany, socio-economic development and conflict. *Migration Letters*, 9(1), pp.33-46.

Yüceşahin, M., Tilbe, A., & Sirkeci, İ. (2016). Editörden: Göç Dergisi ve Göç Konferansı. *Göç Dergisi*, 3(2), 139-142.

BÖLÜM I. GÖÇ, EKONOMİ ve SOSYAL POLİTİKA

Türkiye'de Kadınların Göç Etme Sebeplerini Belirleyen Faktörlerin Ekonometrik Analizi*

Sibel Selim[3] ve Yunus Purtaş[4]

Giriş

Tarih boyunca insanlar çeşitli nedenlerden dolayı sürekli göç etme eğilimindedir. Ülkeler ve insanlar bu göçten olumlu ya da olumsuz bir şekilde etkilenmektedir. İnsanların göç etmelerindeki temel neden onların daha rahat ve daha huzurlu bir yaşam sürmek istemeleridir. Ancak her zaman beklenen bu refah seviyesi gerçekleşmemektedir. İnsanlar bazen kendi istekleriyle bazen de zorunlu olarak göç etmek durumunda kalmışlardır. Bu duruma neden olan etmenler ise doğal, ekonomik, sosyal, dini ve siyasidir. Göçler bir kişi, bir grup ya da kitlesel olarak gerçekleşebilmektedir. Literatürde göçler; yerine, oluşumlarına ve niteliklerine göre farklı türlerde ifade edilmektedir. En basit anlamda göçler iç göç ve dış göç olmak üzere iki farklı türde ele alınmaktadır. Ancak bunların dışında zorunlu göç, gönüllü göç, uluslararası göç, kitlesel göç gibi farklı türleri de mevcuttur.

Türkiye'de 1950'li yıllara kadar iç göç nadir olarak gerçekleşmiştir. 1950'li yıllardan sonra başlayan kentleşme ve sanayileşme ile birlikte iç göçler de gerçekleşmeye başlamıştır. Özellikle tarımda makineleşmeyle (köyden şehre) hız kazanmıştır. Bunun yanı sıra memur atamaları, büyük şehirlerdeki iş imkanları ve yaşam şartlarının daha iyi olmasından dolayı şehirden şehre göçler de olmuştur (Özdemir, 2012, 2-5). İç göçler konusu pek çok çalışmada ele alınırken, eksikliklerden biri iç göçün cinsiyet ayrımında çok az çalışılmış olmasıdır. Türkiye'deki iç göç literatüründe kadınların göçe ilişkin deneyimleri, 1980'li yıllardan başlayarak daha çok 1990'lı yıllarda yapılan "köyden şehre göç" araştırmalarında, "aile", "işgücü" ya da "sağlık" kapsamında ele alınmış; zorunlu göç literatüründe ise cinsiyet farklılıklarına yer verilmemiştir. "Kadın ve göç" konusundaki çalışmalar, hem mekansal hem de toplumsal bir değişim içeren göç sürecinde, sosyo-ekonomik sınıf, kültür, etnik ya da ulusal kimlik kadar cinsiyet kimliğinin de önemli bir rol oynadığına işaret etmektedir (İlkkaracan ve İlkkaracan, 1998, 1-2; Selim, 2009, 2).

Bu çalışmanın amacı, Hacettepe Üniversitesi Nüfus Etütleri Enstitüsü'nün gerçekleştirmiş olduğu 2003, 2008 ve 2013 yılı Türkiye Nüfus ve Sağlık Araştırması (TNSA) verileri kullanılarak Türkiye'de 15-49 yaş arasındaki evli kadınların göç etme

---

* Bu çalışma, Celal Bayar Üniversitesi, Bilimsel Araştırma Projeleri Koordinasyon Birimi tarafından desteklenmektedir.

[3] Prof. Dr., Celal Bayar Üniversitesi, İktisadi ve İdari Bilimler Fakültesi, Ekonometri Bölümü, E-mail: sibel.selim@cbu.edu.tr.
[4] Öğr. Gör., Celal Bayar Üniversitesi, Ahmetli Meslek Yüksek Okulu, E-mail: yunus.purtas@cbu.edu.tr.

Yazgan, P., Tilbe, F. (der.) (2016).
Türk Göçü 2016 Seçilmiş Bildiriler I.
London: Transnational Press London.

nedenlerinin Multinomial logit model kullanılarak analiz edilmesidir. Cinsiyete yönelik gerçekleştirilen bu çalışma ile sınırlı olan göç literatürüne katkı sağlanmıştır.

Literatür Araştırması

Göç olgusunu ortaya ilk koyan ve bu konuda çalışma yapan Dr. William Farr'dır. Farr, İngiltere ve Galler'in tıbbi istatistiklerinin toplanmasında büyük katkı sağlamıştır. 1871 yılının nüfus sayımından derlediği sonuçlara göre göçün, herhangi bir teori olmaksızın tesadüfi olarak gerçekleştiğini öne sürmüştür (Ravenstein, 1885, 167; Tobler, 1995, 327; Dorling ve Rigby, 2007, 52). Daha sonra Ravenstein 1885 ve 1889 yıllarındaki çalışmalarında göçü teorik olarak ele almıştır. Ravenstein (1885) ilk çalışmasında İngiltere, Galler, İskoçya ve İrlanda ülkelerindeki 1871 ve 1881 yılları arasında yapılan nüfus sayımı istatistiklerinden elde ettiği verilere dayanarak bir takım göç kanunlarını literatüre kazandırmıştır. Ravenstein (1889), 1885 yılındaki çalışmalarına ilaveten göçü uluslararası boyutta değerlendirmiştir. Daha çok Avrupa ülkeleri arasındaki göçler üzerine bir takım incelemelerde bulunmuştur. Jerome (1926) belirli bir çevredeki ekonomik fırsatlara bireylerin vereceği tepkileri ölçmeye çalışmış ve Amerika'daki çalışma koşullarına göçün duyarlılığını açıklamıştır. Sjaastad (1962) göç araştırmalarında insan sermayesi yapısını dahil ederek göç literatürüne önemli katkılarda bulunmuştur. 1960'lı yıllara kadar literatürde göç çalışmaları çok nadir olarak ele alınmıştır. Buna karşın 1960'lı yıllardan sonra göç çalışmalarında bir artış görülmüştür. Yapılan çalışmalarda ise cinsiyet ayrımına çok fazla yer verilmemiştir. Rogers (1967), 1955-1960 yılları arası göç verileri ile basit regresyon modelini kullanarak Kaliforniya'daki bölgeler arası göç akışlarının mekânsal değişimi ve karşılaştırmalı ekonomik fırsatlar arasındaki ilişkinin derecesini istatistiksel olarak sınamıştır. Erkekler kadınlara göre oldukça yüksek oranda göç ederken, göçün en fazla 20-24 yaş döneminde meydana geldiğini belirtmiştir. Rogers'ın bu çalışması göç literatüründe cinsiyet ayrımını konu olan ilk çalışmalardan biridir. Beals, Levy ve Moses (1967), Gana'nın 1960 yılı nüfus verileri kullanılarak yaş, eğitim, cinsiyet ve gelir değişkenlerinin bölgeler arası etkileri regresyon analizi ile tahmin edilmeye çalışılmıştır. Elde edilen bulgulara göre yüksek gelir ve göç arasındaki esneklik yüksek olduğu için bireylerin, ücret düzeylerinin yüksek olduğu bölgelere göç etme eğiliminde olduklarını tespit etmiştir.

Türkiye üzerine yapılan göç çalışmaları 1970'li yıllar ile başlamaktadır. Bu çalışmalardan bazıları Şanlı (1973), Munro (1974) ve Tekeli (1975)'dir. Şanlı(1973), göçü çekim modeli ile ele almıştır. Munro (1974), 1960-1965 yılları arasındaki Türkiye'deki iç göçü etkileyen faktörleri incelemiştir. Tekeli ise göçü teorik olarak ele almaktadır. Mutlu (1990), 1975-85 dönemi çerçevesinde regresyon analizi ile Türkiye'de ele alınan kır-kent göçünde iç ticaret hadlerindeki gelişmelerin "birincil rol" oynadığı sonucuna varmıştır. Gedik (1997), çalışmasında 1965-70, 1975-80, 1980-85 ve 1985-90 yıllarına ait göç verileri kullanılarak regresyon analizi ile kırdan kıra ve kırdan kente yaşanan göç hareketlerinin payının azaldığı, buna karşılık kentten kente göç hacminin ise arttığını tespit etmiştir. İçduygu, Sirkeci ve Aydıngün (1998), Türkiye'deki içgöç hareketlerinin işçi sınıfı yapısına etkisini sunmuşlardır. İlkkaracan ve İlkkaracan (1998)'te, İstanbul'un Ümraniye ilçesinde 530 kadınla ve Doğu Anadolu ve Güneydoğu Anadolu'nun 19 yerleşim yerinde 599 kadınla yüz yüze görüşülerek anket uygulanmıştır. Araştırmanın örneklemini 15-64 yaş arası kadınlar oluşturmaktadır. Bu anket çalışmasına frekans analizi uygulanarak bölgesel farklılıklar kadınların göç süreçlerine doğrudan etki ettiği, ekonomik nedenden dolayı

4

göç edildiği gibi bir takım sonuçlara ulaşmışlardır. Türkiye'deki göç çalışmalarında cinsiyet ayrımını ele alan ilk çalışmalardan birisidir. İçduygu ve Sirkeci (1999), Türkiye'nin Cumhuriyet dönemindeki iç ve dış göçleri üzerine tarihsel bir teorik çalışma ele almışlardır. Çelik (2000), iç göçleri fayda-maliyet yaklaşımı ile incelemiştir. Çelik (2002), iç göçleri 'seçkinlik yaklaşımı" ile incelemiştir. Çelik (2007), 1985-2000 yılları arasındaki göçler, bölge düzeyinde regresyon analizi ile karşılaştırılmıştır. Göçler doğu-batı yönünde meydana gelirken; Marmara, Ege ve Akdeniz bölgeleri önemli ölçüde göç almaktadır. Gürbüz ve Karabulut (2008), Türkiye'de kırdan kente yaşanan göçlerle sosyo-ekonomik faktörler arasındaki ilişkiler analiz edilmiştir. Filiztekin ve Gökhan (2008), 1990-2000 dönemi arasındaki verileri kullanarak Türkiye'deki iç göçün belirleyici faktörlerini ampirik olarak sunmuşlardır.

Türkiye'de İç Göç

Türkiye'de iç göç başlangıçta sanayi faaliyetlerinin yoğun olarak görüldüğü İstanbul, İzmir, Ankara, Adana gibi büyük şehirlere yönelik yapılmaktaydı. Ancak günümüzde insanlar çok farklı nedenlerden dolayı sadece büyük şehirlere değil aynı zamanda büyük şehirlerin yer aldığı bölgelere de göç etmektedir. İnsanların göç etmelerindeki temel belirleyici sebep, ekonomik kaygılarıdır. İnsanların yeme-içme ve barınma gibi bir takım zorunlu ihtiyaçlarını temin etmeleri gerekmektedir. Bu nedenle iş imkanlarının daha fazla olduğu ya büyük şehirleri yada ekonomik anlamda gelişmiş bölgeleri tercih etmektedir. İç göç, ülke sınırları içerisindeki nüfusun mekânsal olarak yer değiştirmesidir. Bu değişimin yönü de ekonomik kaygıdan dolayı az gelişmiş bölgelerden daha gelişmiş bölgelere olmaktadır. Türkiye bölgesel anlamda homojen olmayan bir ekonomik yapıya sahiptir. Bu homojen olmayan ekonomik yapı ülkenin alansal nüfusuna da etki etmektedir. Bölgesel anlamda doğusu ekonomik olarak geri kalmış, batısı ise ekonomik olarak gelişmiş olarak ifade edilmektedir. Bu bağlamda ülkenin batısındaki nüfus, doğusuna oranla daha fazladır. Adrese Dayalı Nüfus Kayıt Sistemine göre 2014-2015 döneminde Türkiye'de 2720438 kişi göç etmiştir. Bu sayı Türkiye nüfusunun %3,5'ini oluşturmaktadır. Türkiye Göç ve Yerinden Edilmiş Nüfus Araştırması'na göre (HÜNEE, 2005), erkeklerin yüzde 46'sı; kadınların yüzde 52'si göç etmiştir.

Göçle birlikte insanlar sadece mekânsal bir değişim yaşamamaktadır. Aynı zamanda aile yapısındaki değişmeler, kültürel değişmeler, yaşam tarzlarındaki değişmeler insanların göçle birlikte karşılaştıkları bir takım sorunlardır. Göç eden insanları bekleyen ilk sorun ise barınma ve daha sonrasında zorunlu ihtiyaçlarını karşılamak için bir iş bulmaktır. Toplumların temel yapı taşını oluşturan aile, toplum üzerindeki sosyal değişmelerden açık bir şekilde etkilenmektedir. Türkiye'de köyden kente yaşanan göç hareketinden aileler öncelikli olarak etkilenmiştir. Kırsal kesimden göç eden aileler, kentlerde bazı sorunlarla karşılaşmıştır. Öncelikler ailedeki erkek iş bulmak ve geçimini sağlamak için eşlerini köylerde bırakarak şehirlere göç etmiştir. Bu durum aileler in bölünmesine ve aile yapısının bozulmasına neden olmaktadır. Eş ve çocukları ile birlikte şehre göç eden kalabalık aileler birlik ve beraberliklerini koruyabilmek adına büyük emek sarf etmiştir. Ancak yine de şehir hayatı ve şehirdeki yaşam kültürü kalabalık ve birlik içinde yaşayan kısal aile yapısının değişmesine neden olmuştur. Kalabalık ailelerin yerini çekirdek aileler almıştır. Aileler şehir hayatına uyum sağlama aşamasında, töre, örf, adet ve gelenekler gibi normlardan uzaklaşmıştır. Modernleşme ile birlikte bu normlar farklı boyutlar kazanmıştır.

5

Ekonometrik Analiz

Çalışmada Kullanılan Veri Seti ve Değişkenler

Bu çalışmada, Hacettepe Üniversitesi Nüfus Etütleri Enstitüsü'nün gerçekleştirmiş olduğu 2003, 2008 ve 2013 yılı TNSA verileri kullanılmış ve analizlerde 13453 evli kadın ile çalışılmıştır. Türkiye Nüfus ve Sağlık Araştırmaları, doğurganlık düzeyi ve değişimi, bebek ve çocuk ölümlülüğü, aile planlaması ve anne ve çocuk sağlığı konularında bilgi sağlamak üzere tasarlanmış ulusal düzeyde bir örneklem araştırmasıdır. Kullanılan modellerde bağımlı değişken, kadınların göç etme sebepleridir. Göç etme sebepleri dört kategoride ele alınmıştır. Bunlar; kişisel, eş, ailevi nedenlere ek olarak sağlık, güvenlik ve diğer nedenlerle göçtür. Bağımlı değişkenin yapısından dolayı bu çalışmanın analizlerinde Multinomial logit modelden (MLM) faydalanılmıştır. Bağımsız değişkenler ise yıllar, bölgeler, kadının yerleşim yeri, yaşı, eğitim durumu, işteki durumu, sosyal güvencesi, eşin yaşı ve eğitim durumu, hanehalkı sayısı, ailenin serveti ve evlilik süresidir. Kadınların göç etme sebeplerinin dağılımı Tablo 1 ve Şekil 1'de verilmiştir. Tablo 1'den de görüldüğü gibi evli kadınlar, en fazla kişisel sebeplerle göç etmektedir.

Tablo 1. Türkiye'de 15-49 yaş arası evli kadınların göç etme sebeplerinin dağılımı

Göç etme nedeni	Frekansı	Yüzdesi
Kişisel	8671	64
Eş	2304	17
Ailevi	1703	13
Sağlık, güvenlik ve diğer nedenler	775	6
Toplam	13453	100

Şekil 1. Türkiye'de 15-49 yaş arası evli kadınların göç etme sebeplerinin dağılımı

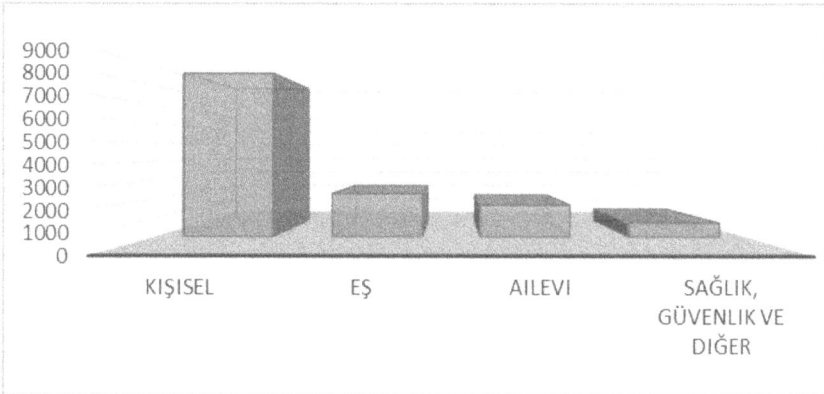

Bulgular

Bu çalışmada, 15-49 yaş arasındaki evli kadınların göç etme sebeplerine ait modeller Tablo 2'de sunulmuştur. Analizlerde MLM'in kullanılabilmesi için alternatiflerin birbirinden bağımsız olması gerekmektedir. Bu amaçla Hausman testi uygulanmıştır. Tablo 2'deki Hausman testi sonucu alternatiflerin birbirinden bağımsız olduğunu ve MLM'in kullanılması gerektiğini göstermektedir. 15-49 yaş arasındaki evli kadınların göç etme sebepleri kişisel, eş, ailevi nedenlerle göç ile sağlık, güvenlik ve diğer nedenlerle göç olmak üzere 4 kategoride ele alınmıştır. MLM, doğrusal olmadığından dolayı katsayılar doğrudan yorumlanamaz. Bundan dolayı katsayılar yorumlanırken RRR (relative-risk ratios) dikkate alınmıştır. Tablo 2'deki Türkiye genelinde evli kadınların yıllara göre göç etme nedenlerine bakıldığında tüm göç nedenleri için katsayılar istatistiki olarak anlamlıdır. 2008 ve 2013 yıllarında 2003 yılına göre evli kadınların daha fazla göç ettiği görülmektedir. Tablo 2'de görüldüğü gibi güney, orta, kuzey ve doğu bölgede yaşayan evli kadınların sağlık, güvenlik ve diğer nedenlerle göç etmekten ziyade kişisel nedenle göç etme olasılığı batıdaki bölgelere göre daha fazladır. Eş nedeniyle göç modelinde ise bölgelerden güney, merkez ve kuzey bölgelerinin katsayıları istatistiki olarak anlamlı bulunmuştur. Bu bölgelerde yaşayan evli kadınların sağlık, güvenlik ve diğer nedenlerle göç etmekten ziyade eş nedeniyle göç etme olasılığı batıdaki bölgelere göre daha fazladır. Kadına ait özelliklere bakıldığında kadının sosyal güvencesinin olması, sağlık, güvenlik ve diğer nedenlerle göç edenlere göre kişisel ve eş nedeniyle göç etme olasılığını arttırmıştır. 36 yaş ve üzerindeki evli kadınların 25 yaş ve altındakilere göre daha az kişisel nedenlerle göç ettikleri görülmüştür. Ayrıca lise mezunu kadınların, kişisel ve ailevi nedenlerle göç etme olasılığı; sağlık, güvenlik ve diğer nedenlerle göç edenlerle karşılaştırıldığında üniversite mezunlarına göre daha azdır. Kadının eşinin eğitim seviyesi arttıkça her üç göç etme nedenine göre kadının göç etme olasılığı artmaktadır. Eşe ait yaş değişkeninin katsayıları eş nedeniyle göçün dışında diğer nedenlerle göç modellerinde anlamlıdır. Kişisel ve ailevi nedenlerle göç modellerinde tüm yaş gruplarındaki kadınların 50 yaş ve üzerindekilere göre daha az göç ettikleri görülmüştür. Eşin yaşı arttıkça kişisel ve ailevi nedenlerle göç de artmaktadır. Eşin eğitim durumu incelendiğinde, okuryazar olmayan ve bir okul bitirmeyen eşlerle karşılaştırıldığında diğer eğitim gruplarında olanların daha fazla göç ettiği görülür. Ailenin serveti arttığında her üç nedenle evli kadınların göç etme olasılıkları da artmaktadır. Ayrıca hanehalkı sayısı değişkenin katsayısı ailevi nedenle göç modelinde anlamsız bulunmuştur. Diğer modellerde ise anlamlı olup hanehalkı sayısı arttığında göç etme olasılığı azalmaktadır. Ayrıca evlilik süresinin artması da göçü azaltmıştır.

Sonuç

Bu çalışmanın amacı, Hacettepe Üniversitesi Nüfus Etütleri Enstitüsü'nün gerçekleştirmiş olduğu 2003, 2008 ve 2013 yılı Türkiye Nüfus ve Sağlık Araştırması (TNSA) verileri kullanılarak Türkiye'de 15-49 yaş arasındaki evli kadınların göç etme nedenlerinin Multinomial logit model kullanılarak analiz edilmesidir. Bu çalışmada ele alınan kişisel, ailevi ve eş nedeniyle göç üzerinde etkisi olan en önemli değişkenlerin; yaşanılan bölge, kadının sosyal güvencesinin olması, kadının eğitim durumu, hanehalkı sayısı, ailenin servetinin orta ve zengin sınıfında olması ve evlilik süresi olduğu bulunmuştur. Kişileri göçe zorlayan bu faktörlerle birlikte pek çok olumsuz etkinin ortadan kaldırılması gerekmektedir. Özellikle göç veren bölgelerden göç etme nedeni olarak gösterilen işsizliğe son verilmeli ve bölgeye özgü istihdam politikaları gerçekleştirilmelidir. Dokuzuncu Beş Yıllık Kalkınma Planında (2006) belirtildiği gibi, yoğun göç ve çarpık kentleşmenin oluşturduğu uyum sorunları, terör ve asayiş olmak üzere toplumsal bütünlüğü ve uyumu zedeleyici ortamlar hazırlamaktadır. Bu kapsamda ulusal ve yerel düzeyde topluma entegrasyon ve aidiyet duygusunu geliştirici önlemlerin alınması ve bu alanlarda yerel yönetimlerin kapasitelerinin arttırılması gerekmektedir. Ülkemizde gerek kırsal gerekse kentsel yerleşim birimleri ve bölgeler arasındaki sosyo-ekonomik yapı ve gelir düzeyi dengesizlikleri önemini korumaktadır. Yoğun göç ve çarpık kentleşme neticesinde ortaya çıkan sosyo-kültürel uyum sorunlarını azaltıcı önlemler alınmalıdır (Selim, 2009).

Tablo 2. Türkiye'de 15-49 Yaş Arası Evli Kadınların Göç Etme Sebepleri: Multinomial Logit Model

	Kişisel Nedenle Göç			Eş Nedeniyle Göç			Ailevi Nedenle Göç		
	Katsayısı	z	RRR	Katsayısı	z	RRR	Katsayısı	z	RRR
Yıllar									
2008	0,970	8,280*	2,638	0,240	1,840***	1,272	0,300	2,240**	1,350
2013	1,154	9,460*	3,172	0,302	2,220**	1,352	0,385	2,770*	1,470
Bölgeler									
Güney	0,396	3,010*	1,486	0,404	2,850*	1,498	0,306	2,040**	1,358
Merkez	0,438	3,630*	1,549	0,244	1,880***	1,276	0,284	2,070**	1,328
Kuzey	0,698	4,620*	2,010	0,420	2,590**	1,522	0,764	4,620*	2,146
Doğu	0,333	3,020*	1,396	0,075	0,610	1,078	0,275	2,170**	1,316
Kadına Ait Özellikler									
Yaş									
26-35	-0,261	-1,640	0,770	-0,028	-0,150	0,973	-0,062	-0,340	0,940
36 yaş ve üzeri	-0,388	-1,880***	0,679	-0,318	-1,370	0,727	-0,171	-0,730	0,842
Yerleşim Yeri									
Kent	-0,873	-7,640*	0,418	-0,083	-0,640	0,920	-0,019	-0,140	0,982
Eğitim Durumu									
Eğitimsiz	-0,271	-1,230	0,763	0,132	0,540	1,141	-0,213	-0,850	0,808
İlköğretim	-0,134	-0,740	0,874	0,239	1,210	1,270	-0,126	-0,620	0,881
Lise	-0,415	-2,410**	0,661	-0,061	-0,330	0,941	-0,332	-1,740***	0,718
İşteki Durum									
İşveren	-0,559	-0,870	0,572	-0,509	-0,740	0,601	-0,321	-0,430	0,726
Ücretli çalışan	-0,100	-0,930	0,905	-0,372	-3,110*	0,689	0,190	1,570	1,209
Kendi hesabına	-0,199	-1,350	0,820	-0,196	-1,240	0,822	0,001	0,010	1,001
Ücretsiz aile işçisi	-0,006	-0,050	0,994	-0,327	-2,410**	0,721	-0,181	-1,270	0,835
Diğer	-0,382	-0,610	0,683	-0,504	-0,720	0,604	-0,687	-0,890	0,503
Sosyal Güvencesi Var	0,383	3,260*	1,466	0,414	3,20*	1,513	0,190	1,430	1,209
Eşe Ait Özellikler									
Yaş									
15-30	-0,526	-2,220**	0,591	0,447	1,70***	1,564	-0,684	-2,550**	0,504
31-40	-0,811	-4,320*	0,444	-0,053	-0,26	0,949	-0,822	-3,850*	0,440
41-50	-0,549	-3,660*	0,578	-0,068	-0,42	0,935	-0,511	-2,980*	0,600
Eğitim Durumu									
İlköğretim	0,454	2,840*	1,574	0,494	2,610*	1,639	0,536	2,660*	1,709
Lise	0,535	2,770*	1,707	0,461	2,060**	1,586	0,639	2,720*	1,894
Yüksekokul	0,244	1,250	1,277	0,697	3,110*	2,007	0,333	1,400	1,395
Üniversite	0,354	1,490	1,425	1,057	4,000*	2,877	0,308	1,090	1,360
Aileye Ait Özellikler									
Hanehalkı Sayısı									
1-3	0,242	1,790***	1,274	0,441	2,910*	1,554	0,222	1,430	1,248
4-6	0,154	1,470	1,166	0,445	3,760*	1,560	0,122	1,000	1,129
Ailenin Serveti									
En yoksul	-0,287	-1,780***	0,750	-0,349	-1,920***	0,705	-0,483	-2,540**	0,617
Yoksul	-0,382	-2,780*	0,683	-0,230	-1,530	0,794	-0,305	-1,930***	0,737
Orta	0,194	1,410	1,214	0,413	2,810*	1,512	0,305	1,980**	1,356
Zengin	0,235	1,810***	1,265	0,461	3,340*	1,586	0,442	3,060*	1,555
Evlilik Süresi									
0-4	0,903	3,740*	2,467	-1,374	-5,020*	0,253	0,830	3,030*	2,294
5-9	0,996	4,790*	2,707	-0,640	-2,790*	0,528	0,932	3,940*	2,541
10-14	0,901	4,830*	2,461	-0,254	-1,250	0,776	0,799	3,740*	2,224
15-19	0,680	4,460*	1,975	-0,159	-0,970	0,853	0,596	3,370*	1,815
20-24	0,609	4,340*	1,839	0,031	0,210	1,032	0,607	3,730*	1,835
Sabit	2,075	5,410*	7,966	0,249	0,580	1,283	0,018	0,040	1,018
Hausman testi									
$\chi^2(74) = 5.81$	Probability = 1.000								

Not: Karşılaştırma grubu olarak sağlık, güvenlik ve diğer nedenlerle göç alınmıştır.

*, ** ve ***, sırasıyla %1, %5 ve %10 önem seviyesinde katsayıların anlamlı olduğunu gösterir.

8

Kaynakça

Beals, R. E., Levy, M. B., & Moses, L. N. (1967). Rationality and migration in Ghana. *The Review of Economics and Statistics*, 480-486.

Çelik, F. (2002). İç göçlerin seçkinlik yaklaşımı ile analizi. *Erciyes Üniversitesi Sosyal Bilimler Enstitüsü Dergisi*, 13, 275-296.

Çelik, F. (2000). İç göçlerin fayda-maliyet yaklaşımı ile analizi. *Erciyes Üniversitesi İİBF Dergisi*, 16, 231-246.

Çelik, F. (2007). Türkiye'de iç göçler: 1980-2000. *Erciyes Üniversitesi Sosyal Bilimler Enstitüsü Dergisi*, 21, 87-109.

Dorling, D. & Rigby, J. E. (2007). Net cohort migration in England and Wales: How past birth trends may influence net migration. *Population Review*, 46(2), 51-62.

Dokuzuncu Beş Yıllık Kalkınma Planı- 2007-2013 (2006). Resmi Gazete, Sayı:26215.

Filiztekin, A. & Gökhan, A. (2008). The determinants of internal migration in Turkey. *International Conference on Policy Modeling*, (EcoMod 2008), Berlin, Germany.

Gedik, A. (1997). Internal migration in Turkey, 1965-1985: Test of conflicting findings in the literature. *Review of Urban and Regional Studies*, 9, 170-179.

Gürbüz, M. & Karabulut, M. (2008). Kırsal göçler ile sosyo-ekonomik özellikler arasındaki ilişkilerin analizi. *Türk Coğrafya Dergisi*, 50, 37-60.

İçduygu, A., Sirkeci, İ. & Aydingun, I. (1998). Internal migration in Turkey and repercussions for the labour movement [Türkiye'de iç göç ve iç göçün işçi hareketine etkileri], in Icduygu, A., Sirkeci, Ibrahim ve Aydingün, I. (eds.) Türkiye'de İç göç, Tarih Vakfi Yayinlari, Istanbul, s.205-244. (in Turkish).

İçduygu, A., & Sirkeci, İ. (1999). Cumhuriyet Donemi Türkiye'sinde Göç Hareketleri [Migration patterns in the Republic Period]. In 75 Yılda Köylerden Şehirlere [Movements from villages to cities in 75 years], ed. Oya Baydar. İstanbul: Tarih Vakfı Yayınları.

İlkkaracan, P. & İlkkaracan, İ. (1998). *1990'lar Türkiyesi'nde Kadın ve Göç*, Bilanço 98: 75 Yılda Köylerden Şehirlere, (İstanbul: Tarih Vakfı Yayınları, 1998), 305-322.

Jerome, H. (1926). Migration and business cycles. (New York: National Bureau of Economic Research) *NBER Books*.

Munro, J. (1974). Migration in Turkey, *Economic Development and Cultural Change*, 22, 634-653.

Mutlu, S. (1990). Bölgesel iç ticaret hadleri, kırsal refah ve iç göçler. *Ekonomi ve İdari Bilimler Dergisi*, 4(1), 69-87.

Özdemir, H. (2012). Türkiye'de iç göçler üzerine genel bir değerlendirme. *Akademik Bakış Dergisi*, 30(11), 1-18.

Ravenstein, E. G. (1885). The laws of migration. *Journal of the Statistical Society of London*, 48(2), 167-235.

Ravenstein, E. G. (1889). The laws of migration. *Journal of the Royal Statistical Society*, 52(2), 241-305.

Rogers, A. (1967). A regression analysis of interregional migration in California. *The Review of Economics and Statistics*, 262-267.

Selim, S. (2009). *Türkiye'de iç göç üzerine ekonometrik bir analiz.* Gazi Kitabevi, Ankara.

Sjaastad, L. A. (1962). The costs and returns of human migration. *Journal of Political Economy*, 70, 80-93.

Şanlı, H. İ. (1973). Türkiye'de iç göçler uzaklık ve yerleşme büyüklüğü ilişkileri üzerine: Potansiyel çekim modeli çerçevesinde sayısal bir deneme, *İstanbul Teknik Üniversitesi Mimarlık Fakültesi Dergisi*, 81-98.

Tekeli, İ. (1975). Göç teorileri ve politikaları arasındaki ilişkiler. *ODTÜ Mimarlık Fak. Dergisi*, 1(1), 153-176.

Tobler, W. (1995). Migration: Ravenstein, thornthwaite, and beyond. *Urban Geography*, 16(4), 327-343.

Göç ve Toplumsal Cinsiyet: Fransa'da Ayrılmış Türkiyeli Göçmen Kadınların Deneyimleri

Ceylan Türtük[5]

Giriş

Göç deneyimlerinde birçok ortak nokta bulunsa da, her göçmen kendine özgü bir şekilde bu süreci deneyimler. Göç konusu üzerine günümüze kadar yapılmış akademik araştırmalar, bu sürecin politik, sosyal, ekonomik ve kültürel boyutları hakkında detaylıca bilgi sahibi olmamızı sağlamıştır. Bizler de bu akademik araştırmalara katkıda bulunmak için, daha önce üzerine araştırma yapılmamış bir konu üzerine eğilmeye karar verdik: Fransa'da göçmen Türkiyeli kadınların göç deneyimleri. Bize göre bu kadınlar hayatlarında iki büyük kırılmayı ardışık bir biçimde deneyimlemektedirler: göç ve ayrılma/boşanma. Bu süreci daha iyi anlamak için doktoramın ilk yılında 4 görüşmeci kadınla gerçekleştirdiğim ön saha çalışmasının sonuçlarını analiz edeceğiz. Araştırmamız yarı yapılandırılmış görüşme metoduyla yapılmıştır.

Araştırmamızın temel sorunsalını "toplumsal cinsiyet" ve " aktörün göç deneyimde değişen-yeniden şekillenen değer yargıları ve davranış biçimleri" üzerine oturtmaya çalıştık ve şu soruyu sorduk: "Göç, ailede bir kriz yaratmaktadır?" ya da " Göç, ailede daha önceden var olan sorunları kristalleştirmektedir?".

Bu araştırmanın amacı, Fransa'daki Türk göçünde "ayrılık deneyimlerine odaklanarak" evlilik, çift, değişen kadın-erkek ilişkileri konusuna sosyolojik bir bakış açısıyla bakmaktır.

Göç, boşanma ve kadın

Göçmen aileleri üzerine odaklanan sosyolojik araştırmalara baktığımızda "boşanma ve göç" konusu üzerine pek bir araştırma olmadığını görüyoruz. Yapılan araştırmalar göçün stresli bir süreç olduğunu ve bu sürecin "ikili ilişkiler" üzerine olumsuz etkisi olduğunu göstermiştir[6]. Bu da boşanma riskini yükseltmektedir. Yeni bir topluma adapte olmaya çalışan çiftler aynı zamanda kendi kültürleri ve değer yargılarını da korumak istemektedir. Yeni yaşam koşullarının getirdiği stresli ve belirsizliklerin olduğu süreçle karşılaşan çiftlerin ilişkilerinin yeni bir yola girdiği söylenebilir. Aynı zamanda göç edilen ülkenin göçmen politikalarının önemli bir role sahip olduğunu belirtmek gerekir. Oturma izni, çalışma izni, aile birleşmesi konusundaki prosedürler, aileye yapılan sosyal yardımlar bu politikalar arasında gösterilebilir.

1980'li yıllara kadar göçmen kadınlar göç araştırmaları tarafında gölgede bırakılmıştır. Birçok göç araştırmasında kadınlar göç sürecinin "kurbanları" olarak değerlendirilip, eşlerinin ve ailelerinin kararları dolasıyla göç etmek zorunda kalmış aktörler olarak yansıtılmıştır. Kadınların deneyimledikleri göç süreçleri hakkında elimizde pek bir bilgi bulunmaktadır. 1984 yılında *International Migration Review'in*

---

[5] Dokrora öğrencisi EHESS/Paris'te. E-mail: cturtuk@gmail.com
[6] Glick J. E., (2010) Connecting complex processes: A decade of research on immigrant families, *Journal of Marriage and Familiy*, vol. 72,498-515.

Yazgan, P., Tilbe, F. (der.) (2016).
Türk Göçü 2016 Seçilmiş Bildiriler I.
London: Transnational Press London.

göçmen kadınlar üzerine olan sayısının, göç araştırmalarında kırılma yarattığını söyleyebiliriz. Bu sayı sayesinde göçmen kadınların da göçmen erkekler kadar iş piyasasında aktif olduğunu ve sadece ev içi alanda sınırlarının çizilemeyeceğini gördük. Birçok araştırmacı göç araştırmacılarında toplumsa cinsiyeti merkezli araştırmalara yönelip göç fenomenin bu bakış açısından okunmasını sağlamıştır[7]. Bazı ülkelere olan göçün dalgasının (İspanya, Dominik Cumhuriyeti, Kolombiya, vb.,) kadınsallaştığını, yani göç kararını alan ve ailede ilk göçen üyenin kadın olduğunu ortaya koyan çalışmalar da olmuştur[8].

Bugüne kadar yapılan araştırmaları dikkat alarak, araştırmamızı göçmen ve göç sırasında boşanmış kadınların deneyimlerine odaklamaya karar verdik. 4 görüşmeci kadının, kişisel göç anlatılarından yararlandık. Araştırma sonuçlarımızı paylaşmadan önce, görüşmeci kadınların demografik bilgilerini vermek istiyoruz. 2 görüşmecimiz ailesi göçüyle, diğer 2 kadın görüşmecimiz ise evlenip-aile birleşmesiyle Fransa'ya gelmiştir ve hepsi de 20 yaşın altındadır. Fransa'ya gelmeden önce Fransızca ya da İngilizce bilmemektedirler. Bu yüzden Fransa'da günlük hayatta ilk deneyimlerini aileleri ya da kocalarının eşlik etmesiyle yaşamaktadırlar. Görüşmecilerimizden 3'ü ilköğretim mezunu Ege bölgesinden ve Güneydoğu Anadolu bölgesinin ilçelerinden gelmektedir. 3 görüşmecimizin ailesinin ve eşinin göç nedeni ekonomikken, diğer göçmenimizin ailesinin göç nedeni politiktir. 4 görüşmecimiz de Paris ve Paris çevresi olarak adlandırılan Ile-de-France'a göç etmiştir. Hiçbir görüşmecimiz, göçmenliklerinin ilk yıllarında çalışma hayatında aktif değildir. Boşanma öncesi 1 görüşmecimiz hariç, diğer görüşmecilerimizin çocukları vardır. Boşanma sürecini iyi anlayabilmek için görüşmecilerimizle yarı yapılandırmış mülakat tekniğiyle evlilik, aile, cinsellik ve boşanma konuları hakkındaki düşüncelerini öğrendik.

Aile, evlilik ve cinsellik

Mülakatlarımız sırasında dikkatimizi çeken konu eşleriyle akraba bağlantılarının ya da komşuluk ilişkilerinin olduğudur. Bir görüşmecimiz hariç (aşık olup evlenmiştir bu görüşmecimiz), yapılan evlilikleri "görücü usulü" olarak tanımlayabiliriz. Evliliği hayatlarının doğal bir süreci ya da yaşanılması gereken bir etap olarak tanımlama eğiliminde olduklarını gördük. Ailenin önemli olduğunu "kutsal" ve "Allah'ın emri" gibi ifadelerle vurgulamışlardır. İki görüşmecimiz ailesinin çok disiplinli ve gelenekçi olduğunu, evliliği bir "kaçış noktası" olarak gördüğünü belirtmiştir. Eşleriyle tanıştıktan sonra 3 ay ve 1 sene arasında değişen bir süreç ince evlenmişlerdir. Evlilik süresi öncesi eşlerini yeterince tanımadıklarını belirtmişlerdir.

Göçmenlikte beraber birçok deneyim artarda geldiğini fark ettik. Görüşmeci kadınlarının daha önce cinsel deneyimleri olmamıştır ve korunmaya dair bilgileri yoktur. 2 görüşmecimizde göçmenlikle beraber gelen "annelik" deneyimi dikkatimizi çekmiştir. "Göçmen kadın" ve "göçmen anne" olmak birçok değişikliği kısa bir sürede beraberinde getirmektedir. Bu durumun da "travma riski" taşıdığını söyleyebiliriz. Zira doktorla iletişim kuracak Fransızcaya sahip olmadıklarını ve çocuklarının şans eseri sağlıklı kalabildiklerini belirtmişlerdir.

Boşanma üzerine dair görüşleri ve boşanma nedenleri

Hiçbir görüşmecimiz, boşanmanın ya da ayrılmanın akılarında olmadığını söylemiştir. Aksine bir görüşmecimiz Fransa'nın ve evliliğin kendisi için umut

---

[7] Guerry, Linda, (2009). "Femme et genre dans l'histoire de l'immigration. Naissance et cheminement d'un sujet de recherche », *Genre et Histoire*, n. 5, automne.
[8] Gregoria Gil, Carmen, (1988) *Migracion femenina. Su impacto en las relaciones de género*, Narcea, Madrid, 31.

anlamına geldiğini ifade etmiştir. Evliliğin bir ömür boyu sürmesi gerektiğini ve boşanma/ayrılmayı bir başarısızlık olarak gördüklerini fark ettik. Boşanmayı ailelerinde görmediklerini ve yeni bir "olay" olarak görmektedirler.

Genellikle görüşmecilerimiz evliliklerinin ilk yıllarında eşleriyle problemler yaşamaya başlıyorlar. Aldatma ve fiziksel şiddet mülakatlarımız sırasında ortaya çıkan başlıca nedenler arasındadır. Ayrılma ve boşanma kararı görüşmecilerimiz tarafından bir anda alınmamıştır. Şiddet sonrası olsun aldatma sonrası olsun eşlerini affettiklerini aldattıklarını ve kırıldıklarını belirtseler de ailenin önemli olduğunu vurgulamışlardır. Bununla beraber eşlerine olan güvenlerin kırıldığını gözlemledik. Yakın çevreleriyle ya da aileleriyle bu yaşadıkları deneyimleri paylaşmamaktadırlar. Çünkü bu olayları "saklanılması", "unutulması" ve "silinmesi" gereken olaylar" olarak görmektedirler.

Şiddetin ve aldatın tekrarlanması üzerine, görüşmecilerimiz ayrılmayı düşünmeye başlamaktadırlar. Bu karar alma sürecinin uzun sürdüğünü, zira 6-15 yıl gibi değişen evlilik süreçlerinden sonra ayrılmanın yaşandığını belirtmek isteriz.

Ayrılma süreci

Üç görüşmecimiz resmi olarak ayrılmıştır ve diğer görüşmecimiz halen boşanma sürecindedir. Ayrılma sürecini "yorucu", "arzu edilmeyen" ve "depresif" gibi ifadeleri kullanarak anlatmışlardır.

Görüşmecilerimizin söylemlerine göre kocaları boşanma isteklerini kabul etmemişlerdir. Bu isteği "tehdit" olarak gördüklerini, "tekrar affedilmek istediklerini" belirtmişlerdir. Kadınların ekonomik ve sosyal anlamda kocalarına bağlı olduğunu görmüşlerdir. Boşanma isteğini söyledikten sonra fiziksel şiddetle karşılaşan ya da "duygusal anlamda şiddetle" (intihar etme tehditti) karşılaşan görüşmecilerimiz vardır.

Ayrılma kararı alan görüşmecilerimiz ilk olarak evden ayrılmaktadır. Ya arkadaşlarının yanına taşınmaktadırlar ya da yeni bir apartman dairesi aramaktadırlar. Mekânsal olarak bir ayrılık yaşanırken, resmi olarak boşanma sürecinin hemen başlamadığını fark etmekteyiz. Zira oturma izni konusu olsun karşılaşacakları bürokratik sorunlar, mahkeme masraflarını pahalı olması ve tekrardan barışma umutları bu süreci etkileyen önemli faktörlerdir. Görüşmecilerimizin ayrılma kararı sırasında ya da öncesi mesleki anlamda deneyimlerini olduğunu belirtmek isteriz.

Neden Fransa?

Görüşmecilerimizin göçmenliklerinin ilk yıllarında Fransa'da birçok zorlukla karşılaşsa da, hayatlarının geri kalan yıllarını bu ülkede geçirmek istediklerini fark ettik. Genelde ilk motivasyonları "çocuklarının gelecekleri ve eğitimleri" olsa da, ülkenin yaşama koşullarından memnun olduklarını fark ediyoruz. Çocuklarının türkiye'ye göç deneyimi yaşamalarını istememektedirler.

Görüşmecilerimiz Fransızca konuşabildiğini ve gündelik hayatta kendilerini rahat ifade edebildiklerini belirttiler. Aynı zamanda kendilerini Fransa'da daha özgür hissetlerini belirten görüşmecilerimiz olmuştur. Göçmenlik sürecinde hayatında ilk defa çalışan kadınlar, zamanla kendilerine güvenlerinin arttığını belirtmişlerdir. Hizmet sektöründe (garson olarak, temizlikçi olarak) ve konfeksiyon işçisi olarak çalışmaktadırlar. Sigortasız çalışma, günde 12 saatten çok çalışma deneyimlerini yaşamışlardır. Bu deneyimler bize "göçmen kadının" ve "boşanmış göçmen kadının" iş piyasasında emeğinin sömürülebileceğini tekrardan göstermiştir. Görüşmecilerimizin sürekli iş aradıkları ve sık sık iş değiştirdiği dönemlerin olduğunu fark ediyoruz. Bu işleri sosyal ağlarıyla bulmaktadırlar ve genellikle Türkiyeli göçmen işverenlerle çalışmaktadırlar. Fransızcalarının gelişmeleriyle daha iyi olanaklı işlere geçebilmektedirler.

Göçmenlik ve tek ebeveynlik

Yapılan araştırmalara göre göçmenlik ve tek ebeveyn olmak kadınlar için dezavantajlı bir durum yaratmaktadır[9]. Yaptığımız mülakatlar bize çocukların anneler tarafından bakımın üstlenildiğini gösterdi. Her ne kadar çalışıyor olsalar da görüşmecilerimizin aylık gelirleri düşüktür ve eşlerinden yeterli anlamda ekonomik destek görmediklerini belirtmişlerdir. Bazı görüşmecilerimiz Fransa'da olan aile üyelerinden ekonomik destek almaktadır.

Dikkatimiz çeken bir diğer konu ise, Fransa görüşmecilerimiz için bir şans olarak değerlendirilse de aynı zamanda temkinli olunması gereken bir ülke olarak görülmektedir. Zira Fransa'da çok göçmen vardır. Aynı zamanda evde "erkek figürünün" eksik olması çocuk yetiştirme konusunda görüşmecilerimizi kaygılandırmaktadır. Bu sebeple çocuklarının sosyal çevresi hakkında bilgi sahibi olmak istemektedirler.

Sonuç

Ayrılmış göçmen kadınlarının deneyimlerine baktığımızda, iki stresli sürecin (göç ve boşanma) kısa bir süreçte deneyimlendiğini görmekteyiz. Dil bariyerleri, düşük gelire, yakın çevrelerinin duygusal destek eksikliğine rağmen görüşmecilerimiz çocukları ve kendileri için Fransa'da yaşamaya devam etmek istemektedir. Göç süreci boyunca, görüşmecilerimizin aileye, evliliğe ve boşanmaya dair değer yargılarını değiştiğini fark etmekteyiz. Aynı zamanda göçmenlik sürecinse ekonomik ve sosyal anlamda iş hayatında aktif olarak kendilerine olan güvenin paralel bir şekilde arttığını gözlemledik.

Ayrılma kararından sonra izlenilen ilk süreçte resmi boşanmayı görmemekteyiz. Kadınlar ilk olarak apartman ve geliri daha iyi olan iş aramaktadırlar. Bu süreci "yorucu" olarak tanımlasalar da, aldıkları karardan memnun olduklarını gözlemleyip, bir anlamda Fransa'da tek başına çocuklarla yaşamayı "sosyal başarı" olarak görme eğilimleri vardır diyebiliriz.

Kaynakça

Glick J. E., (2010) Connecting complex processes: A decade of research on immigrant families, *Journal of Marriage and Familiy*, vol. 72,498-515.

Guerry, Linda, (2009). "Femme et genre dans l'histoire de l'immigration. Naissance et cheminement d'un sujet de recherche », *Genre et Histoire*, n. 5, automne.

Gregoria Gil, Carmen,(1988) *Migracion femenina. Su impacto en las relaciones de género*, Narcea, Madrid, 31.

Gérard Neyrand et Patricia Rossi, (2002) Monoparentalité précaire et femme sujet, Eres, Paris, 7-12.

---

[9] Gérard Neyrand et Patricia Rossi, (2002) Monoparentalité précaire et femme sujet, Eres, Paris, 7-12.

Tükiye'de Göç Sürecinde Kadının Konumu ve Göçün Kadınlaşması

Arzu Kökcen Eryavuz[10], Hamdi Emeç[11], Şenay Üçdoğruk Birecikli[12]

Giriş

Ekonomik ya da sosyal nedenlerle gerçekleşen, bireyi ve toplumu etkisi altına alan göç olgusu insanlık tarihi kadar eskidir. Göç olgusu nedenleri, sonuçları ve etkileri ile birlikte ele alındığında çok yönlü olduğu görülmektedir. Türkiye açısından göç olgusu tarihsel ve güncel olarak değerlendirildiğinde, Asya ve Avrupa'yı birbirine bağlayan konumu nedeniyle hem göç verme hem de göç alma açısından her zaman jeopolitik bir öneme sahip olmuştur ve günümüzde sosyal değişimin önemli bir belirleyicisi haline gelmiştir.

Uluslararası Göç Örgütü (IOM) göç terimleri sözlüğünde göçü, süresi, yapısı ve nedeni ne olursa olsun insanların uluslararası bir sınır geçerek veya bir devlet içinde yer değiştirdiği nüfus hareketleri olarak tanımlamaktadır (IOM, 2009: 22). Türkiye Göç İdaresi göç kavramını; "Süresi, yapısı nedeni ne olursa olsun insanların yer değiştirmeleri sonucunu doğuran nüfus hareketleri" olarak ifade etmektedir (İçişleri Bakanlığı, 2013: 62). Çakır (2011) göçü sosyolojik açıdan "insan ve grubun çeşitli faktörler nedeniyle zaman ve mekânda yer değiştirmesi ile eyleme dönüşen, eylemin bitmesinden sonra da etkileri devam eden bir süreçler bütünü" olarak ele almaktadır (Çakır, 2011: 131). Eğitim veya çalışma amaçlı kısa süreli ve bu sürenin sonunda geri dönülebilen mekân değiştirme hareketleri göç tanımı içerisinde yer alabileceği gibi, tartışmalı bir konudur (Sağlam, 2006: 34). Belirli zaman dilimi içinde mekân değişikliği olarak da tanımlanan göç için, alt ve üst zaman dilimlerinin ne olup olamayacağı konusunda bir görüş birliği yoktur (Öztürk, Altuntepe, 2008: 1589).

İnsanların ülke içinde bir bölgeden başka bir bölgeye, bir şehirden başka bir şehre sürekli veya geçici bir şekilde hareket etmeleri iç göç olarak tanımlanmaktadır (Sağlam, 2006: 34; Erol, Ersever, 2014: 50). Kırsal yerleşim alanlarından, kentsel yerleşim alanlarına doğru gerçekleşen iç göç hareketleri, Türkiye'de en yaygın olarak görülen göç türüdür (Gürbüz, 2006: 211). Türkiye'de 1950'li yıllarda sanayileşmenin gelişmesiyle birlikte göçlerde artış meydana gelerek kentleşme oranı da artmaya başlamıştır. İlk zamanlarda devlet tarafından da desteklenen kırsal alandan kente göç hareketleri, daha sonraki yıllarda yaşanan ekonomik, sosyal ve toplumsal planları etkilediği için bir sorun olarak değerlendirilmeye başlanmıştır (Koçak, Terzi, 2012: 166; Özdemir, 2012: 2).

1923 yılında başlayan ilk dönemde iç göç hareketleri çok yaygın değildir. Geleneksel tarım toplumu olma özelliğini koruyan Türkiye'de, 1927 yılında nüfusun yüzde 88'i kırsal alanlarda yaşarken bu oran 1950'de yüzde 81'e düşmüştür ve daha sonraki yıllarda bu düşüş daha hızlı olmuştur (İçduygu, Sirkeci, Aydıngün, 1998: 218). 1923-1950 yılları arasında gerçekleşen nüfus hareketleri, Müslüman olmayan nüfusun

---

[10] Arş. Gör., Dokuz Eylül Üniversitesi İktisadi ve İdari Bilimler Fakültesi Ekonometri Bölümü
[11] Doç. Dr., Dokuz Eylül Üniversitesi İktisadi ve İdari Bilimler Fakültesi Ekonometri Bölümü
[12] Prof. Dr., Dokuz Eylül Üniversitesi İktisadi ve İdari Bilimler Fakültesi Ekonometri Bölümü

15

Yazgan, P., Tilbe, F. (der.) (2016).
Türk Göçü 2016 Seçilmiş Bildiriler I.
London: Transnational Press London.

yurtdışına göçü ve Türkiye sınırları dışında kalmış, önceden Osmanlı toprakları olan ülkelerdeki Türk ve Müslümanların Türkiye'ye göçünün sağlanması şeklinde iki temel olguyu içermiştir (İçduygu, Erder, Gençkaya, 2014: 54). Günümüzde daha geniş alanlara yayılarak devam eden kentleşme, 1950'den sonra kırdan kente göçlerin artmasıyla ortaya çıkmıştır.

İç göç sadece kırsaldan kente gerçekleşmez. Kırsaldan kırsala, kentten kente, kentten kırsala da gerçekleşebilmektedir. Son dönemlere bakıldığında, kent hayatına uyum sağlanamaması, yaşam standartlarının yükselmesi, çarpık kentleşme ve nüfus yoğunluğu, hava ve gürültü kirliliği gibi nedenlerle kentten kırsal alanlara doğru tersine bir göç hareketi başlamıştır (Özdemir, 2008;44).

Göç olgusunun açıklanmasında itici, çekici ve hatta iletici etkenler önemli bir yer tutmaktadır. İtici faktörleri, toprağın düşük verimi, geçim sıkıntısı, ek gelir ihtiyacı, eğitim, sağlık ve iş alanlarının yetersizliği, sosyal güvencesizlik, toplumsal çatışma ve terör oluşturmaktadır. Daha iyi eğitim ve sağlık olanakları, iş bulma ümidi, hayat standartlarını yükselterek daha iyi yaşam arzusu, toplumsal güven gibi etkenler ise çekici faktörlerdir (Yılmaz, 2009: 222). Ulaşım ağlarının gelişmesi, akrabalık hısımlık ilişkileri, iletişim ve haberleşme imkânlarının gelişmesi ise iletici faktörler arasında yerini almaktadır.

Sanayinin gelişmesi ve küreselleşmenin hızlı dönüşümüyle ortaya çıkan cinsiyet rollerindeki değişimin etkisi göç üzerinde de görülmeye başlamıştır. Göç hangi nedenlerle gerçekleşmiş olursa olsun, göç etmenin, yeni bir mekâna uyum sağlamanın zamanla kadın ve erkek açısından farklı deneyimler ortaya çıkardığı gözlemlenmiştir. Özellikle, 1970'li yıllardan sonra göçmenler arasında kadınların oranının giderek artmasıyla bir dönüm noktası gerçekleşmiş ve 'göçün kadınlaşması' kavramı ortaya çıkmıştır.

2005 yılında yayınlanan cinsiyet ve göç raporuna göre dünya çapında 175 milyon (dünya nüfusunun %3.5'i) uluslararası göçmen vardır ve kadınlar tüm göçmenlerin yaklaşık olarak yarısını oluşturmaktadır (Sharpe, 2002:1; Jolly, Reeves, 2005:1). Türkiye'de ise 1985-1990 yılları arasında göç eden nüfusun %45.12'sini, 1990-2000 yılları arasında %45.56'sını kadınlar oluşturmuştur (TÜİK, 2012: 20). 2010 yılına gelindiğinde göç edenler içerisinde yer alan kadınların oranı %49.73'lere yükselmiştir (TOOB, 2011).

Kadınlara özgü nitelenen göç türlerinin başında, itici ve çekici faktörlerin etkisi olmadan kadının, herhangi bir sebeple göç eden ailenin erkek üyesini aile içindeki yerine bağlı olarak takip etmesi şeklinde tanımlanan bağlantılı göç gelmektedir. (İlkkaracan, İlkkaracan, 1998: 3; Buz, 2009: 43).

Kadının göç nedenlerinden bir diğeri ise, kadının evlilik kararı ile eşi olacak kişinin yaşadığı yere gitmesidir ki bu literatürde evlilik göçü olarak adlandırılmaktadır. Özellikle kırdan kente göç sürecinde iletici bir faktör olan evliliğin genç kızların kentsel hayat yaşama arzusu ile sırf köyden kurtulmak için kentte yaşayan veya yaşamaya başlayacak olan erkeklerle evlenmesi, evliliği göç aracı olarak kullanması ise göç için evliliktir (Yılmaz, 2009: 223). Günümüzde televizyonda yer alan dizi ve programlar ile yazılı basında çıkan haberlerin bireyler üzerinde kent hayatını özendirici etkisinin olması, göç için yapılan evliliklerde artıcı faktörler olarak öne çıkmaktadır.

Günümüzde ise kadınların kendilerini daha özgür hissetmeye başlaması ve kendilerine güvenlerinin artmasıyla başka yerlerde daha iyi çalışma koşulları elde etmek, çalıştığı kurumlarda daha iyi yerlere gelebilmek ya da farklı şehirlerde yaşama arzuları da kadın göçünün önemli nedenleri arasında yer almaya başlamıştır.

Göç edilen yerdeki iş ve eğitim gibi olanaklara kadınların erişimi, yaşanılmaya başlanan bölgedeki halkın kadınlara karşı tutumu, hane içerisindeki yaşam standartlarındaki değişiklikler ise göç etmiş olan kadınların yeni çevrelerine uyumlarını olumlu ve ya olumsuz etkileyen ana etkenlerdir (İlkkaracan, İlkkaracan, 1998: 4).

Göç dinamiklerini etkileyen faktörler daha çok sosyal, ekonomik ve psikolojik açılardan değerlendirilmiş olup, göç olgusunu cinsiyet farklılıkları ile birlikte ortaya koyan araştırmalar az sayıdadır. Yapılan çalışmalar incelendiğinde 1990'lardan sonra küreselleşmenin etkisi ve kadın politikasının ortaya çıkmasıyla kadınların göç sürecindeki yerleri ve durumları dikkate alınmaya başlamıştır. Türkiye'de yapılan araştırmalar da ise kadın açısından göç, genellikle 'evlilik göçü' olarak ele alınmakta, kadınların göç deneyimleri ise daha çok "aile", "işgücü" ve "sağlık" çerçevesinde değerlendirilmektedir. Türkiye'de göçü cinsiyet ayrımı ile ele alan, göç eden kadın üzerine yapılan bazı araştırmalar incelendiğinde;

Pınar ve İpek İlkkaracan'ın 1998 yılında yayınlanan '1990'lar Türkiye'sinde Kadın ve Göç' çalışmalarında Ümraniye örneklemini oluşturan 530 kadından %24'ünün, Doğu örneklemini oluşturan 599 kadından %17.3'ü en az bir kez göç etmiştir. İki bölgede de göç nedenlerinin en başında ekonomik nedenler gelmektedir. Bekâr kadınların %23.9'u tek başına göç ederken, evli kadınlar arasında %78.9'u çekirdek aile ile göç etmiştir ve evli kadınların çoğunluğunun göç kararında söz hakkı olmamıştır. Kadının eğitim düzeyi ile göçün maddi durum ve aynı zamanda kadının sağlığı üzerindeki etkisi ters orantılıdır.

1998 Nüfus ve Sağlık Araştırması verilerini kullanarak kadın göçünü inceleyen Özbay ve Yücel aynı zamanda göç eden ve göç etmeyenlerin evlilik ve doğurganlık davranışlarını da karşılaştırmışlardır. Bölgeler arası karşılaştırmada kadınlar arasındaki göç örüntüleri değişiklik göstermekte ve kadınlar en çok batıya ve en az da Karadeniz bölgesine göç etmektedir. Elde edilen en önemli sonuçlardan biri de evliliğin, göçte kadınlar için bir dezavantaj olmasıdır (2001).

Buz (2007)'de temel amacı sığınmacı kadınlar boyutunda kadın ve göç ilişkisinin incelenmesi olan çalışmasında, İran ve Somali'den gelen sığınmacılarla çalışmıştır. Araştırmaya göre, sığınmacı kadınlar tek başlarına göç etmekte ve göç nedenlerinin başında şiddet ve zulüm deneyimi gelmektedir. Sığınmacı kadın ve göç ilişkisinde kadınların görünmez olmadığı, çok katmanlı ve farklılıkları barındıran bir süreç olduğu ortaya konulmaktadır.

Özgür ve Aydın (2011) kadın ve erkek açısından evlilik ve göç ilişkisini, mekânsal veri analizi tekniklerini kullanarak inceledikleri çalışmalarında; kuzey ve merkezi bölgelerde dışarıya kadın, batı bölgelerde ise dışarıya erkek evlilik göçünün pozitif mekânsal otokorelasyon gösterdiği sonucuna ulaşmışlardır. Dışarıya erkek evlilik göçünde düşük-düşük ilişkiye sahip olan iller, güneydoğu ile doğu alanına düşen illerde toplanmıştır. Sonuç olarak, Türkiye'de evlilik nedeniyle göç edenlerin büyük çoğunluğunu kadınların oluşturduğu gözlemlenmiştir.

Keskin'in (2016) 'Göç Olgusuna Kadının İşgücüne Katılımının Panel Veri Analizi İle İncelenmesi' isimli çalışmasında göç döneminde kadının işgücüne katılımının incelenmesi amaçlanmıştır. 2008-2015 yılları arasında Düzey 2 için kullanılan verilerle panel veri analizi gerçekleştirilmiş ve kadının işgücüne katılımı ile net göç hızı arasında ters yönlü bir ilişki olduğu sonucu elde edilmiştir.

Materyal ve Yöntem

Bu çalışmanın amacı, öncelikle kadınların göç edip etmeme olasılığını etkileyen faktörleri ve sonrasında küçük yerleşim yerlerinden büyük yerleşim yerlerine, büyük yerleşim yerlerinden küçük yerleşim yerlerine şeklinde tanımlanan dikey göç hareketi ile bucaktan bucağa, ilçeden ilçeye ve ilden ile şeklinde tanımlanan yatay göç hareketinin kadınlar açısından belirleyicilerini ortaya koymaktır.

Çalışmada Hacettepe Üniversitesi Nüfus Etütleri Enstitüsünün gerçekleştirmiş olduğu 2013 yılı Türkiye Nüfus ve Sağlık Araştırması veri seti kullanılarak15-49 yaş aralığında ki 9558 kadın ile çalışılmıştır.

Çalışmada öncelikle kadınların göç edip etmeme olasılığını etkileyen faktörlerin araştırılması için iki durumlu logit model kullanılmıştır. Kadınların göç etme olasılığının incelendiği Tablo 4'deki ilk modelde, 15-49 yaş aralığındaki kadınlara sorulan "12 yaşınızı bitirdikten sonra yaşadığınız yerleşim yerini en az 6 ay süre ile hiç değiştirdiniz mi?" sorusu bağımlı değişken olarak kullanılmıştır. Kullanılan açıklayıcı değişkenler ise; 12 bölge sınıflaması, kadının çalışıp çalışmaması, medeni durum, eğitim durumu, yaş, yaşın karesi, anadil ve 5 kategorili refah seviyesidir. Refah düzeyi, en düşük, düşük, orta, yüksek ve en yüksek refah düzeylerinden oluşmaktadır. Refah seviyesi ile ilgili olan soru, anketin yapıldığı dönemde ki refah seviyesi ile ilgilendiği için, kadınların 2013 yılında bulundukları refah düzeylerinin, göç etmeden önceki refah düzeylerine benzemesi, refah seviyelerinde çok büyük farklılıklar olmadığı varsayımı üzerinden yapılmıştır.

Yatay ve dikey göç hareketlerinin incelendiği Tablo 9'daki ikinci modelde bağımlı değişken "12 yaşına kadar en uzun süreyle nerede yaşadınız?" ve "Halen yaşamakta olduğu yerleşim yeri" soruları dikkate alınarak oluşturulmuştur. Bağımlı değişkende kategoriler birleştirilmemiş ve anket sorusundaki orijinal haliyle modellenerek, durum saptaması yapılmıştır. Yatay ve dikey hareketlerin belirleyicilerinin araştırıldığı bu ikinci modelde kullanılan açıklayıcı değişkenler, birinci modelden farklı olarak beş bölge sınıflaması ve refah seviyesi için 3 kategorili refah seviyeleri oluşturulmuştur.

Uygulama

15-49 yaşları arasındaki evli kadınlardan göç edenlerin göç olasılığını etkileyen faktörlerin araştırıldığı ilk modelde, göç olasılığı, göç edenler için 1, göç etmeyenler için 0 değerlerini almaktadır ve bu değişkene ait dağılımlar Tablo 1'de sunulmuştur.

Tablo 1: Bağımlı Değişkene Ait Dağılımlar

Göç Durumu	Aldığı Değerler	Frekans	Yüzde
Göç Etmedi	0	4678	48.94
Göç Etti	1	4880	51.06

Tablo 1 incelendiğinde, 15-49 yaş arasında yer alan kadınların %48.94'ü 12 yaşını bitirdikten sonra yaşadıkları yerleşim yerini en az 6 ay süreyle hiç değiştirmemiştir. 12 yaşını bitirdikten sonra yerleşim yerini en az bir kez değiştirenlerin oranı ise %51.06'dır.

Göç eden 4880 kadının, göçün gerçekleştiği yaştaki dağılımları aşağıdaki grafikte verilmiştir. Göç edilen yaşlara göre dağılım incelendiğinde göçün daha çok genç yaşlarda 15-19 yaş aralığında gerçekleştiği görülmektedir. 25 yaşından sonra ise göç eden kadınların oranının azaldığı dikkat çekmektedir.

Grafik 1: Göç Eden Kadınların Yaşlara Göre Dağılımı

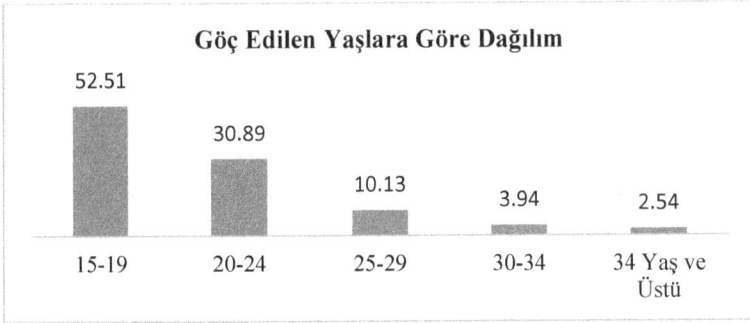

Göç Edilen Yaşlara Göre Dağılım

15-19	20-24	25-29	30-34	34 Yaş ve Üstü
52.51	30.89	10.13	3.94	2.54

1950'li yıllarda ekonomik, siyasal ve kültürel alanlarda meydana gelen değişim ve dönüşümlerle göç hareketi başlamış, 1980'lerin sonunda gerçekleşen sosyo-ekonomik dönüşümlerle ve 1990'larda yaşanan krizlerle göç oranları artış göstermiştir. Aşağıda kadınların, göç ettiği dönemlere göre verilen dağılım incelendiğinde, 1980'den sonra göç eğilimi artış göstermeye başlamakta ve 2001-2010 yılları arasında göç eden kadınların oranı %38.82'ye çıkmaktadır.

Grafik 2: Kadınların Göç Ettikleri Dönemlere Ait Dağılım

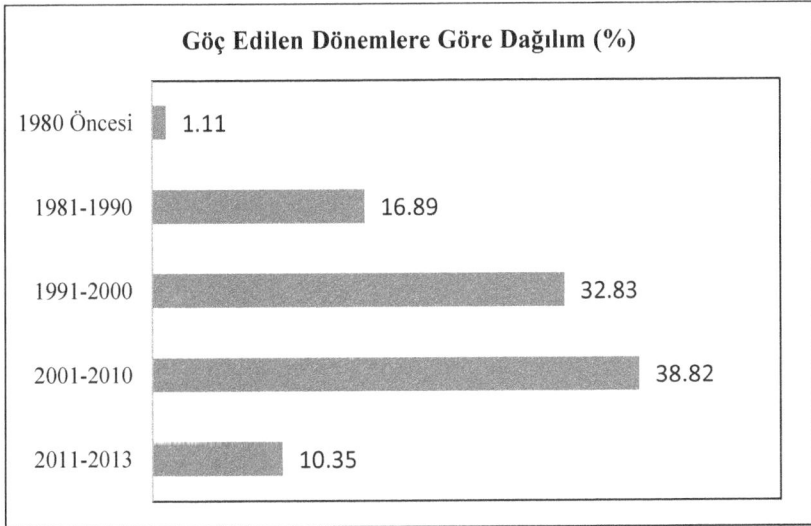

Göç Edilen Dönemlere Göre Dağılım (%)

Dönem	Oran
1980 Öncesi	1.11
1981-1990	16.89
1991-2000	32.83
2001-2010	38.82
2011-2013	10.35

Genel anlamda göçün ya da kadın göçünün araştırılmasında önemli yer tutan bir nokta göç etmeye neden olan etkenlerdir. Günümüzde her ne kadar göçmenler arasında kadınların oranı artış gösteriyor, göç kadınlaşıyor mu denilse de, aslında kadınlara özgü nitelenen göçün en önemli nedenini Tablo 2'den de görülebileceği gibi evlilikler oluşturmaktadır. Türkiye'de evlilik ve eğitim nedeniyle gerçekleştirilen göçler sırasıyla %51.98 ve %13.83'dür. Kadınların %8.87'si göç eden erkekleri takip eden kadınların hareketini tanımlayan bağlantılı göç niteliğindedir. Diğer nedenleri ise, Sağlık nedenleri, eşin ve ya ebeveynin ölmesi/boşanması, kişisel, ailevi ve eşle ilgili diğer nedenler oluşturmaktadır ve oranı %8.24'tür.

Tablo 2: Göç Nedenlerine Göre Dağılım (%)

Evlilik	51.98
Eğitim	13.83
Eşin ya da Ebeveyninin yanına gitmek	4.69
Kişisel Ekonomik Nedenler	5.39
Eşle İlgili Ekonomik Nedenler	8.87
Ailevi Ekonomik Nedenler	5.72
Güvenlik Nedenleri	1.28
Diğer Nedenler	8.24

Model yorumlarına geçilmeden önce kadınların göç etme olasılığının araştırılmasında kullanılan bağımsız değişkenlere ait tanımlayıcı istatistikler Tablo 3'de verilmiştir:

Tablo 3: Açıklayıcı Değişkenlere Ait Tanımlayıcı İstatistikler

Değişken	Ortalama	Standart Sapma	Değişken	Ortalama	Standart Sapma
12 Bölge Sınıflaması			Medeni Durum		
İstanbul	0.0849550	0.2788293	Bekar*	0.262084	0.4397912
Batı Marmara	0.0547186	0.227442	Evli	0.699414	0.4585368
Ege	0.0681105	0.2519486	Dul/Boşanmış/ Ayrı Yaşıyor	0.038502	0.1924143
Doğu Marmara	0.0643440	0.2453776	Eğitim Durumu		
Batı Anadolu	0.0736556	0.0736556	Eğitimi Yok*	0.111007	0.3141566
Akdeniz	0.1354886	0.3422626	İlkokul Mezunu	0.372881	0.4835962
Orta Anadolu*	0.0741787	0.2620752	Ortaokul Mezunu	0.149404	0.3565045
Batı Karadeniz	0.0821302	0.2745773	Lise Mezunu	0.209353	0.4068684
Doğu Karadeniz	0.0850596	0.278985	MYO/Üniversite/ YL/Doktora	0.157355	0.3641543
Kuzeydoğu Anadolu	0.0784683	0.2689212	Refah Seviyesi		
Ortadoğu Anadolu	0.0799330	0.2712037	En Düşük*	0.213852	0.4100452
Güneydoğu	0.1189579	0.323756	Düşük	0.224524	0.4172903
Yaş	31.135170	9.802621	Orta	0.203913	0.4029261
Yaşkare	1065.48	623.5401	Yüksek	0.186127	0.3892293
Anadil (1:Türkçe; 0:Diğer)	0.7736974	0.4184591	En Yüksek	0.171584	0.3770382
Çalışma Durumu (1:Çalıştı; 0:Çalışmadı)	0.5276208	0.4992626			

Not: * Temel Sınıfı Göstermektedir.

Araştırmaya katılan kadınların ortalama yaşı 31.14'tür ve yaklaşık %70'i evlidir. 12 bölge sınıflaması dikkate alınarak incelendiğinde, kadınların %14'ünün

Akdeniz'de, %12'sinin Güneydoğu'da, %5.4'ünün ise Batı Marmara'da yaşadığı görülmektedir. Kadınların %77.4'ünün anadili Türkçe iken, geri kalan %22.6'sının kürtçe, arapça ve diğer dillerdir. 15-49 yaş arasında yer alan kadınların çoğu ilkokul mezunu iken, hiç eğitimi olmayanların oranı %11'dir. Anketin yapıldığı 2013 yılında, kadınların %22'si düşük refah seviyesinde yer alırken, %20'si orta ve %17'si düşük refah seviyesinde yer almaktadır.

Çalışmada öncelikle kadınların göç edip etmeme olasılığını etkileyen faktörlerin araştırılması için iki alternatif arasından bir seçim yapıldığını varsayan iki durumlu lojistik regresyon modeli (logit model) kullanılmıştır.

Çalışmada, bağımlı değişken olan göç durumu için, kadın göç eylemini gerçekleştirdiyse 1, göç etmediyse 0 değerini almıştır. Göçün belirleyicileri, göç etme olasılığının, göç etmeme olasılığına bölünmesi ile elde edilen odds ratio (OR) oranlarına göre yorumlanmıştır. OR değerinin birden büyük olması göç etme olasılığının artması, 1'den küçük olması ise göç etme olasılığının azalması şeklinde yorumlanmaktadır. Temel sınıf, bekar olup en düşük refah seviyesinde yer alan, eğitimi olmayan, Orta Anadolu'da yaşayan, anadili Türkçe olmayan ve 12 yaşından bu yana en az 6 ay süreyle hiçbir işte çalışmayan kadınlardır.

Tablo 4: Logit Model Tahmin Sonuçları

Bağımlı Değişken: Göç Etme Durumu (1: Göç Etti, 0: Göç Etmedi)							
Değişkenler	Katsayılar	z	OR		Katsayılar	z	OR
12 Bölge Sınıflaması (Orta Anadolu)							
Güneydoğu	-0.1905816	-1.75**	0.826478	**Çalışma Durumu** (Çalışmayanlar)			
Batı Anaolu	-0.0364706	-0.32*	0.964186	Çalışanlar	0.212615	4.41	1.236909
Akdeniz	0.1201109	1.19*	1.127622	**Medeni Durum** (Bekar)			
Ortadoğu Anadolu	0.1372086	1.17*	1.147067	Evli	1.249484	15.75	3.488541
İstanbul	0.3018159	2.66	1.352312	Dul/Boşanmış /Ayrı Yaşıyor	1.098578	8.2	2.999896
Kuzeydoğu Anadolu	0.4016348	3.43	1.494266	**Eğitim Durumu** (Eğitimi Yok)			
Ege	4405848	3.77	1.553615	İlkokul Mezunu	-0.23875	-2.91	0.787615
Doğu Marmara	0.4504181	3.76	1.568968	Ortaokul Mezunu	-0.25046	-2.45	0.778446
Doğu Karadeniz	0.7123792	6.28	2.038836	Lise Mezunu	-0.33869	-3.22	0.712702
Batı Karadeniz	0.8243859	7.26	2.28048	MYO/Üniversite /YL/Doktora	0.538096	4.62	1.712743
Batı Marmara	0.8541377	6.66	2.349348	**Refah Seviyesi** (En düşük Refah)			
Yaş	0.1465518	7.14	1.157835	Düşük	0.287557	4.14	1.333166
Yaş Kare	-0.0019235	-6.42	0.998078	Orta	0.396178	5.29	1.333166
Anadil (Kürtçe/Arapça/Diğer)				Yüksek	0.416327	5.16	1.516381
Türkçe	*0.4J44/ /J	*J.JJ	0.03170	En Yüksek	0.26046	2.79	1.284616

Not: * %5 önem seviyesinde anlamsızdır. ** %10 önem seviyesinde anlamlıdır. Diğer tüm katsayılar %5 önem seviyesinde anlamlıdır. Parantez içerisinde yer alan değerler temel sınıftır.

Tablo 4'te bölgeler değerlendirildiğinde Orta Anadolu bölgesine göre İstanbul, Kuzeydoğu Anadolu, Ege, Doğu Marmara, Doğu Karadeniz, Batı Karadeniz ve Batı

Marmara'ya kadınların göç etme olasılığının daha fazla, Güneydoğu Anadolu'ya kadınların göç etme olasılığının ise daha az olduğu görülmektedir. Anadili Türkçe olan kadınların, olmayan kadınlara göre göç etme olasılığı daha azdır.

Yaşın göç kararı üzerinde anlamlı ve pozitif bir etkisi vardır. Yaş arttıkça göç olasılığı artmaktadır, fakat ilerleyen yaşlarda göç etme olasılığı azalmaktadır ve kişiler göç etmek istememektedir. Bu da karesel katsayıdan görülmektedir.

12 yaşından bu yana en az 6 ay süreyle gelir getirsin veya getirmesin bir işte çalışan kadınların göç etme olasılığı, çalışmayanlara göre daha fazladır. Medeni durumun göç kararı üzerinde anlamlı ve pozitif bir etkisi vardır. Evli kadınların bekarlara göre göç etme olasılığı 3.49 kat daha fazla iken, dul, boşanmış ya da ayrı yaşayanların göç etme olasılığı 3 kat daha fazladır.

Eğitim seviyesinin, göç üzerinde anlamlı bir etkisi vardır. İlkokul, ortaokul ve lise eğitimini tamamlamış kadınların göç etme olasılığı eğitimi olmayanlara göre azalırken, yüksekokul, üniversite ve lisansüstü eğitimi almış ve tamamlayan kadınların daha iyi istihdam olanakları için göç etme olasılığı artmaktadır.

Çalışmanın ikinci bölümünde bu kez küçük yerleşim yerlerinden büyük yerleşim yerlerine, büyük yerleşim yerlerinden küçük yerleşim yerlerine şeklinde tanımlanan dikey göç hareketi ile bucaktan bucağa, ilçeden ilçeye ve ilden ile şeklinde tanımlanan yatay göç hareketi bağımlı değişken olarak alınmıştır ve çok durumlu (multinomial) logit model kullanılmıştır.

Tablo 5: Çok Durumlu Logit Model İçin Bağımlı Değişkene Ait Dağılımlar

Göç Durumu	Frekans	Yüzde
Göç Etmedi	4678	48.94
Küçük Yerleşim Yerinden Büyük Yerleşim Yerine Göç Edenler	266	2.78
Büyük Yerleşim Yerinden Küçük Yerleşim Yerine Göç Edenler	97	1.01
Bucaktan Bucağa Göç Edenler	2380	24.9
İlçeden İlçeye Göç Edenler	1081	11.31
İlden İle Göç Edenler	1056	11.05

İlçeden ile, bucaktan[13] ile, bucaktan ilçeye göç edenleri ifade eden küçük yerleşimden büyük yerleşime göç edenlerin oranı %2.78, ilden ilçeye, ilden bucağa, ilçeden bucağa göç edenleri ifade eden büyük yerleşimden küçük yerleşime göç edenlerin oranı %1.01, bucaktan bucağa göç edenlerin oranı %24.9, ilçeden ilçeye göç edenlerin oranı %11.31 ve ilden ile göç edenlerin oranı %11.05'tir. Burada özellikle büyük yerleşim yerlerinden küçüğe göç edenlere bakıldığında oranın az olması (% 1 civarı), bu kategorideki model katsayılarından (Tablo 9) bazılarını elbette olumsuz etkilemiştir. Buna rağmen ilk haliyle sonuçların görülmesi de önemlidir.

Tablo 9'daki model yorumlarına geçilmeden önce yukarıda kullanılan bağımsız değişkenlere ait tanımlayıcı istatistikler Tablo 6'da verilmiştir

---

[13] 1949'da kabul edilen 5442 sayılı İl İdaresi Kanunu'na göre bucak "coğrafya, ekonomi, güvenlik ve mahalli hizmet bakımlarından aralarında münasebet bulunan kasaba ve köylerden meydana gelen bir idare bölümü" olarak tanımlanmıştır.

Tablo 6: Açıklayıcı Değişkenlere Ait Tanımlayıcı İstatistikler

Değişken	Ortalama	Standart Sapma	Değişken	Ortalama	Standart Sapma
5 Bölge Sınıflaması			**Eğitim Durumu**		
Batı*	0.2469136	0.4312386	Eğitimi Yok*	0.111007	0.3141566
Güney	0.1354886	0.3422626	İlkokul Mezunu	0.372881	0.4835962
Kuzey	0.1479389	0.355058	Ortaokul Mezunu	0.149404	0.3565045
Doğu	0.2773593	0.4477188	Lise Mezunu	0.209353	0.4068684
Orta Anadolu	0.1922996	0.3941278	MYO/Üniversite/ YL/Doktora	0.157355	0.3641543
Anadil (1: Türkçe; 0: Diğer)	0.7736974	0.4184591	**Refah Seviyesi**		
Çalışma Durumu (1: Çalıştı;0: Çalışmadı)	0.5276208	0.4992626	Düşük*	0.4383762	0.4962139
Medeni Durum			Orta	0.203913	0.4029261
Bekar*	0.262084	0.4397912	Yüksek	0.3577108	0.4793515
Evli	0.699414	0.4585368	**Yaş**	31.13517	9.802621
Dul/Boşanmış/ Ayrı Yaşıyor	0.038502	0.1924143	**Yaşkare**	1065.48	623.5401

Araştırmaya katılan kadınların ortalama yaşı 31.14'tür ve yaklaşık %70'i evlidir. Logit modelde yer alan bölge sınıflamasından farklı olarak 5 bölge sınıflaması dikkate alınarak incelendiğinde, kadınların %27'sinin doğuda, %25'inin batıda, %14'ünün güneyde yaşadığı görülmektedir. Kadınların %77.4'ünün anadili Türkçe iken, geri kalan %22.6'sının kürtçe, arapça ve diğer dillerdir. 15-49 yaş arasında yer alan kadınların çoğu ilkokul mezunu iken, hiç eğitimi olmayanların oranı %11'dir. Anketin yapıldığı 2013 yılında, 5 kategorili olan refah seviyesi en düşük ve düşük birleştirilerek 'düşük', en yüksek ile yüksek birleştirilerek 'yüksek' refah seviyeli oluşturulmuştur ve kadınların %49'u düşük refah seviyesinde yer alırken, %48'i yüksek refah seviyesinde yer almaktadır.

Tablo 7: Hausman Tipi IIA Test İstatistikleri

Modelden Çıkartılan Alternatif	Chi2 değeri	p>chi2	Karar
Küçükten Büyüğe	0.032	1.000	H_0 reddedilemez
Büyükten Küçüğe	3.061	1.000	H_0 reddedilemez
Bucak-Bucak	-36.337	-------	
İlçe-İlçe	-27.798	-------	
İl-İlçe	-5.474	-------	

Maksimum benzerlik yönteminin kullanıldığı çok durumlu logit model tahmininin en önemli kısıtı İlişkisiz Alternatiflerin Bağımsızlığı (IIA) varsayımıdır. IIA varsayımının temelini oluşturan, herhangi iki alternatifin tercih edilme olasılıklarının birbirine oranının, tercih kümesinde başka alternatiflerin bulunup bulunmamasından bağımsız olması dikkate alındığında tahminlenen model için varsayımın sağlanıp sağlamadığı test edilmiştir. Hausman-Tipi IIA test istatistiğiyle IIA varsayımı sağlanamamış olup, Small-Hsiao IIA testiyle varsayım sağlanmıştır. (McFadden, 1984; 1442, Greene, 2003:724, Vijverberg, 2011: 6)

Yatay hareketlere ait ki-kare değerinin negatif çıkması Hausman-Tipi IIA testinin asimtotik varsayımlarını sağlamamaktadır ve Small ile Hsiao(1985) tarafından geliştirilen Small Hsiao testini uygulamak gerekmektedir (Cheng, 2007: 587; Güneş, 2009: 84-85)

Tablo 8: Small-Hsiao IIA Test İstatistikleri

Modelden Çıkartılan Alternatif	Chi2 değeri	p>chi2	Karar
Küçükten Büyüğe	70.942	0.380	H₀ reddedilemez
Büyükten Küçüğe	71.833	0.352	H₀ reddedilemez
Bucak-Bucak	61.976	0.683	H₀ reddedilemez
İlçe-İlçe	78.186	0.187	H₀ reddedilemez
İl-İlçe	82.329	0.114	H₀ reddedilemez

İki alternatif arasındaki fark oranı diğer alternatiflerden bağımsızdır hipotezi reddedilemediği, hem dikey hem de yatay hareketler için IIA varsayımı sağlandığı ve tercih kümesindeki alternatifler birbirinden bağımsız olduğu için çok durumlu logit model yorumlarına geçilebilir. Temel sınıf göç etmeyen, batıda yaşayan bekar, eğitimi olmayan, çalışmayan ve düşük refah seviyesinde yer alan kadınlardır. Aşağıda, Tablo 9'da çok durumlu logit model tahmin sonuçları yer almaktadır.

Bölge durumlarına bakıldığında, özellikle bucaktan bucağa, ilçeden ilçeye ve ilden ile olan yatay göç hareketinde göç etmeyenlere göre doğu ve orta Anadolu'nun batı bölgesine göre daha az göç verdiği görülmektedir. Dikey hareketlilik olan küçükten büyüğe ve büyükten küçüğe göçte kuzey bölgesinin batı bölgesine göre göç verme olasılığı daha fazladır.

Anadili Türkçe olanların, olmayanlara göre küçük yerleşim yerlerinden büyük yerleşim yerlerine, bucaktan bucağa ve ilçeden ilçeye göç etme olasılığı daha azdır. Anadilin büyük yerleşim yerlerinden küçük yerleşim yerlerine ve ilden ile göç etme olasılığı üzerinde anlamlı bir etkisi yoktur.

Çalışma durumunun ilçeden ilçeye göç etme olasılığı üzerinde bir etkisi yokken; çalışanların çalışmayanlara göre küçük yerleşim yerlerinden büyük yerleşim yerlerine göç etme olasılığı daha fazladır. Büyük yerleşim yerlerinde iş olanaklarının küçük yerleşim yerlerine göre daha fazla olması bu yerleşim yerlerini göç için çekici hale getirmektedir.

Medeni durumun göç edilen yerler üzerinde anlamlı ve pozitif bir etkisi vardır. Bucaktan bucağa gerçekleştirilen göç hareketi incelendiğinde evlilerin, bekarlara göre göç etme olasılığı daha fazladır. Dul, boşanmış ya da ayrı yaşayan kadınların bekarlara göre, ilden ile göç etme olasılığı daha fazladır.

Eğitim durumunda ise, beklenildiği gibi yatay ve dikey her iki göç hareketinde de- bucaktan bucağa hariç- ön lisans, lisans ve lisansüstü mezunlarının göç etme olasılıklarının daha fazla olduğu açıkça görülmektedir.

Refah seviyesinin küçük yerleşim yerlerinden büyük yerleşim yerlerine göç etme üzerinde anlamlı bir etkisi yokken, ilçeden ilçeye ve ilden ile göç etme olasılığı üzerinde pozitif etkisi vardır. Yüksek refah seviyesinde yer alanların, düşük refah seviyesinde yaşayanlara göre bucaktan bucağa göç etme olasılığı daha azdır.

Yaşın ve yaş karenin büyük yerleşim yerlerinden küçük yerleşim yerlerine göç etme olasılığı üzerinde anlamlı bir etkisi yoktur. Yaş arttıkça küçük yerleşim yerlerinden büyük yerleşim yerlerine ve dikey hareketlerle göç etme olasılığı artış göstermektedir.

Tablo 9: Çok Durumlu Logit Model Tahmin Sonuçları

Bağımlı Değişken	Küçükten Büyüğe Göç		Büyükten Küçüğe Göç		Bucaktan Bucağa Göç		İlçeden İlçeye Göç		İlden İle Göç	
Değişkenler	RRR	z	RRR	z	RRR	z	RRR	z	RRR	z
5 Bölge Sınıflaması (Batı)										
Kuzey	1.4719	2.00	1.6740	1.71	1.5524	4.82	1.1445	1.18	1.0709	0.58
Güney	0.6165	-2.08	0.9891	-0.03	0.5395	-6.31	0.9029	-0.88	0.8949	-0.91
Doğu	0.6408	-2.16	0.7564	-0.82	0.5694	-6.33	0.7036	-3.16	0.8200	-1.73
Orta Anadolu	0.6756	-1.93	0.617	-1.43	0.6667	-4.68	0.6507	-3.95	0.8547	-1.49
Anadil										
Türkçe	0.4727	-3.82	0.7573	-0.82	0.6715	-4.87	0.5567	-5.33	0.8514	-1.26
Çalışma Durumu										
Çalışıyor	1.6092	3.28	1.4869	1.7	1.2086	3.25	1.0150	0.19	1.1479	1.7
Medeni Durum										
Evli	2.7388	4.44	3.3566	3.08	4.3202	12.78	3.2479	9.41	2.4707	7.51
Dul/Boşanmış/Ayrı Yaşıyor	2.5985	2.53	3.5007	2.08	2.8813	5.93	2.6945	4.56	3.6388	6.52
Eğitim Durumu										
İlkokul Mezunu	0.6661	-1.78	1.5098	0.87	0.8538	-1.79	1.0662	0.43	0.9002	-0.58
Ortaokul Mezunu	0.9908	-0.03	1.7426	1.02	0.5351	-5.24	1.7729	3.31	1.7497	2.77
Lise Mezunu	0.9747	-0.09	1.4719	0.7	0.3087	-9.03	1.9059	3.73	2.1999	3.96
MYO/Lisans /Lisansüstü	2.4143	2.96	2.8359	1.82	0.3814	-6.18	4.4617	8.14	6.2089	8.85
Refah Seviyesi										
Orta	1.1071	0.54	1.3275	0.94	1.0246	0.33	1.7958	5.73	1.7152	4.76
Yüksek	1.1507	0.78	1.5895	1.65	0.7029	-4.58	1.7138	5.43	2.2529	7.73
Yaş	1.1745	2.60	1.1081	1.02	1.0881	3.18	1.2402	6.34	1.2085	5.53
Yaşkare	0.9979	-2.31	0.9986	-0.93	0.9989	-2.75	0.9971	-5.83	0.9974	-4.99

Sonuç

Kadınların medeni durumunun hem göç kararı hem de gerçekleştirmiş oldukları yatay ve dikey göç hareketleri üzerinde önemli bir etkisi vardır. Anket sonuçlarına bakıldığında %50'lere varan bir kadın göçünden bahsedilmektedir. Fakat 'göçün kadınlaşması' kavramından uzak bir şekilde kadınların özellikle birine bağlı ya da bağımlı olarak göç etmesi ve evli kadınların göç etme olasılığının fazla olması aslında, %50'lik kısmın çok azının kadınlaşan göç olduğunu göstermektedir.

Refah seviyesinin küçük yerleşim yerlerinden büyük yerleşim yerlerine göç eden kadınlar üzerinde anlamlı bir etkisi bulunmamaktadır. Refah seviyesi düşük olan kadınların ailesiyle birlikte göç etmesinin yanında diğer aile bireylerinin göç etme hareketini gerçekleştirmesi ve buna uyum sağlaması bu sonucun anlamsız olmasına neden olabilmektedir.

Yaşın büyük yerleşim yerlerinden küçük yerleşim yerlerine göç etme üzerinde anlamlı bir etkisinin olmaması beklenen bir durumdur. Yaş arttıkça kişiler göç etmek istememekte, ancak genç yaşlarda daha iyi yaşam koşullarının olduğu iş bulma olanağının olduğu yere göç etmek istemektedir.

TÜİK'in yayınlamış olduğu göç istatistiklerine ait mikro veriyi paylaşmaması ve Nüfus ve Sağlık Araştırmasında kadın göçü ile ilgili olan modül de yer alan temel sorunun 12 yaşından itibaren olması ve yaşanılan yerleşim yerinin en az 6 ay süreyle değiştirilmiş olması çalışmaları kısıtlamaktadır.

Sosyolojik açıdan göçün kadınlaşmasının incelenmesi ve değerlendirilebilmesi için kadın ve göçü birlikte ele alan yaklaşımlarla yapılan çalışmalara ve bu çalışmalardan hareketle ulusal düzeyde daha kapsamlı olarak gerçekleştirilecek anketlere ihtiyaç vardır

Türkiye'de kadın göçünün belirleyicilerinin ortaya koyulmasında dikey göç hareketlerinin (küçük yerleşim yerinden büyük yerleşim yerine göç) ve yatay göç hareketlerinin (bucak-bucak, ilçe-ilçe, il-ilçe) veriler yardımıyla modellendiği bir çalışma olmaması dolayısıyla bu çalışma göç literatürüne önemli bir katkı sağlayacaktır.

Kaynakça

Buz, S. (2007). Göçte Kadınlar:Feminist Yaklaşım Çerçevesinde Bir Çalışma. *Toplum ve Sosyal Hizmet, 18*(2), 37-50.

Buz, S. (2009). Göç ve Kentleşme Sürecinde Kadının "Görünürlüğü". *Aile ve Toplum, 5*(17), 40-50.

Cheng, S. (2007). Testing for IIA in the Multinomial Logit Model. *Sociological Methods&Research, 35*(4), 583-600.

Çakır, S. (2011). Geleneksel Türk Kültründe Göç ve Toplumsal Değişme. *SDÜ Fen Edebiyat Fakültesi Sosyal Bilimler Dergisi*(24), 129-142.

Erol, M., & Ersever, O. (2014). Göç Krizi ve Göç Krizine Müdahale. *KHO Bilim Dergisi, 24*(1), 47-68.

Greene, W. H. (2003). *Econometric Analysis*. New Jersey: Prectice Hall.

Gujarati, D. (1995). *Basic Econometrics*. New York: McGraw-Hill Companies.

Güneş, C. (2009). *Türkiye'de Hanelerin Konut Tercihi: Ekonometrik Yaklaşım*. Yüksek Lisans Tezi. Dokuz Eylül Üniversitesi Sosyal Bilimler Enstitüsü. İzmir.

Gürbüz, Ş. (2006). Kırdan Kente Zorunlu Göçün Nedenleri ve Sonuçları. *8-11 Aralık Uluslararası Göç Sempozyumu*. İstanbul: Sistem Matbaacılık.

IOM, Uluslar Arası Göç Örgütü, (2009). *Göç Terimleri Sözlüğü*. İsviçre: Uluslararası Göç Örgütü.

İçduygu, A., Erder, S., & Gençkaya, Ö. (2014). *Türkiye'nin Uluslararası Göç Politikaları, 1923-2013: Ulus-devlet Oluşumundan Ulus-Ötesi Dönüşümlere*. İstanbul: MİReKoc Araştırma Raporları 1/2014.

İçduygu, A., Sirkeci, İ., & Aydıngün, İ. (1998). *Türkiye'de İçgöç ve İçgöçün İşçi Hareketine Etkisi.* İstanbul: Tarih Vakfı Yayını.

İçişleri Bakanlığı, (2013). *Türkiye ve Göç Yönetimi.* Ankara: Göç İdaresi Genel Müdürlüğü.

İlkkaracan, P., & İlkkaracan, P. (1998). 1990'lar Türkiye'sinde Kadın ve Göç. D., *75 Yılda Köylerden Şehirlere* (s. 305-322). İstanbul: Tarih Vakfı Yayınları.

Işık, Ş. (2005). Türkiye'de Kentleşme ve Kentleşme Modelleri. *Ege Coğrafya Dergisi, 14*(1-2), 57-71.

Jolly, S., & Reeves, H. (2005). *Gender and Migration.* UK: Bridge.

Keskin, R. (2016). The Case Of Migration on Women's Labor Force Participation Panel Data Analysis. *Eurasian Academy of Sciences*(4), s. 30-36.

Koçak, Y.,& Terzi, E. (2012). Türkiye'de Göç Olgusu, Göç Edenlerin Kentlere Olan Etkileri ve Çözüm Önerileri. *Kafkas Üniversitesi İktisadi ve İdari Bilimler Fakültesi Dergisi, 3*(3), 163-184.

McFadden, D. (1984). Econometric Analysis of Qualitative Response Models. *Handbook of Econometrics* (s. 1395-1446). Amsterdam : Elsevier Science B.V.

Özbay, F., & Yücel, B. (2001). Türkiye'de Nüfus Hareketleri, Devlet Politikaları ve Demografik Yapı. *Nüfus ve Kalkınma* (s. 1-69). Ankara: Hacettepe Üniversitesi Nüfus Etütleri Enstitüsü yayını.

Özdemir, H. (2012). Türkiye'de İç Göçler Üzerine Bir Değerlendirme. *Akademik Bakış Dergisi*(30), 1-18.

Özdemir, M. (2008). Türkiye'de İç Olgusu, Nedenleri ve Çorlu Örneği. *Yüksek Lisans Tezi.*

Özgür, M., & Aydın, O. (2011). Türkiye'de Evlilik Göçünün Mekansal Veri Analizi Teknikleriyle Değerlendirilmesi. *Coğrafi Bilimler Dergisi, 9*(1), 29-40.

Öztürk, M., & Altuntepe, N. (2008). Türkiye'de Kentsel Alanlara Göç Edenlerin Kent ve Çalışma Hayatına Uyum Durumları: Bir Alan Araştırması. *Journal of Yasar University, 3*(11), 1587-1625.

Sağlam, S. (2006). Türkiye'de İç Göç Olgusu ve Kentleşme. *Türkiye Araştırmaları Dergisi*(5), 33-44.

Sharpe, P. (2002). Gender and The Experience of Migration. SharpeiPamela, *Women, Gender and Labour Migration* (s. 1-14). London and New York: Taylor&Francis Group.

TÜİK. (2013). *İstatistiklerle Kadın.* Ankara: TÜİK. http://kasaum.ankara.edu.tr/files/2013/02/%C4%B0statistiklerle-kad%C4%B1n-2012.pdf

Vijverberg, W. (2011). Testing for IAA with the Hausman-McFadden Test. *IZA*(5826), 1-49.

Yılmaz, C. (2009). Türkiye'de Kırdan Kente Göç Sürecinde Etkili Olan Faktörlerden Biri; Evlilik Yoluyla Göç. *Doğu Coğrafya Dergisi, 14*(21), 221-232.

Tarım Sektöründe Göçmenlik ve Kadınlık

Bahadır Nurol[14]-İlknur Saatçi[15]

Giriş

Bu çalışmanın konusu mevsimlik tarım işçisi kadınların göç ve çalışma deneyimleridir. Söz konusu kesim, Niğde iline ağırlıklı olarak Türkiye'nin Güneydoğu illerinden gelen kadınlar örneği üzerinden analiz edilmektedir. Çalışma üç yönlü bir amaca sahiptir: (1) göçün gerekçeleri ve göç sürecini açığa çıkarmak, (2) göçmen kadınların hane içi ve üretim alanında gerçekleşen emek sürecinin ikili doğasını ortaya koymak ve (3) göçmenlik sürecinde sosyal hayatın yeniden üretiminde hâkim olan mekanizmaları belirlemek. Çalışma Niğde ilinin Ovacık ve Konaklı kasabalarının kırsal alanlarında yürütülen derinlemesine mülakatlara dayanmaktadır. Mülakatlar 2014 yılının yaz ve bahar aylarında işçilerin geçici olarak barındığı çadırlarda, onların yaşam alanlarında yürütülmüştür. Bu makalenin ilk kısmında kadınları göçe iten gerekçeler ve göç sürecinin örgütlenmesi konuları üzerinde durulacaktır. İkinci olarak, kadınların işçileşme süreci ele alınacaktır. Son olarak ise, süreç boyunca kurulan sosyal ilişkiler incelenecektir. Araştırmanın sonuçları öncelikle kadınların işçileşmesinde temel etmenin maddi gerekçeler olduğunu ortaya koymaktadır. Ancak sürecin çarpıcı yönü işçileşmenin on yaşına dek inen çocuk yaştaki işçileri de kapsamasıdır. Öte yandan emek sürecinin örgütlenmesi ve sosyal ilişkilerin kurulmasında paternal otoritenin üç yönlü baskısı açığa çıkmaktadır. Bunların ilki göç sürecini örgütleyen aracılar ya da çavuşlardır. İkinci olarak geleneksel aile içi ilişkileri emek sürecine taşıyan erkekler ve son olarak kimi örneklerde görüldüğü üzere bu sürece hane içinde nezaret eden kaynanalardır.

Kadınları Göçe İten Nedenler ve Göç Sürecinin Örgütlenmesi

Mevsimlik tarım işçileri yaşadıkları yerlerden çalışmak üzere iş yerlerine genellikle Nisan ayından başlayarak Kasım ayı sonuna kadar çalışacakları ürün ve iş çeşidine göre illere farklı aylarda gelmektedir. Görüştüğümüz işçiler uzun bir süredir mevsimlik tarım işçiliği yapmaktadır. Birçoğu Niğde'ye ilk defa gelmemektedir. Mevsimlik tarım işçiliğinde yoğun olarak Güneydoğu Anadolu Bölgesi'nden gelen aileler çalışmaktadır. Bunların çoğunluğunu Adıyaman'dan gelen Kürt kökenliler, Urfa'dan gelen Arap kökenliler oluşturmaktadır. Yanı sıra araştırmamız esnasında, üç Suriyeli hane ve Adana'dan gelen iki Türk kökenli hane bulunmaktaydı. Niğde'ye gelen Urfalı ve Adıyamanlı işçiler çoğunlukta bulunmaktadır. İlk olarak fasulye toplamaya gelmektedirler. Çoğu işçi hasat zamanı gelip gitmişlerdi, şimdi de ürünü toplamak için geliyorlardı.

Niğde'ye gelen Urfalı işçilerin bir kısmı, Urfa'da pamuk tarlaları olduğunu, ancak arazinin küçük olması sebebiyle geçimlerini karşılayamadığını belirtmişlerdir. Bazı işçilerin ise üzerinde hiçbir şekilde toprak mülkiyeti bulunmamakta ve bu durum işçileri başka şehirlere çalışmak için göç etmeye zorlamaktadır. Bu sınıfsal ilişkiyi

---

[14] Yrd. Doç. Dr. Niğde Üniversitesi, Sosyoloji Bölümü.
[15] Y. Lisans. Niğde Üniversitesi, Sosyoloji Bölümü.

Yazgan, P., Tilbe, F. (der.) (2016).
Türk Göçü 2016 Seçilmiş Bildiriler I.
London: Transnational Press London.

yeniden tanımlamaktadır. Batı'daki patronun tarlası var, (ucuz) işgücü yoktur, işçinin de emek-gücü var sermayesi yoktur. Aslında, Marx bu sınıfsal ilişkiyi anlatmak için tam da buradan yola çıkar (Duruiz, 2013:35).

Toprağın miras yoluyla bölünmesi, büyük arazilerin belirli kişiler elinde toplanması köylülerin topraktan koparak tarım işçisine dönüşmesine ve kendi yöresinde iş bulamayanları başka bölgelere mevsimlik işçi olarak çalışmaya yöneltmektedir.

Niğde'ye özellikle Adıyaman'dan gelen mevsimlik işçilerin, kendilerine ait toprağı bulunmakla beraber, burada işçilik yapabilmektedir. Ayrıca işçilerin memleketlerindeki toprağı kiraya verilebilmektedir. Bu durum işçiyi hem işçi, hem mülk sahibi kılmaktadır. Ayrıca sadece emeğini satarak geçinmek zorunda kalan işçilerde vardır. Belli bir kesim için mevsimlik tarım işçiliği asıl meslek haline gelmiştir. Onlar, memleketlerine döndüklerinde mevsimlik tarım işçiliğinden kazandıkları ile geçinmektedir. İşgücü piyasasına emeğini satmak zorundadırlar.

Göçün örgütleyicisi çavuş olarak adlandırılan aracılardır. Çavuş, getirmeyi planladığı işgücüne göre toprak sahibinden avans alarak işçilere bu avansı dağıtabilir, çalışmaya gelirken de işçilerin yol paralarını karşılamaktadır (Bu durum tefeci-tüccar sömürüsünü de beslemektedir). Ayrıca işçinin kendi çalışma bölgesini seçme ya da başka bir elçi ile çalışması ihtimalini ortadan kaldırır. Bunu yaparak işçinin hasat zamanı çalışma yerine gelmesini garantilemiş olur. Bu durum güven esasına dayanır. Çavuşa duyulan güvenle birlikte itaatkârlık da söz konusu olmaktadır. Çoğu zaman memleketinde paraya ihtiyacı olduğu için çavuşa giden işçiler, aldıkları parayı ödeyemediklerinde işe gelme konusunda zorlanmaktadır. Ancak bir sonraki yıl aynı yere çalışmaya gelecek işçiler, işveren tarafından beğenildiği takdirde işçiyi bizzat işverenin kendisi de arayarak işe çağırabilmektedir.

Mevsimlik tarım işçilerinin çalışma yerlerine ulaşımı yaşadıkları en önemli sorundur. Çoğu zaman kamyonlarla kaçak yolculuk yapmaktadırlar, çünkü otobüsle ulaşım maliyeti gerektirir. İşçiler yaşadıkları illerden çalışacakları illere gelirken kuracakları çadırları, barınak görevi yapacak eşyaları, aydınlatma aletlerini yanlarında getirirler. Genellikle her aile bir çadırda barınacak şekilde yerleşirler. Çadırın içini kilim ve örtüler kaplamaktadır, çadırda mutfak malzemeleri, yatak ve yorgan gibi eşyalarda bulunmaktadır. Bu barınakların yağmurdan korunmaları için üzeri naylon ile örtülmektedir. Tuvalet içinde çadır ile bir alan çevrilmektedir. Altyapı koşullarının uygun olmaması sebebiyle akrep, sivrisinek, kırkayak gibi böceklerin var olması tehlikelere karşı işçileri korunmasız kılmaktadır. Çadırların birbirine çok yakın kurulması aile mahremiyetini ister istemez engellemektedir. İçme ve kullanma suyu temininde de büyük problemler yaşanmaktadır. Birçok işçi içtikleri suyun kireçli ve kumlu olmasından dolayı böbrek taşı ve mide rahatsızlığı geçirdiklerini belirtmektedir. Ayrıca uzun bir süre güneşin altında çalışıyor olmaları da sağlık sorununu beraberinde getirmektedir. Yeterli ve dengeli beslenememektedirler. Temizlikten yoksun yaşamak zorunda kalmaktadırlar.

İşçiler memleketlerinden gelirken tüketecekleri yiyecekleri de yanlarında getirmektedir (bulgur, pirinç, un, vb.). Çünkü aksi takdirde alacakları parayı yiyecek için kullanacak ve kar etmeden geri dönmek zorunda kalacaklardır.

Kadınların İşçileşmesi

Mevsimlik tarım işçisi kadınlarla görüştüğümüzde birçoğu evlenmeden önce de ailesiyle tarım işçiliği yaptığını belirtmiştir. Bu durum aynı toplumsal ortam içinde evliliklerin yapıldığının da göstergesidir. Ayrıca görücü usulü ile küçük yaşlarda evlilikler gerçekleşmektedir (Geçgin, 2009:105,118). Niğde örneğinde kadınlar evliliklerin 12-13 yaşında başladığını belirtmektedir. Kızlar için evlilik yaşının bu kadar küçük olmasının altında yatan sebeplerden belki de en önemlisi erkek askere gittiğinde onun eksikliğini telafi edecek işgücüne duyulan ihtiyaçtır. Çünkü kadın, ileriye dönük işgücü planlamasında artı değer olarak hesaba katılmaktadır. Ayrıca erkek evlenirken başlık parası ile kadının bedelini babasına ödemiştir. Kadının baba ocağındaki üretim biriminden çıkarak evlendiği erkeğin evine gelir sağlamaya başlamasının bedeli başlık parası ile ödenir (Arıkan, 1998; Kaleci, 2007: 94). Erkek, evlenirken başlık parasını ödemek için babasından para almaktadır. Ayşe, Hasan ile evlendikleri günden beri kayınvalidesi ile birlikte oturmaktadır. Hasan, annesinin Ayşe'ye kötü davrandığının ve onu istemediğinin farkındadır. Ayşe, Hasan'a ayrı bir eve çıkmak istediğin belirtse de ekonomik sıkıntı içinde olmaları bu durumu engellemektedir. Çünkü evlenirken Hasan'ın babasından aldığı 16 bin lira başlık parasını ödeyene kadar ailenin isteklerine boyun eğmek durumundadır. Hasan, tarlada çalıştığı ücretin tamamını babasına vermekte, Urfa'da çalıştığı parada yine kaldıkları babasının evinin ihtiyaçları için harcanmaktadır. Bir nevi babasının evinde karın tokluğuna yaşamaktadırlar. Çocuğun rahatsızlığı için paraya ihtiyaç olduğunda babasından para istemektedir. 5 yıllık evlilikleri boyunca birlikte oturmuş ve 16 bin lirayı fazlasıyla ödemiş olmalarına rağmen ayrı bir eve çıkmalarına müsaade edilmemektedir. Hasan'ın babasına karşı çıkamaması da buna engeldir.

Mevsimlik tarım işçiliği yapan aileler içinde çok eşlilikte yaygın olarak kabul edilmektedir. Özellikle kadının kısır olması ya da erkek çocuk verememesi erkeğin tekrar evliliğini gerekli kılmaktadır. Çünkü geleneksel toplumlarda çocuk sahibi olamama kadının kusuru sayılır (Kaleci, 2007:104-105). Bu sebeple çok eşlilik, kuma, ilk eş tarafından da kabul edilmekte ve onaylanmaktadır. Niğde örneğinde erkek çocuk doğuramadığı gerekçesiyle Mehmet (43), "ikinci eşe 35 milyar verdim, aldım bu malı, erkek çocuk doğursun" diye açıklamada bulundu. Kuma olarak aldığı kadının ilk evliliği olması başlık parasının yüksek olmasının sebebidir. Urfa'da evliliklerin küçük yaşlarda gerçekleşmesine rağmen ilk evliliğini 35 yaşında gerçekleştiren kadın istisna olarak dikkati çekmektedir. Urfalı kızlarla telefonda görüştüğümde bunun sebebini sorunca; kızın babasının evlenmesini istemediği için kimseye vermediği şeklinde yorumlarken ikinci ihtimal olarak da kadının güzelliğinin evlilik için önem arz ettiğini belirtti. Ancak tarım işçiliğinde tarlada çalışabilecek işgücünün önemli olması bunun geçerliliğini düşürdüğünün kanaatindeyim. Eğer Urfa'da bir kadın evlenip ayrılmak zorunda kaldıysa evde bekletmektense daha düşük bir başlık parası ile erkek çocuk doğurur ümidiyle kuma olarak bir başkasıyla evlendirilmektedir. Bu durum kızın babasına akmasa da daimlar nitelikte para sağlarken kızın adının çıkmasını da engellemiş bulunmaktadır.

Konuştuğumuz ailelerde kadının başta gelen görevlerinden biri; tez zamanda tarlada çalışabilecek kadar çok çocuk doğurmaktır. Niğde'ye gelen kadın işçilerin çadırlarda doğum sancısı tutarak hastaneye götürüldüğü belirtildi. Daha önceleri çadırlarda tek başına kadınların doğum yaptığı ve doğumdan birkaç gün sonra sırtında bebeği ile yine tarlaya çalışmaya gittiği belirtildi. Emine (15), hamile kadını hastaneye yetiştiremedikleri durumlarda doğumun tarlada arabanın içinde gerçekleştiğini belirtti. Doğumun kötü şartlar altında gerçekleşmesi sebebiyle bebeğin öldüğü durumda bulundukları kasabadaki mezarlığa gömüldüğünü ve her şeyin Allah'tan geldiğine inanıp, kaderle yorumladıklarını söyledi. Bu kadınlar, hamileliğe özel sağlık sorunlarını da özellikle emek yoğun çalıştıkları için yaşayabiliyorlar. Kadınlar işlerin yoğunluğundan doğum öncesi ve sonrası önlemler alamamakta, çalışmaması ise bahane olarak kabul edilmektedir. Ayşe, hamile olduğu için çok sancısı olduğunu ve hastaneye götürmelerini söylediğinde kaynanası durumu hiç önemsememekte ve önceden insanların hiç hastane görmeden tek başlarına doğum yaptıklarını belirtmektedir. Eşi Hasan'ın sabahtan akşama kadar tarlada çalışıp çadıra geç saatte ve yorgun bir halde dönmesi sebebiyle kendisini hastaneye götüremediğini söyledi. Ayşe (22), doğumdan bir önceki gün dahi tarlada çalıştığını söyledi. Kaynanası herkesin çocuk doğurduğunu ve gelini Ayşe'nin çalışmamak için hamileliği bahane ettiğini söylemesi tarlaya gitmesinin sebebidir.

Öncelikle hemen göze çarpan, tarımsal işçilik yapan kadınların çalışma ve yaşam koşullarındaki, yani emek kullanma biçimlerindeki sömürüdür. Tarım sektöründe kadın işgücünün yoğunlukta olması literatüre 'tarımın feminizasyonu' kavramını kazandırmıştır. Tarım işinin gelirinin az olması sebebiyle tarım işçiliği erkek tarafından terk edilirken kadını toprağa bağımlı kılmaktadır (Geçgin, 2009:133). Niğde örneğinde Hasan, kadınların tarlada daha titiz çalışıyor olması sebebiyle işverenlerin daha çok kadın çalışanı tercih ettiğini belirtmektedir. "Kadınlar olmasa iş alamayız" diyerek bu görüşü desteklemektedir. Çünkü el emeğine dayanan emek-yoğun işler kadınlar, makineleşmiş teknoloji düzeyi yüksek işler ise erkekler tarafından yapılmaktadır (İnal, 2010:7). Kadınların tarım kesiminde erkeğe oranla daha fazla çalışması içinde yaşadığı sosyal değerler açısından doğal sayılmaktadır (Kazgan 1982, Yıldırak 1987) (Yıldırak, Gülçubuk, Gün, Olhan ve Kılıç; 2002:11-12). Kırsal nüfus içerisinde erkeklerin işsizlik oranı kadınlara göre daha yüksektir. Çünkü kadınlar ücretsiz aile işçisi olarak çalışmakta ve kendilerini işsiz olarak görmemektedir (Olhan, 2011:10).

Kadın, tarımda çalışmasına rağmen emeğinin getirisine sahip değildir (Ecevit, 1994; Furat, 2013:527). Tarımda kazandığı ücrete hane reisi adı altında erkek el koyar. Kadın kendi payına düşen mirastan dahi vazgeçmektedir. Çünkü kültürel değerleri bunu emretmektedir. Ancak burada şöyle bir durum karşımıza çıkmaktadır. Kadının kendi ailesinden, kendi payına düşen haktan vazgeçmesine karşılık, görümcelerinde kendi haklarından kocası lehine vazgeçmeleri şeklinde bir dengeleme söz konusudur (Ecevit,1994). Tarımda mülkiyet ataerkildir. Erkeğe ailesinden kalan toprağın büyüklüğü evliliğini etkilemektedir. Ancak kadın mülkiyeti ile düşünülmemektedir. Çünkü kadın baba evinde de ücretsiz işçi konumunda bulunmaktadır. Tarlada parayı erkeğin kendi mülkiyetinde tutmasının meşrulaştırılması da bu ideolojiye dayanmaktadır (Ecevit, 1994).

Sosyal İlişkilerin Yeniden Üretimi

Farklı etnik kökene sahip işçiler, köyden uzak bir alanda çadırlarını kurmaktadır. Çalışmalar, köylülerin o yerleri pis ve tehlikeli olarak gördüklerini ve oraya gitmekten kaçındıklarını göstermektedir. Aynı şekilde köylüler işçilerin de köye gelmesinden pek hoşnut olmamaktadır (Duruiz, 2013: 33).

Tarım işçileri de yerli halkın gözünde Doğulu, Kürt ve işçi-yoksul olarak tanımlandıklarının farkındadır. İşçiler az ücret aldıklarını, uygun olmayan koşullarda çalıştıklarını, adaletsizlik hissi yaşadıklarını düşünmektedir. Bunun sebebi ise yerli işçi ile mevsimlik işçilerin aynı işe farklı ücret verilmesinden kaynaklanmaktadır. Mevsimlik tarım işçilerini gezici ve geçici olmak üzere iki ayrı kategoride değerlendirilmektedir. Geçici işçilikte işçi, evine yakın bir bölgedeki tarlaya sabah çalışmaya gidip akşam evine dönen, genellikle civarda yaşayan Türklerdir. Gezici işçiler evinden uzak bir bölgeye çalışmak için gelen ve çoğunlukla Kürt, Roman ve Arap gibi etnik kökene sahip vatandaşlardır (Duruiz, 2013:32).

İşçilerin birçoğunun Türkçe bilmemesinden dolayı Kürtçe konuşuyor olması dışlanmayı arttıran sebepler arasında yer almaktadır. (Duruiz, 2013: 32; Geçgin, 2009:20,67). Ayrıca kendilerinden olmayan bizlerin duymasını istemediği cümleleri de Arapça ya da Kürtçe olarak söylemektedirler.

Mevsimlik kadın tarım işçilerinin Türkçe bilmemesi de sosyalleşmenin önündeki büyük bir engeldir. Saha çalışmam boyunca yaşadığım en büyük sıkıntı, insanların Türkçe bilmediği durumlarda sorular yanıtsız kalabiliyordu. Bu sebeple soruları tekrarlamak ya da basite indirgemek zorunda kaldık.

Bu kesim için evlilik sosyal ilişkilerin temel belirleyicisi olarak karşımıza çıkmaktadır. Mevsimlik tarım işçilerinin evlilik algısında daha çok neslin devamını sağlamak ve aileye ücretsiz emek gücü kazandırmak amaçlanmaktadır. Evlenilen kadın evine, eşine ve çocuklarına kendini adar. Familia kelimesinin asıl anlamı erkeğe ait kölelerin tümü, ev kölesi, demektir (Marx ve Engels, 2008:169). Kadında mülkiyet hakkından vazgeçerek, evde ve tarlada bütün işlerin başat faktörü olarak bu köleliği kabullenmektedir.

Niğde'ye gelen mevsimlik tarım işçileriyle görüştüğümüzde evliliklerin çıkar ilişkisine dayandığı belirtilmektedir. Ekonomik geliri tarım olan haneler daha çok akraba evliliği yapmaktadır. Böylelikle toprak bölünmeyecek, aileler arasında gerginlik yaşanmayacak demektir. Akraba evliliği dinen yasak olmadığı için yaygındır. Akraba evliliği sebebiyle sakatlıkların ya da kalıtsal hastalıkların Allah'tan geldiğine inanılır. Tedavi yolları aranır. Ama gerçek nedenlere çok fazla önem verilmez (Kaleci, 2007:212).

Toprağın bölünmemesi için bir başka evlilik şekli ise berdeldir. Yakın yaşlarda yetişkin oğlu ve kızı olan aileler, aralarında anlaşarak kızlarını oğullarına gelin alacakları kızın ailesine verirler, yani değişiklik yaparlar (Balaman, 1975:7221). Berdel evliliğin bir başka avantajı ise her iki tarafında ekonomik çıkarının olmasıdır. Bu durumda başlık parası ortadan kalkar, düğün harcamalarında denge sağlanır. Örneğin: 'A' ailesi kızları için nelerin alınmasını isterlerse gelinleri ve gelinin yakınları için aynı şeyleri almak zorunda kalacaklardır. Bu durum onların aşırı ve gereksiz isteklerini sınırlandırarak, tarafların harcamalarında ölçülü olmasını sağlamaktadır. (Berdel evlilik; avantajı ise her iki tarafında ekonomik çıkarının olmasıdır. Başlık ortadan kalkar, toprak bölünmez.)

Kadınların yoksunluklarını hissettikleri başka bir husus, kadınların toplumsal hayata katılımı ve sosyalleşme imkânlarıyla ilgilidir. Erkeğe oranla kadının sosyalleşme imkânı diğer kadınlarla bir arada çalışırken konuşmalarından ibarettir. Çalışmak için hane olarak gelen işçiler birbirine yakın yerde çadırlar kurmaktadır. Çünkü kadınların tarlada çalışmanın dışında yapabileceği tek aktivite yakın çadırdaki kadınla konuşmaktan ve imece usulü birbirlerine ekmek açarken yardım etmekten ibarettir. Geldikleri memleketlerde kızların Kur'an kursuna gittiklerini ve orada vakit geçirmek, gün yapmak, sohbet etme fırsatı bulduklarını da belirttiler. Bu durum kursun sadece dini işlevi olmadığını, kızların bir araya gelerek konuşma fırsatı bulmalarını sağladığı için avantaj içermektedir. Oysa erkekler işin olmadığı zamanlarda kahveye, çarşıya gitmektedir. Kız ve erkek çocukları arasında dahi ayrım göze çarpmaktadır. Erkek çocuklar istediğinde kasabadaki internet kafe'ye gidebilmekte, oyun oynayabilmektedir. Kız kısmının ise internetle işi olamaz, olmamalıdır. O annesinin dizi dibinde oturması için eğitilmiştir. Emine (15), Urfa'da bir düğün olduğunda eğer düğün çok yakın akrabalarının ise kızların gidebildiğini aksi takdirde düğünde aileden sadece erkeğin bulunduğunu söylemektedir. Bu durum kadınlar için söz konusu değildir. Çoğu kadın üzerine giydiği kıyafeti dahi seçme hakkına sahip değildir. Çünkü çarşıya gitmek kadının değil erkeğin görevidir. Görüştüğümüz kızların çoğu, giydikleri kıyafetin babalarının ya da abilerinin çarşıya indiğinde aldıkları kıyafet olduğunu söylemektedir. Ayşe ise giydiği kıyafetlerin 5 yıl önce evlendiklerinde alınan kıyafet olduğunu belirtmesi oldukça acınası bir durumdur. Kızların ve kadınların başı kapalıydı. Ancak başı kapatmak inançtan çok gelenekten ve ataerkil yapının getirmiş olduğu baba otoritesinden kaynaklanıyordu. Esma (18), ile çay demlemek için başka bir çadıra geçtiğimizde 12 ve 15 yaşındaki küçük kız kardeşleri de yanımıza geldi. Havanın sıcak olmasından dolayı başıma doladığım şalı Esma açmamı istedi, saçlarımı merak ettiğini söyledi. Esma, saçlarımın açık olmasının bana daha çok yakıştığını söylerken kardeşleri kapalılığın daha iyi olduğunu ve başı açmanın büyük günah olduğunu belirtti. Aynı şekilde Ovacık ve Konaklı kasabasındaki kızlarda okula açık gidip gitmediğimi ve açık olmamın daha güzel olduğunu belirtti. Bu durumu kızların kendi istekleriyle değil de gelenekten kaynaklanan mecburiyetten dolayı başlarını kapattığı şeklinde yorumlamamı beraberinde getirdi. Benim açık olmam kızların birçoğunun annemin de açık olup olmadığını sormalarını sağlamıştır. İşçilerin düşüncesinde yer alan din algısının da erkeğe itaati emrediyor olması onların içinde bulundukları durumu kabul etmesinin gereği olarak gösterilmektedir.

Kaynakça

Balaman, Ali Rıza (1975). *Güneydoğu Anadolu'da Berdel Ailesi.* Türk Folklot Araştırmaları Dergisi. Sayı:307, İstanbul.

Duruiz, Deniz. *Mevsimlik Tarım İşçileri: Acınılası Kurbanlar Mı, Kürt Emekçiler Mi (I).* Heinrich Böll Stiftung.

Ecevit, Mehmet (1994). *Tarımda Kadının Toplumsal Konumu: Bazı Kavramsal İlişkiler.* Amme İdare Dergisi. 27(2), 89-106.

Furat, Mina (2013). *Kırsal Kadınların Tarımsal Kalkınma Kooperatifleri Yoluyla Güçlenmesi.* International Journal of Social Science. Volumu 6 Issue 6. P:525-547.

Geçgin, Ercan (2009). *Türkiye'de Mevsimlik Tarım İşçiliğinin Sosyolojik Analizi: Ankara-Polatlı Örneği.* Ankara Üniversitesi, Sosyal Bilimler Enstitüsü. Yüksek Lisans Tezi.

Kaleci, Hatice (2007). *Mevsimlik Tarım İşçilerinin Sosyolojik Analizi: Eskişehir Örneği.* Anadolu Üniversitesi, Sosyal Bilimler Enstitüsü. Yüksek Lisans Tezi.

Yıldırak Nurettin, Bülent Gülçubuk, Sema Gün, Emine Olhan, Mehmet Kılıç (2002). *Türkiye'de Gezici ve Geçici Kadın Tarım İşçilerinin Çalışma ve Yaşam Koşulları ve Sorunları.* Uluslararası Çalışma Örgütü Türkiye Temsilciliği, Ankara.

Türk Sığınma Hukukunda Suriyeli Sığınmacıların Çalışma Hakları

Ceren KAYA[16]

Giriş

Suriyeli sığınmacıların Türkiye'ye adaptasyonlarının sağlanması ve asgari yaşam standardı elde edebilmeleri için çalışma haklarına erişimleri sağlanmalıdır. Sığınmacıların çalışma izni almasında uygulamada büyük sorunlar çıkmaktadır. Suriyeli sığınmacıların çalışma izinleri süreci, başlangıçta özel bir hukuki düzenlemenin yokluğu ve düzenlemelerin çıkarılması ardından ise çıkarılan yönetmeliklerdeki hükümlerin belirsizliği ve uygulanmasında yaşanan problemler nedenleriyle halen sıkıntılıdır.

Yabancıların çalışma izni alması, genel itibariyle zorlu bir süreç iken, söz konusu yabancı bir mülteci veya sığınmacı olduğunda, daha da zorlaşmaktadır. Suriyeli sığınmacılar genel olarak YUKK m. 91'de düzenlenen geçici koruma kapsamında korunmaktadırlar. Geçici koruma sağlananlar için çalışma izinleri ayrıca Geçici Koruma Yönetmeliği[17] m. 29'da ve bu madde doğrultusunda çıkarılan "Geçici Koruma Sağlanan Yabancıların Çalışma İzinlerine Dair Yönetmelik'"te özel olarak düzenlenmektedir[18]. Ancak hem bu düzenlemelerde boşluk olan durumlarda genel çalışma izni hükümlerine referans verilmesi hem de yabancıların ile 1951 BM Mültecilerin Hukuki Statüsüne İlişkin Sözleşme kapsamında ve YUKK m.61 kapsamında korunan mültecilerin durumu ile kıyasla değerlendirilebilmesi için, öncelikle genel hükümlerden bahsedilmesi yararlı olacaktır. Ardından Geçici Korunan Yabancılar için getirilen özel hükümler incelenerek, son olarak uygulamada çıkan bazı sorunlar, mevzuat ışığında değerlendirilecektir.

Yabancıların Çalışma İzinleri Hakkında Kanun Çerçevesinde Yabancıların Çalışma İznine İlişkin Esaslar

Türk hukukunda yabancıların hak ve özgürlükleri, 2014 itibariyle bütün olarak yürürlüğe giren[19], genel bir kanun olan Yabancılar ve Uluslararası Koruma Kanunu (YUKK) ile düzenlenmiştir. Yabancıların çalışma izinleri ise YUKK'un yürürlüğünden önce de çalışma izinleri rejimini düzenleyen Yabancıların Çalışma İzinleri Hakkında Kanun'a (YÇİHK) tabidir[20]. YUKK'ta da yabancıların çalışma izinlerine ilişkin bazı hükümlere rastlanabilmektedir. Yabancıların Çalışma İzni

---

[16] Ceren Kaya is Research Assistant in Private International Law Department, Faculty of Law (Ceren Kaya, İstanbul Yeni Yüzyıl Üniversitesi Hukuk Fakültesi, Milletlerarası Özel Hukuk Bilim Dalı), Istanbul Yeni Yuzyil University, Yilanli Ayazma Cd, Cevizlibag, Topkapi, 34010, Istanbul, E-Mail: ceren_kaya@windowslive.com.
[17] Bakanlar Kurulu 2016/8375.
[18] RG, T: 15.01.2016, Sy. 29594; Yürürlük tarihi: 15.06.2016.
[19] Resmi Gazete (RG), T: 11.04.2013, Sy: 28615; Kanun No: 6458, Kabul Tarihi: 04.04.2013.
[20] RG, T: 06.03.2003, Sy: 25040; Kanun No: 4817, Kabul Tarihi: 27.02.2003.

Yazgan, P., Tilbe, F. (der.) (2016).
Türk Göçü 2016 Seçilmiş Bildiriler I.
London: Transnational Press London.

Hakkında Kanun Uygulama Yönetmeliği[21] de bu Kanun'un pratiğini daha detaylı olarak düzenlemektedir.

YÇİHK, 4. maddesinde, "yabancıların Türkiye'de çalışmak için çalışma izni alması gerektiğini öngören hükmü ile" çalışma izinlerinin temel esasını izin olarak belirlemiştir. YUKK ile beraber YÇİHK yürürlükten kaldırılmasa da, bu Kanuna bazı önemli ve esaslı değişiklikler getirilmiştir. Bunlardan biri, eski düzenlemenin aksine çalışma izninin ülkeye giriş, ikamet ve çalışma için yeterli olmasıdır[22]. (YÇİHK) Çalışma izni sahibi bir yabancı, Türkiye'de vize ve ikamet izni olmaksızın kalıp çalışabilir.

Çalışma izni başvuruları kural olarak Türk konsolosluklarına (YÇİHK, m. 12, UY m. 4), Türkiye'de geçerli ikamet izni olan yabancılar için ise istisnai olarak doğrudan Çalışma ve Sosyal Güvenlik Bakanlığına yapılabilir. Çalışma izninin verilmesi, uzatılması ve çalışma izni türleri Kanun'da detaylı ve sınırlayıcı olarak düzenlenmiştir. Bir yabancı kural olarak Kanun'da düzenlenen, süreli çalışma izni, süresiz çalışma izni ve bağımsız çalışma izni türlerinden birine başvurabilir. YÇİHK m. 8'de sayılan yabancılara ise istisnai olarak kanunda öngörülen sürelere tabi olmaksızın daha esnek şekilde çalışma izni verilebilir. Bu izinlerin uzatılması sıkı şartlara tabi tutulmuştur. Süreli çalışma izni belirli bir işyeri veya işletme ve belirli bir meslekte çalışmak üzere verilmekte; uzatılmak istendiğinde öncelikle aynı işyeri ve meslekte üç yıla kadar; daha sonra ise dilediği işyerinde ancak aynı meslekte altı yıla kadar uzatılabilmektedir. Bu süreye ulaşıldığında ise artık süresiz çalışma izni yolu açılabilmektedir. Bağımsız çalışma izni ise yabancının beş yıl kesintisiz ikameti şartına bağlanmıştır. Çalışma iznine ilişkin bir sistem öngören bu düzenlemeler, birbiri ile ilişkili olarak düzenlenmiştir.

İstinai çalışma izni, bazı özel duruma sahip yabancılara tanınmış bir esnek çalışma izni sistemidir. YÇİHK m. 8'de düzenlenen istisnai çalışma izni talep edebilecek kişiler arasında "uluslararası koruma başvurusunda bulunan ve İçişleri Bakanlığınca şartlı mülteci statüsü verilen yabancı ve vatansız kişiler" de bulunmaktadır. (YÇİHK m. 8/ [ı])

Uluslararası Korumaya İlişkin Özel Mevzuat Ve Uluslararası Koruma Sahiplerinin Çalışma İzni

1. YUKK Sistemi

Türk hukukunda uluslararası koruma ve uluslararası koruma statüleri YUKK m. 61 vd. da düzenlenmektedir. YUKK kapsamında mülteci (m.61), şartlı mülteci (m.62) ve ikincil koruma (m. 63) ile geçici koruma (m. 91) statüleri düzenlenmektedir. Mülteci düzenlemesi şöyledir:

"Avrupa ülkelerinde meydana gelen olaylar nedeniyle; ırkı, dini, tabiiyeti, belli bir toplumsal gruba mensubiyeti veya siyasi düşüncelerinden dolayı zulme uğrayacağından haklı sebeplerle korktuğu için vatandaşı olduğu ülkenin dışında

---

[21] RG, T: 29.08.2003, 25241.
[22] Çalışma izninin vize muafiyeti sağlaması hakkında bkz. YUKK m. 12/1/(b); ikamet izni yerine geçmesi hakkında ise bkz. YUKK m. 27. Eski düzenleme detayı için bkz. Ekşi, N.(2015). *Yabancılar ve Uluslararası Koruma Hukuku.* İstanbul: Beta Yayıncılık. s. 219.

bulunan ve bu ülkenin korumasından yararlanamayan ya da söz konusu korku nedeniyle yararlanmak istemeyen yabancıya veya bu tür olaylar sonucu önceden yaşadığı ikamet ülkesinin dışında bulunan, oraya dönemeyen veya söz konusu korku nedeniyle dönmek istemeyen vatansız kişiye statü belirleme işlemleri sonrasında mülteci statüsü verilir." (m. 61)

Şartlı mülteci ise 62. maddede, 61. madde ile birebir aynı şekilde düzenlenmekte, yalnızca bu statü, 61. maddenin aksine "Avrupa dışında meydana gelen olaylar nedeniyle" verilmektedir. Dolayısıyla, şartlı mülteci, esasen mülteci statüsü için gerekli koşullara sahip olmakla beraber, bu statüdeki koşullar Avrupa dışında meydana gelen olaylardan kaynaklandığı için bu statüyü alamayanlar için bir alternatif statüdür. Türk hukukunda "sığınmacı" olarak da nitelendirilen[23] bu statü, 1951 Cenevre Sözleşmesi korumasından yararlanamamakta ve YUKK m. 62 ve ilgili maddelerindeki koşullara tabi olmaktadır. 63. madde ise geri gönderme yasağının detaylı bir düzenlemesini içeren ikincil koruma statüsünü düzenlemektedir. İkincil koruma statüsünün geri gönderme yasağından farkı, 63. maddede düzenlendiği üzere, statü belirleme işlemleri sonrası verilmesidir. Bu haliyle mülteci ve şartlı mülteci statüsü alamayacak durumda olan uluslararası koruma başvurucularına tamamlayıcı koruma sağlayan müstakil bir statü tesis etmektedir.

2. 1951 tarihli Cenevre Sözleşmesi Düzenlemeleri

Mültecilerin çalışma haklarına ilişkin olarak 1951 tarihli Cenevre Mültecilerin Hukuki Statüsüne Dair Sözleşme[24], "gelir getirici çalışma" başlığı altında 17. madde ile ücretli çalışmayı, 18. madde ile kendi işinde çalışmayı ve 19. madde ile serbest meslek icra etmeyi düzenlemektedir.

17. maddeye göre Taraf Devletlerin ülkelerinde yasal olarak ikamet eden her mülteciye, ücretli bir meslekte çalışma hakkı tanımak bakımından aynı şartlar altındaki yabancı bir devlet vatandaşına uyguladıkları en müsait muameleyi uygulayacaklardır[25]. Ancak 2. Fıkra hükmünce, iş piyasasının korumak amacıyla yabancılara veya yabancıların çalıştırılmalarına konulan sınırlama tedbirleri şu mültecilere uygulanmayacaktır: a) ülkede üç yıl ikamet etmiş olmak b) İkamet ettiği ülkenin vatandaşı olan bir kimse ile evli bulunmak ile (c) ikamet ettiği ülkenin vatandaşlığını taşıyan bir veya daha fazla çocuğu olmak. Mültecilere sağlanan bu en çok gözetilen ulus kaydı genel olarak yabancılara sağlanan muamele standardından daha yüksektir. "Aynı koşullardaki" terimi 6. maddede bir mültecinin mülteci olmayan bir yabancının belirli bir haktan yararlanabilmesi için yerine getirmesi gereken ikamet süresi ve diğer bütün koşulları uygulaması olarak açıklanmaktadır. Ancak özelliği gereği bir mültecinin yerine getiremeyeceği koşullar istisnadır. (m. 6)

18. madde ise kendi işinde çalışmak isteyen ve sığınma ülkesinde yasal olarak bulunan mültecilere uygulanacak olan bir en çok gözetilen ulus kaydı öngörmektedir:

---

[23] Çelikel, A. (2016). *Yabancılar Hukuku.* İstanbul: Beta Yayıncılık. s.24.
[24] (The Convention relating to the Status of Refugees). Cenevre'de 28 Temmuz 1951 tarihinde imzalanmış olan Sözleşme 05/09/1961 tarih ve 10898 sayı ile Resmi Gazete'de yayımlanmıştır. Çalışma izni hükümlerine ilişkin bilgi için, bkz. Çiçekli, B. (2016). *Yabancılar ve Mülteci Hukuku.* Ankara: Seçkin Yayıncılık. s. 364 vd. Ayrıca bkz. Ekşi, (2015). *Yabancılar ve Uluslararası Koruma Hukuku.* s. 200 vd.
[25] Çiçekli, (2016). *Yabancılar ve Mülteci Hukuku,* s. 364.

"Taraf devletler, ülkelerinde yasal olarak bulunan mültecilere, tarım, sanayi, küçük sanatlar ile ticaret sahalarında kendi işyerlerini açmak ve sanayi, ticari şirketler kurmak haklarıyla ilgili olarak mümkün olduğu kadar müsait ve her halde genel olarak aynı şartlardaki yabancılara tanıdıklarından daha az müsait olmayan muameleyi uygulayacaklardır."

Sözleşmenin 19. maddesi, her bir taraf devleti ülkesinde yasal olarak ikamet eden ve bu Devletin yetkili makamlarınca tanıan diplomalara sahip olup bir serbest mesleği icra etmek isteyen mültecilere, mümkün olduğu kadar müsait ve her halde aynı şartlar içindeki tüm yabancılara sağlanandan daha az müsait olmayan şekilde muamele uygulayacaktır.

Uygulamada devletler, vatandaşlarının haklarını koruma gerekçesiyle yabancıların iş piyasasına erişim haklarına çeşitli sınırlamalar getirebilmektedir. Ancak mültecilerin hassas durumu göz önünde bulundurulduğunda kendi ülkelerinin korumasından yoksun bu kimselere, çalışma hakkı konusunda yabancılara uygulanan sınırlamaların uygulanmaması gerekir. Mültecilerin çalışması hakkının tam olarak sağlanması, kalıcı çözümler bulunabilmesi ve mültecilerin entegrasyonu için önem arz etmektedir.

Şartlı mülteciler için BM 1951 Sözleşmesi koruması geçerli olmasa da, bu maddeler yol gösterici olabilir.

Geçici Koruma Sahibi Suriyeli Sığınmacıların Çalışma Hakları

1. YUKK ve YÇİHK

Geçici koruma statüsü, diğer statülerden farklı olağanüstü nitelikte bir uluslararası koruma statüsü olup, farklı koşulların varlığını gerektirmektedir. Geçici korumanın bu niteliği müstakil kanuni düzemlemeler yanında, somut olayın gereklerine uygun çözümler getiren idari düzenleyici işlemleri gerektirmektedir.

Geçici koruma büyük ölçekte meydana gelen sığınma olaylarında acil çözümler bulmak üzere geliştirilmiş bir koruma biçimi olarak, kitlesel sığınma olaylarında "geri gönderilmeme ilkesi"ne etkinlik kazandıran bir mekanizmadır[26].

11 Nisan 2014 tarihi itibarıyla tüm hükümleriyle birlikte yürürlüğe giren 6458 sayılı Yabancılar ve Uluslararası Koruma Kanunun 91 inci maddesi, geçici korumayı düzenlemektedir. Bu madde ile, şartları sağlayan yabancılara sağlanabilecek geçici korumayla ilgili tüm iş ve işlemlere ilişkin usul ve esasların Bakanlar Kurulu tarafından çıkarılacak yönetmelikle düzenlenmesi hükme bağlanmıştır.

YUKK 91. maddesi ilk fıkrası geçici koruma statüsüne ilişkin koşulları şöyle düzenlemektedir:

"Ülkesinden ayrılmaya zorlanmış, ayrıldığı ülkeye geri dönemeyen, acil ve geçici koruma bulmak amacıyla kitlesel olarak sınırlarımıza gelen veya sınırlarımızı geçen yabancılara geçici koruma sağlanabilir.

Bu kişilerin Türkiye'ye kabulü, Türkiye'de kalışı, hak ve yükümlülükleri, Türkiye'den çıkışlarında yapılacak işlemler, kitlesel hareketlere karşı alınacak tedbirlerle ulusal ve uluslararası kurum ve kuruluşlar arasındaki iş birliği ve koordinasyon, merkez ve taşrada görev alacak kurum ve kuruluşların görev ve

---

[26] Çiçekli, (2016). *Yabancılar ve Mülteci Hukuku.* s. 303.

yetkilerinin belirlenmesinin, Bakanlar Kurulu tarafından çıkarılacak yönetmelikle düzenlenir".

Suriye Arap Cumhuriyetinde meydana gelen iç savaş sonrası 29.04.2011 tarihinden itibaren Türkiye sınırlarına doğru başlayan toplu nüfus hareketlerini yönetmek üzere bazı uygulama esaslarının belirlenmesi ihtiyacını gidermek için ilk olarak İçişleri Bakanlığı tarafından 30.03.2012 tarihinde "Türkiye'ye Toplu Sığınma Amacıyla Gelen Suriye Arap Cumhuriyeti Vatandaşlarının ve Suriye Arap Cumhuriyetinde İkame Eden Vatansız Kişilerin Kabulüne ve Barındırılmasına İlişkin Yönerge" çıkarılmıştır. Devam eden süreçte ise YUKK 91. maddesi 2. Fıkrasında çıkarılması öngörülen "Geçici Koruma Yönetmeliği" 11 Nisan 2014 tarihinde yürürlüğe girmiştir.

2. Geçici Koruma Yönetmeliği

91. maddenin ikinci fıkrası doğrultusunda hazırlanan Geçici Koruma Yönetmeliği ile, Suriye'de meydana gelen olaylar sebebiyle geçici koruma amacıyla Suriye'den kitlesel veya bireysel olarak sınırlarımıza gelen veya sınırlarımızı geçen Suriye vatandaşları ile Suriye menşeli vatansızlar ve mülteciler uluslararası koruma başvurusunda bulunmuş olsalar dahi geçici koruma statüsü kapsamına alınmıştır.

Geçici Koruma Yönetmeliği 3. maddesinde geçici koruma kavramı YUKK m. 91 ile paralel şekilde tanımlanmıştır. Yalnızca; kitlesel sığınma kavramının uygulamada yaratabileceği sorunları gidermek amacıyla Yönetmelik, geçici koruma sağlanacak kişiler üzerinden yaptığı tanımlamada, bu kişiler içerisinde, YUKK m. 91 metnindeki "kitlesel olarak sınırlarımıza gelen veya sınırlarımızı geçen" ibaresine ek olarak, "kitlesel akın döneminde bireysel olarak sınırlarımıza gelen veya sınırlarımızı" geçen yabancıları da açıkça zikretmektedir. Kanunun 91. maddesinde bulunmayan bu ibare, Kanunda tanımlanan "kitlesel sığınmanın" uygulamada nasıl yorumlanacağını göstermektedir. Yönetmelikteki bu fark, Kanun maddesindeki düzenlemeden ayrılmaktan ziyade daha detaylı bir düzenleme getirmeyi amaçlamaktadır.

Geçici Koruma Yönetmeliği 29. maddesi, geçici koruma sağlananların iş piyasasına erişimini düzenlemektedir. 29. maddenin 2. fıkrası, "geçici koruma kimlik belgesi" sahiplerinin çalışma izni için Çalışma ve Sosyal Güvenlik Bakanlığı'na başvurabileceğini öngörmektedir. 3. fıkra uyarınca geçici koruma sağlananlara verilecek olan çalışma izni süreleri çalışma izni süresinden fazla olamaz. Geçici koruma sona erdiğinde, geçici koruma kapsamında verilen çalışma izni de sona erer. YÇİHK sisteminde çalışma izni ikamet izni yerine geçmekte iken, geçici koruma sağlananlara verilen çalışma izni Geçici Koruma Yönetmeliği 29/4. Fıkra uyarınca ikamet izni yerine geçmeyecektir. Geçici koruma sahipleri geçici koruma kimlik belgesi ile Türkiye'de kalabilirler. Ancak bu belge YUKK kapsamındaki ikamet izinlerine denk sayılmadığı gibi, bu belgenin sağladığı kalış süresi uzun dönem ikamet izni ve vatandaşlığa alınma için dikkate alınacak sürelerden değildir. (Geçici Koruma Yönetmeliği m. 25) 29. maddenin ilk fıkrası, geçici korunacak olan yabancıların çalışmalarına ilişkin usul ve esasların Bakanlar Kurulunca çıkarılacak Yönetmelikte düzenleneceğini öngörmektedir.

3. Geçici Koruma Sağlanan Suriyeli Sığınmacılar İçin Çalışma İzinleri Yönetmeliği Hükümleri

"Geçici Koruma Sağlanan Yabancıların Çalışma İzinlerine Dair Yönetmelik" 11.01.2016 tarihinde kabul edilmiş, 15.01.2016 tarihinde yürürlüğe girmiştir. Yönetmelik, geçici koruma sağlanan yabancıların çalışmalarını kural olarak çalışma iznine tabii tutmaktadır. (m. 4/1) 5. maddeye göre geçici koruma sağlanan yabancılar geçici koruma kayıt tarihinden itibaren altı ay sonra çalışma izni almak için Çalışma ve Sosyal Güvenlik Bakanlığına başvurabilirler. Ayrıca 5. maddenin 4. fıkrası mevsimlik tarım ve hayvancılık işlerinde çalışacak geçici koruma sağlanan yabancılar için çalışma izni muafiyeti öngörülmektedir.

Çalışma izni başvurularının değerlendirilmesinde, işyerinde çalışan Türk vatandaşı sayısı üzerinden sektör ve illere göre açık iş ve işe yerleştirmeler dikkate alınarak Bakanlıkça, geçici koruma sağlanan yabancı istihdamı kotası uygulanabilecektir. Çalışma iznine başvurulan işyerinde çalışan geçici koruma sağlanan yabancı sayısı, işyerinde çalışan Türk vatandaşı sayısının yüzde onunu geçmez. Toplam çalışan sayısı ondan az olan işyerinde en fazla bir geçici koruma sağlanan yabancıların çalışmasına izin verilebilir. İşveren tarafından işyerinin kayıtlı bulunduğu Çalışma ve iş Kurumu İl Müdürlüğünden çalışma izni başvurusu tarihinden önceki dört haftalık süre içerisinde yabancının çalıştırılacağı işi yapacak aynı nitelikte Türk vatandaşı bulunamadığı belgelendirildiği başvurularda istihdam kotası uygulanmayabilir. (Madde 8)

10. madde uyarınca geçici koruma sağlanan yabancılara asgari ücretin altında ücret ödenemeyecektir. Yalnızca Türk vatandaşları tarafından icrasına izin verilen iş ve meslekler için yapılan başvurular değerlendirme yapılmaksızın işlemden kaldırılacaktır. Sağlık meslek mensupları Sağlık Bakanlığından, eğitim meslek mensupları ise Milli Eğitim Bakanlığından veya YÖK'ten ön izin almalıdır. (m.6)

Çalışma iznine başvuru hakkı verilirken, Geçici Koruma Yönetmeliği 24. Maddesinde düzenlenen yabancının kalmasına izin verilen iller esas alınacaktır. Kamu düzeni, kamu düzenliği ya da kamu sağlığı yönüyle İçişleri Bakanlığınca çalışma izni verilmesinde sakınca görülen illerde çalışma izni verilmesi ve uzatılması Bakanlıkça durdurulacaktır. Ancak yabancının bu ilde kalma hakkı devam ettiği müddetçe önceden verilen çalışma izinleri sona erdiği tarihe kadar kullandırılır. (m. 7)

Türkiye İş Kurumu tarafından aktif işgücü hizmetleri kapsamında düzenlenen kurs ve programlar kapsamında bir işyerinde mesleki eğitim ve işbaşı eğitimi görecekler ile bu kişilerin eğitim süresinin sonunda aynı işyerinde çalıştırılması için İçişleri Bakanlığına başvuruda bulunulabilir.

Çalışma izni başvurusu 5. madde uyarınca geçici koruma sağlanan yabancıyı çalıştıracak işveren tarafından e-Devlet kapısı üzerinden yapılacaktır. Bağımsız çalışma izni de aynı maddenin 3. Fıkrasında düzenlenmiştir. Ayrıca bu hüküm çerçevesinde ve 13. Maddenin 2. fıkrasında bu Yönetmelikte düzenlemeyen hükümler için YÇİHK'na atıf yapılması karşısında, geçici koruma sağlananların YÇİHK'daki çalışma izinlerine, bu Yönetmelikteki kısıtlamalar çerçevesinde başvurabileceği söylenebilir. Bağımsız çalışma izni almak isteyen geçici koruma sahibi 5. maddenin 3. fıkrası uyarınca bağımsız çalışma iznine başvuru hakkına sahip olmalıdır.

Uygulamada Karşılaşılan Sorunlar Çerçevesinde Suriyeli Sığınmacıların Çalışma İzni Sistemi İle Mevzuatın Değerlendirilmesi

Geçici koruma sağlanan Suriyeli sığınmacıların çalışmasına ilişkin uygulamada yaşanan temel problemlerden biri Suriyeli sığınmacıların çalışmalarının engellenmesi, ikinci önemli sorun ise sığınmacıların düşük ücretle çalıştırılması olarak tespit edilmektedir. Geçici Koruma Yönetmeliği ve Geçici Koruma Sağlanan Yabancıların Çalışma İzinlerine Dair Yönetmelik sonrası çalışma iznine ilişkin esaslar netleşmekle beraber, her iki yönetmeliğin istihdam alanında Suriyeli sığınmacıların sorunlarını çözmede yeterliliği uygulama ile anlaşılacaktır.

İstanbul Fikir Enstitüsü'nün Suriyeli Sığınmacılar İstanbul Raporu[27] kapsamında Suriyeli sığınmacıların iş sahibi olmaları ya da düşük ücretle çalıştırılmalarına ilişkin kamuoyu görüşünün araştırıldığı ankette, %41,30 oranında, Suriyeli sığınmacıların iş sahibi olabilmeleri ve düşük ücretle çalışmalarının engellenmesi gerektiği yönünde görüş belirtilmiştir[28]. Anket katılımcılarının özellikle ucuz iş gücü kullanımına karşı çıktıkları ortaya çıkmıştır. Bu doğrultuda Geçici Koruma Sağlanan Yabancıların Çalışma İzinlerine Dair Yönetmelik 4. maddesinde çalışma izni hakkında açık hüküm bulunması önemli bir adımdır. 10. madde ile geçici korunanların en az asgari ücretle çalışması öngörülerek, düşük ücretle çalışmanın bir nebzede olsa önüne geçilebileceği söylenebilir.

Bir diğer önemli sorun bağımsız çalışma yürütmek isteyen Suriye vatandaşlarının çalışma izni alma ve kayıt konularında sorun yaşamalarıdır. Bu konuda Çalışma ve Sosyal Güvenlik Bakanlığınca haksız rekabete yol açacağı endişesi ile bu çalışmalar hakkında düzenleme yapılması gerekliliği dile getirilmiştir[29]. Geçici Koruma Sağlanan Suriyeli sığınmacıların çalışmasına ilişkin Yönetmelik m. 5'in 3. fıkrası, bağımsız çalışmak isteyen geçici koruma sağlanan kişinin bağımsız çalışma başvuru hakkına sahip olmasını öngörmektedir. YÇİHK m. 7 uyarınca bu, Türkiye'de en az beş yıl kanuni ve kesintisiz olarak ikamet etmiş olmaları şartına bağlıdır. Bu yerine getirilmesi imkansız şartın nasıl sağlanacağı ve tatbik edileceği ise ise uygulamada somutlaşacaktır. Zira geçici koruma kimlik belgesinin sağladığı kalış hakkı ikamet yerine geçmediğinden, ikamet süresi olarak hesaba katılması da mümkün olmayacaktır.

Suriyeli sığınmacıların çalışma haklarına ilişkin sorunlar, uygulama oturdukça aşama aşama giderilebilecektir. Ancak bu süreçte mağduriyetin en aza indirgenmesi için, genel düzenlemelerin adapte edilmesi yerine, doğrudan Suriyeli geçici koruma sahibi yabancıların durumları değerlendirilerek, bu yabancılara özgü düzenleme yapılması daha uygun olacaktır.

---

[27] İstanbul Fikir Enstitüsü. Suriyeli Sığınmacılar Raporu. İstanbul Örneği, Kasım 2014. Erişim: http://ife.org.tr/wp-content/uploads/2015/09/Suriyeli-S%C4%B1%C4%9F%C4%B1nmac%C4%B1lar-Raporu-Kas%C4%B1m-2014.pdf (Çevrimiçi, 23.05.2016).

[28] Yerel halkın tepkisini önlemek için, bütüncül bir politika izlenmesi gerektiği vurgulanmaktadır; bkz. T.C. İçişleri Bakanlığı Araştırma ve Etütler Merkezi. (2015) Suriyeli Sığınmacıların Türkiye'ye Etkileri 2015. Erişim: http://www.arem.gov.tr/suriyeli-siginmacilarin-turkiyeye-etkileri-2015 (Çevrimiçi, 10.08.2016).

[29] T.C. İçişleri Bakanlığı Araştırma ve Etütler Merkezi. (2015) Suriyeli Sığınmacıların Türkiye'ye Etkileri 2015. Erişim: http://www.arem.gov.tr/suriyeli-siginmacilarin-turkiyeye-etkileri-2015 (Çevrimiçi, 10.08.2016).

Kaynakça

Çelikel, A. (2016). *Yabancılar Hukuku.* İstanbul: Beta Yayıncılık.

Çiçekli, B. (2016). *Yabancılar ve Mülteci Hukuku.* Ankara: Seçkin Yayıncılık.

Ekşi, N.(2015). *Yabancılar ve Uluslararası Koruma Hukuku.* İstanbul: Beta Yayıncılık.

Elektronik Kaynaklar

T.C. İçişleri Bakanlığı Araştırma ve Etütler Merkezi. (2015) Suriyeli Sığınmacıların Türkiye'ye Etkileri 2015. Erişim: http://www.arem.gov.tr/suriyeli-siginmacilarin-turkiyeye-etkileri-2015 (Çevrimiçi, 10.08.2016).

İstanbul Fikir Enstitüsü. Suriyeli Sığınmacılar Raporu. İstanbul Örneği, Kasım 2014. Erişim: http://ife.org.tr/wp-content/uploads/2015/09/Suriyeli-S%C4%B1%C4%9F%C4%B1nmac%C4%B1lar-Raporu-Kas%C4%B1m-2014.pdf (Çevrimiçi, 23.05.2016).

T.C.Resmi Gazete, http://www.resmigazete.gov.tr/ (Çevrimiçi).

Mevsimlik Gezici Tarım İşinde Çalışan Kadınların Çalışma ve Yaşam Koşulları

Yasemin Yüce Tar[30], Kezban Çelik[31]

Giriş

Bu çalışmanın en temel amaçlarından birisi, ücretli bir işte çalışmak kadına her zaman kazandırmakta mıdır sorusuna yanıt aramaktır. Genel olarak kadınların ücretli çalışan olmaları halinde hak kullanımlarının genişleyeceği, kazandıkları ücretin bir kısmı üzerinde söz sahibi olabilecekleri, doğurganlık, nasıl giyinileceği, kamusal alan kullanımı, oy ve miras hakkı gibi konularda fayda görecekleri düşünülmektedir. Bu yaklaşımın özünü oluşturan liberal düşünce kadınların ücretli çalışan olmaları ile toplumsal cinsiyet eşitsizliklerinin azalacağı ve yoksulluğun kadınsılaşan yönünün gerileyeceğini iddia etmektedir. Çalışmada görüşülen kadınlar kentsel alanların periferinde yaşayan, eğitim ve beceri düzeyi düşük kadınlar olup kendi yapabilirlikleri üzerinde sosyo-kültürel engel ve baskıların fazla olduğu, kentsel iş piyasası çeşitlenmesinin az olduğu alanlarda yaşamaktadırlar. Genel olarak 18 yaşın altında evlenmiş ve Türkiye ortalamasının bir hayli üzerinde çocuk doğurmuşlardır. İçinde bulundukları yoksullukla baş etme mekanizmalarından birisi olarak ücretli gezici tarım işçiliği yapmaktadırlar. Bir yandan tarlada çalışmakta diğer yandan toplumsal cinsiyete bağlı her türlü sorumluluğu oldukça ilkel şartlarda sürdürmektedirler. Tüm bu sorumlulukları ve çalışma zorunluluğunu sıkı ataerkil baskı altında gerçekleştirmektedirler. "Namus", "iffet" gibi beden denetiminde sık kullanılan araçlar, bir yandan kadınların yaşamlarını bedenleri üzerinden kontrol altına alırken, diğer yandan ise kadın emeğinin gizlenmesini kolaylaştırmaktadır. Bu yüzden yeniden üretim altında kategorize edilen ücretsiz, görünmez emek, beden denetiminden soyutlanarak tam olarak anlamlandırılamamaktadır.

Mevsimlik tarım işçiliğinin kadına herhangi bir katkısının olup olmadığını, kadını güçlendirip güçlendirmediğini anlamak için şu alanlara bakmanın gerekli olduğu ortaya çıkmaktadır: i) ev içi iş bölümü değişiyor mu?, ii) aile içi kararlara katılım artıyor mu?, iii) beden üzerinde kontrol artıyor mu?, iv) kamusal alan kullanımı genişliyor mu? Beden üzerine ilişkin kararları şu başlıklarda tartışmak gerekmektedir; a)çocuk doğurma kararı, b)giyim, ne giyeceğine karar verme, c)dışarı çıkma, iv)çalışma hakkı, v) oy kullanma hakkı.

Mevsimlik Tarım İşçiliği

Tarım işçileri, ücretli işçi olarak çalışırlar çünkü kendilerine ait ya da kiraladıkları arazileri, üretimde kullanacakları tarım araçları yoktur. Bu özellikleri ile çiftçilerden farklılaşmaktadırlar. Yapılan çalışmaların gösterdiği sonuçlara göre ücretli tarım işçilerinin önemli bir kısmı (gelişmekte olan ülkelerin çoğunluğunda ve gelişmiş ülkelerin bazılarında) geçici süreli, günlük ücretle çalışmaktadır. İLO'nun yaptığı

---

[30] Yrd. Doç. Dr., Ondokuz Mayıs Üniversitesi, Fen-Edebiyat Fakültesi, Sosyoloji Bölümü. E-mail: yyuce@omu.edu.tr.

[31] Doç. Dr., Ondokuz Mayıs Üniversitesi, Fen-Edebiyat Fakültesi, Sosyoloji Bölümü. E-mail: kezban.celik@omu.edu.tr.

çalışmalar 1990'lı yıllarla birlikte ücretli tarım işçiliğinde değişimler olduğunu göstermektedir: i) kırsaldaki toplam ekonomik faaliyetler içinde ücretli tarım işçiliğinin payı artmaktadır, ii) bu artış içinde kadınların payı daha çok artmaktadır ve iii) bu iş "sıradanlaşmaktadır". Küreselleşme, artan küresel rekabet baskısı, deregülasyon gibi nedenlerin tümü atipik işlerin sayısını artırmakta, ücretleri azaltmakta, çalışanı koruyucu mekanizmaları aşındırmaktadır ve böylesi bir durumun yaygınlaşması ile ücretli mevsimlik tarım işçililerinin maruz kaldıkları olağanüstü koşullar sıradanlaşmakta ve hatta doğallaşmaktadır (Hurst ve diğerleri 2007:2-9). Türkiye'de yapılan çalışmalar da tarım işçilerinin yetersiz örgütlenme, ücret yetersizliği ve cinsiyet eşitsizliği, sosyal güvenceye sahip olamama, temel insani ihtiyaçları karşılamaktan uzak uygunsuz yaşam koşulları ve yoksulluğa bağlı sağlık sorunları gibi pek çok dezavantaja sahip olduklarını göstermektedir (Özbekmezci, 2004; Geçkin, 2009; Şimşek, 2011; Friedrich-Ebert-Stiftung, 2012; Lordoğlu ve diğerleri, 2014; TBMM Araştırma Merkezi, 2015).

Böylesi dezavantajlı bir işte çalışmaya razı gelen bir işgücün var olması işverenlerin ucuz ve mevsimlik emek kullanabilecekleri ürünlere daha fazla yönelmelerine neden olmaktadır (Hoggart ve Mendoza, 1999, Martin, 2002). Bununla bağlantılı olarak ekonomik ve sosyal gelişmeden daha az pay alan kesimlerin bu işleri yapması ayrımcılığa uğrama risklerini de arttırmaktadır. Başka alternatiflerinin bulunmayışı ve vasıf seviyelerinin düşük olması birlikte düşünüldüğünde, ortaya işgücü piyasasında hareketlilikleri sınırlanmış işçilerin bu işlere daha çok yöneldiklerine dair bir sonuç çıkmaktadır. Türkiye'de mevsimlik tarım işçisi olarak çalışanların %90 gibi çok önemli bir kısmını Güneydoğu kökenliler oluşturmaktadır. Mevsimlik tarım işinin kayıt dışı sektörde görülen tabakalaşma içinde en altta yer alması ve mevsimlik tarım işçiliği yapanların çoğunun belirli etnik grupları içermesi, konunun etnik boyutunun da önemli olduğunu gösterir niteliklerdir (Çınar, 2014).

Araştırmanın Metodu

Adıyaman ve Şanlıurfa kent merkezlerinde yaşamakta olan ve yılın belirli dönemlerinde gezici mevsimlik tarım işinde ücretli olarak çalışan kadınlar araştırmanın evrenini oluşturmaktadır. Şanlıurfa ilinde gezici mevsimlik işçilik yapmakta olan nüfus fazladır aynı zamanda da gezici mevsimlik tarım işçiliği yapılma süresi daha uzundur (6-9 ay arası) ve bu iş göçe katılanların çoğu için "ana geçim" kaynağı niteliğindedir. Adıyaman ili ise özellikle 2002'de çıkan tütün yasasının etkisiyle eskisi kadar çok tütün üretemez olmuş ve buna bağlı olarak mevsimlik tarım işçiliğine katılanların sayısı artmış olan bir şehirdir. Adıyaman ilinde göçe katılanların çalışma süresi daha kısa olup (2-4 ay) bu göç "ek kazanç" sağlamak amacıyla gerçekleştirilmektedir. Tarımda mevsimlik işçilik ve bunun yaşama, çalışma koşulları ile kadın emeği üzerine olan kapsamlı etkilerini görebilmek için niceliksel ve niteliksel araştırma yöntemi birlikte kullanılmıştır. Araştırmanın ilk aşamasında niteliksel yöntem kullanılarak 60 derinlemesine görüşme gerçekleştirilmiştir. Niceliksel araştırmada örnek büyüklüğü %95 güven düzeyinde, 1.1 desen etkisi ve cevapsızlık oranı dahil edildiğinde yaklaşık 750 hanede 1139 kadına ulaşılmış olup yanıtlama hızı %94,9 olmuştur.

Bulgular

Ev işi işbölümü

Araştırma kapsamında kadınlara tarlada çalışmasına rağmen ev işlerini yapma durumu sorulmuştur. Kadınların %70'i ev işlerini tarlada da kadınların yaptığını, yaklaşık %15'i genç kadın ve çocukların yaptığını, %6'sı yaşlı ya da tarlada çalışamayanların yaptığını, yaklaşık %9'u kadın-erkek - herkesin yaptığını ya da erkeklerin yardım ettiğini belirtmiştir. Adıyaman ilinde yaşayan kadınların tamamı işlerin kadınlar tarafından yapıldığını ifade ederken, Şanlıurfa ilinde kadın-erkek-çocuk gibi herkesin yaptığını ifade edenlerin oranı daha yüksektir. Genç kadınlar ileri yaşlara göre daha fazla oranda işlerin kadınlar tarafından yapıldığını söylemişlerdir.

Aile içi kararlara katılma

Kadınların güçlenmesi konusunu anlayabilmek ve özellikle ücretli iş katılımının kadınların güçlenmeleri üzerinde etkisinin olup olmadığını anlayabilmek için bakılabilecek göstergelerden bir tanesi de kararlara katılma hakkı ile ilişkilidir. Araştırma sonuçlarına göre iki kadından biri tartışmalara katılıp fikrinin önemsendiğini söylerken, üç kadından biri "tartışmalara katılmam" cevabını vermiş olup, yaklaşık 10 kadından biri de tartışmalara katıldığı halde fikrinin önemsenmediğini belirtmiştir. Genç yaşta olanlarda tartışmalara katılmama daha yüksektir. Yaş ilerledikçe tartışmalara katılma ve fikrinin önemsenme durumu yükselmektedir. İllere göre dağılım ise benzerlik göstermektedir.

Beden üzerinde kontrol: Çocuk Doğurma Kararı

Görüşülen orta yaşlı kadınların nerede ise tümü 18 yaşından küçük evlenmiştir ve genel olarak evlenme kararları aileleri tarafından alınmıştır. Akraba evliliği yaygındır ve çoğu amcalarının oğulları ile evlidir. Küçük yaşta yapılan evliliğin neticesi olarak doğurgan oldukları süre uzun, doğurganlığın kontrolüne ilişkin bilgi birikimleri yok ya da çok sınırlı olup sağlık hizmetlerine düzenli ulaşımlarını sağlayacak sosyal güvence ve hizmetlerden yoksun kadınlardır. Bu koşullar altında kadınların çoğu doğurganlıkları üzerinde söz hakkına sahip olmadıklarını belirtmişlerdir. "Cahillik", "bilgisizlik", "baskı" gibi nedenlerle doğurganlıkları üzerinde haklarını kullanamamışlardır. Ancak her iki ilde yapılan genç kadın görüşmelerinde, genç kadınlar 18 yaşından önce evlenmeyeceklerini, bu konuda söz hakkının kendilerinde olması gerektiğini belirtmektedirler. Ayrıca çok kardeşli olmanın kendi yaşam şansları üzerindeki olumsuz etkilerini deneyimlemekte olduklarından evlenmeleri halinde doğurganlıkları üzerinde söz haklarının olacağını ve 2-3 çocuktan fazla çocuk doğurmayacaklarını belirtmektedirler.

"Yok, ben istemedim. **Benim kararım olsaydı bu kadar çocuk getirmezdim.** Nasıl desem kaynanamdan öyle çektim ki. Benim dışarı çıkmama bile izin vermiyordu. Hamilelliğimi bile anlamıyordum, bulantıdan ve baş dönmesinden anlıyordum. İki adımlık sağlık ocağına gideyim de test yaptırayım diyordum. 'Hamileysen hamilesin eskiden sağlık ocağı mı vardı', diyordu" (43 yaş, evli, ilkokul mezunu, 4 çocuk, Adıyaman).

Giyim, ne giyeceğine karar verme: "pantolon giyebilmeyi kim istemez!"

Kadınlarla yapılan görüşmelerin gösterdiği yaşa bağlı olarak ne giyeceğine karar verme hakkının geliştiği söylenebilir. Genel olarak her iki ilde de yaşayan orta yaşta olan kadınlar açısından giyim ve ne giyeceğine karar verme ya da verememe önemli bir konu olarak görülmemektedir. Orta yaş, evli kadınlar yaşadıkları çevrenin norm ve değerlerini bilmekte ve bunlara aykırı olabilecek bir giyinme biçimi talep etmemektedirler. Giyinmeye ilişkin hak talebi genç kadınlar tarafından dile getirilmektedir. Özellikle Şanlıurfa'da yaşayan genç kadınlar, ailenin erkek üyeleri ve mahalle baskısını hisseden ve bu nedenle giymek istedikleri giysileri giyemeyen kadınlardır. Bu genç kadınlar sadece "pantolon" giyebilmek için bazen mücadele etmekte ama çoğunlukla bu mücadeleden kaybeden olarak çıkmaktadırlar. Adıyaman ilinde yaşayan genç kadınların eğitimde kalma süreleri daha uzun olduğundan baskıyı daha az hissetmektedirler ancak yine de bazen pantolon yasağı, bazen saçı kapama, uzun ve vücut hatlarını belli etmeyecek şekilde giyinme konusunda baskı hissetmektedirler. Bazı genç kadınlar için yaşadıkları çevreyi dikkate aldıklarında bu kurallar normal ve olması gereken kurallara dönüşmektedir. Küçük, yüz-yüze ilişkilerin yoğun bu anlamda "mahalle baskısının" hissedildiği kentsel alanlarda yaşadıkları için ailenin erkek üyelerinin böylesi taleplerini makul görmektedirler. Onların beklentilerine uygun giyindikleri vakit herhangi bir baskı ile karşılaşmadıklarını; ancak farklı giyinmek istemeleri halinde baskı ve yaptırım göreceklerini bu nedenle de bu yola başvurmadıklarını söylemektedirler.

"**Kapalı etek falan eşarp giysem karışmazlar**. Pantolon baş açık giysem kızarlar tabi ki de. Normalde kızmazlar. Böyle de güzel ama pantolon giymek her insan ister. Buradakilerin hepsi diyor yani pantolon giysek, saçımızı açsak falan filan. Eşarp giymeyi kimse istemez zaten" (16 yaş, lise terk, bekar, 11 kardeş, Şanlıurfa).

"Kapalı şeyleri alabiliyoruz sadece. **Pantolon günahtır diyorlar. Ben çok isterdim giyebilmeyi**" (22 yaş, bekar, ilkokul mezunu, 11 kardeş, baba 2 evli, Şanlıurfa).

Kadınların kendi anlatılarının gösterdiği, ailenin erkelerini, yakın çevreyi ve çevrenin baskıcı tutumlarını bildikleri için çatışmak yerine (güçsüz oluşları buna olanak vermemektedir) bu beklentilere göre davranmak zorunda kaldıklarıdır.

Dışarı Çıkma

Genel olarak değerlendirildiğinde, yaklaşık 2 kadından biri çarşıya gidebilirken, üç kadından biri gidemediğini ifade etmiştir. Adıyaman'da her yüz kadından 6'sı, Şanlıurfa'da her beş kadından biri çarşıya hiç gitmemektedir. Yaşa göre çarşıya gitmeme farklılık göstermemektedir. Ev dışı alan kullanımı özellikle genç kadınlar için ve özellikle Şanlıurfa'da yaşayan genç kadınlar için sıkıntılıdır. Genellikle ev avlusu dışındaki alanlara gidiş-gelişleri kısıtlanmaktadır. Zaten bunun için paraları da yoktur.

"Yani buraya gelmem bile *(görüşmenin yapılmakta olduğu komşu evi)* izin alıp geldim, izin vermiyorlar. Diyor tek başına gezilir mi? Her genç kız gezse illa bir şey mi yapacak? Tek başına bir yere gitmek istiyor belki bunaldı. **İzin vermiyorlar**" (21 yaş, bekar, ilkokul 4. Sınıf terk, 5 kardeş, Şanlıurfa).

Çalışma Hakkı:

Gezici mevsimlik tarım işinde çalışmak zor, çok yorucu, ölmeyi isteyecek kadar yorucu bir aktivite olduğundan; "muhtaçlık", "çaresizlik" nedeniyle yapıldığından çalışma bir hak değil istense de istenmese de yapılması gereken bir zorunluluk olarak görülmektedir. Bu nedenle bir kadın çaresiz değil ise çalışmamalıdır.

"**Bence kadınlar hiç çalışmamalı. Kadınlar dışarıda çalışmamalı.** Dışarıdaki iş erkeklerin işi. Ama kadınlarda mecbur olunca çalışıyor. Çünkü mecburlar. Çünkü çocukları çok olduğu için buna mecburlar. Çocuklarını kendilerine alet ediyorlar. Hem kendilerine eziyet ediyorlar hem de çocuklarına, yazık değil mi?" (18 yaş, bekar, ortaokul mezunu, 7 kardeş, Şanlıurfa).

Kadınların %38'i sigortalı işte çalışılabileceği, %25'i mecbur kaldığında çalışabileceğini, %8'i devlet işinde çalışabileceğini, %9'u eşinin izin vermesi durumunda çalışabileceğini, yaklaşık %14'ü ise kesinlikle çalışmaması gerektiğini ifade etmiştir. Şanlıurfa ilinde 'çalışmamalı' cevabı yaklaşık 9 kat daha fazladır. Benzer şekilde mecbursa ya da eşi izin verirse cevabı da Şanlıurfa'da daha yaygındır.

Oy kullanma hakkı: "kimse yok, özgürüz orada"

Bu çalışmanın gösterdiği önemli sonuçlardan birisi kadınların hiç tereddüt etmediği ve hakları olduğuna inandıkları en önemli ve tek alanın oy kullanma hakkı olduğudur. Yapılan çalışmalar demokratik katılım yollarının çok sınırlı olduğu, toplumsal cinsiyet eşitsizliğinin yüksek olduğu ve kadın haklarının kullanımı konusunda sıkıntı olan ülkelerde oy kullanma oranlarının yüksek olduğu yönündedir. Bu sonuçları destekler şekilde araştırmaya katılan kadınların tümü "oy kullanma" haklarına inanmaktadırlar ve bu konuda kendilerinin karar verdiğini belirtmektedirler. Sanılanın aksine eşleri, yakın aile üyeleri ya da yerel siyasetçilerin dediği şekilde oy kullanmamakta oldukları, bu hakkı önemsedikleri görülmüştür. Oy sandığının gizliliği, kapalı bir odada tek başına karar verebilmeleri ve istediğini yapabilme olanağı sunması gerekçeleri ile bir yandan bunun hak olduğunu düşünmektedirler diğer yandan her türlü baskı ya da telkine rağmen istediğini yapabilecek bir alan olarak görmektedirler. Kadınlar eğitim düzeylerinden bağımsız bir şekilde bu alanı hak olarak görmektedirler. Benzer bir anlayışın diğer haklar için genişletilebilmesi için bu alanın daha iyi anlaşılması önemli sonuçlar üretebilecektir.

"**Kime istersem ona veririm.** Dese bile perdenin arkasında görmez ki kime verdiğimi" (43 yaş, evli, ilkokul mezunu, 4 çocuk, Adıyaman).

Kadınların hangi partiye oy vereceklerine kimin karar verdiği sorulduğunda, yaklaşık %60'ı kendisinin verdiğini, üç kadından biri aile üyeleriyle birlikte karar verildiğini belirtmiştir. Genç yaştaki kadınlar tarafından daha fazla oranda ailece cevabı verilmiştir.

Tartışma

Kadınlar ücretli işçi midir?

Kadın işçilerin çalışma ilişkisinden doğan birincil hakları, "ücret hakkı" dır. Mevsimlik işçilik aynı zamanda kadınların sadece kadın olmalarından dolayı daha fazla emek verdikleri ve bu emeğin yeniden üretim olarak adlandırılarak görülmediği, yeniden üretim ile üretim kavramlarının birbirinin içine geçmişliğini fark ettiren bir emek türüdür. Araştırma bulgularının gösterdiği üzere, işin bulunması, çalışma koşulları, denetimi ve ücretin alınması üzerinde kadınların kontrolleri yoktur. Ücretli çalışan olmakla kadınların özgürleşebileceği, ataerkil baskıyı sarsabilmek için fırsat elde edilebileceği düşünülebilir. Ancak 12-13 yaşından beri ücretli çalışan ama ücreti hiç alamamış kadınların olduğu görülmektedir. Ücretin ailenin erkek üyesine ödeniyor olması, kadınların somut olarak bu parayı görmüyor olmaları kendilerini ücretli çalışan değil, aile havuzuna katkı sağlayan bir üye olarak görmelerine neden olmaktadır. Ailenin yoksulluğu, kalabalık üyeli olması, 6-9 ay çalışılan paranın temel geçinmeye dahi yetmemesi ve bu reel durumun kadınlar tarafından biliniyor olması ücretin kime verildiğinin önemsiz bir konu olarak görülmesine neden olmaktadır. Böylece aslında ücretli emekleri de önemsiz hale gelmektedir. Toplumsal cinsiyet rollerinin tarlaya taşınması, barınma koşullarının zorluğu ve güçlüğü kadın emeğinin sömürüsünü katmerli hale getirmektedir. Ev-işyeri ayrımı olmadığından kadın emeği çadırda görünmez hale gelmektedir. Buna bağlı olarak ücretli çalıştıkları halde "ücretsiz aile işçisine" dönüşmektedirler. Kazanılan ücret üzerinde kontrollerinin olmaması, aile içi kararlara katılımlarını da sınırlı hale getirmekte; çocuklarının bugünü ve geleceği üzerinde etkili olamamalarına neden olmaktadır. Hatta anneler, genç kadınları kendi görünmez emeklerinin parçası yapmak zorunda kalmaktadırlar.

Ataerkilliği gevşetebiliyor mu?

Fakirliğin kadının işini artırdığı, emeğini değersizleştirdiği görülmektedir. Ancak bu ilişki içinde yani evin erkeğinin karısının ve çocuğunun çalışması olmasa evini geçindiremiyor oluşu erkeğin iktidarını kıran, bozan bir durum yaratıyor mu diye sormak gerekirse ilk önce hasta adamlarla karşılaşıldığını söylemek gerekir. Konuştuğumuz çoğu kadının kocası "çok hasta" dır. Bu, evi geçindirmek yükümlülüğünü yerine getiremeyen erkeğin iktidarını kaybetmekten sığındığı bir yaşama stratejisi olarak görülebilir. Kadının evinin geçimini aslında kendisi ve çocuklarının sağladığı bilgisi toplumsal cinsiyet rollerinde bir değişikliğe sebep olabilir mi sorusu sorulmaya değerdir. Ya da bu durum bir erkeklik krizi ortaya çıkarmakta ve ataerkil değerler daha fazla savunulmaya geçilmektedir? Kadınların dışarı çıkma, pantolon giyme, kimle evleneceğine karar verme, okuyabilme durumlarına araştırma sonuçları ile bakıldığında ataerkil değerlerin sertleştiği, erkeğin iktidarını "namus" üzerinden sağlamlaştırmaya çalıştığı görülmüştür.

Aracılı/aracısız çalışma

İşçilerin işverenlerinden yasal olarak herhangi bir hak talep edememesi, çalışma dönemlerinde karşılaştığı zorluklar ve işveren karşısındaki güçsüz konumlarından dolayı elçilere duyduğu ihtiyacı arttırmaktadır. Elçiler; işçilerin yolculuğu, çalıştığı yerlerde yapacağı alışverişleri, gerektiğinde sağlık kurumlarına ulaştırılması ve daha pek çok konuda onlar adına düzenlemeler yapmaktadırlar. Elçilerin işçiler için yerine getirdiği görevler, onların yaşamlarını kolaylaştırıyor gibi görünse de bunların hepsi işçilerin elçilere olan bağımlılığını güçlendirmektedir. Ancak elçisiz/aracısız çalışma da kadınlar lehine sonuçlar üretememektedir. Hatta genç kızlar açısından ürettiği etkiler çok daha olumsuz gözükmektedir. Ailenin çalışabilecek üyesinin artması (ki bu çocuk ve genç kadınların emeğini kapsar) aracısız çalışmayı olanaklı kılmaktadır ancak sadece aracının kim olduğu değişmektedir. Elçi, çavuş, işverenin yerini ailenin erkek üyesi aldığı vakit kadınların iş yükleri artmaktadır ve aynı zamanda ücretli emeklerinin ücretsiz aile işçisine dönüşmesi kolaylaşmaktadır. Emeğini satmakla ortaya çıkan kısmi özgürleşme ve bireyselleşme bu iş için geçerli olmamaktadır. Çünkü mevsimlik tarım işine erkeksiz, kocasız, erkek çocuksuz gitmek özellikle uzun süreler gidiliyorsa mümkün gözükmemektedir. Kendi kendine yetebileceği hissi birey olmak bağlamında önemli bir aşamadır. Bu vesileyle bağımlı ilişkilerden kurtulmak mümkündür. Bunun yollarından önemli bir tanesinin ekonomik değer üretmek olduğu özellikle liberal feminizmin iddialarından biridir. Bu işte ekonomik değer üreten kadınlar bu bağımsızlaşmayı yaşayamamaktadırlar.

Kentten köye iş göçü: kentliler köye işe giderse (tersine hareketlilik)

Köyden kente iş arayama gelenlerin göç hikâyesinden farklılıklar gösteren mevsimlik tarım işçiliği toplumsal hareketlilik yönünü tersine çevirmektedir. Kentten köye işe gitmek yani kentlilerin (yeni olanların) köye (eskiye) işe gitmesi temel göç dinamiğinin tersi bir görüntü sunmaktadır. Bu hareketlilikte oluşabilecek sosyal değişiklikler elbette köyden kente göçün ortaya çıkaracağı hareketlilikle benzerlik göstermeyecektir. Bu hareketliliğin yarattığı sonuçlar arasında eğitim düzeylerinin yükselmesi, kadın istihdamı ve kamusal alan paylaşımının artması, çocuk sayılarının düşmesi gibi sonuçların görülmediği aşikârdır. Şanlıurfa ilindeki mevsimlik tarım işçilerinde görülen çocuk sayılarının fazlalığı, eğitim katılım düzeylerinin düşüklüğü, kadınların mevsimlik tarım işçiliği dışında çalışma hayatına katılmaması, geleneksel aile rollerindeki sertlik, ataerkil yapılardaki değişmeye karşı direnç işin kentliler tarafından köyde gerçekleşmesi sonucudur. Kentten köye iş göçü paradoksal olarak da modern dinamiklerin düzenleyemediği bir iş ve çalışma ilişkileri ortaya çıkarmaktadır. Ücretli işin modern dünyanın kurulmasında önemli bir belirleyici olduğu bilinmektedir. Burada da görülen ücretli işçilik modern dünyanın dışında kendini konumlandırmaktır. Modern işleyişlerin ve kuralların iş biçimini etkilememesi de bu yüzdendir.

"Çöle gitmek" kadına bir şey katabilir mi?

Kadınların hak arayışlarında önemli bir basamak olan ekonomik değer üretme ve ücretli işe sahip oluş, kadın mevsimlik tarım işçilerinde ne kadar gerçekleşmiştir sorusu, içinde çelişkiler barındırmaktadır. Geleneksel aile yapısının dönüşümüne hizmet etmeyen aksine geleneksel aile biçimiyle yapılabilen bu iş kadının geleneksel rollerini değiştirmesine izin vermemektedir. Özel alanda gerçekleşmeyen değişiklikler kadının statüsü ve eşitliği için katkı sunamamaktadır. Ancak buna rağmen kadınların aile geçimleri için olmazsa olmaz oluşları onların geleneksel rollere eleştirel bakmasını sağlamaktadır. Özellikle genç kızlarla yapılan görüşmelerde erkek egemen zihniyetin ve ataerkil yapıların nasıl çalıştığına ilişkin önemli eleştiriler geliştirmekte oldukları görülmüştür. Kadını bir atölyede çalıştırmayan erkeğin bunu namus adına yaptığını söylediğini belirten genç kızlar "tarlada çalışırken namus neden yok" diyerek bu çifte standardı gördüklerinin altını çizmişlerdir. Kadınların yaşamlarında olumlu etkileri olmayan bir iş yaşamı gibi gözüken mevsimlik tarım işçiliği özellikle genç kızların gerçeklerle yüzleşmesinde ve toplumsal dokuyu deşifre etmelerinde bir etken olmuştur. Mevsimlik tarım işçiliği kadınlar tarafından fakirlikle başa çıkma yolu olarak bir çare bile değil bir zorunluluktur. Fakirlikle mücadele kadının güçlenmesine yardımcı olabilir mi? Fakirlikle mücadelede aktif hale gelen kadın kendi gücünün ve emeğinin değer edebileceğini görmüş olabilir mi? Dul kalmış kadınlarla yapılan görüşmelerde kocalarının ölümünden sonra hayatlarında bir değişikliğin olmadığını, çocuklarıyla tarım işine (çöle gitmek) gittiklerini, hatta ölen kocaları baskıcı kocalarsa özgürleştiklerini belirtmektedirler. Ancak fakirlikle mücadele için yapılan bu iş sonraki nesle, bu kadınların kızlarına bir değişim bırakamamaktadır.

Kaynakça

Çınar, S. (2014). *Öteki "Proleterya": De-proletarizasyon ve Mevsimlik Tarım İşçileri.* NotaBene Yayınları, Ankara.

Friedrich Ebert Stiftung Derneği (2012). Tarımda Mevsimlik İşçi Göçü Türkiye Durum Özeti, Mevsimlik İş Göçü İletişim Ağı (MİGA).

Hoggart, K., & Mendoza, C. (1999). "African immigrant workers in Spanish agriculture". *Sociologia Ruralis, 39*(4): 538-562.

Hurst, P., Termine, P., & Karl, M. (2007). Agricultural workers and their contribution to sustainable agriculture and rural development. *FAO-ILO-IUF*, Cenevre: ILO.

Lordoğlu K. Ve Etiler N. (2014). "Batı Karadeniz Bölgesinde Mevsimlik Gezici Tarım İşçiliğinde Çalışan Çocuklar Üzerine Sınırlı Bir Araştırma". *Çalışma ve Toplum*, ss:41: 115-133.

Özbekmezci Ş, Sahil S. (2004). "Mevsimlik Tarım İşçilerinin Sosyal, Ekonomik ve Barınma Sorunlarının Analizi". *Gazi Üniversitesi Mühendislik Mimarlık Fakültesi Dergisi, 19* (3): 261-274.

Şimşek Z. (2011). *Mevsimlik Tarım işçilerinin ve Ailelerinin İhtiyaçlarının Belirlenmesi Araştırması* Harran Üniversitesi ve UNFPA işbirliğinde, Ankara.

Türkiye Büyük Millet Meclisi (2015). "Mevsimlik Tarım İşçilerinin Sorunlarının Araştırılarak Alınması gereken Önlemlerin Belirlenmesi Amacı ile Kurulan Meclis Araştırma Komisyonu Raporu". TBMM:716. https://www.tbmm.gov.tr/sirasayi/donem24/yil01/ss.716.pdf

Emeğin Dolayımında Aracı Formlar ve Egemenlik İlişkileri

Mina Furat[32], Bayram Ünal[33]

Bu çalışma tarım alanındaki üretim sürecinin geçici bileşenleri olan emek ve sermaye arasındaki ilişkinin nasıl kurulduğunu anlamayı amaçlamaktadır. Bu ilişkinin varsayıldığı gibi *özgür* emeğe ve rekabete dayalı rasyonel bir formda kurulmamışlığı, bu çalışmanın gerekliliğini açıkbir şekilde ortaya koymaktadır.

Kırsal alandaki üretim biçimleri üzerinde yoğunlaşıldığında iki temel üretim biçimi üzerine odaklanılır: Kendisi için üretim ve piyasa için üretim yapan köylülük. Sahip olunan toprak, özellikle bizim çalışma alanımızdaki geçici tarım işçi-köylü hanelerini doyurmaktan ve köylünün yeniden üretimini organize edebilmekten çok uzaktır. Köylünün toprağa yatırımı, sadece niteliksel bir dönüşüm doğrumayan hane içi emek miktarına bağlı bulunmaktadır.

Gerek geçimlik gerekse piyasa odaklı üreitmi olanaklı kılan sermaye olarak toprağın köylü ve kapitalist üretici arasındaki orantısız paylaşımı, kırsaldaki emeği kendi toprağında geçimlik-gereklilik için ve kendisinin olmayan toprakda ise artık ürün için şekillendirmektedir (Kula, 1985). Bu ilişki, hem köylünün sınırlı toprağından ve üretimin mevsimsellikten ötürü daralan geçimlik ekonominin eksiğini tamamlayacak hem de kırsal hanenin yeniden üretilebilirliğini olanaklı hale getirecek bir kaynak olarak görülür.

Çalışmamızın temel iddiası, üretim ilişkilerinin hiç bir formda *özgür emek* ile ilintisinin olmadığıdır. Bundan dolayı emek ile sermaye ekonomipolitiğin öngördüğü şekliyle doğrudan ilişkiye hiç bir zaman girmemiş sosyopolitik bir dolayım ile patriarka ile kapitalismin bir birlikteliği formunda yürütülmüştür.

Veriler 2014 yılında Niğde ilinin Ovacık ve Konaklı kasabalarına gelen mevsimlik tarım işçileri ile yapılan derinlemesine ikili görüşmeler ve doğrudan katılımlı gözlem aracılığıyla toplanmıştır.

Gerek geçimlik gerekse piyasa odaklı üretimi olanaklı kılan sermaye olarak toprağın köylü ve kapitalist üretici arasındaki orantısız paylaşımı, kırsaldaki emeği kendi toprağında geçimlik-gereklilik için ve kendisinin olmayan toprakda ise artık ürün için şekillendirmektedir (Çınar ve Lordoğlu, 2011). Dolayısıyla köylü, piyasa ile üretici olarak çok kısıtlı bir ilişki içerisindedir (Kula, 1985:64). Girebileceği ilişki, çoğunlukla kendisine ait olmayan topraktaki üretim ilişkisi ile sınırlıdır. Bu ilişki, hem köylünün sınırlı toprağından ve üretimin mevsimsellikten ötürü daralan geçimlik ekonominin eksiğini tamamlayacak hem de kırsal hanenin yeniden üretilebilirliğini olanaklı hale getirecek bir kaynak olarak görülür (Dedeoğlu, 2000).

Çalışmamızın temel iddiası, üretim ilişkilerinin hiç bir formda *özgür emek* ile ilintisinin olmadığıdır. Bundan dolayı emek ile sermaye ekonomipolitiğin öngördüğü

---

[32] Niğde Üniversitesi, Sosyoloji Bölümü.
[33] Niğde Üniversitesi, Sosyoloji Bölümü.

Yazgan, P., Tilbe, F. (der.) (2016).
Türk Göçü 2016 Seçilmiş Bildiriler I.
London: Transnational Press London.

şekliyle doğrudan ilişkiye hiç bir zaman girmemiş sosyopolitik bir dolayım ile patriarka ile kapitalismin bir birlikteliği formunda yürütülmüştür.[34]

Burada söz konusu olan bu dolayım ilişkisinin nasıl ve nerede kurulduğudur. Dolayısı ile çalışmamız küçük köylülük-küçük meta üretimi dışında kalan ama kapitalist ilişkilerin hakim olduğu bir yapıyı kapsamaktadır. Bu yapı içerisinde "ister doğrudan emek biçiminde, ister ürün biçiminde, ister ürünün eş değeri (para) biçiminde olsun, emeğin yarattığı değerin sermaye sahibiyle bölüşüm biçimi, üretim araçlarının mülkiyet biçimi tarafından belirlendiğini bildirir (Erdost, 1988: 22). Erdost söz konusu kapitalist üretim ilişkisinin, yeni değer yaratma ve yaratılan bu yeni değerin üretim aracı sahibi (sermayedar) ile üretici (emek) arasındaki bölüşümüyle sınırlı olduğunu söyler (Erdost, 1988: 29).

Çalışmamızda, üretim ilişkilerinin, geçici tarımda yapılan işten elde edilecek verimle ilintilendirilerek tamamıyla kadın emeğinin üzerinden yürütüldüğünü biliyoruz. Fakat bu durum, kadın emeğinin verimiliğini esas alan sanayi üretiminde olduğu gibi kadının üretim ilişkisine üretimin öznesi olarak sokulmasını otomatik olarak getirmemektedir. Çalışmamızda kadının, iktisadi birer özne olmaktan öte sosyo-kültürel dinamiklerle, özellikle hane reisi erkeğin aracılığıyla, dolayıma sokulan üretimin araçlarından birisi haline getirildiği tespit edilmiştir. Söz konusu kadın emeği, feudalist biçime daha yakın olarak doğrudan sermaye ile ilişkiye giremeyen dolayısı ile ekonomi-politik içerisinde meşruluğu söz konusu edilmeyen bir tür olarak değerlendirilmektedir. Bu tür, sermaye ile ne ücret ne de sömürü ilişkisine doğrudan ve kendi iradesi ile giremezken değer üreten bir emek kategorisi olarak, ataerkil yapının sosyopolitik denetimi, kontrolü ve tasarrufu altında şekillenmektedir (Ecevit, 1994; Güneş, 2011). Söz konusu yapı, kadın emeğine erkeğin el koyma biçimi olarak serf formunu göstermekle birlikte tam da kapitalist üretim biçiminin merkezinde yer almaktadır. Ekonomipolitik kapsamında kurulan mülkiyet ilişkisi, doğrudan emekçinin, üretim araçları sahibi karşısındaki bağımlılığının özelliklerini ve sınırlarını belirlerken" (Erdost, 1988: 22) sosyo-kültürel egemen yapı da sermayeden önce erkeğin karşısında kadının sınırlılıklarını ve bağımlılığını belirlemektedir.

Ataerkil çerçevede, kadın emeğinin hangi formda işbölümü dolayımına gireceğini ve bu işbölümünde yarattığı değere nasıl el konulacağını, kulturel formlar-toplumsal yapılar belirlemektedir (Arıkan,1988; Ecevit,1994). Dolayısıyla, kapitalist üretim ilişkilerinin ortaya çıkardığı artık değere el koyma sürecinin, toplumsal ve kültürel alanda kurulan egemenlik ilişkilerinden ayrı bir süreç olarak değerlendirilmemesi gerekmektedir.

Bu anlamda, genel yargıya uygun olarak ilk önce aile formunun cinsiyete dayalı kurulan ama ailenin kendisini yeniden üretmesindeki hane içi bir işbölümüne tabi olduğunun altını çizmemiz gerekiyor. Buna ek olarak hane içi iş bölümünün hem bir sonucu hem de bir nedeni olarak, hane içi hiyerarşik ilişkilerin hanenin iç ve dış kararlarında belirleyici olduğunu da belirtmekte fayda var.

Geçici tarım işçiliği üzerine yapılan çalışmaların hemen hemen tamamında aracılık ilişkilerinin ekonomi politik eksenli sermaye ile emek arasında kurulduğu tespiti yapılmaktadır (Ecevit ve Ecevit, 2002; Geçgin, 2009). Bu tespite ek olarak aracılık

---

[34] Burada üretim araçları üzerindeki egemenliğin doğrudan mülkiyet ilişkileri üzerinden belirlendiği (Boratav, 2004: 20) ve sürecin bileşenleri arasında en başat olanının emek olduğu görülmektedir. Bu başatlığın en önemli nedeni hangi araç olursa olsun emeğin dolayımına girilmeden, üretim bileşenlerinin kendiliğinden veya kendi başlarına değer yaratamayacakları gerçeğidir (Erdost, 1988: 21).

ilişkilerinin üstlendiği işlevlerin sadece işin yerine getirilmesi ile sınırlı olmadığını da söylemeliyiz. Aracılığa atfedilen en önemli ilk işlev, işgücü arzında veya talebinde karşılaşılan sorunların giderilmesidir.

Geçici emeğin aracılar altında devam etmesinin tek gerekçesi iş güvencesi değildir elbette. Talep ve arzın yönetimi olarak adlandırabileceğimiz bu işlev, bölgelere göre değişmekle birlikte dayıbaşı, elci, veya çavuş formlarında yerine getirilmektedir.

Ekonomik Bağımlılık İlişkisi: Nakdi veya Ayni Avans Sistemi

Güven merkezli karşılıklı bağlayıcılık ilişkisinin iki ayağı bulunmaktadır. Birincisi Çavuş ile işveren arasında kurulmakta ikincisi ise çavuş ile hane reisi arasında kurulmaktadır. Her ikisi de güven esaslı kurulmakla birlikte farklı formlarda *emeğin ipoteğini* getirmektedir.

Çavuş-İşveren İlişkisi

İlk ileri süreceğimiz iddia, işin ve emek gücünün zamanında ve yerinde temininin sağlanmasının görünmeyen ikili ilişkilerin hem birer neden hem de bu ilişkilerin birer sonucu olarak değerlendirilmesi gereğidir. Bu ilişkide, işverenenin çavuşa üretim dışındaki ilişkilerine dayanarak avans vermesi ve böylece gelecekte yapılması planlanan üretim sürecinde işveren İçin gerekli olan işgücü temininin hazırlanması bir çok çalışmada görülmektedir. Çavuş-İşveren arasındaki herhangi bir avans ilişkisinin olmaması, bu güven ilişkisinin eksikliği anlamına gelmemektedir. Dolayısı ile avans ilişkisinin, tek başına üretim ilişkisini sistemleştiren bir etkiye sahip olmadığını belirtmekte fayda var.

Aracı-Hane Reisi İlişkisi

Sosyal sermaye ekseninde kurulan ekonomik sömürü ilişkilerinin mevcudiyeti ilk önce aracı ile işçi hanelerin akrabalığında gizlidir. "Tefeciler, ağalar, elçiler genelde bölge insanı ya da köylülerden birisidir. Böyle olunca aracı-işçi arasındaki ilişkiler hukuki yükümlülükten çok toplumsal kaynaklı olmaktadır (Kaleci 2007: 27). Fakat bizim açımızdan daha da önemli olan, emeğin sömürüsüne yol açan aracı ile hane reisi arasında görülen **avans ilişkisinin** esas teşkil etmesidir. Çalışmamızda da aracının hane reisine yaptığı avans ödemesinin genellikle daha önce kurulan iş ilişkileri, akrabalık, veya kurulan sosyal network aracılığıyla yürütüldüğünü görmekteyiz. Mevsimlik tarım işçilerinin yazın yapılacak işlere karşılık kışın avans alması da yaygın bir uygulamadır (Kaleci, 2007:49). Özellikle çalışmanın olmadığı kış zamanlarında hanelerin ani ihtiyacını veya eksik kalan geçimlik gelirin telafisini karşılayan avans ödemeleri, iş sezonunda hanenin tamamının emeğinin ipotek altına alınmasını sağlamaktadır.

Ulaşımın Sağlanması

Çavuşların aracı pozisyonlarını güçlendiren ve bir çok örnekte gördüğümüz gibi zorunlu kılan bir başka işlev, geçici tarım işçilerinin çalışma bölgelerine gidişlerini tek başlarına organize edememeleri ile doğrudan ilintilidir. Bu engel, en başta geçici tarım işçilerinin bir hane olarak aracıların etrafında örgütlenmelerini ve ulaşımlarının aracıların dolayımıyla yapmalarını zorunlu kılmaktadır. Bu sorunun detaylı bir devamı olarak ortaya çıkan bir başka sorun ise konaklama alanından çalışma alanına ulaşım sorunudur. Burada aracıların ulaşım altyapısının kullanıması kaçınılmaz olarak ortaya çıkmaktadır ve bu alt yapının kullanımı ücretsiz değildir. Ulaşım ücreti, çalışanların günlük ücretleri üzerinden kesilmektedir aslında.

İhtiyaçların Karşılanması

Öte yandan, ulaşım sorunu sadece memleketlerinden konaklama alanlarına ve oradan da çalışacakları tarlalara ulaşam ile sınırlı olmayıp, çalışma süresince temel ihtiyaçların yerelde giderilmesi ile de ilgilidir. Bu bağımlılığın hem nedeni hem de bir devamı olarak işçiler ihtiyaçlarını karşılamak için gerekli olan ürünleri alabilecekleri pazarlara ulaşmalarında sorunlar yaşamaktadırlar ve işçilerin çalışma bölgelerindeki temel ihtiyaçları da çavuşlar aracılığıyla sağlanmaktadır.

Aracılık İlişkailerinin Sosyal Formları

Sosyal Bağların Etkisi

Aracılık hizmetlerinin tek sonucu veya nedeni elbette kurulan avans ilişkileri değildir. Önemli etkenlerin başında, işçi hanelerin cavuşa karşı bağımlılık, sadakat, dayanışma gibi birincil ilişki kodlarının hakim olduğu akrabalık, hemşericilik, komşuluk gibi birincil ilişkilere sahip olması da gelmektedir. Bu tür kanbağları ve sosyal bağlar, işçi hanelerinin çavuş merkezli kuruluşunu açıklarken, bir çok işçinin de özellikle de kadınların, istemedikleri halde zorunlu gelişini de ifade etmektedir.

Bölgeye Dair Bilgi Eksikliğinin Etkisi

Tarımsal çalışmanın yapıldığı yerler ile işgücü göçünün olduğu yerleri bir birine bağlayan kayıtdışı mekiklerin varlığına rağmen işgücü göçünde aracıları vazgeçilmez kılan başka faktörlerin başında çalışmak amaçlı göç eden kişilerin geldikleri bölgeler hakkındaki temel bilgilerden uzak oluşları da gelmektedir. Daha önce çalışılan bölgede yeniden çalışmak üzere göçün tekrarında bile bu durum kendisini göstermektedir. Bunun en önemli nedeni, aracılık sisteminin işçileri birey olarak üretim ilişkilerinin dışına itmesi ve ihtiyaçlarının karşılanmasında çavuşun sürekli olarak devrede olmasıdır.

Emek Değerinin Belirlenmesinde ve Kullanımında Mutabakat Bileşenleri

Geçici tarım işçiliğinde emek değerinin belirlenmesinin serbest piyasa koşullarına tabi olarak gerçekleşmediğini burada somut olarak görmekteyiz. Bir başka deyişle çalışmamızdan hareketle, emeğin değerinin belirlenmesinde emek bileşenin hiç bir etkisinin olmadığı gibi emeğin kontrolünü pekiştiren bir uygulamanın da ücret belirlenmesinden önce kurulu olduğunu düşünmekteyiz. Bu uygulamaya bakıldığında ilk once emek değerinin belirlenmesinde emek bileşenin (özellikle kadın emeği) dışında Sermaye, Aracı-çavuş- ve Belediye Başkanından oluşan bir üçgen karşımıza çıkmaktadır. İkinci olarak, emek değerinin belirleniminde var olmayan kadın emeğinin kullanımı, emeğin değerinin belirlenmesinden bağımsız olarak yürütülmektedir. Aracının bağlantı sağladığı sermaye ile işçinin, çalışma akdi üzerinde henüz anlaşılmış bir ücret üzerinden değil, aracının emek üzerinde bir baskı aracı olarak işlemesinden kaynaklanan bir üretim ilişkisi mevcuttur. Dolayısıyla aracıların, iş gücünü kontrol etmelerinden dolayı işveren karşısında işçilere göre daha güçlü bir konumda bulunduğu tespiti (Çınar ve Lordoğlu, 2011:437) çalışmamızda karşılık bulmamaktadır. Kadın emeğinin fiyat belirlenmeden işe başlatılması ve üretime katılması, stratejik davrandığı iddia edilen patriarkal bir hane içerisinde emeğin sosyopolitik kontrolünün bir sonucu olarak değerlendirilmektedir. Sürecin daha çok aracıların işlevsel olduğu sosyopolitik bir düzenekte yürümesi, aracıların emek üzerinde bir baskı aracı olarak gücü bulunduğunun bir kanıtıdır. Aracının fiyat belirlenmesindeki rolü, kendi komisyonunun belirlenmesinin de bir fonksiyonu olduğu için, işçiden daha çok işverenle hareket edeceğini öngörmek yanlış olmayacaktır.

Kaynakça

Arıkan, G. (1988). Kırsak Kesimde Kadın Olmak, *Hacettepe Üniversitesi Edebiyat Dergisi*,5(2):1–16.

Çınar, S.ve Lordoğlu, K. (2011)." Mevsimlik Tarım İşçileri: Marabadan Ücretli Fındık İşçiliğine",*3.Sosyal Haklar Sempozyumu Bildiriler Kitabı*, İstanbul: Petrol İş Yayını,419–448.

Ecevit, M (1994). Tarımda Kadının Toplumsal Konumu: Bazı Kavramsal İlişkiler", Amme İdare Dergisi, 27(2),89–106.

Ecevit, M. ve Ecevit, Y. (2002)." Kırsal Yoksullukla Mücadele: Tarımda Mülksüzleşme Ve Aile Emeğinin Metalaşması", *Yoksulluk, Şiddet Ve İnsan Hakları* içinde, ed. Yasemin özdek, Ankara: Türkiye Ve Ortadoğu Amme İdaresi Enstitüsü İnsan Hakları Araştırma Ve Derleme Merkezi.

Geçgin, Ercan (2009). Türkiye de Tarım İşçiliğinin Sosyolojik Analizi: Ankara Polatlı Örneği. Ankara. Yayınlanmamış Yüksek Lisans Tezi, Ankara Üniversitesi Sosyal Bilimler Enstitüsü Sosyoloji Anabilim Dalı.

Dedeoğlu, S. (2000). Toplumsal Cinsiyet Açısından Türkiye'de Aile ve Kadın Emeği, *toplum bilim*, 86:130–168.

Erdost, Muzaffer İlhan (1988). Kapitaliz Ve Tarım (2.baskı).Ankara: Onur yayınları.

Güneş, F. (2011). Farklı Emek Kategorileri Açısından Kadın Yoksulluğu, *Çalışma ve Toplum,2011\2*:217–247.

Kaleci, H. (2007).Mevsimlik Tarım İşçilerinin Sosyolojik Analizi: Eskişehir örneği. Eskişehir. Yayınlanmamış Yüksek Lisans Tezi, Anadolu Üniversitesi, Sosyoloji Anabilim Dalı.

Yoksulluk, Suriyeliler, Bulaşıcı Hastalıklar ve Sosyal Hizmet

Melahat DEMİRBİLEK[35], Ece KESKİN[36]

Giriş

Türkiye'de uluslararası korumanın dışında kalan kayıtlı 2.724.937 (unhcr.org, 26.08.2016) Suriyeli vardır ve *"Geçici Koruma"* statüsündedirler. Yabancılar ve Uluslararası Koruma Kanununa (YUKK) göre "ülkesinden ayrılmaya zorlanmış, ayrıldığı ülkeye geri dönemeyen, acil ve geçici koruma bulmak amacıyla kitlesel olarak sınırlarımıza gelen veya sınırlarımızı geçen ve haklarında bireysel olarak uluslararası koruma statüsü belirleme işlemi yapılamayan yabancılara geçici koruma sağlanabilir (M. 91). Suriyelilere "mülteci" ya da "sığınmacı" statüsü tanınamamaktadır. Çünkü 1951 Mültecilerin Hukuki Durumuna İlişkin Sözleşme (Cenevre Sözleşmesi) ve 1967 New York protokolüne coğrafi çekince koyarak imza atan Türkiye, ancak Avrupa ülkelerinden gelenlere mülteci statüsü verebilmektedir. Bu kişilerin Türkiye'ye kabulü, Türkiye'de kalışı, hak ve yükümlülükleri, Türkiye'den çıkışlarında yapılacak işlemler, kitlesel hareketlere karşı alınacak tedbirlerle ulusal ve uluslararası kurum ve kuruluşlar arasındaki iş birliği ve koordinasyon, merkez ve taşrada görev alacak kurum ve kuruluşların görev ve yetkilerinin belirlenmesi, Bakanlar Kurulu tarafından çıkarılacak yönetmelikle düzenlenir (YUKK, m. 91). Kanunun bu maddesine istinaden Ekim 2014'de Bakanlar Kurulu kararı ile Türkiye'de kayıt olan Suriyeli sığınmacılara "geçici koruma statüsü" verilmektedir.

Geçici koruma rejimi ile Suriyelilere sınırsız kalış, zorla geri gönderilmeye karşı koruma ve acil ihtiyaçlara yanıt verecek şekilde koruma ve yardım sağlanmaktadır. Bunun dışında kamplarda yaşayanlara barınma, gıda, eğitim, sağlık, suya erişim gibi imkânlar sağlanmaktadır. Çeşitli sebeplerle kayıt yaptırmayanların ise hiçbir hakkı bulunmamaktadır (Hassoy, 2016).

Sığınmacılar olağandışı durumlardan etkilenen en kırılgan gruplar arasında yer almaktadır. Sığınmacı ve mülteciler, güç yaşam koşulları, barınma, beslenme ile ilgili sorunlar, sağlık hizmetlerine ve sosyal hizmetlere ulaşımda güçlükler, şiddet vb. pek çok nedenle sağlık açısından en savunmasız gruplardır (Vatansever, 2016). Mülteciler ve yer değiştirenler hastalıklara ve hastalıktan ölümlere karşı savunmasızdırlar (DAC, 2003).

Geçici Koruma Yönetmeliğinin Sağlık Kontrolleri başlıklı 20. Maddesine göre" (1)Sevk merkezine gelen yabancıların acil sağlık hizmetine ihtiyacı olduğu değerlendirilenlere bu hizmet öncelikli olarak sağlanır. (2) Kamu sağlığını tehlikeye düşürebileceği gözlemlenen bu Yönetmelik kapsamındaki yabancılar, Sağlık Bakanlığı tarafından belirlenecek usul ve esaslara göre sağlık kontrolünden geçirilir ve ihtiyaç duyulması halinde konuyla ilgili gerekli tedbirler alınır". Aynı Yönetmeliğe

---

[35] Yrd. Doç.Dr. Ankara Üniversitesi Sağlık Bilimleri Fakültesi Sosyal Hizmet Bölümü. Plevne Cad. No:5 Aktaş Kavşağı Dikimevi/Altındağ/Ankara. demirbilek@ankara.edu.tr
[36] Hemşire, Dr. Nafiz Körez Sincan Devlet Hastanesi. Gazi Mustafa Kemal Bulvarı, Tuğra Anıtı Yanı / Sincan -Fatih Metro İstasyonu A Kapısı Çıkışı Sincan-Ankara. ecekeskin03@gmail.com

göre "Bulaşıcı hastalık riskine karşı gerekli tarama ve aşılar yapılarak her türlü önlem ve tedbir alınır" (m. 27/e) ifadesi yer almaktadır.

Bu çalışmada Türkiye'de uzun vadeli kalmaları beklenen Suriyelilerin yaşadıkları olumsuz koşullar ve yoksulluk bağlamında bulaşıcı hastalıklarla ilişkisi irdelenecek ve sorunun çözümünde sosyal hizmetin işlevleri ele alınacaktır.

Yoksulluk

Yoksulluğun ne olduğu konusunda farklı tanımlar yapılmaktadır. Bu tanımlardan bazıları şöyledir: Yoksulluk en genel anlamıyla insanların gıda, barınma gibi temel fizyolojik ihtiyaçlarını karşılayamadıkları, karşılasalar da gelir dağılımındaki dengesizliğe bağlı olarak toplumsal standardın gerisinde kaldıkları yaşama biçimini ifade etmektedir (Ergül, 2005). Yoksulluk; genel olarak bir halkın ya da onun belirli bir kesiminin asgari yaşam düzeyini sürdürebilmek için gıda, giyim ve barınak gibi sadece en basit ihtiyaç maddelerini karşılayabilmesi olgusudur (Todaro, 2000). Birleşmiş Milletler Kalkınma Programı (UNDP) ise yoksulluğu, insani gelişme için zorunlu olan fırsatlardan mahrum olma şeklinde tanımlanmaktadır (aktaran Duyan, Sayar, Özbulut, 2008, s.174). Tanımların ortak nokta olarak insanların insanca yaşama hakkına erişmeyi engelleyen gelir yetersizliğindeki engeller üzerinde görüş birliği içinde oldukları ifade edilebilir.

Yoksulluk farklı gruplandırmalar yapılmakla birlikte en temelde "mutlak yoksulluk" ve "göreli yoksulluk" olarak iki kategoride ele alınmaktadır. Mutlak yoksulluk, bir kişinin veya ailenin refahı için gerekli olan en temel ihtiyaçlarını karşılayacak gelirden uzak olmalarını (Zastrow, 2014) ifade ederken, göreli yoksulluk ise, ülke içindeki ortalama gelirin belli bir oranı altında geliri olanlara (Ergül, 2005) işaret etmektedir.

Türkiye'deki Suriyeli sığınmacıların yoksulluk oranlarıyla ilgili çeşitli veriler mevcuttur. Bu verilerden birine göre Suriyelilerin yüzde 57'si yoksulluk, yüzde 31'i açlık sınırının altında (Milliyet, 04.09.2015) yaşarken, bir diğer veriye göre Suriyelileri de içine alan diğer mülteciler arasında yoksulluk sınırı altında yaşayanların sayısı yüzde 70'e dayanmıştır (Amerika'nın Sesi, 05.07.2016). Sonuç olarak Türkiye'deki Suriyelilerin yoksulluk oranlarının % 50'nin üzerinde olduğu görülmektedir. Yoksullukla sağlık arasındaki ilişki simbiyotiktir (Walker ve Walker, 2015, s. 119-120). Başka bir ifade ile yoksulluk ile sağlık arasında karşılıklı bir neden sonuç ilişkisi olduğu söylenebilir. Sağlıksız insanlar yoksulluğa itilme riskini daha fazla taşırlar. Hasta ve engelliler bir taraftan istihdam edilmede sorun yaşarken, diğer taraftan yoksulluğun kendisi de hastalığa yol açabilir.

Özellikle yoksul insanlar için sağlık hayati öneme sahip bir kazançtır. Yaşamları buna bağlıdır. Yoksullukla sağlık arasındaki ilişki bir sarmal olarak kendini göstermektedir. Yoksulluk; olumsuz çevresel koşullarda yaşamaya, beslenme bozukluğuna, hastalıkların sıklaşmasına, koruyucu hekimlik ve halk sağlığı hizmetlerine yeterli ağırlık verilmemesi, bunun sonucu olarak tedavi hizmetlerinin daha fazla yer tutması, bireyin gelirinin çoğunu tedaviye ayırmasına, çalışma gücünün azalmasına, üretim düşüklüğü ve gelir azalmasına bu da dönerek yoksulluğa yol açmaktadır" (Ergül, 2005, s.100; DAC, 2013).

Yetersiz beslenme, evsizlik, uygun olmayan evlerde barınma hastalığa neden olan faktörler arasında gösterilebilir. Yoksul insanlar ihtiyaçlarına oranla daha az sağlık hizmeti almaktadırlar (Walker ve Walker, 2015, s. 119-120).

Sağlık uluslararası gündemde her zamankinden daha fazla yer almakta ve gelişmenin merkezinde yoksul insanların sağlığı yer almaktadır. Dünyadaki ülkeler ırk, din, siyasi görüş, sosyal ve ekonomik standartlardan bağımsız olarak ulaşılabilir sağlığın temel bir insan hakkı olduğu konusunda hemfikirdirler. Yoksullar kötü sağlık koşulları içinde yaşamakta ve erken ölmektedirler. Bazı sosyal gruptakiler; aralarında sosyal olarak dışlananlar, mülteciler, yer değiştirenler, engelliler, HIV/AIDS taşıyanların da bulunduğu yoksulluktan oldukça güçlü şekilde etkilenmektedirler. Bu gruptakiler birçok toplumda en yoksul olanlardır, yoksulluğun daraltılması için özel politik tedbirleri gerektirir (DAC, 2003).

Dünyadaki hastalıkların en az % 25'nin çevresel koşullardan kaynaklandığı tahmin edilmektedir. Su kalitesinin ve sanitasyon yetersizliği diyare, kolera, trahoma gibi bulaşıcı hastalıklara yol açmaktadır. Bu hastalıklara yakalananların çoğu yoksullardır (DAC, 2003).

Türk Tabipler Birliğinin Suriyeli Sığınmacılar ve Sağlık Hizmetleri Raporuna (2014) göre kamp dışındaki Suriyelilerin çoğu yoksul bir yaşam içindedirler. Sığınmacıların yanlarına sığındıkları akrabalarının da yoksul olduğu görülmektedir. Sığınmacılar daha çok sosyo-ekonomik düzeyi düşük semtlerde, birkaç aile bir arada yaşamaktadırlar. Yaşanılan evler fiziksel olarak yeterli değildir. Hatta öyle ki kalınan yerlerin bir kısmında ise mutfağın olmadığı, tuvalet ve banyonun diğer apartman sakinleri ile ortak kullanıldığı, tek göz odada evin tüm ihtiyaçlarının giderilmeye çalışıldığı görülmektedir. Isınma ve hijyen açısından da sorunlar vardır. Mutfak ve banyo koşulları yetersizdir. Sığınmacıların bir kısmı parklarda ve yıkıntılarda yaşamaktadır. Temiz içme suyuna erişmede sorun yaşamaktadırlar. Barınma olarak mesken edinilen kimi yerler park, garaj girişine benzer dükkân, kiralık odalar ve rutubetli evler gibi oldukça sağlıksız ortamlardır. Tüm bu veriler sağlık ile yoksulluk arasındaki ilişkiyi güçlü bir şekilde ortaya koymaktadır.

Çalışmanın konusu gereği (yoksulluk bağlamındaki) sağlık, aynı zamanda bir toplum sağlığı konusu olan bulaşıcı hastalıklar temelinde ele alınacaktır.

Yoksulluk Bulaşıcı Hastalık İlişkisi Ve Suriyeliler

Sağlık hizmetlerine ya da diğer insani hizmetlere ihtiyaç duyan insanların önemli bölümü göçmen, sığınmacı ve mültecileredir (Sheafor ve Horejsi, 2014). Göç ani ve hızlı bir çevre değişimi yaratarak sosyal, kültürel ve fiziksel olarak toplumu ve bireyleri etkilemekte, böylece sağlık ve sağlık değişkenleri üzerinde de çok önemli etkilere neden olmaktadır. İlk geldikleri dönem itibariyle sosyo-ekonomik bağlamda dezavantajlı konumda hayatlarına başlayan, çoğu zaman oldukça zor, oldukça kötü şartlarda çalışmak ve yaşamak durumunda olan göçmenler daha fazla, daha çok sağlık tehditleri yaşamaktadırlar. Göç alan bölgelerde yeterli sağlık kuruluşu ve sağlık insan gücünün olmaması, göç edenlerin gelir düzeyinin düşük olması, ekonomik yönden sürekli sıkıntı içinde olmaları, yetersiz beslenmeleri, dil engeli ile karşılaşmaları, sağlık sigortasına sahip olmamaları, geleneksel yaşam kalıplarına sahip olmaları, sosyal ve psikolojik stres göç edenlerin sağlık koşullarını olumsuz yönde etkilemektedir. Göçmen bireylerin sağlıklarında ve uyguladıkları sağlık davranışlarında önceki yani göç etmeden önceki dönemdeki alışkanlıkları belirleyici olmakla birlikte yeni yaşamlarına başladıkları ortamlardaki olanakları, düzenli bir gelirlerinin olup olmaması, sağlık hizmetlerine ulaşıp ulaşmamaları belirleyici olmaktadır (Tuzcu ve Bademli, 204). Göçmenler için yoksulluk, kötü yaşam ve çalışma koşulları, savaş, sağlık hizmetlerine erişimin zor olması, var olan hastalıklar önemli risklerdir (Hassoy, 2016).

Suriyelilerin Türkiye'ye gelişiyle birlikte daha önce kontrol altına alınmış ya da artık görülmeyen bazı bulaşıcı hastalıkların yeniden görülmeye başladığı ya da yaygınlaştığı ile ilgili farklı kuruluşların ve sivil toplum örgütlerinin raporları medyada yer bulmaktadır. Örneğin: Savaştan kaçıp Adana'da kurulan kamplarda ya da kendi imkânlarıyla yerleştikleri bölgelerdeki çadırlarda yaşamlarını sürdüren Suriyeli ailelerin çocuklarında şark çıbanı görülmeye başladı (Hürriyet, 08.03.2015). Yaz ayları yaklaşırken, sağlık kuruluşları Suriye'de 100'den fazla çocukta görülen çocuk felcinin Ortadoğu'ya yayılabileceği uyarısında bulundu (BBC Türkçe, 27.03.2014). Suriyeli mültecilerin sağlık kontrolü yapılmadan Türkiye'ye alınması ciddi sorunları da beraberinde getirdi. Uzmanlar, Türkiye'deki 30 yıllık aşı takviminin bozulduğunu belirterek kızamık ve verem gibi hastalıkların yeniden görülmeye başlayabileceği uyarısında bulundu. Aşı Suriyelilerin tüm Türkiye'ye yayılmasıyla ülkenin her iline yansıyan en önemli sorun haline gelmiştir. Uzmanlar, planlı aşı takvimi takibi ve il bazında yakın takip yapılmadığı için Suriyeli çocukların yaşadığı mağduriyetin, Türkiye'nin 30 senelik aşı haritasını da değiştirdiğine dikkat çekmişlerdir. Çünkü sınır illerindeki kamplarda yaşayan Suriyeli bebeklere aşı takvimi uygulanırken, kamp dışında yaşayan yüz binlerce çocuğa aşı yapılmıyor. Türkiye'de 30 yıldır görülmeyen kızamık hastalığının Suriyeli göçmenlerin ülkeye kontrolsüz alınmasıyla birlikte yeniden baş göstermektedir (NTV, 30.07.2015).

Türkiye'deki Suriyelilerin bir bölümü kamplarda yaşarken büyük çoğunluğu kamp dışında yaşamaktadırlar. Türkiye'ye gelen Suriyeliler sınırlarda ve kamplarda aşılanmaktadır. Kamp içinde yaşayan Suriyelilere sağlık hizmetleri temini, kamp dışında kalanlara göre daha düzenli ve sistemli yürütülmektedir (Özpınar, 2016). Kamplarda yaşayan Suriyelilerde görülen bulaşıcı hastalıklar arasında İshal, sıtma, menenjit, tifo vb. bulaşıcı hastalıklar ve aşı ile önlenebilecek hastalıklar (kızamık, tuberküloz, hepatit vb.), HIV/AIDS dâhil cinsel yolla bulaşan enfeksiyonlar yer almaktadır (Vatansever, 2016). Bağışıklama hizmetleri kamplarda yoğunlaşırken, kamp dışında yetersiz kalmaktadır. Dolayısıyla eksik aşılı ya da aşısız Suriyeli çocuklar yeterince aşılanmamıştır. Sığınmacıların nüfus hareketinin yoğun olması ve takip edilmedeki güçlükler süreci daha zora sokmaktadır. Şark çıbanı, sırma, çocuk felci risk içeren salgın hastalıklar arasındadır (TTB, 2014).

Dedeoğlu'na (2016) göre Suriyeliler büyük bir bulaşıcı hastalık riski getirmemişlerdir. Tam tersine yabancı bir ortama geldikleri ve kötü koşullarda yaşadıkları için bulaşıcı hastalık alma riskleri yüksektir. Bu hastalıkların başında ilaca dirençli tüberküloz gelmektedir. Ayrıca kalabalık yaşamın getirdiği menenjit, uyuz, pnömoni, bronşit riski altındalar. Bebeklik ve çocukluk dönemi aşıları aksamış olduğundan çocuk sığınmacılarda suçiçeği, difteri, boğmaca, kabakulak, neonatal tetanoz gibi hastalıklarda artma beklenmektedir.

Dedeoğlu'nun bu tespitini Özpınar (2016) desteklemektedir. Özpınar'ın ifadesiyle "Suriye savaş öncesi dönemde, temel sağlık göstergelerinde büyük bir gelişme kaydetmiş, Türkiye ile hemen hemen aynı seviyeye gelmişti. Buna karşılık, Suriye'de savaş ile birlikte özellikle bulaşıcı hastalıklarda başta yeterli besine ve temiz suya erişememeden kaynaklı olarak büyük bir değişim görülmeye başlandı. Bu dönemde kontamine sudan kaynaklanan hastalıkların oluşma riski artmış ve yer değiştirmek zorunda kalan insanların, bu hastalıkları başka yerlere taşımaları söz konusu olmuştur. Savaş öncesinde bulaşıcı hastalıklara yönelik bağışıklama oranı yüzde 80 eşiğinin

60

üstünde seyretmekteyken savaş ile birlikte bağışıklama oranı yüzde 45'e düşmüştür". Gerek aşı oranının azalması gerek hızla kötüleşen yaşam koşulları nedeniyle birçok bulaşıcı hastalık tekrar açığa çıkmış (ör. Çocuk felci) ya da yaygınlaşmıştır (ör. kızamık, difteri, boğmaca, vb.). Halbuki, tüm bu hastalıklar, aşı ve hijyen koşullarının sağlanması dahilinde önlenebilecek hastalıklardır (Özpınar, 2016, S.2).

Görüldüğü gibi ülkelerindeki iç savaş nedeniyle zorunlu olarak yer değiştiren Suriyeliler için yoksulluk, yoksulluk ve gelir yetersizliğine bağlı uygun olmayan barınma, beslenme koşulları ve hijyen eksikliği bulaşıcı hastalıklar konusunda risk oluşturmaktadır. Bu durumun Türkiye'yi de etkilediği görülmekte, zamanında gerekli önlemler alınmadığı takdirde toplum sağlığı sorunu haine gelebilecek riskin artacağına işaret etmektedir.

Bireyi çevresi içinde değerlendiren sosyal hizmet mesleği mültecilik, yoksulluk ve toplum sağlığı konusu olarak bulaşıcı hastalıklarla ilgili belirli işlevleri yerine getirebilecek bir alan olarak ayrıca ele alınacaktır.

Sosyal Hizmet

Sosyal hizmet öncelikle sorun ve özel ilgi gruplarıyla çalışan bir alan olarak göçmen ve sığınmacılarla da çalışır. Çünkü sosyal hizmet için sığınmacılar özel gereksinim grubu ve başına sürdürme konusunda güçlük yaşarlar, yardım ve desteğe ihtiyaç duyarlar. Sosyal hizmet uzmanları (sosyal) sağlıklarını kaybeden mültecilerle çalışacak en uygun meslek elemanlarıdır (Tomanbay, 2014).

Sosyal hizmet aynı anda hem birey hem de bireyin çevresi (kişiyi çevreleyen sosyal ve fiziksel yapılar, insanı ve diğer canlıları etkileyen süreçler) ile ilgilenir (Sheafor ve Horejsi, 2014, s.27) ve bu anlamda diğer yardım mesleklerinden ayrılır. Bu durum sosyal hizmet uzmanının birbiriyle ilintili birçok boyutu bir arada ele almasını gerektirir. Sosyal hizmet uzmanları geleneksel olarak bireyin (aile, akraba, arkadaş gibi) yakın sosyal çevresi üzerine odaklanmışlardır. Bunun nedeni uzak sosyal çevre ve bio-fiziksel çevrenin sorunlara etkisinin daha belirsiz ve bunun değiştirilmesinin daha zor oluşudur. İnsanların gelişmesi, büyümesi ve hayatta kalabilmesi için temiz hava, içilebilir su, yeterli gıda, barınaklara da ihtiyaçları vardır. Sosyal hizmet uzmanları biyolojik esenlik pozitif sosyal işlevselliğin bir ön koşulu olduğundan hastalıklarla ve çevre kirliliğinden korunma gibi sorunlarla da ilgilenmelidirler (Sheafor ve Horejsi, 2014, s.27-28). Sosyal hizmet diğer müracaatçılarda olduğu gibi göçmen ve sığınmacı sorunlarının çözümünde her türlü koruma ve destekleme, bu kapsamdaki tedavi, rehabilitasyon ve bakım hizmetlerini belirli insani değerlere, bilimsel ve mesleksel kurallara, ilkelere ve bilgilere göre yerine getirir (Tomanbay, 2014).

Bireyin çevresi, onun sosyal işlevselliğinin etkin olmasında engelleyici ya da destekleyici olabilir. Bunun nedeni, hem bireyin hem de çevrenin sürekli değişim halinde olması, değişen durumlara uyum sağlama çalışmalarının sürekliliğidir. Bundan dolayı sosyal hizmet uzmanları bireyin refahını etkileyen sosyal politika ve programlarla şekillendirilen çevresine karşı duyarlı olmalıdır (Sheafor ve Horejsi, 2014, s.27). Sosyal işlevsellik kavramı sosyal hizmeti diğer yardım amaçlı mesleklerden ayıran anahtar bir kavramdır. Pozitif sosyal işlevsellik, bireyin toplum içerisindeki başlıca rollerini gerçekleştirebilmesi ve kendi temel ihtiyaçlarını karşılayabilmesi için gerekli olan görev ve aktiviteleri başarıyla gerçekleştirebilmesi becerisidir. Bu temel ihtiyaçlar arasında beslenme, barınma, sağlık, kabul görme, sosyal destek gösterilebilir. Sosyal hizmet mesleği her ne kadar tüm insanların sosyal işlevselliği ile ilgilense de, geleneksel olarak toplumun en savunmasız üyelerine, sosyal adaletsizliğe, ayrımcılığa ve baskıya maruz kalan kesimlere öncelik vermektedir (Sheafor ve Horejsi, 2014, s.23). Sığınmacılar da bu en savunmasız gruplar arasında yer almaktadır. Bu nedenle sosyal hizmetin çalışma alanları arasındadır.

Bir sosyal hizmet uzmanı bir kuruluş ya da organizasyonda çalışıyorken, çalıştığı kuruluş ya da organizasyonun koşullarını değiştirme arayışına girebilir. Bu durum, politikalara yön verenleri etkileme çabalarını gerektirebilir. Böylece toplumun ihtiyaç ve problemlerine karşı daha sorumlu davranma olasılıkları artacaktır. Bu düzedeki makro müdahaleler sosyal hizmet uzmanı açısından kanunların, sosyal politikaların, kurumların, sosyal sistemin iyileştirilmesi, böylelikle sosyal ve ekonomik adaletin geliştirilmesi, insanların hayat şartlarının iyileştirilmesi amacı ile araştırma, sosyal planlama ve politik eylem yapılmasını gerektirebilir (Sheafor ve Horejsi, 2014, s.26).

Koşulları değiştirmek için gösterilen çabalar bazen önleme programları olarak adlandırılabilir. Önleme, insan sorunlarının oluşumuna sebebiyet veren sosyal, ekonomik vb. durumların bertaraf edilmesi için yapılan çalışmaları kapsar. Sosyal hizmet uzmanları önlemede etkin olabilmek için sosyal problemlerin gelişimine neden olan spesifik faktörleri teşhis edebilmeli ve sonrasında sorunların etkilerini azaltıcı ya da yok edici yapılacak çalışmaları belirlemelidirler (Sheafor ve Horejsi, 2014, s.27).

Sonuç Ve Değerlendirme

Türkiye'deki Suriyelilerin, özellikle kamp dışında kalanların çoğunluğunun yoksulluk sınırları içinde bir yaşam sürdürdükleri, uygun olmayan mekanlarda kalabalık bir şekilde yaşadıkları, sağlıklı beslenme olanaklarından yoksun oldukları, temiz suya ulaşmada, temizlik ve hijyen sağlamada, önleyici-koruyucu-iyileştirici sağlık hizmetlerine erişimde güçlükler yaşadıkları ve bunun sonucu olarak toplum sağlığını etkileyecek bulaşıcı hastalıklara yakalanma risklerinin diğerlerine göre yüksek olduğu ifade edilebilir. Konuyla ilgili yapılan araştırma raporlarından anlaşılmaktadır ki, kamuoyunda bilinenin aksine Suriyeliler bulaşıcı hastalıkları kendi ülkelerinden getirmekten çok, yoksulluğa bağlı olarak uygun olmayan çevresel etkenlerden dolayı Türkiye'de yakalanma riskleri yükselmektedir. Başka bir ifade ile Suriyelilerin çoğu yoksulluk- sağlık sarmalı içinde yardıma ihtiyaç duyan toplumdaki en savunmasız, en incinebilir gruplar arasında yer almaktadırlar. Tam da bu nedenden dolayı sosyal hizmetin konusu olmaktadırlar.

Toplum sağlığı riski taşıması, bizatihi insan olarak herkesin insanca yaşam koşullarına erişme hakkı olması nedeniyle sosyal hizmet mesleği ve mesleğin uygulayıcıları olan sosyal hizmet uzmanları Türkiye'deki Suriyeli sığınmacıların yaşadıkları yoksulluk ve taşıdıkları bulaşıcı hastalıklara yakalanma riski sorununun çözümünde etkili rol üstlenebilirler.

Bulaşıcı hastalıklar ve korunma aşamasında sosyal hizmetin rolüne bakıldığında, toplum sağlığı ve sosyal hizmet müdahale düzeyleri benzerlik göstermektedir. Sosyal hizmet toplum sağlığı alanında olduğu gibi koruyucu- önleyici çalışmalara öncelik vermektedir. Kamu sağlığı modelinden alıntılanan önleyici çalışmaların üç seviyesi şöyle ortaya konulabilir (Sheafor ve Horejsi, 2014, s.27). *Birincil (Temel) Önleme:* Sosyal hizmet için problemin gelişmesini engellemeye yönelen eylemlerdir (Sheafor ve Horejsi, 2014). Bireylerin, ailelerin ve toplumların sosyal ve ruhsal sağlıklarının korunması ve geliştirilmesine yönelik organize edilmiş sistematik çabalar bütünüdür(Duyan 2012). Toplum sağlığı için sağlıklı kişilerde hastalıkların oluşmasını önlemeye yönelik müdahalelerdir (bağışıklama ile bulaşıcı hastalıkların önlenmesi vb.). *İkincil Önleme:* Sosyal hizmet için problemi erken aşamalarında tespit etmeyi ve henüz değiştirilmesi kolay olan bu sorunlara yönelmeyi amaçlayan eylemlerdir (Sheafor ve Horejsi, 2014). Sosyal hizmet danışmanlığı, acil hizmetler, eğitimsel rehberlik ve krize müdahale önemli alanlardır (Duyan 2012).Toplum sağlığı için İkincil koruma hastalıkları olan kişilerde, kaçınılabilir morbiditeyi önlemeye yönelik müdahalelerdir. *Üçüncül Önleme:* Mevcut durumdaki son derece ciddi olan sorunun büyümesini, daha kötüye gitmesini, daha fazla zarar vermesini, başkalarına sıçramasına ya da yayılmasını engellemeye yönelik eylemler (Sheafor ve Horejsi, 2014; Duyan, 2012).

Sosyal hizmet uzmanlarının yoksul Suriyeli sığınmacıların bulaşıcı hastalıklara yakalanma risklerini azaltıcı, yakalananların iyileştirici sağlık hizmetlerine erişmesini sağlamaya dönük atacakları adımlarla ilgili bazı önerilere aşağıda yer verilmiştir.

Öneriler

Sosyal hizmet uzmanı göç ve mülteciliğin uluslararası boyutlarını kavramaya, bu alandaki ulusal ve uluslararası mevzuata hâkim olmaya, barınma, beslenme, bakım, sağlık sorunlarını çözücü eylemleri organize etme ve uygulamaya (Tomanbay, 2013) dönük çaba içinde olmalıdır.

Mevzuatın ve resmi uygulamaların iyileştirilebilmesi yönünde politikaları etkileyecek çalışmalar yapmalıdır (Tomanbay, 2013).

Kamuoyundaki duyarlılığı harekete geçirecek, farkındalığı geliştirecek organizasyonlarda bulunmalıdır.

Sığınmacılara yönelik koruyucu sağlık hizmetlerinin kamplar dışında kalan Suriyelileri kapsayacak şekilde genişletilmesi, bulaşıcı hastalıklar konusunda erken uyarı ve yanıt sisteminin biran önce yaşama geçirilmesi için toplum sağlığı alanındakilerle ortak çalışmalar yapılmalıdır. Çünkü kamplara yönelik verilen sağlık hizmetleri anlayışı, sığınmacı nüfusun önemli bir kısmını dışarıda tutulması anlamına geleceğinden bulaşıcı hastalıklarla mücadele ve önleyici- koruyucu hizmetlerin yeterliliği konusunda sıkıntılar yaşanmasını beraberinde getirebilir (TTB, 2014). Koruyucu- önleyici tedbirlerin genişletilmesinin ve yaşam koşullarının iyileştirilmesinin Suriyelilerin bulaşıcı hastalıklara yakalanmalarını engelleyeceği düşünülürse, hastalığa yakalandıktan sonraki iyileştirici hizmetlerin sosyal ve ekonomik maliyetinin, önleyici tedbirlere göre çok daha yüksek olacağı önemi vurgulanacak bir konudur.

Kaynakça

Amerikanın Sesi (05.07.2016). Komşu Ülkelere Sığınan Suriyeliler Arasında Yoksulluk Artıyor .Receivedfromhttp://www.amerikaninsesi.com/a/suriyeli-multeciler-yoksulluk-siniri-turkiye/3404963.html on: 25.08.2016).

BBC Türkçe (27.03.2014) Suriye'den komşulara çocuk felci tehdidi. Receivedfromhttp://www.bbc.com/turkce/haberler/2014/03/140327_suriye_cocuk_fe lci on:25.08.2016).

DAC Guidelines and Reference Series: Poverty and Health (2003). World Health Organization, OECD. Received From http://site.ebrary.com/lib/ankarauniv/reader.action?docID=10047394&ppg=20 on: 26.08.2016.

Dedeoğlu, N. (2016). Önsöz. Savaş, Göç ve Sağlık içinde. Ankara: Türk Tabipler Birliği Yayınları. 9-15.

Duyan, V. (2012). Sosyal Hizmet: Temelleri, Yaklaşımları, Müdahale Yöntemleri. 2. Baskı, Sosyal Hizmet Uzmanları Derneği Yayınları No: 20, Ankara: Öz Baran Ofset Matbaaacılık.

Duyan, V.; Sayar, Ö.Ö.; Özbulut, M. (2008). Sosyal Hizmeti Tanımak ve Anlamak: Sosyal Hizmet Uzmanları ve Sosyal Hizmet Alanında Çalışanlar İçin Bir Rehber.1. Baskı, Sosyal Hizmet Uzmanları Derneği Yayınları No:11, Ankara: Öncü Basımevi.

Ergül, Ş. (2005). Yoksulluk, Sağlık İlişkisi ve Hemşirelik Yaklaşımı. Atatürk Üniversitesi Hemşirelik Yüksekokulu Dergisi, Cilt:8, Sayı:2, 95-104.

Geçici Koruma Yönetmeliği (13.10. 2104). 22.10.2014 terih ve 29153 sayılı Resmi Gazete.

Hassoy, H. (2016). Sığınmacılara İlişkin Genel Durum. Savaş, Göç ve Sağlık içinde. Ankara: Türk Tabipler Birliği Yayınları. 16-19.

Hürriyet (08.03.2015) Suriyeli Çocuklardaki Şark Çıbanı Korkuttu, Receivedfromhttp://www.hurriyet.com.tr/suriyeli-cocuklardaki-sark-cibani-korkuttu-28394683 on: 25.08.2016).

İrgil, C. (13.08.2015). Tarihe gömülen 7 bulaşıcı hastalık yine hortladı. Receivedfromhttp://www.milliyet.com.tr/tarihe-gomulen-7-bulasici-hastalik-gundem-2101561/ on: 25.08.2016.

Milliyet (04.09.2015). Suriyeli sığınmacıların yüzde 57'si yoksulluk, yüzde 31'i açlık sınırının altında. Receivedfromhttp://www.milliyet.com.tr/suriyeli-siginmacilarin-yuzde-57-si-adana-yerelhaber-956828/ on:25.08.2016.

Mültecilerin Hukuki Durumuna Dair Sözleşme (1951) Convention and Protocol Relating to the Status of Refugees, 1951, Geneva. The United Nations Refugee (http://www.unhcr.org/3b66c2aa10.html Erişim:27.07.2015).

NTV (30.07.2015) Kontrolsüz mülteci girişleri 30 yıllık aşı takvimini bozdu. Receivedfromhttp://www.ntv.com.tr/saglik/kontrolsuz-multeci-girisleri-30-yillik-asi-takvimini-bozdu,PneSuYJO10uc_WWz4s7CNg on: 25.08.2016.

Özpınar, E. (Nisan 2016). Suriye Krizi Türkiye'de Halk Sağlığını Nasıl Etkiliyor?Türkiye Ekonomi Politikaları Araştırma Vakfı. Received fromhttp://www.tepav.org.tr/upload/files/1459934270-4.Suriye_Krizi_Turkiye___de_Halk_Sagligini_Nasil_Etkiliyor.pdf on: 25.08.2016.

Sheafor, B.W. ; Horejsi, C.J. (2014). Social Work Practice: Basic Techniques and Principles. First Edition, Edit. Durdu Baran Çiftçi. Ankara: Nika Publications. In Turkish. From Techniques and Guidelines for Social Work Practice 9th Edition, Pearson, Boston, 2012. In English.

Todaro, M. P. (2000). Economic Development, Seventh Edition, Addison Wesley, Massachusetts.

Tomanbay, İ. (2013).Uluslararası Göç, Sığınma ve İnsan Kaçakçılığı/Ticareti Sorunları ve Sosyal Çalışma. Sosyal Politika ve Kamu Yönetimi Bileşenleriyle Sosyal Hizmet: Temelleri ve Uygulama Alanları içinde. Yayına Hazırlayanlar: Hakan Acar, Nilüfer Negiz, Elvettin Akman. Birinci Basım. Ankara: Maya Akademi.299-327.

Tuzcu, A.; Bademli, K. (2014). Göçün Psikososyal Boyutu (Psychosocial Aspects of Migration). Psikiyatride Güncel Yaklaşımlar-Current Approaches in Psychiatry; 6(1):56-66. doi: 10.5455/cap.20130719123555

Türk Tabipler Birliği (TTB) Suriyeli Sığınmacılar ve Sağlık Hizmetleri Raporu. Birinci Baskı. Ankara: Hermes. Receivedfromhttp://www.ttb.org.tr/kutuphane/siginmacirpr.pdf on.25.08.2016.

Walker, C.; Walker, A. (2015). Sosyal Politika, Yoksulluk ve Sosyal Hizmet. Sosyal Hizmet: Temel Alanlar ve Eleştirel Tartışmalar içinde, Editörler: Robert Adams, Lena Dominelli, Malcolm Payne; Çeviri Editörü: Tarık Tuncay, Bölüm Çevirisi: Melih Sever, Birinci Baskı, Ankara:Nika, 111-.125. Orijinal Künye: Sozial Work, Themes, Issues and Critical Debates, 3th Edition, Palgrave Macmillan, 2009.

UNHCR (5 Temmuz, 2016). UNHCR and partners warn in Syria report of growing poverty, refugee needs Received from http://www.unhcr.org/turkey/home.php?content=711 on: 26.08.2016.

Vatansever, K. (2016) Sığınmacılarda Sağlığın Belirleyicileri. Savaş, Göç ve Sağlık içinde. Ankara: Türk Tabipler Birliği Yayınları. 20-31.

Yabancılar ve Uluslararası Koruma Kanunu (04.04. 2013). 11.04.2013 tarih ve 28615 sayılı Resmi Gazete.

Zastrow, C. (2014). Sosyal Hizmete Giriş. 2. Basım. Editör: Durdu Baran Çiftçi. Ankara: Nika. Orijinal Künye: Introduction to Social Work and Social Welfare: Empowering People. 10th Edition International Edition. Brooks/Cole, 2010.

http://data.unhcr.org/syrianrefugees/country.php?id=224 Received on: 26.08.2016.

Göç ve İşsizlik Arasındaki İlişki: Türkiye Örneği (1980:2015)

Ahmet Şahin[37], Mehmet Yiğit[38]

Giriş

Sosyolojik, Ekonomik, Hukuksal ve Siyasal yönleriyle göç, hem göç eden bireylerin hem de bu bireylerin geride bıraktıkları yaşamları etkilemektedir. Bütün bu alanlarda kültürel sosyal ve ekonomik anlamda değişimler getirmektedir. Göçün neden olduğu bütün bu değişimler ekonomik yönleri ile ele alındığında ise işgücü piyasalarının bu etkiden en büyük payı aldığı bilinmektedir. Ayrıca bu işgücü piyasaları orta ve uzun vadede devletlerin makroekonomi politikalarını önemli derecede etkilemekte olduğu bilinmektedir.

Göç etme eylemi, yeni yerleşim alanları açısından iki temel başlık altında incelenmektedir: İç ve dış göç. Bir ülkenin sınırları dâhilinde, bireylerin ve toplulukların, bir seneden daha az kalmamak koşuluyla, yaşadığı yeri değiştirmesi iç göç olarak tanımlanmaktadır. Ülkelerin büyüklüğü, ekonomik kalkınmışlık düzeyi ve yerleşme tarihlerine bağlı olarak iç göç, genel olarak, şehirlerden şehirlere doğru, şehirlerden kırsal kesime doğru, kırsal kesimden şehirlere doğru, kırsal kesimden kırsal kesime doğru, gerçekleşmektedir.

Uzaklık, kalıcılık ve zaman olmak üzere üç kıstas ile tanımlanabilen göçün zaman boyutu konusunda sosyal bilimci araştırmacılar arasında bir fikir birliği yoktur. Yukarıda göçün, bireylerin bir seneden az olmamak koşuluyla yaşadıkları yeri değiştirmeleri olarak tanımlandığından bahsedilmişti. Fakat bu tanım mevsimlik göçler gibi çeşitli nüfus hareketlerini göç kapsamına dâhil etmemektedir. Diğer yandan, nüfus sayımlarında iki sayım döneminde daimi ikametgâh yeri farklı olan kişiler göç etmiş sayılmaktadır (Bahar & Korkmaz Bingöl, 2010, s. 44)

Türkiye, 1950'li yıllardan itibaren sanayileşme, karayollarının gelişmesi ve hızlı kentleşme süreciyle beraber iç göçlerle yüzleşmiştir. Kırdaki nüfus artışı, mevcut toprakların miras yolu ile parçalanması, tarımda makineleşme, kırsal alanda büyük bir kitlenin işsiz kalmasıyla sonuçlanmış, bu da göç olgusunu hızlandırmıştır. Böylelikle kırsal kesimden kentlere yönelik yoğun bir işgücü akımı olmuştur. Bu göç akımının büyü bir bölümü kentlerde daha iyi iş imkânlarına kavuşabilmek için göç etmesinin yanında bilgi ve teknoloji bakımından ileri düzeyde beklentiye sahip işverenlerin ihtiyacına cevap veremediği için kentlerde birçok iş kesiminin işgücü talebini karşılayamamaktadır.

Bu noktada, tarım sektöründen başka bir alanda tecrübesi olmayan ve eğitim düzeyi düşük çalışanlar, teknoloji ve bilgi anlamında meydana gelen hızlı gelişmelere ayak uyduramamakta, ya daha marjinal bir sektörde iş bulmakta ya da kentlerdeki işsizlik oranlarını arttırmaktadır. Kırdan kente yönelik göçün işgücü piyasalarına bir etkisi de sektörler arası işgücü transferini sağlamasıdır (Tatlıdil & xantahcou, 2002, s. 108-125). 1950 yılında istihdam edilen nüfusun %84.8'i tarımda, % 8.4'ü sanayide ve

---

[37] Yrd. Doç. Dr., Celal Bayar Üniversitesi İ.İ.B.F İktisat Bölümü, sahincela@gmail.com
[38] Araş. Gör. Celal bayar Üniversitesi, İ.İ.B.F İktisat bölümü, mhmtygt33@gmail.com

Yazgan, P., Tilbe, F. (der.) (2016).
Türk Göçü 2016 Seçilmiş Bildiriler I.
London: Transnational Press London.

%6.8'i hizmetler sektöründe iken; TÜİK verilerine göre Ocak 2016 döneminde istihdam edilenlerin % 18.3'i tarım, % 26.9'i sanayi ve İnşaat, % 54.8'si ise hizmetler sektöründedir.

Tablo: 1. İstihdam edilenlerin yıllara göre iktisadi faaliyet kolları ve dağılımı

(15+ yaş)						
				Yüzde %		
Yıllar		Toplam	Tarım	Sanayi	İnşaat	Hizmetler
2005	Yıllık	100.0	25.5	21.6	5.6	47.3
2006	Yıllık	100.0	23.3	21.9	6.0	48.8
2007	Yıllık	100.0	22.5	21.8	6.1	49.6
2008	Yıllık	100.0	22.4	22.0	6.0	49.5
2009	Yıllık	100.0	23.1	20.3	6.3	50.4
2010	Yıllık	100.0	23.3	21.1	6.6	49.1
2011	Yıllık	100.0	23.3	20.8	7.2	48.7
2012	Yıllık	100.0	20.5	20.5	7.2	50.2
2013	Yıllık	100.0	21.2	20.7	7.2	50.9
2014	Yıllık	100.0	21.1	20.5	7.4	51.0
2015	Yıllık	100.0	20.6	20.0	7.2	52.2
2016	Ocak	100.0	18.3	20.2	6.7	52.8

Kaynak: TÜİK İşgücü istatistikleri

Grafik: 1. 2005' den 2016'ya Gelindiğinde Çalışma Kollarına Göre Dağılım

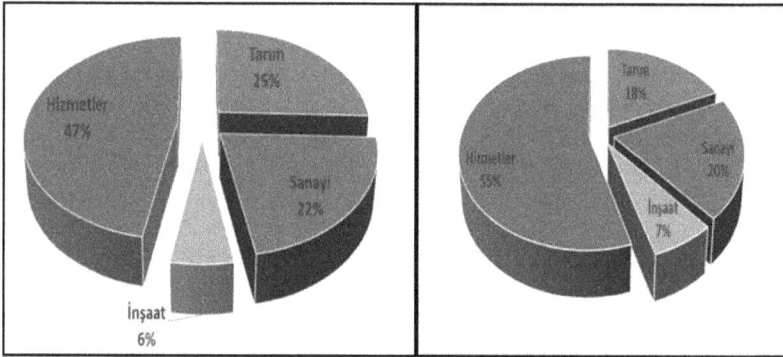

Kaynak: TÜİK

Teorik Olarak Göç Kavramı

Literatürde göç olgusu temel olarak üç yaklaşım ile ele alınmaktadır. Bu yaklaşımlar; "fayda-maliyet yaklaşımı ", "itici ve çekici güçler yaklaşımı" ile "seçkinlik yaklaşımı" dır. İnsanların kendi bilgi ve becerilerini arttırmak için yaptıkları eğitim ve sağlık gibi harcamalar "Beşeri sermaye" olarak ifade edilir. Emek hareketliliği de bu kavram içerisinde yer alır. Göçün beşeri sermaye kavramı göz önünde bulundurularak incelenmesi, literatürde "göçün fayda-maliyet yaklaşımı olarak yer almaktadır. Bu yaklaşımın temeli, bireylerin göç etme kararının, göçü fayda ve maliyetlerine bağlaması ile ilgilidir. Bireyler, faydaların görece daha fazla olması halinde göç ederler. Yani, göçün kazançlarının, maliyetlerden büyük olması halinde göç etme kararı alınacaktır (Çelik, 2005, s. 174)

İtici güçler ve çekici güçler yaklaşımı, Göçün gerçekleştiği bölgede iticiliğe ve göç edilecek bölgede çekiciliğe neden olan faktörler üzerine kurulmuştur. Bu yaklaşım temel olarak E.G. Ravenstein'in (1885, 1889) "Göç Kanunları" çalışmasındaki ilkelere dayanır. Bu ilkelere göre bireyler ekonomik imkânların daha az olduğu yerlerden, çok olduğu yerlere göç ederler. Bu yaklaşıma önemli katkılarda bulunan E.S. Lee, Ravenstein'in önermelerini güncelleyerek göçü etkileyen faktörleri "itici ve çekici faktörler" olarak ikiye ayırmıştır. Bununla birlikte mesafe, göçün neden olacağı maliyetleri, fiziki ve hukuki engeller gibi, engeller' i de dikkate almıştır (Çelik, 2005, s. 174-177)

Tablo: 2. İtici ve Çekici Faktörler

İtici Faktörler	Çekici Faktörler
• Sanayileşme ile birlikte Kırsal alanda yaşanan gelişmeler, • Hızlı nüfus artışı, istihdam olanaklarının daralması, • Gelir seviyesinin düşüklüğü ve güvenlik (TERÖR) gibi unsurlar	• İstihdam ve gelir olanakları, • Şehir yaşamın getirdiği refah ortamı ve konfor • GÜVENLİK • Eğitim olanakları gibi unsurlar

Seçkinlik yaklaşımının önde gelen savunucuları Dorothy Thomas (1938) ve Simon Kuznets (1964) 'tır. Kuznets, göç edenlerin yaş, eğitim, cinsiyet, medeni durum, ırk, sağlık ve diğer demografik nitelikleri itibariyle seçkin olduğunu ifade eder. Thomas (1938) ise, göç eden bireylerin başlıca sekiz grubuna göre göç ile ilgili öneriler sunmuştur: Yaş, cinsiyet, medeni durum, fiziki ve ruhi sağlık, zeka, meslek ve motivasyon. Daha sonra D. Bogoue ve M. Hagood (1953) ile O.D. Duncan (1940) da, literatüre önemli katkıda bulunmuştur (Çelik, 2005, s. 174-177). Pissarides ve Wadswoth'a (1989) göre issizlik bölgesel işgücü hareketliliğini üç sekilde etkiler (Yüceol, 2007, s. 113)

(i) işsiz olan kişi istihdam durumundakine göre daha hareketlidir.

(ii) Bölgesel işsizlik farklılıkları hareketliliği farklılaştırır,

(iii) Genel işsizlik oranlarının daha yüksek olması bireylerim göç etme olasılığı yükseltir.

Öte yandan göç ve işsizlik arasındaki ilişkiyi araştıran çalışmalara bakıldığında hem göçten işsizliğe hem de işsizlikten göçe doğru nedensellik tespit edilebilmiştir. Buna göre Gross (1998) Kanada için yaptığı çalışmada düşük yeteneklere sahip göçlerin işsizliği arttırdığını tespit etmiştir. Jean vd.(2007), nin OECD ülkeleri için yaptığı çalışmada göç edenlerin enflasyonu geçici olarak arttırdığını bulmuşlardır. Boustan vd. (2010) 1930 ların ABD sinde meydana gelen iç göçlerin işsizliğe etkisini incelemiştir. Her 10 göçmen gelişinde 1,9 kişinin bölgeyi rekettiğini, 2,1 kişinin sevdiği işten vazgeçmek zorunda kaldığını ve 1,9 kişinin tam zamanlı iş yerine yarı zamanlı iş bulmak zorunda kaldığını bulmuşlardır, Chuikina (2012), İngiltere ve İsveç için yaptığı uzun dönem analizinde İngiltere için negatif ve anlamsız bulurken, İsveç için pozitif ve anlamlı bulmuştur.

Türkiye'de Yakın Dönem İç Göç Hareketleri'nin Özellikleri

1995–2000 arasında 6.692.263 kişinin yerleşim bölgeleri arasında göç ettiği anlaşılmaktadır. Elde edilen bu rakamın 4.788.193'ü iller arası göç eden nüfustur. Söz konusu dönemde göç edenlerin %57,8'i şehirden şehre göç etmiştir. Bu rakam 1985–1990 döneminde % 62.2 olarak hesaplanmıştır.

Tablo: 3. İllerin Toplam aldığı-verdiği göç 1980-2015

Dönem	İl	Toplam Nüfus	Aldığı Göç	Verdiği Göç
2014-2015	Toplam	78 741 053	2 720 438	2 720 438
2013-2014	Toplam	77 695 904	2 681 275	2 681 275
2012-2013	Toplam	76 667 864	2 534 279	2 534 279
2011-2012	Toplam	75 627 384	2 317 814	2 317 814
2010-2011	Toplam	74 724 269	2 420 181	2 420 181
2009-2010	Toplam	73 722 988	2 360 079	2 360 079
2008-2009	Toplam	72 561 312	2 236 981	2 236 981
2007-2008	Toplam	71 517 100	2 273 492	2 273 492
1995-2000	Toplam	60 752 995	4 788 193	4 788 193
1985-1990	Toplam	49 986 117	4 065 173	4 065 173
1980-1985	Toplam	44 078 033	2 885 873	2 885 873
1975-1980	Toplam	38 395 730	2 700 977	2 700 977

Kaynak: TÜİK

Diğer yandan 1985–1990 yılları arasında şehirden köye göç %12,6 iken, sonraki dönemde yaklaşık 2 kat artarak %20,1'e yükselmiştir. Köyden kente göç için oranlara bakıldığında her iki dönemde de yaklaşık % 17 civarlarında kaldığı görülmektedir.

Grafik: 2. Türkiye'de Nedenlerine Göre Göç Edenler (1995–2000) ve (2010–2011)

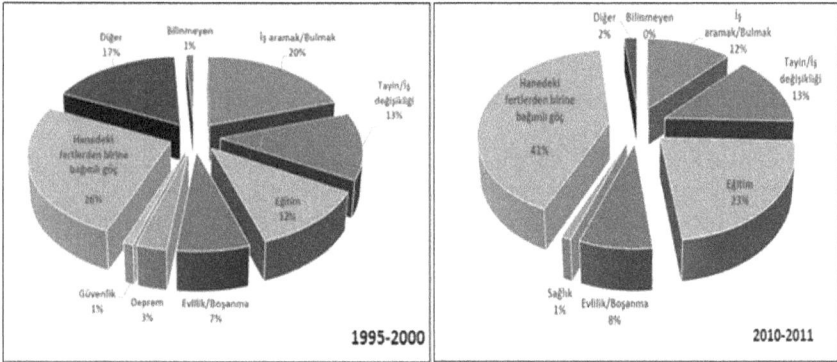

Kaynak: TÜİK

1995-2000 yılları arasını kapsayan dönemde yapılan göçlerin nedenlerine bakıldığında ilk sırada hanedeki bir bireye bağlı yapılan göçler olduğu görülmekte. Bunu takiben % 20 oranında iş arama amacıyla göç yapıldığı görülmektedir. İstihdam amacını takiben tayin veya iş değişikliği % 13, eğitim amaçlı göç % 12 olarak görülmektedir.2010-2011 yılları arasını kapsayan dönemde yapılan göçlerin nedenlerine bakıldığında ise hanedeki bir bireye bağlı yapılan göçlerin % 41 oranında olduğu görülmekte. % 12 oranında iş arama amacıyla göç yapıldığı, Tayin veya iş değişikliği % 13, eğitim amaçlı göç % 23 olarak görülmektedir. Türkiye için yapılan araştırmaların frekans aralığı ve kapsama dönemi olarak periyodik olmaması dönemler arası karşılaştırmaları güçleştirmektedir. Fakat elde edilen veriler üzerinden bakıldığında hane fertlerinden birin bağlı yapılan göç oranında ciddi bir artış gözlenmektedir. Bu durumda ülke içi göçlerin yapısı incelendiğinde istihdam amaçlı yapılan göç oranında bir değişiklik olmadığı fakat aile fertlerine bağlı göçün arttığı görülmektedir. Adrese dayalı okul kaydı sisteminin bu oranların ortaya çıkmasında etkili olduğu söylenebilmektedir.

Tablo: 4. Son 8 Yılda En Fazla Göç Alan İller

İller	Son 8 Yıl Toplam
İstanbul	3 368 157
Ankara	1 454 208
İzmir	925 230
Antalya	706 064
Bursa	604 686
Kocaeli	553 194
Konya	407 255
Mersin	406 869
Adana	403 531
Tekirdağ	363 705

Kaynak: TÜİK

Tablo: 5. Net Göç Hızı Bakımından En Yüksek Olan İller

Dönem Period	İl Province	Toplam nüfus Total population	Aldığı göç In-migration	Verdiği göç Out-migration	Net göç Net migration	Net göç hızı Rate of net migration (‰)
2014-2015	Toplam - Total	78 741 053	2 720 438	2 720 438	0	0
1	İstanbul	14 657 434	453 407	402 864	50 543	3.5
2	Ankara	5 270 575	204 048	153 001	51 047	9.7
3	Kocaeli	1 780 055	87 158	56 927	30 231	17.1
4	Antalya	2 288 456	96 441	68 374	28 067	12.3
5	İzmir	4 168 415	126 238	105 389	20 849	5.0
6	Tekirdağ	937 910	54 482	33 937	20 545	22.1
7	Bursa	2 842 547	84 253	64 558	19 695	7.0
8	Eskişehir	826 716	36 041	28 298	7 743	9.4
9	Sakarya	953 181	35 943	28 492	7 451	7.8
10	Denizli	993 442	30 185	24 961	5 224	5.3
11	Aydın	1 053 506	42 743	37 689	5 054	4.8
12	Karabük	236 978	17 017	12 567	4 450	19.0
13	Muğla	908 877	42 112	37 663	4 449	4.9
14	Kastamonu	372 633	21 601	18 092	3 509	9.5
15	Manisa	1 380 366	39 558	36 736	2 822	2.0

Kaynak: TÜİK

Son 8 yılda meydana gelen iç göç sayılarına bakıldığında İstanbul, Ankara ve İzmir illerinin sırasıyla ilk üç il olduğu görülmektedir. Diğer illerde göz önünde bulundurulduğunda büyükşehir statüsünde bulunan illerin bu anlamda öncülük ettiği söylenebilmektedir. Net göç hızı bakımından incelendiğinde İstanbul, Ankara ve İzmir illerden ziyade Tekirdağ, Karabük, Kocaeli, Antalya gibi illerde daha fazla olduğu görülmekte. Fakat Net göç sayıları bakımından İstanbul, Ankara ve Kocaeli illerinin ilk üç sırayı paylaştığı görülmektedir. Diğer yandan Diyarbakır, Van, Ağrı gibi doğu ve Güneydoğu Anadolu bölgesi illerinin ise negatif net göç ve net göç hızlarına sahip olduğu görülmektedir.

Tablo: 6. Net Göç Hızı Bakımından En Düşük Olan İller

Dönem Period	İl Province	Toplam nüfus Total population	Aldığı göç In-migration	Verdiği göç Out-migration	Net göç Net migration	Net göç hızı Rate of net migration (‰)
2014-2015	Toplam -Total	78 741 053	2 720 438	2 720 438	0	0
1	Diyarbakır	1 654 196	36 124	56 025	-19,901	-12.0
2	Van	1 096 397	30 492	48 061	-17,569	-15.9
3	Ağrı	547 210	16 597	32 174	-15,577	-28.1
4	Erzurum	762 321	29 624	41 803	-12,179	-15.8
5	Şırnak	490 184	11 554	23 615	-12,061	-24.3
6	Yozgat	419 440	14 933	26 804	-11,871	-27.9
7	Adana	2 183 167	52 647	64 192	-11,545	-5.3
8	Muş	408 728	12 752	23 855	-11,103	-26.8
9	Şanlıurfa	1 892 320	40 135	50 580	-10,445	-5.5
10	Mardin	796 591	24 255	34 592	-10,337	-12.9

Kaynak: TÜİK

Ampirik Analiz ve Yöntem

Türkiye' için yapılan çalışmalarda veri sıkıntısı nedeniyle uzun dönem analizi yapılamamıştır. Bu çalışmada enterpolasyon yöntemi kullanılarak veriler uzun dönem analizine uygun hale getirilmiştir. Türkiye'de 1980-2015 döneminde Göç ve İşsizlik arsındaki ilişki araştırılırken VECM (Vektör Hata Düzeltme) metodundan yararlanılmıştır.

$$\Delta LUNP = \theta_0 + \theta_1 \sum_{t=1}^{m} LUNP_{t-i} + \theta_2 \sum_{t=1}^{m} LM\dot{I}G_{t-i} + \alpha CEq_{t-1} + \varepsilon_{1t}$$
(1)

Burada; UNP işsizliği, MİG, iller arası göç eden sayısını, ε_{1t} modelin hata terimini, CEq hata düzeltme terimini, α katsayısı ise kısa dönem dengesizliklerin uzun dönem dengesine uyarlama hızını ifade etmektedir. 1980-2015 dönemini kapsayan veriler yıllık olarak, Türkiye İstatistik Kurumu' dan alınmıştır. Tüm değişkenlerin logaritmaları alınarak model tahmin edilmiştir.

Grafik: 3. İşsizlik Oranları ve Şehirlerarası Göç Edenlerin Sayıs

I

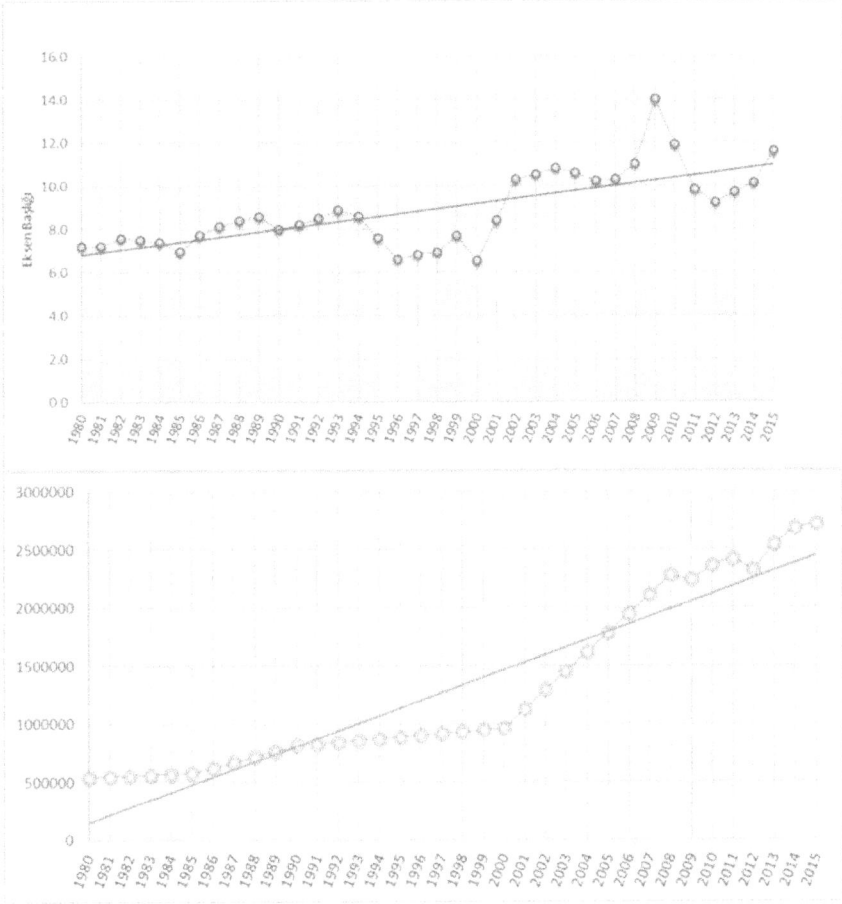

Ampirik Analiz

Durağanlık Araştırması: ADF Birim Kök Testi

İlk aşamada analizde kullanılan serilerin durağanlığı ADF, PP ve KPSS Birim kök testleri ile araştırılmıştır. İkinci Aşamada Johansen Eşbütünleşme Analizi, Uzun ve kısa dönem Analizler yapılmıştır. Son Olarak Varyans Ayrıştırma Analizi ve Nedensellik Araştırması Yapılmıştır.

Tablo: 7. Birim Kök Testi Sonuçları

	ADF		PP		KPSS	
	Sabit	Sabit&Trendli	Sabit	Sabit&Trendli	Sabit	Sabit&Trendli
LUNP	-1.457293 (0) [0.5431]	-2.388844 (0) [0.3786]	-1.342101 (0) [0.5989]	-2.416901 (0) [0.3650]	0.570240 (0) [0.4630]	0.193493 (0) [0.1460]
LMİG	0.027443 (0) [0.9947]	-1.967293 (0) [0.5991]	-0.027293 (0) [0.9512]	-1.867293 (0) [0.6471]	0.685729 (0) [0.4630]	0.1467293 (0) [0.1460]
ΔLUNP	-5.023294 (1) [0.0002]	-4.944971 (1) [0.0017]	-5.958682 (1) [0.0000]	-6.002404 (1) [0.0001]	0.171454 (1) [0.4630]	0.153129 (1) [0.1460]
ΔMİG	-5.235729(1) [0.000]	-5.194572 (1) [0.0009]	-5.237293 (1) [0.0001]	-5.19829 (1) [0.0009]	0.114785 (1) [0.4630]	-0.079594 (1) [0.1460]

Not: Parantez içindekiler düzey değerini, Köşeli parantez içindekiler ise ADF ve PP testleri için P olasılık değerini, KPSS testi için ise kritik değeri vermektedir. Değişkenler %5 anlam düzeyinde 1. farklarda durağandırlar.

Eşbütünleşme Testi

Bütün serilerin durağanlık seviyesi ortaya koyulduktan sonra değişkenlerin eşbütünleşme ilişkisine sahip olup olmadıkları incelenmektedir. Böylece serilerin uzun dönemde birlikte hareket etme eğiliminde olup olmadıkları araştırılmaktadır. Değişkenlerin eşbütünleşik olup olmadıklarını anlamak için iki aşamalı Engle-granger eşbütünleşme testi ya da Johansen (1988) ve Johansen-Juselius (1990) eşbütünleşme testleri kullanılabilmektedir (Karagöz & Karagöz, 2010). Bu çalışmada eşbütünleşme ilişkisinin tespiti için Johansen-Juselius yaklaşımından yararlanılmaktadır. Aşağıda, Tablo 8' deki değerlere bakıldığında % 5 anlamlılık düzeyinde, değişkenler arasında en az bir eşbütünleşme ilişkisi olduğu anlaşılmaktadır. Buna göre, Johanse-Juselius eşbütünleşme testi sonuçları UNP ve MİG değişkenleri arasında uzun dönemli bir ilişkinin olduğu söylenebilmektedir.

Johansen-Juselius eşbütünleşme testinde, eşbütünleşik vektörlerin sayısını bulabilmek amacıyla Trace ve Max-Eigen istatistiklerinden yararlanılmaktadır. İz ve Max-Eigen test istatistikleri baz alınırken koentegrasyon testine geçmeden önce VAR modeli için optimal gecikme uzunluğunun belirlenmesi gerekmektedir. Çalışmada maksimum gecikme uzunluğu Ratio (LR), Akaike (AIC), Final Prediction Error (FPE), Hannan Quinn (HQ) ve Schwarz (SC) kritik değerlerini minimum yapan gecikme uzunluğu bulunarak tespit edilmeye çalışılmıştır.

Tablo: 8. VAR Modeli Gecikme Sonuçları

Lag	LogL	LR	FPE	AIC	SC	HQ
0	-44.86965	NA	0.058711	2.840585	2.931282	2.871102
1	25.23505	127.4631*	0.001070*	-1.165761*	-0.893669*	-1.074210*
2	28.92371	6.259542	0.001094	-1.146892	-0.693405	-0.994307

LR, FPE, AIC, SC ve HQ değerlerinin benzer bir şekilde 1 gecikme uzunluğunu esas aldığı görülmektedir. Tespit edilen gecikme uzunluğuna bağlı olarak İz ve Max-Özdeğer istatistiklerine göre Johansen-Juselius koentegrasyon testi sonuçları da Tablo 3 ve 4'de yer almaktadır.

Johansen Eşbütünleşme Test Sonuçları

Tablo: 9. İz İstatistiği

Boş Hipotez	Özdeğer	İz İstatistiği	Kritik Değer	Olasılık
r = o*	0.587163	27.50477	15.49471	0.0005
r ≤ 1	0.061749	1.848404	3.841466	0.1740

İz istatistiği 0.05 düzeyinde 1 adet eşbütünleşme gösterir.

Tablo 10. Max-Özdeğer İstatistiği

Boş Hipotez	Özdeğer	Max-Eigen İstatistiği	Kritik Değer	Olasılık
r = o*	0.587163	25.65637	14.26460	0.0005
r ≤ 1	0.061749	1.848404	3.841466	0.1740

Max-Eigen istatistiği değişkenler arasında bir adet eşbütünleşme vektörü olduğunu göstermektedir. Bu durumda Göç hareketleri ile İşsizliğin uzun dönemde birlikte

74

hareket ettikleri söylenebilmekte ve bu sonuç benzer değişkenler ile yapılan diğer çalışmaların sonuçları ile örtüşmektedir. Trace ve Max-Eigen istatistik değerleri %5 anlamlılık düzeyindeki kritik değerleri aştığından dolayı eşbütünleşik vektör için boş hipotezler modelde reddedilmiştir. Her iki istatistik sonucuna göre değişkenler arasında yalnızca bir adet eşbütünleşme vektörü bulunmaktadır. Buna göre, UNP ile MİG değişkenleri arasında uzun dönemli bir ilişki söz konusudur.

Tablo:11. Uzun Dönemli İşsizlik ve Göç İlişkisi

	Katsayılar	St. Hata	T-İstatistiği
LUNP	1		
LMİG	0.284166	-0.05849	[-5.09140]
C	0.782483	0.045193	259.4976

$$LUNP = 0.782483 + 0.284166 LMİG \qquad (5)$$

Vektör Hata Düzeltme Modeli

Granger (1988)' a göre, değişkenlerin eşbütünleşik olduğu durumda bu değişkenler arasındaki kısa dönemli ilişki Vektör hata düzeltme modeli kullanılarak incelenebilmektedir. Bu amaçla kurulan kısıt modelde durağan olmayan değişkenlerin birinci farkları alınarak, uzun dönemli uyumlaşmayı yansıtan bir hata düzeltme terimi eklenmektedir. VEC modelinin bu çalışmaya göre düzenlenmiş hali (6) denklemindeki gibidir. EC hata düzeltme terimini ve e hata terimini ifade etmektedir.

$$\Delta UNP_t = \beta_0 + \beta_1 \Delta UNP_{t-1} + \beta_2 \Delta LMİG_{t-1} + \beta_3 EC_{t-1} + e_t \qquad (6)$$

Tablo: 12. VECM Tahmin Sonuçları

İçsel Değişken ΔUNP				
Değişken	Katsayı	St. Hata	t- İstatistik	P Olasılık
EC_{t-1}	-0.613601	(0.15826)	[-3.80373]	0.0375**
$\Delta LUNEM_{t-1}$	0.310026	(0.17438)	[2.12117]	0.3991
$\Delta LMİGR_{t-1}$	0.237533	(4.92925)	[1.11629]	0.1728
SABİT	-0.014743	(0.17665)	[-0.08346]	0.0000***

Tablo: 13. Kısa Dönem İlişkisi

Wald Test: Equation: Untitled			
Test Statistic	Value	df	Probability
F-statistic	0.749140	(2, 27)	0.4823
Chi-square	1.400201	2	0.4738

VECM sonuçlarına göre, Elde edilen hata düzeltme parametresi bu durumda negatif ve istatistiksel açıdan anlamlı olmalıdır. Pozitif olarak bulunması kısa dönemdeki dengesizliklerin uzun dönemde düzelmediği anlaşılmaktadır. (ECt-1) değeri negatif ve %5 düzeyinde istatistiksel olarak anlamlı bulunmaktadır. ECt-1

75

teriminin katsayısının -0.61 olarak bulunması uzun dönemli ilişkiden bir sapma meydana geldiğinde ilerleyen her dönemde bu sapmanın % 61 oranında düzeltildiğini ifade etmektedir. Wald testi sonuçlarına göre değişkenler arasında kısa dönemli ilişki ise bulunmamaktadır.

Grafik: 6. Göç Hareketleri İle İşsizlik Arasındaki Etki-Tepki Analizi

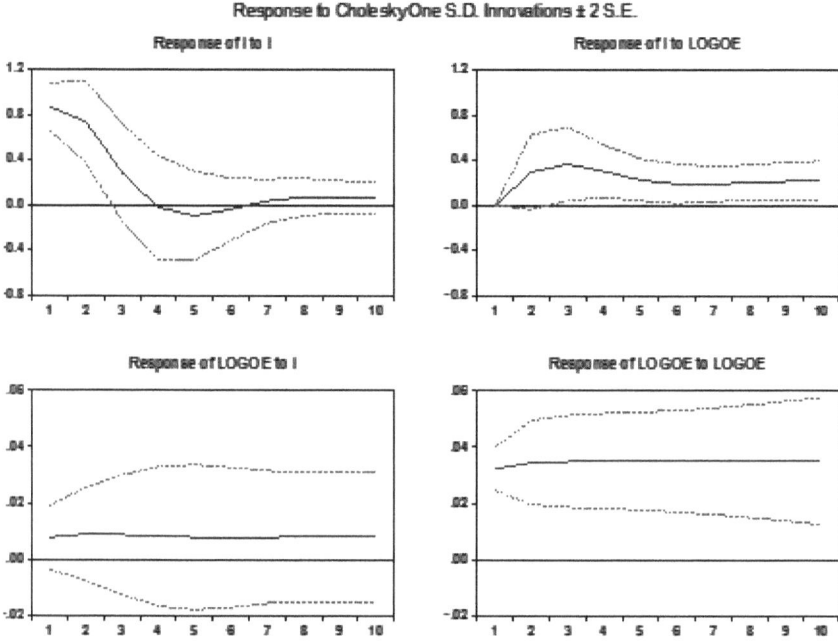

Response to CholeskyOne S.D. Innovations ± 2 S.E.

(UNP); kısa dönemde (MİGR) üzerindeki şoklara duyarlı görünmektedir. MİGR değişkeninde meydana gelecek şok karşısındaki tepkisi 2. Dönemde en fazla değere ulaşmakta ve sönümlenememektedir.

Tablo: 14. UNP için Varyans Ayrıştırması

Variance Decomposition of LUNEMP:			
Period	S.E.	LUNEMP	LMİGR
1	0.870300	100.0000	0.000000
2	1.179577	93.69690	6.303100
3	1.267791	86.17465	13.82535
4	1.303787	81.51395	18.48605
5	1.326869	79.22755	20.77245
6	1.341033	77.64302	22.35698
7	1.354998	76.11713	23.88287
8	1.372183	74.48576	25.51424
9	1.390839	72.76213	27.23787
10	1.409209	71.04929	28.95071

VAR modeli hareketli ortalamalarından hareket ederek bulunan varyans ayrıştırması yöntemi, değişkenlerin diğer değişkenlerde ve kendilerinde meydana

76

gelen şokların ne kadarının kendilerinde ne kadarının diğer değişkenlerden kaynaklandığını tespit eder. Bir değişken eğer dışsal ise bu durumda değişkende meydana gelen değişimlerin büyük çoğunluğu kendisinden kaynaklanacaktır. (Enders, 1995, s. 311). Varyans ayrıştırma tablosu incelendiğinde LUNEMP değişkeni kısa dönemde büyük ölçüde kendi şokları tarafından belirlenirken uzun dönemde LMİGR değişkeni şoklarınca belirlenme oranı daha fazla olmaktadır. Buna göre kısa dönemde GDP değişimlerinin tamamı kendisi tarafından belirlenirken, uzun dönemde yaklaşık % 29' u LMİGR tarafından belirlenmektedir.

Tablo: 15. Nedensellik ilişkisi

Bağımlı değişken: LUNP			
Excluded	Chi-sq	Df	Prob.
LOGMİG	11.74214	2	0.0028
All	11.74214	2	0.0028
Bağımlı Değişken: LOGMİG			
Excluded	Chi-sq	Df	Prob.
I	0.024381	2	0.9879
All	0.024381	2	0.9879

Nedensellik Yönü

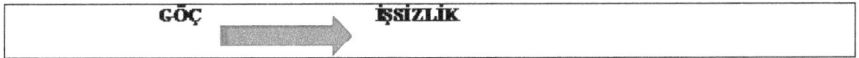

GÖÇ → İŞSİZLİK

Sonuç

Bu çalışma Türkiye'deki iç göç hareketlerinin işgücü piyasaları üzerindeki etkilerini incelemek amacıyla yapılmıştır. Elde edilen bulgulara göre göç literatürde yoğun olarak ele alındığı gibi işsizliğin bir sonucu değil sebebidir. Bölgeler arası hareketlilik arttıkça istihdam oranları da düşmektedir. Bu durumu TÜİK tarafından göç etme nedenlerinin sorulduğu anketlerde görmek mümkündür. Buna göre iş arama amacıyla yapılan göç diğer sebeplerin yanında çok küçük kalmaktadır. Bu durumun dışındaki sebeplerle yapılan göçler ise göç edilen bölge de işsizliği artırmaktadır. Ayrıca güvenlik ve aile bireylerine bağlı göç durumunda, göç eden bireylerin bilgi ve beceri düzeylerinin görece daha düşük profilde olması da bilgi ve teknoloji düzeyi yüksek olan iş alanlarında istihdamı zorlaştırmaktadır.

Yapılan analizde elde edilen bulgulara göre işsizlik ve göç arasında kıs dönemli bir ilişkiye rastlanmamaktadır. Diğer yandan uzun dönemli ilişki bulunmaktadır. Göç hareketlerinde meydana gelen 1 birimlik bir değişmeye karşılık işsizlik oranlarında 0.28 birimlik değişme yaşanmaktadır. Bu arada göç değişkeninde meydana gelen kısa dönemli dengesizlikler ise ilerleyen her dönemde % 61 oranında düzelmektedir. Etki-Tepki analizine göre (UNP); kısa dönemde (MİGR) üzerindeki şoklara duyarlı görünmektedir. MİGR değişkeninde meydana gelecek şok karşısındaki tepkisi 2. Dönemde en fazla değere ulaşmakta ve sönümlenememektedir.

Türkiye' de meydana gelen iç göç hareketlerinin işsizliğe neden olmaması için atılması gereken ilk adım, nüfus hareketleri ile ilgili analizlerin tam ve yerinde yapılabilmesi için düzgün aralıklarla araştırmalar yapılması ve göçün istihdam dışındaki nedenlerinin iyi analiz edilmesidir. Böylece göçe sebep olan nedenler ile ilgili daha doğru tedbirler almaktır. Göç veren bölgelerle ilgili atılması gereken adımlar ise, Türkiye'de 2003 yılından beri uygulanagelen mikro kredi uygulamalarının yaygınlaşması bölgesel teşvik uygulamalarının yaygınlaştırılması, yatırım yapmak isteyenlerin güvenlik ile ilgili kaygılarının giderilmesidir.

Kaynakça

Bahar, O., & Korkmaz Bingöl, F. (2010). Türkiye' de İç Göç Hareketlerinin İstihdam ve İşgücü Piyasalarına Etkileri. *Süleyman demirel Üniversitesi İktisadi ve İdari Bilimler Fakültesi Dergisi C.15, S.2* , 43-61.

Bulutay, T., & Taştı, E. (2004). *Informal Sektor in the Turkish Labor Market.* http://www.tek.org.tr/dosyalar/informal_in_turkey.pdf (05.05.2016) adresinden alındı

Çelik, F. (2005). İç Göçler : Teorik Bir Analiz. *Ç.Ü. Sosyal Bilimler Enstitüsü Dergisi, Cilt 14, Sayı 2*, 167-184.

Enders, W. (1995). *Applied Econometric Time Series.* New York: John Wiley and Sons.

Gujarati, D. N. (2014). *Temel Ekonometri (Ü. Şenesen Çev.).* Ankara: Akademi.

Karagöz, M., & Karagöz, K. (2010). Yolsuzluk, Ekonomik Büyüme Ve Kamu Harcamaları: Türkiye İçin Ampirik Bir Analiz. *Sayıştay dergisi Sayı: 76*, 15-18.

Pazarlıoğlu, V. (2007). İzmir Örneginde İç Göçün Ekonometrik Analizi. *Yönetim Ve Ekonomi Cilt:14 Sayı:1*, 121-135.

Sevüktekin, M. (2014). *Ekonometrik Zaman Serileri Analizi EViews Uygulamalı.* Ankara: Dora.

Tatlıdil, E., & xantahcou, Y. (2002). Türk İşgücünün Yapısı ve Avrupa Birliği İstihdam Politikaları. *Ege Akademik Bakıs Dergisi, Cilt 2, Sayı 2*, 8.

TÜİK. (2005). *Genel Nüfus Sayımı 2000 Göç İstatistikleri (CD).* Ankara: TÜİK.

TÜİK. (2008). *Hanehalkı İsgücü Arastırması 2008 Kasım Dönemi Sonuçları.* Ankara: TÜİK.

Yüceol, H. M. (2007). Türkiye'de Bölgesel İsgücü Hareketleri, İssizlik ve Ekonomik Kalkınma. *İş, Güç, Endüstri İliskileri ve İnsan Kaynakları Dergisi, Cilt 9, Sayı 1*, 108-125.

Türkiye'de İçgöçün Belirleyicileri: Bir Genişletilmiş Çekim Modeli Yaklaşımı

Kadir Karagöz*, Rıdvan Keskin*

Giriş

Türkiye 1950'li yıllardan itibaren artan bir içgöç hareketliliğine sahne olmuştur. 1950'li yıllara kadar % 80'in üzerinde seyreden kırsal nüfus oranı, bu yıllardan sonra hızlı bir düşüş göstermiş, 2012 yılı itibariyle % 22,7'ye kadar gerilemiştir[39]. Bu olguda hızlı nüfus artışı ve tarım sektöründe artan makineleşmenin yanı sıra son yıllarda gelişen ulaştırma altyapısına bağlı olarak artan sosyal hareketliliğin de etkisi vardır. Bir diğer göz ardı edilemeyecek faktör ise 1980'lerin ortalarından itibaren özellikle güneydoğu Anadolu bölgesinde etkisini iyiden iyiye hissettiren terör ve güvenlik sorunudur.

Bu göç hareketi kabaca doğudan batıya, ülkenin az kalkınmış bölgelerinden daha sanayileşmiş ve dolayısıyla daha zengin bölgelerine doğrudur. Geçen yüzyılın ikinci yarısı boyunca önde gelen göç rotaları İstanbul, Kocaeli, Bursa, İzmir, Ankara ve Adana idi. Bu şehirler iller-arası göçün yaklaşık yarısını barındırmaktadır. Diğer taraftan, resmi istatistikler ve gözlemler son yıllarda Antalya, Muğla, Tekirdağ ve Bilecik gibi yeni rotaların da doğmakta olduğunu göstermektedir.

Nedeni ve motivasyonu her ne olursa olsun içgöç, sosyolojik, ekonomik, kültürel ve siyasi çok çeşitli sonuçları olan önemli bir olgudur ve iyi bir şekilde araştırılması gerekmektedir. Türkiye'de içgöçün dinamiklerini ele alan ampirik çalışmaların sayısı fazla değildir. Az sayıdaki çalışmalar arasında Yamak ve Yamak (1999), Pazarlıoğlu (2007), Bülbül ve Köse (2010), Ercilasun vd. (2011), Uysal ve Aktaş (2011), Yakar (2013), Çatalbaş ve Yarar (2015), Akarca ve Tansel (2015) anılabilir. Halihazırda içgöçün belirleyicilerini ampirik olarak inceleyen çalışmalar ya konuyu bölgesel düzeyde (yani Düzey 2 seviyesinde) veya az sayıda il bağlamında ele almaktadırlar. Bu çalışmada ise konu Düzey 3 seviyesinde, bütün iller için ve Newton'un çekim kanunundan hareketle mekânsal nüfus hareketini ele alan genişletilmiş çekim modeli kullanılarak araştırılmaktadır. Analizden elde edilen bulgular kişi başına GSYH, istihdam imkânı, göçmen stoku ve nüfus yoğunluğunun içgöçü pozitif yönde, uzaklığın ise negatif yönde etkilediğini ortaya koymaktadır. Diğer taraftan ortalama sıcaklık ise çoğu il için içgöç kararı üzerinde anlamlı bir etkiye sahip görünmemektedir.

Ampirik Analiz

Değişkenler, Model ve Veri

Bu bölümde, iller arası göç akımları üzerinde etkili olan faktörler genişletilmiş çekim modeli yardımıyla incelenmektedir. Newton'un evrensel çekim kanunundan

---

* Celal Bayar University – FEAS, Manisa, TURKEY

[39] 2012 yılı Aralık ayında yürürlüğe giren 6360 sayılı kanunla idarî anlamda köy ve şehir tanımı değiştiğinden 2013 ve sonrasındaki kırsal nüfus oranı karşılaştırmaya imkân vermeyecek şekilde köklü biçimde farklılık göstermektedir.

esinlenilerek geliştirilen çekim modeli ilk olarak 20 yy. başlarında uluslararası göç hareketlerine, 1950'lerde ise uluslararası ticaret akımlarına uygulanmış ve başarılı sonuçlar elde edilmiştir. Sonraki yıllarda turizm ve sermaye hareketlerini açıklamak amacıyla da çekim modelinden yararlanılmıştır. Araştırma konusu her ne olursa olsun, çekim modelinin temel değişkenleri kütle ve uzaklıktır. Konuya uygun olarak başka bazı açıklayıcı değişkenlerin de eklenmesiyle model genişletilebilmektedir.

Evrensel çekim kanununa göre uzaydaki cisimler kütleleriyle doğru, aralarındaki uzaklıkla ters orantılı olarak birbirlerine çekim kuvveti uygularlar. Buradan hareketle, iller arasındaki göçmen akımında da iki il arasındaki göçmen hacminin illerin büyüklükleriyle doğru, aralarındaki uzaklıkla ters orantılı olarak değiştiği düşünülebilir. Ampirik modellerde kütleyi temsilen yaygın olarak ekonomik büyüklük (GSYH) veya nüfus büyüklüğü kullanılmaktadır. Uzaklık ise, uluslararası akımlar söz konusu olduğunda, kuşuçuşu mesafe olarak ölçülmektedir. İçgöç akımı bağlamında kütlesel büyüklük olarak yine illerin ekonomik veya nüfus büyüklüğü kullanılabilir. Uzaklık ölçüsü olarak da en işlek karayolu bağlantısının uzunluğu dikkate alınmaktadır.

İçgöç akımlarına ilişkin istatistikler TÜİK tarafından yıllık olarak yayımlanmaktadır. Bu verilerde bir yıl içinde bulunduğu ilden başka bir ile yerleşen kişiler içgöç akımı kapsamında değerlendirilmektedir. İçgöçle ilgili ampirik çalışmalarda da bu veriler kullanılmaktadır. Bu analizde ise bağımlı değişken olarak, her bir ilde ikamet eden başka bir ilin nüfusuna kayıtlı kişi sayısı kullanılmıştır. Böylece sadece göçü yaşayan bireyler değil, bunların göç edilen ilde doğan çocukları da göçmen olarak değerlendirilmiş olmaktadır. Bir yere göç ederek sonradan yerleşenlerin buradan göç edecek kesim içinde de ön sıraları alabileceği düşünüldüğünde, bu yaklaşım aynı zamanda yeniden göç olgusunun etkisini de içermektedir.

Analizde kullanılan açıklayıcı değişkenlerin başında çekim modelinin temel değişkenleri olan kütle ve uzaklık gelmektedir. Daha önce de belirtildiği gibi, kütleyi temsilen en yaygın olarak kullanılan gösterge ekonomik büyüklük ve bunun için de en yaygın gösterge GSYH veya kişi başına GSYH'dir. Ancak 2002 yılından bu yana il düzeyinde GSYH verisi yayınlanmadığından kütlesel büyüklük için nüfus miktarı kullanılmıştır. Bir ilin nüfus büyüklüğüne bağlı olarak dışarıya verdiği göç miktarı da değişebilir. Türkiye'de genel olarak düşük nüfuslu iller içinde bulundukları ekonomik ve sosyal yetersizlikler nedeniyle yoğun olarak göç vermektedirler. Diğer taraftan yüksek nüfusa sahip illerden de çeşitli nedenlerle dışarıya göç mümkündür ve mutlak büyüklük olarak dikkate alındığında bu göç akımı kayda değer büyüklüklere ulaşabilir. Bu nedenle nüfus büyüklüğünün göç akımı üzerindeki etkisi genellikle pozitif olmakla birlikte bazı illerde negatife dönmesi de mümkündür.

Göç hareketleri üzerinde etkili olan bir diğer temel unsur uzaklıktır. İki il arasındaki uzaklık arttıkça bir yandan yer değişikliğinin maliyeti artarken diğer taraftan kültürel benzerlik azalmaktadır. Oysa göçmenler, kültürel ve coğrafi açıdan alışageldikleri yaşam biçimine benzer mekânı tercih ederler. Bundan dolayı uzaklığın göç akımı üzerinde negatif etkide bulunması beklenir. Türkiye'de ikamet yeri değişikliklerinde genellikle karayolu kullanıldığından analizde uzaklık değişkeni için karayoluyla iller arası mesafe dikkate alınmıştır.

Nüfus büyüklüğü ve uzaklığın yanı sıra başka bazı faktörlerin de göç kararları üzerinde etkide bulunması mümkündür. Bir ilin sosyoekonomik gelişmişlik düzeyi yükseldikçe dışarıya daha az göç vermesi akla uygundur. İllerin sosyoekonomik gelişmişlik düzeylerini belirlemek üzere Kalkınma Bakanlığı tarafından son olarak 2011 yılında bir araştırma yapılmıştır. Demografi, istihdam, eğitim, sağlık, rekabetçi ve yenilikçi kapasite, mali yapı, erişilebilirlik ve yaşam kalitesi gibi değişik konularda 61 göstergenin kullanıldığı araştırmada, Türkiye'nin 81 ili oluşturulan gelişmişlik endeksine göre sıralanmıştır. Analizde, bu araştırmanın sunduğu sıralamadan yararlanılarak sosyoekonomik gelişmişlik değişkeni oluşturulmuştur.

Türkiye'de göç hareketlerinin temel motivasyonlarının başında işsizlik gelmektedir. Yaşadığı ilde iş bulamayan bireyler iş bulabilmek ümidiyle yakın veya uzak başka ve genellikle daha büyük bir ile göç etmektedirler. İşsizliğin göç akımı üzerindeki etkisini hesaba katmak amacıyla, il düzeyinde işsizlik verileri yayımlanmadığından, İşkur'a yapılan iş başvurularının ilin nüfusuna oranlanmasıyla elde edilen bir göstergeden yararlanılmıştır.

Göç kararları üzerinde etkili olabilen bir diğer unsur iklim koşullarıdır. Yıllık ortalama sıcaklığın düşük seyrettiği illerde özellikle sert ve uzun geçen kış aylarında ulaşımda yaşanan sıkıntılar eğitimden sağlığa kadar hayatın birçok alanını etkilemektedir. Isınma giderlerinin yüksekliği de yaşam maliyetini artıran bir diğer faktördür. İklim koşullarının göç akımı üzerindeki etkisini dikkate almak amacıyla, Ocak ayı uzun dönem (1950 – 2015) ortalama sıcaklık değerleri kullanılmıştır.

Sayılan değişkenlerin oluşturduğu çekim modeli aşağıdaki gibi yazılabilir. Göç akımı (G_i), nüfus (N_i) ve uzaklık (U_i) değişkenleri logaritmik değerleriyle analizde kullanılmıştır. Sosyoekonomik gelişmişlik göstergesi (SEG_i) sıralama, işsizlik oranı göstergesi (IB_i) oran, sıcaklık (S_i) değişkeni de negatif değerler içerdiği için logaritmik dönüştürmeye tabi tutulmamıştır.

$$lnG_i = \beta_0 + \beta_1 lnN_i + \beta_2 lnU_i + \beta_3 SEG_i + \beta_4 IB_i + \beta_5 S_i + \varepsilon_i$$

Beklenen işaretler: $\beta_1 \gtrless 0$, $\beta_2 < 0$, $\beta_3 > 0$, $\beta_4 > 0$, $\beta_5 < 0$

Nüfus verileri TÜİK elektronik veri tabanından, iller arası uzaklık bilgileri Karayolları Genel Müdürlüğü internet sayfasından, illerin sosyoekonomik gelişmişlik düzeylerine ilişkin bilgiler Kalkınma Bakanlığı (2013) raporundan, iş başvurusu bilgileri İşkur internet sayfasından veri portalından, sıcaklık verileri ise Meteoroloji Genel Müdürlüğü internet sayfasından elde edilmiştir.

Bulgular

Yatay kesit regresyon modelinden elde edilen tahmin sonuçları aşağıdaki tabloda verilmiştir. Tahmin sonuçları incelendiğinde, kullanılan genişletilmiş çekim modeli yapısının her bir il için genel olarak anlamlı sonuçlar verdiği görülmektedir. Yedi il dışındaki tüm iller için tahmin edilen modellerin F istatistikleri 0,00001 düzeyinde anlamlıdır. Regresyon denklemlerinin açıklama performansları genel olarak tatmin edicidir. Nüfus değişkeni 81 denklemin 77'sinde, uzaklık değişkeni 81 denklemin 74'ünde, sosyoekonomik gelişmişlik değişkeni 81 denklemin 51'inde, işsizlik oranı değişkeni 81 denklemin 42'sinde, sıcaklık ortalaması değişkeni 81 denklemin 27'sinde istatistiksel olarak anlamlı bulunmuştur. İşsizlik oranı değişkeni dışındaki değişkenlerin katsayılarının işaretleri genel olarak beklentilerle uyumludur.

Tahmin sonuçlarına göre Türkiye'de bir il (göçmenin geldiği) diğer illerin nüfus büyüklüğüyle orantılı olarak artan miktarda göç almaktadır. Bu durum, çeşitli sosyolojik açıklamaları bulunan tersine göç (büyük şehirden daha küçük şehre göç) olgusunun güçlü olduğunun bir işareti olarak yorumlanabileceği gibi verilerin yapısından da kaynaklanabilir. Nüfus ve göç değişkenleri mutlak büyüklük olarak alındığından yüksek nüfuslu bir ilin düşük nüfuslu bir ilden mutlak olarak daha fazla göç vermesi doğaldır. Diğer taraftan, aldığı göçlerle kalabalıklaşan şehirlerin yerli halkı bir süre sonra daha küçük ve sakin yerleşim alanlarını tercih edebilmektedir. Bunun en bariz örneği İstanbul'dur. Ayrıca bu bulgu, yukarıda sözü edilen ve bağımlı değişkenin içeriğinden kaynaklanan yeniden göç etkisiyle de izah edilebilir. Aldığı göçlerle büyüyen iller yeniden göç nedeniyle zamanla dışarıya fazla sayıda göç veren illere dönüşmektedirler.

İl	Sabit	Nüfus	Uzaklık	SEGE	İşsizlik	Sıcaklık	R^2	F	White χ^2
Adana	2,2840 (0,3633)	0,9981 (0,0000)	−1,5128 (0,0000)	0,0501 (0,0000)	4,5301 (0,5412)	−0,0479 (0,0557)	0,7946	57,2448	26,6434 (0,1456)
Adıyaman	9,7088 (0,0000)	0,4971 (0,0000)	−1,6855 (0,0000)	0,0043 (0,2689)	−3,4178 (0,4114)	−0,0061 (0,6608)	0,8758	104,3924	13,0094 (0,8770)
Afyon	5,0366 (0,0031)	0,6076 (0,0000)	−1,1619 (0,0000)	0,0196 (0,0002)	0,9780 (0,8598)	−0,0418 (0,0220)	0,6330	25,5232	24,8080 (0,2089)
Ağrı	−0,3870 (0,8521)	0,6683 (0,0000)	−0,4438 (0,0154)	0,0164 (0,0006)	0,9169 (0,8468)	−0,0492 (0,0066)	0,6913	33,1447	42,3096 (0,0025)
Amasya	8,3951 (0,0000)	0,5787 (0,0000)	−1,7093 (0,0000)	0,0101 (0,0104)	1,1622 (0,8373)	−0,0127 (0,4925)	0,7126	36,6955	29,2611 (0,0827)
Ankara	11,4136 (0,0000)	0,4682 (0,0018)	−1,3269 (0,0000)	0,0215 (0,0005)	2,0027 (0,7931)	−0,0810 (0,0018)	0,4627	12,7445	25,9343 (0,1680)
Antalya	7,3237 (0,0000)	0,6264 (0,0000)	−1,0953 (0,0000)	0,0252 (0,0000)	0,0821 (0,9871)	−0,0367 (0,0288)	0,6436	26,7254	32,3551 (0,0397)
Artvin	9,9116 (0,0000)	0,4518 (0,0000)	−1,5387 (0,0000)	−0,0075 (0,0246)	−3,9533 (0,3688)	0,0221 (0,1292)	0,7454	43,3233	18,4759 (0,5561)
Aydın	2,0711 (0,2919)	0,7877 (0,0000)	−0,8653 (0,0000)	0,0298 (0,0000)	6,6163 (0,2981)	−0,0852 (0,0001)	0,5649	19,215	27,6340 (0,1183)
Balıkesir	1,2331 (0,5066)	0,6314 (0,0000)	−0,3092 (0,1087)	0,0061 (0,3297)	7,2278 (0,2354)	−0,0730 (0,0004)	0,4247	10,9248	27,9804 (0,1099)
Bilecik	3,3681 (0,0944)	0,5222 (0,0001)	−0,6878 (0,0002)	0,0181 (0,0062)	−0,1105 (0,9869)	−0,0747 (0,0010)	0,3995	9,8481	22,9970 (0,2889)
Bingöl	2,7673 (0,1849)	0,5879 (0,0000)	−0,8448 (0,0000)	0,0086 (0,0732)	0,2859 (0,9569)	−0,0019 (0,9061)	0,7144	37,0158	38,8961 (0,0069)
Bitlis	−0,4382 (0,8608)	0,7347 (0,0000)	−0,7079 (0,0002)	0,0208 (0,0013)	4,0186 (0,4679)	−0,0120 (0,5093)	0,7358	41,2176	40,4512 (0,0044)
Bolu	4,4591 (0,0192)	0,5879 (0,0000)	−1,1266 (0,0000)	0,0255 (0,0000)	7,0909 (0,2672)	−0,0329 (0,1153)	0,4970	14,6230	22,1005 (0,3351)
Burdur	3,2593 (0,0701)	0,7286 (0,0000)	−1,3025 (0,0000)	0,0287 (0,0000)	6,0848 (0,2940)	−0,0363 (0,0550)	0,6671	29,6566	28,8638 (0,0905)
Bursa	2,8193 (0,2374)	0,5290 (0,0010)	−0,2132 (0,3391)	0,0142 (0,0840)	9,3174 (0,2626)	−0,0808 (0,0032)	0,2278	4,3648 (0,0016)	21,2069 (0,3850)
Çanakkale	5,9477 (0,0004)	0,3302 (0,0002)	−0,4176 (0,0438)	0,0044 (0,4703)	−9,2769 (0,0604)	−0,0398 (0,0340)	0,3993	9,8378	22,1914 (0,3302)
Çankırı	8,4307 (0,0000)	0,4203 (0,0000)	−1,4480 (0,0000)	0,0200 (0,0000)	−6,7414 (0,1500)	−0,0142 (0,4224)	0,6632	29,1455	29,6238 (0,0762)
Çorum	11,0773 (0,0000)	0,3553 (0,0001)	−1,6246 (0,0000)	0,0118 (0,0056)	−8,0483 (0,1211)	−0,0213 (0,2789)	0,6793	31,3492	24,5556 (0,2190)
Denizli	12,2015 (0,0000)	0,3139 (0,0050)	−1,4432 (0,0000)	0,0309 (0,0000)	−16,5380 (0,0114)	−0,0574 (0,0191)	0,5159	15,7704	39,0393 (0,0066)
Diyarbakır	11,4766 (0,0000)	0,3968 (0,0000)	−1,5032 (0,0000)	0,0030 (0,6182)	−7,1568 (0,1464)	0,0148 (0,4185)	0,7740	50,6970	48,1744 (0,0004)
Edirne	8,8728 (0,0000)	0,2602 (0,0073)	−0,8283 (0,0001)	0,0165 (0,0085)	−9,2502 (0,0949)	−0,0231 (0,2681)	0,3202	6,9726	18,7469 (0,5383)

Elazığ	15,0019 (0,0000)	0,3186 (0,0007)	−1,9759 (0,0000)	−0,0086 (0,1065)	−2,4826 (0,6213)	0,0003 (0,9879)	0,7401	42,1396	52,7990 (0,0001)
Erzincan	12,9220 (0,0000)	0,2923 (0,0003)	−1,5854 (0,0000)	0,0014 (0,7186)	−12,9869 (0,0057)	−0,0410 (0,0165)	0,7447	43,1629	28,9609 (0,0885)
Erzurum	11,2821 (0,0000)	0,3118 (0,0004)	−1,2876 (0,0000)	−0,0066 (0,1902)	−3,8779 (0,4471)	−0,0106 (0,5938)	0,5796	20,4042	21,9514 (0,3432)
Eskişehir	9,1258 (0,0000)	0,2739 (0,0064)	−0,7110 (0,0001)	0,0065 (0,2929)	−12,8406 (0,0280)	−0,0718 (0,0017)	0,4025	9,9695	31,1640 (0,0531)
Gaziantep	12,3825 (0,0000)	0,4008 (0,0000)	−1,6991 (0,0000)	0,0248 (0,0000)	−16,1261 (0,0012)	0,0291 (0,1313)	0,8591	90,2168	25,7257 (0,1751)
Giresun	11,5838 (0,0000)	0,3273 (0,0000)	−1,4761 (0,0000)	−0,0047 (0,1994)	−11,5580 (0,0095)	0,0060 (0,7197)	0,7266	39,3386	36,9297 (0,0119)
Gümüşhane	8,5567 (0,0000)	0,3496 (0,0000)	−1,1564 (0,0000)	0,0054 (0,1349)	−9,7466 (0,0241)	0,0191 (0,2309)	0,6761	30,8898	20,3987 (0,4333)
Hakkari	0,8975 (0,7912)	0,1320 (0,2483)	0,3995 (0,2300)	0,0048 (0,5858)	4,0057 (0,5433)	0,0062 (0,7998)	0,0614	0,9543 (0,4515)	18,9881 (0,5226)
Hatay	12,8845 (0,0000)	0,3227 (0,0001)	−1,5798 (0,0000)	0,0193 (0,0000)	−10,3981 (0,0239)	0,0088 (0,6203)	0,7882	55,0649	18,9820 (0,5230)
Isparta	9,2980 (0,0000)	0,3610 (0,0001)	−1,2188 (0,0000)	0,0235 (0,0000)	−12,9918 (0,0123)	−0,0228 (0,2360)	0,5962	21,8507	21,3493 (0,3768)
İçel	8,2891 (0,0004)	0,5794 (0,0000)	−1,4307 (0,0000)	0,0469 (0,0000)	−11,7394 (0,0782)	−0,0184 (0,4735)	0,7178	37,6455	17,3320 (0,6313)
İstanbul	8,6377 (0,0000)	0,2049 (0,0904)	−0,0662 (0,7745)	0,0175 (0,0239)	−0,0154 (0,9982)	−0,0175 (0,4883)	0,1582	2,7816 (0,0234)	14,4960 (0,8045)
İzmir	9,4880 (0,0000)	0,3795 (0,0009)	−0,7113 (0,0005)	0,0195 (0,0039)	−10,4602 (0,1066)	−0,0884 (0,0005)	0,3821	9,1535	19,0187 (0,5206)
Kars	10,8524 (0,0000)	0,2278 (0,0028)	−1,0915 (0,0000)	−0,0026 (0,5362)	−15,2088 (0,0009)	−0,0029 (0,8768)	0,5659	19,2920	36,6090 (0,0130)
Kastamonu	10,4319 (0,0000)	0,3186 (0,0004)	−1,4063 (0,0000)	0,0154 (0,0005)	−7,8890 (0,1232)	0,0056 (0,7690)	0,6039	22,5676	26,4936 (0,1501)
Kayseri	14,5994 (0,0000)	0,3188 (0,0036)	−1,7627 (0,0000)	0,0121 (0,0198)	−18,8005 (0,0038)	−0,0884 (0,0005)	0,6732	30,4848	33,9137 (0,0267)
Kırklareli	9,4462 (0,0000)	0,2406 (0,0173)	−0,8710 (0,0001)	0,0165 (0,0121)	−11,8358 (0,0425)	−0,0305 (0,1655)	0,3271	7,1936	15,8559 (0,7255)
Kırşehir	10,4341 (0,0000)	0,3069 (0,0072)	−1,4701 (0,0000)	0,0269 (0,0000)	−17,5241 (0,0094)	−0,0456 (0,0722)	0,6170	23,8467	27,7657 (0,1151)
Kocaeli	10,1507 (0,0000)	0,1552 (0,2218)	−0,5422 (0,0083)	0,0154 (0,0530)	−1,8207 (0,8051)	−0,0687 (0,0161)	0,1769	3,1797 (0,0118)	18,8973 (0,5285)
Konya	11,6423 (0,0000)	0,3632 (0,0002)	−1,3825 (0,0000)	0,0247 (0,0000)	−15,9771 (0,0045)	−0,0524 (0,0140)	0,5929	21,5576	34,1711 (0,0250)
Kütahya	8,2135 (0,0000)	0,2894 (0,0010)	−0,8544 (0,0000)	0,0127 (0,0239)	−10,2469 (0,0419)	−0,0246 (0,1932)	0,4880	14,1071	21,0113 (0,3965)
Malatya	12,2747 (0,0000)	0,4659 (0,0000)	−1,8665 (0,0000)	−0,0004 (0,9410)	−1,3912 (0,7790)	−0,0194 (0,3041)	0,7630	47,6487	30,0184 (0,0696)
Manisa	8,4139 (0,0001)	0,3671 (0,0022)	−0,9710 (0,0000)	0,0364 (0,0000)	−7,4058 (0,2812)	−0,0636 (0,0166)	0,3849	9,2623	25,8421 (0,1711)
K. Maraş	12,2223 (0,0000)	0,3705 (0,0000)	−1,7353 (0,0000)	0,0044 (0,3103)	−3,9414 (0,4050)	−0,0187 (0,3082)	0,7868	54,6259	34,6441 (0,0221)
Mardin	11,1347 (0,0000)	0,2346 (0,0054)	−1,1480 (0,0000)	0,0074 (0,2086)	−22,7347 (0,0000)	0,0381 (0,0336)	0,7322	40,4693	27,8851 (0,1121)
Muğla	7,7350 (0,0000)	0,3578 (0,0003)	−0,6061 (0,0000)	0,0112 (0,0152)	−14,6510 (0,0015)	−0,0132 (0,4336)	0,5602	18,8529	25,3816 (0,1872)
Muş	10,0505 (0,0001)	0,2925 (0,0024)	−1,1764 (0,0000)	0,0014 (0,8256)	−15,7722 (0,0041)	−0,0042 (0,8386)	0,6363	25,8932	44,5289 (0,0013)
Nevşehir	8,8290 (0,0000)	0,3940 (0,0000)	−1,3622 (0,0000)	0,0167 (0,0001)	−9,5890 (0,0610)	−0,0436 (0,0256)	0,6988	34,3437	25,2432 (0,1923)
Niğde	10,0618 (0,0000)	0,4206 (0,0000)	−1,6127 (0,0000)	0,0220 (0,0000)	−15,1609 (0,0032)	−0,0240 (0,2065)	0,7504	44,4889	20,6277 (0,4193)
Ordu	12,9114 (0,0000)	0,3159 (0,0000)	−1,6680 (0,0000)	0,0041 (0,2322)	−8,0880 (0,0535)	0,0135 (0,3916)	0,7602	46,9184	34,9458 (0,0204)
Rize	14,7731 (0,0000)	0,2311 (0,0078)	−1,6997 (0,0000)	−0,0069 (0,1041)	−15,6995 (0,0042)	−0,0060 (0,7573)	0,6623	29,0215	49,9900 (0,0002)

83

Sakarya	7,6070 (0,0004)	0,2464 (0,0506)	-0,5620 (0,0055)	0,0126 (0,1059)	-2,8613 (0,6940)	-0,0443 (0,1118)	0,1619	2,8588 (0,0205)	17,2254 (0,6383)
Samsun	16,2166 (0,0000)	0,2865 (0,0051)	-2,0581 (0,0000)	0,0056 (0,2407)	-4,4846 (0,4476)	0,0199 (0,3746)	0,6500	27,4877	31,1143 (0,0537)
Siirt	9,2712 (0,0001)	0,2704 (0,0035)	-1,0272 (0,0000)	0,0067 (0,3060)	-16,8769 (0,0013)	0,0389 (0,0464)	0,6634	29,1691	22,1508 (0,3324)
Sinop	12,3421 (0,0000)	0,3041 (0,0003)	-1,7251 (0,0000)	0,0093 (0,0176)	-10,3856 (0,0314)	0,0220 (0,2322)	0,6668	29,6205	32,6290 (0,0370)
Sivas	12,7126 (0,0000)	0,3353 (0,0000)	-1,6455 (0,0000)	0,0019 (0,5597)	-14,1480 (0,0004)	-0,0353 (0,0182)	0,7860	54,3748	23,4271 (0,2683)
Tekirdağ	10,8762 (0,0000)	0,2316 (0,0700)	-0,9585 (0,0007)	0,0262 (0,0028)	-4,8171 (0,5144)	-0,0370 (0,1888)	0,1971	3,6332	12,7475 (0,8880)
Tokat	12,4806 (0,0000)	0,3119 (0,0002)	-1,6596 (0,0000)	0,0079 (0,0402)	-9,2743 (0,0511)	-0,0100 (0,5739)	0,7012	34,7323	18,5899 (0,5486)
Trabzon	15,9409 (0,0000)	0,2123 (0,0060)	-1,7360 (0,0000)	-0,0106 (0,0000)	-14,2486 (0,0025)	0,0044 (0,7961)	0,7186	37,7907	28,0265 (0,1088)
Tunceli	-2,8752 (0,0760)	0,5710 (0,0000)	0,0340 (0,8023)	0,0224 (0,0000)	-6,0039 (0,2104)	-0,0141 (0,4233)	0,5662	19,3188	27,3172 (0,1266)
Ş. Urfa	13,0580 (0,0000)	0,2728 (0,0003)	-1,4717 (0,0000)	0,0020 (0,6622)	-16,3224 (0,0002)	0,0157 (0,3333)	0,7939	56,9935	26,7782 (0,1416)
Uşak	7,6479 (0,0004)	0,4203 (0,0006)	-1,2233 (0,0000)	0,0330 (0,0000)	-14,1589 (0,0444)	-0,0375 (0,1544)	0,4462	11,9258	19,4287 (0,4941)
Van	11,6637 (0,0000)	0,3260 (0,0009)	-1,3316 (0,0000)	0,0076 (0,2698)	-14,6913 (0,0073)	0,0007 (0,9755)	0,6638	29,2244	33,5643 (0,0292)
Yozgat	12,0864 (0,0000)	0,2988 (0,0014)	-1,6685 (0,0000)	0,0149 (0,0009)	-14,4696 (0,0083)	-0,0210 (0,3041)	0,6774	31,0789	19,6081 (0,4827)
Zonguldak	10,8406 (0,0000)	0,2187 (0,1146)	-1,2227 (0,0000)	0,0169 (0,0286)	2,8368 (0,7258)	-0,0012 (0,9677)	0,2799	5,7528	13,3626 (0,8613)
Aksaray	10,6312 (0,0000)	0,3872 (0,0000)	-1,6460 (0,0000)	0,0203 (0,0000)	-12,0430 (0,0248)	-0,0224 (0,2648)	0,7057	35,4871	23,3445 (0,2722)
Bayburt	9,8613 (0,0000)	0,3022 (0,0002)	-1,3073 (0,0000)	-0,0021 (0,6050)	-14,2930 (0,0026)	-0,0020 (0,9118)	0,6525	27,7917	21,2858 (0,3805)
Karaman	9,5336 (0,0001)	0,3853 (0,0009)	-1,5053 (0,0000)	0,0252 (0,0000)	-16,2502 (0,0164)	-0,0078 (0,7557)	0,5575	18,6486	28,7625 (0,0925)
Kırıkkale	9,8613 (0,0000)	0,3644 (0,0010)	-1,4573 (0,0000)	0,0219 (0,0001)	-12,3749 (0,0516)	-0,0627 (0,0105)	0,6008	22,2732	24,0712 (0,2393)
Batman	10,8431 (0,0009)	0,2871 (0,0279)	-1,2243 (0,0000)	0,0004 (0,9684)	-19,0974 (0,0102)	0,0311 (0,2619)	0,5341	16,9641	27,4258 (0,1237)
Şırnak	7,1558 (0,0002)	0,2834 (0,0001)	-0,6549 (0,0002)	0,0126 (0,0174)	-18,5024 (0,0000)	0,0244 (0,1057)	0,6943	33,6081	25,6376 (0,1781)
Bartın	8,5932 (0,0000)	0,3125 (0,0008)	-1,2257 (0,0000)	0,0183 (0,0003)	-2,2933 (0,6738)	0,0083 (0,6806)	0,4907	14,2614	19,8040 (0,4702)
Ardahan	9,8177 (0,0000)	0,2669 (0,0004)	-1,1950 (0,0000)	0,0002 (0,9647)	-14,5244 (0,0011)	0,0117 (0,4999)	0,6269	24,8647	32,0740 (0,0425)
Iğdır	2,5952 (0,4252)	0,4576 (0,0003)	-0,4323 (0,1860)	0,0094 (0,2251)	-14,1224 (0,0487)	-0,0677 (0,0311)	0,4068	10,1507	23,5212 (0,2639)
Yalova	3,7098 (0,0993)	0,3525 (0,0067)	-0,2784 (0,2093)	0,0122 (0,1353)	1,6607 (0,8221)	-0,0595 (0,0351)	0,1599	2,8174	22,5833 (0,3097)
Karabük	8,2408 (0,0020)	0,2139 (0,1483)	-0,8550 (0,0007)	0,0150 (0,0531)	-5,1175 (0,5540)	-0,0049 (0,8821)	0,1647	2,9179 (0,0185)	25,4271 (0,1856)
Kilis	10,7203 (0,0000)	0,3300 (0,0000)	-1,5052 (0,0000)	0,0078 (0,0180)	-15,2121 (0,0000)	-0,0037 (0,7892)	0,8672	96,6711	16,3965 (0,6917)
Osmaniye	6,5037 (0,0012)	0,7624 (0,0000)	-1,8897 (0,0000)	0,0245 (0,0000)	7,7093 (0,1635)	-0,0278 (0,1355)	0,8595	90,5262	41,9968 (0,0028)
Düzce	3,1926 (0,2443)	0,3901 (0,0309)	-0,4172 (0,0724)	0,0137 (0,1091)	0,6809 (0,9431)	-0,0505 (0,1066)	0,1279	2,1708 (0,0664)	25,9233 (0,1684)

Not: i) Tahminlere ilişkin p-değerleri parantez içinde verilmiştir. ii) p-değeri % 1'den küçük olan F-istatistikleri için p-değerleri rapor edilmemiştir. iii) Gölgelendirilmiş hücreler p-değeri % 10'dan küçük olan katsayı tahminlerini göstermektedir.

Uzaklığın göç akımları üzerindeki etkisi beklendiği gibi negatif bulunmuştur. Bu sonuç hem uzaklığın göç hareketlerini kısıtlayıcı etkisine işaret etmekte, hem de göç kararlarındaki tercihleri ortaya koymaktadır. Buna göre, Türkiye'de bireyler bir ilden diğerine göç etmeye karar verdiklerinde nisbeten yakın illeri tercih etmektedirler. Bu tercihte, kültürel ve coğrafî yakınlığı gözetmek kadar akraba ve hemşehrilik ağının da etkili olduğu söylenebilir. Uzaklığın istatistiksel olarak anlamlı bulunmadığı az sayıda il arasında İstanbul, Bursa ve Kocaeli gibi büyükşehirlerin bulunması dikkat çekmektedir. Bu iller, sahip oldukları ekonomik ve sosyal potansiyel nedeniyle uzak-yakın, Türkiye'nin hemen her ilinden göç alabilmektedirler.

Beklentiye uygun olarak, illerin sosyoekonomik gelişmiş düzeyleri yükseldikçe dışarıya göç verme eğilimleri azalmaktadır. Kullanılan değişken en gelişmiş ilden en az gelişmiş ile doğru bir sıralama izlediğinden katsayının işareti genel olarak pozitiftir.

İşsizlik oranını belirten değişkenin katsayısı 81 ilin yaklaşık yarısı için anlamsız bulunmuştur. Anlamlı olan katsayıların da işaretleri beklenenin aksine negatiftir. Beklentiye uymayan bu sonuç, göstergenin bileşiminde bulunan İşkur'a yapılan başvuru sayısı verisinin büyük iller lehine sapmalı olmasından kaynaklanıyor olabilir. Küçük ve az gelişmiş illerde İşkur başvuru oranlarının gelişmiş illere nisbetle daha düşük olması beklenebilir. Bu illerde işe yerleştirmelerde daha ziyade informel kanallara (akraba ve tanıdık ağı) başvurulmaktadır. Eğitim ve bilinç düzeyinin daha yüksek olduğu büyük şehirlerde İşkur gibi resmi kanallar emek arz ve talebi bakımından daha yoğun olarak kullanılmaktadır.

Diğer taraftan, Ocak ayı ortalama sıcaklıklarıyla temsil edilen iklim koşullarının Türkiye'de göç akımları üzerinde genel olarak anlamlı bir etkide bulunmadığı görülmektedir. Sıcaklığın anlamlı bir etkide bulunduğu iller için etkinin yönü beklendiği gibi negatiftir. Buna göre, kış aylarının sert geçmesi bu illerde göç eğilimini artırmaktadır. Ağır geçen kış ayları aylarca ulaşımın aksamasına neden olduğundan eğitim ve sağlık hizmetlerinin alınmasını güçleştirmektedir. Yine, aksayan ulaşım lojistik kanallarında sıkıntı yaşanmasına yol açtığından ticaret hayatını da olumsuz etkilemektedir. Çok soğuk ve uzun geçen kış aylarının ısınma giderlerinin de kabarmasına neden olacağı açıktır. Tüm bu nedenlerin göç kararları üzerinde etkili olması beklenebilir.

Değerlendirme ve Sonuç

Çekim modeli yaklaşımıyla, yatay-kesit regresyon analizi yöntemi kullanılarak illerin aldığı göç miktarı üzerinde etkili olan faktörlerin araştırıldığı bu çalışmada göçmenin geldiği ilin nüfusunun, iklim koşullarının zorluğunun ve az gelişmişliğinin göç hareketini beslediği sonucuna ulaşılmıştır. Göç kararı alan bireylerin ağırlıklı olarak yakın illeri tercih ettikleri de analizin bir diğer bulgusudur.

Göç kararları üzerinde etkili oldukları düşünülebilecek diğer bazı faktörlerin etkilerini de dikkate almak amacıyla başka değişkenlerle model geliştirilebilir. Örneğin, bölgesel yoğunlaşmaları belirlemek üzere hangi ilin hangi bölgeden daha fazla göç aldığı belirlenebilir. Ancak serbestlik derecesi kaybını artırmamak için bu yola gidilmemiştir. Göç kararları ve tercihleri üzerinde etkili olan bir diğer önemli unsur, yukarıda da değinilen, akraba ve hemşehri ağıdır. A ilinden B iline göç edenler zaman içinden akraba ve tanıdıklarının da göç kararlarında B ilini tercih etmelerine neden olabilmektedir. Göç literatüründe "ağ etkisi" (network effect) olarak bilinen bu olgu, bazı illerde belirli birkaç ilden göçmenlerin yoğunlaşmasının en önemli nedenini oluşturmaktadır. Ağ etkisini hesaba katmak amacıyla bu analizde de bir önceki yıla ait göçmen stoku miktarı açıklayıcı değişken olarak kullanılmış, ancak diğer katsayılar üzerindeki bozucu etkisi nedeniyle bu yaklaşımdan vazgeçilmiştir.

Kaynaklar

Akarca, A. ve A. Tansel (2015), "Southwest as the New Internal Migration Destination in Turkey", ERC Working Papers in Economics, No. 15/05.

Bülbül, S. ve A. Köse (2010), "Türkiye'de Bölgelerarası İç Göç Hareketlerinin Çok Boyutlu Ölçekleme Yöntemi İle İncelenmesi", *İstanbul Üniversitesi İşletme Fakültesi Dergisi*, 39 (1), s. 75-94.

Çatalbaş, G. K. ve Ö. Yarar (2015), "Türkiye'deki Bölgeler Arası İç Göçü Etkileyen Faktörlerin Panel Veri Analizi İle Belirlenmesi", *Alphanumeric Journal*, 3 (1), s. 99-117.

Ercilasun, M., E. A. H. Gencer ve Ö. Ö. Ersin (2011), "Türkiye'deki İç Göçleri Belirleyen Faktörlerin Modellenmesi", *Uluslararası Avrasya Ekonomileri Kongresi*, s. 319-324.

Kalkınma Bakanlığı, T.C. (2013), *İllerin ve Bölgelerin Sosyo-ekonomik Gelişmişlik Sıralaması Araştırması (SEGE-2011)*, Bölgesel Gelişme ve Yapısal Uyum Gn. Md., Ankara.

Pazarlıoğlu, M. V. (2007), "İzmir Örneğinde İç Göçün Ekonometrik Analizi", *Yönetim ve Ekonomi*, 14 (1), s. 121-135.

Uysal, M. ve S. Aktaş (2011), "Sıralı Regresyon Analizi İle Türkiye'deki İç Göçleri Etkileyen Faktörlerin Belirlenmesi", *Çukurova Üniversitesi Sosyal Bilimler Enstitüsü Dergisi*, 20 (3), s. 191-200.

Yakar, M. (2013), "Türkiye'de İller Arası Net Göçlerle Sosyo-ekonomik Gelişmişlik Arasındaki İlişkinin Coğrafî Ağırlıklı Regresyon İle Analizi", *Ege Coğrafya Dergisi*, 22 (1), s. 27-43.

Yamak, R. ve N. Yamak (1999), "Türkiye'de Gelir Dağılımı ve İç Göç", *Dokuz Eylül Üniversitesi Sosyal Bilimler Enstitüsü Dergisi*, 1 (1), s. 26-39.

Maliye Politikası Araçlarının İç Göçteki Rolü: Tiebout Hipotezi

Gül Kayalidere[40]

Giriş

Maliye politikası, hükümetlerin belirli makro ekonomik hedeflere ulaşmak için topladığı gelirler ve yaptığı harcamalara ilişkin aldığı kararlarla bütçesinde meydana getirdiği değişimlerin milli gelir, işsizlik ve enflasyon gibi makro büyüklükler üzerinde etkileri ile ortaya çıkmaktadır. Temelde makro bir politika olan maliye politikası kullandığı mali araçlarla (vergiler ve kamu harcamaları) bireylerin yaşam alanlarını belirlemelerinde de rol oynayabilecektir. Bu bağlamda, Tiebout (1956) çalışmasında yerel yönetimler tarafından uygulanan vergileme ve kamu harcaması politikalarının iç göçte etkili olabileceğini (belirlediği varsayımlar altında) ortaya koyan hipotezini literatüre kazandırmıştır.

Çalışmada öncelikle maliye politikası, amaçları ve kullandığı politika araçları çerçevesinde açıklanacak daha sonra Tiebout hipotezi hakkında bilgi verilecektir. Son bölümde, Tiebout hipotezi ile maliye politikası arasındaki etkileşimi ortaya koyan çalışmalara yer verilecektir.

Maliye Politikası: Amaçlar-Araçlar

Kavramsal olarak maliye politikasının ilk kez Edwin R. A. (1861-1939) tarafından 19. Yüzyılın başlarında Adolph Wagner'in hükümetlerin bütçe yoluyla gelir dağılımını düzenlemeleri gerektiği yönündeki görüşünü eleştirmek için kullanıldığı görülür. Orjini Latince bir kelime olan ve "para toplamada kullanılan sepet" anlamına gelen "fiscalis" sözcüğüne dayanan maliye politikası J. M. Keynes'e kadar, genelde kamu gelirlerine, özelde ise vergilere ilişkin politika anlamında kullanılmıştır (Şen-Kaya, 2015: 61).

Keynes ile maliye politikasına farklı bir anlam yüklenmiş ve maliye politikası bütçenin yalnızca gelir cephesiyle ilgilenen bir politika olmaktan çıkmış, gelir ve harcama yönlerinin her ikisini de kapsayan bir hal almıştır (Tanzi, 2006:1, Şen-Kaya, 2015: 61).

Maliye politikası, hükümetlerin belirli makro ekonomik hedeflere ulaşmak için topladığı gelirler ve yaptığı harcamalara ilişkin aldığı kararlarla bütçesinde meydana getirdiği değişimlerin milli gelir, işsizlik ve enflasyon gibi makro büyüklükler üzerinde etkileri ile ortaya çıkmaktadır (Balaban, 2012: 3-4). Genel olarak değerlendirildiğinde, söz konusu makroekonomik hedefler; tam istihdam ve fiyat istikrarının yani ekonomik istikrarın sağlanması, ekonomik büyüme ve kalkınma, adil gelir dağılımı, ödemeler bilançosu dengesi, bölgesel dengesizliklerin ortadan kaldırılması olarak sıralanabilir. Bu hedeflere ulaşmak için araç-amaç dengesinin iyi kurulması gerekir. Seçilen aracın sebep olacağı maddi ve manevi maliyetle amaca ulaşmaktan sağlanacak maddi ve manevi yararın karşılaştırılması gerekmektedir (Ataç, 2002: 31, Savaş, 1998: 30, Borkurt-Göğül, 2010:29). Maliye politikalarını

---

[40] Doç. Dr., Celal Bayar Üniversitesi.

Yazgan, P., Tilbe, F. (der.) (2016).
Türk Göçü 2016 Seçilmiş Bildiriler I.
London: Transnational Press London.

hayata geçiren üç temel araçtan söz edilebilir: Vergileme, borçlanma ve kamu harcaması. Vergileme ve borçlanma maliye politikasının gelirler ayağını oluştururken kamu harcaması giderler ayağını oluşturur.

Maliye politikası, 1929 bunalımı ve sonrasında ekonomik konjonktürdeki dalgalanmaların şiddetini azaltmakta kullanılan en önemli politikalardan biri olmuştur. Konjonktürün daralma dönemlerinde maliye politikası (mali canlandırma) ile ek talep oluşturularak ekonomiye canlılık (belli bir süreliğine) getirilebilir. Tüketim ve yatırım harcamaları arttırıldığında ulusal gelir ve istihdamın yüksek seviyesi korunabilir ve ekonomideki daralma önlenebilir. Ancak, gelişmekte olan ülkelerde konjonktür karşıtı iradi maliye politikasının başarısı nadir görülmektedir. İradi maliye politikası gecikmeli uygulanabildiği ve çöküşü önlemede uzun dönemde düşük etkiye sahip olduğu için para politikasının gerisinde kalmaktadır. Fakat, son dönem yaşanan küresel mali kriz sonucunda para politikasının da yeterliliği tartışılmış ve tekrar maliye politikası araçlarının ekonomiye müdahalesi ile ekonomik canlanma hayata geçirilebilmiştir (Karakurt, 2010: 167). Ekonomide daralmanın istenmemesi gibi aşırı talebin de istenmemesi durumu da söz konusu olabilir. Daha açık bir ifade ile enflasyonist etkiler de ekonomik istikrarsızlık olarak değerlendirilir ve aşırı talebin önlenmesi amaçlı maliye politikalarının da uygulamaya konması söz konusu olabilmektedir.

Maliye politikası makro bir politika olmasının yanı sıra uyguladığı programların mikro etkileri yadsınamayacaktır. Özellikle vergi ve kamu harcaması uygulamaları bireylerin tercihlerini direk etkiler. Vergi politikalarındaki düzenlemeler, örneğin; vergi miktarı, gelirden servetten veya harcamadan vergi alınması, verginin alınma şekli, vergi ödeyenin ekonomik ve sosyal durumu, gelir düzeyi ve tüketim alışkanlıkları üzerinde etkili olmaktadır.

Vergi bireyin gelirinde ve servetinde bir azalmaya sebep olarak, gelirden tüketime ve tasarrufa ayrılan miktarı azaltır. Bu yapısıyla vergi gelir ve refah etkilerini doğurur. Bireyin marjinal tasarruf eğilimi sıfır ise ödediği vergi miktarınca geliri azalacağı için tüketimi de azalacaktır. Marjinal tasarruf eğiliminin sıfırdan farklı olması durumunda marjinal tüketim eğiliminin büyüklüğü oranında tüketim, tasarruf eğiliminin büyüklüğü oranında da tasarruf azalacaktır. Yani hem tasarruf hem de tüketim miktar olarak bu değişiklikten etkilenmektedir (Bakırcı, 2001: 45).

Maliye politikasının kamu harcamalarını kullanması sonucu da pek çok konjonktürel yansıma elde edilebilir. Enflasyonist dönemlerde kamu harcamalarının azaltılması sonucu toplam talepte azalma sağlanmaya çalışılacaktır. Tersi durumda, durgunluk dönemlerinde kamu harcamalarının artışı desteklenecek ve toplam talep artışı ortaya çıkacaktır. Bu noktada kamu harcamalarının hangi türü ile politika yürütüleceği ise önem kazanır.

Kamu harcamaları, reel harcamalar (cari-yatırım) ve transfer harcamaları olmak üzere sınıflandırılır. Reel harcamalar, devletin kamu hizmetlerini yerine getirmek üzere yaptığı mal ve hizmet alımlarının karşılığında ödediği nakit değerlerdir. Başka bir ifade ile devletin tüketimine yönelik harcamalardır. Transfer harcamaları ise, karşılığında mal ve hizmetin satın alınmadığı bir çeşit karşılıksız harcamalardır. Transfer harcamalarını belirleyen iki temel unsur vardır ve bu unsurlar birbirlerine bağlıdır. İlki; transfer harcamalarının karşılıksız olmasıdır. Diğeri; kamu kaynaklarının başka kişi ya da kuruluşa transfer edilmesidir (Yüksel, 2011:219). Devlet kamu kaynaklarını karşılıksız olarak vererek çok çeşitli amaçlarla ulaşmaya çalışabilir; yoksul öğrencilere yapılacak burs yardımıyla eğitimlerini sürdürmeleri desteklenebilir, bazı sektörlere uygulanacak sübvansiyonlarla o sektörlerin gelişmesi ve üretimlerini arttırması sonucu ekonomik büyüme sağlanabilir vb.

Maliye politikası araçları temelde kamu gelirleri (vergiler) ve kamu harcamalarıdır. Çalışmanın sonraki bölümünde kamu harcaması ve gelirleri ile ilişkili politikaların yerel halkın yaşam alanı seçimleri üzerindeki etkileri araştıran bir hipotez olan Tiebout hipotezi ele alınacaktır.

Tiebout Hipotezine Kavramsal Bakış

Tiebout, yerel yönetimlerin sağladıkları kamu mal ve hizmetleri ve uyguladıkları vergi oranları aracılığıyla, mobil olan yerel tüketicileri, optimum büyüklüğü sağlayıncaya kadar kendi bölgelerine çekerek, etkin hizmet sunumunu gerçekleştirebileceklerini belirtmiştir. Kusursuz bir mobilite içinde olan bireyler, kendi tercihlerine uygun olarak hizmet ve vergi paketi sunan bölgelere yerleşeceklerdir (Bülbül, 2011:5).

Tiebout (1956), nihai anlamda etkin ve verimli bir piyasa niteliği kazanan yerelleşmenin, kamu mal ve hizmetleri için farklı nüfus gruplarının tercihlerinin belirlenmesine yardımcı olacağını vurgulamaktadır. O'na göre, kamusal malların sunumu konusunda yerel ve merkezi idare arasındaki en büyük farklılıklar bu noktada oluşur. Tüketici-seçmenlerin tercihleri merkezi seviyede ele alındığında hükümet bu tercih kalıplarını ayarlamayı dener. Oysa, yerel seviyedeki çeşitli yönetim birimleri söz konusu tercihlere göre harcama ve gelir kalıplarını arttırıp azaltarak ayarlamalar yapabilir. Bu sayede, tüketici-seçmenler kendi tercih kalıplarına uygun biçimde faydalarını maksimize etmek için en uygun yerel yönetimlere hareket etmektedirler (Tiebout, 1956: 418, Ayrangöl-Tekdede, 2016:64). Tiebout'un hipotezinin geçerliliği için varsayımlar ise şu şekilde sıralanabilir (Blankart-Brock, 2004:451):

- Tüketiciler, tamamen mobildir ve tercihlerini en iyi tatmin eden bölgelere hareket ederler.
- Tüketiciler, topluluğun vergileri ve kamu malları arzında tüm bilgiye sahiptir ve vergi ve harcama düzeylerindeki farklılığa göre hareket ederler.
- Tüketicilerin seçebileceği, çok sayıda topluluk mevcuttur.
- Bireyler, kar gelirine bağlı olarak yaşarlar; bu nedenle, bireylerin aynı yasal alan içinde yaşamalarını ve çalışmalarını gerektiren bir durum söz konusu değildir.
- Yönetimler, kamu hizmetlerinin finansmanı için, toptan vergileri veya kullanıcı harçlarını kullanırlar.
- Yasal alanlar arası taşma yoktur; yani kamu malları, bütünüyle yerel kamu mallarıdır.
- Halka kamu malları sağlamanın kişi başına düşen maliyeti, yerleşiklerin sayısının U şeklinde bir fonksiyonudur.
- Topluluklar, optimal şehir büyüklüğüne ulaşana kadar (örneğin minimum kişi başına maliyet), yerleşikleri çekerler.

Tiebout hipotezi, bireylerin tercihlerini ön planda tutan ve bireylerin kamusal mallara olan talepelerini ayakları ile oy vererek açıkladıklarını ileri sürer. "Ayaklar ile oylama" olarak da bilinen bu hipotezde, yukarıda da dikkati çektiği üzere, tüketiciler tümüyle hareket kabiliyetine sahiptirler ve yerel kamu mallarına olan tercihlerini en iyi karşılayan topluluğa taşıyacaklardır (Ulusoy-Akdemir, 2002:62, Bakıcı, 2004:13). Dolaşarak oylama süreci yoluyla, bireyler sosyal mallar konumunda benzer tercih kümesine sahip bireylerin yaşadığı yönetim birimlerini arayıp bulacaklardır (Bakıcı, 2004:14). Hipotezin varsayımlarının kısıtlayıcılığı gerçekte geçerliliği konusunda eleştirileri attırtmaktadır (Kirmanoğlu, 1992: 261).

Giray (2005) çalışmasında, Tiebout hipotezinin dışsallıkları dikkate almadığını ifade etmiştir. Bir bölge yönetiminin kendi sakinlerinin refahını artırıcı uygulamaları, diğer bölgelerde yerleşenlerin refahında düşmeye yol açabilir. Buna mali literatürde, "negatif mali dışsallık" denir. Diğer bir ifadeyle negatif mali dışsallık, diğer bölgelerdeki devlet bütçesi üzerinde bir bölgenin kamu politikalarının etkisiyle oluşturduğu dışsallıktır. Yaratılan faktör hareketliliği sonucu oluşan dışsallıklar refah maksimizasyonunu önleyecektir. Diğer bir ifadeyle bu dışsallıklar, faktörlerin yanlış dağılımına neden olarak bölgeler arasında etkinsiz politika farklılıklarına yol açabilecektir (Giray, 2005:101).

Ayrıca yerel yönetimler farklı üretim teknolojilerine, farklı bireysel tercihlere ve değişen faktörlere sahip oldukları için, farklı vergi oranlarını tercih edebilirler. Ancak vergi oranı farklılaştırması ekonomide iki etkinsizlik türüne neden olabilir. İlki, kamusal mal düzeyi konusunda oluşan etkinsizliktir. Çünkü yerel yönetimler yukarıda belirtilen bölge içi dışsallıkları dikkate almada başarısızdırlar. İkincisi, sermayenin yerel yönetimler arasında yanlış tahsisidir. Eğer vergi oranları bölgeler arasında farklıysa tam olarak etkin kaynak dağılımına ulaşılamaz (Giray, 2005:101, Wilson, 1999: 276).

Tiebout hipotezi literatürde eleştirilerine rastlansa da üzerine çok sayıda araştırma yapılan konular arasında yerini korumaktadır. Bu noktada, çalışmanın konusu, uygulanan vergi ve harcama politikalarının (maliye politikalarının) tiebout hipotezini sağlayıp sağlamadığını test eden çalışmaların kısa bir özetinin sunulmasıdır. Dolayısıyla sonraki bölümde bu etkileşimi test eden çalışmalar ve sonuçlarına yer verilmeye çalışılacaktır.

Maliye Politikası Araçları Tiebout Hipotezi Etkileşimi

Tiebout modeli yerel mali politikalardaki farklılığı güçlendirmektedir. Dolayısıyla, modelin mali politika sayısını sabit tuttuğu ve kamu hizmetlerinin üretim fonksiyonunda ölçeğe göre sabit getirili olması gibi diğer varsayımları göz önünde bulundurulduğunda mali politikaların mekansal farklılığı zamana göre sabit olmaktadır. Özet olarak, Tiebout hipotezi ise yerel yönetimlerin farklı düzeylerdeki kamusal hizmetleri farklı fiyatlarla sundukları görüşüne dayanmaktadır. Bireyler yerel yönetimler arasında tercih ettikleri kamusal hizmet düzeyine göre yerleşim yerini belirleme çabasındadır. Yamanoğlu (2009)'da Türkiye üzerinde Tiebout hipotezinin geçerliliğini sınamış ve 1990-2008 dönemi verilerini kullanarak, Türkiye'de uygulanan iller arası mali politikalar için Solow ve Tiebout hipotezlerinin geçerliliğini araştırmıştır. 1990-2001 alt döneminde iller arasında mali yakınsamanın söz konusu olmadığını dolayısıyla, Tiebout hipotezine göre bölgeler arası maliye politikaları yakınsamadığını*, ancak 2001-2008 alt döneminde iller arasında kuvvetli bir mali yakınsamanın bulunduğunu ortaya koymuştur (Yamanoğlu, 2009:3). Belirtmek gerekir ki, Türkiye gibi üniter yapıdaki ülkelerde yerel yönetimler arası uygulanan

---

* Neoklasik büyüme modeli, göreli yoksul ülke ya da bölgelerin zengin ülke ya da bölgelerden daha hızlı büyüyeceklerini ve zamanla bu iki grubun kişi başına gelir düzeylerinin birbirine yakınlaşacağını öngörmektedir. Bu öngörü, literatürde yakınsama (convergence) hipotezi olarak bilinir.

maliye politikalarında farklılıklarının olması güçtür. Merkeziyetçi yapı, ülke içinde farklı kamu harcaması ve vergileme politikaları uygulanmasını zorlaştırır. Merkeziyetçi bir yapıda bölgelerarası farklılıkları gidermeye yönelik vergi ve harcama politikaları elbette uygulanacaktır. Ancak, Tiebout'un ortaya koyduğu anlamda bir yerel uygulama farklılığı ortaya konması güçleşir. Genel olarak hipotezin, federal yapılı ülkelerde hayat bulduğu ifade edilebilir.

Tiebout hipotezi üzerine önemli araştırmalar ABD ve Kanada iç göçleri baz alınarak yapılmıştır (Karidis & Quinn, 2006: 2). Pack (1973), kişi başına düşen yerel vergiler, kamu harcamaları ve refah ödemeleri gibi yerel mali değişkenlerin iç göçte anlamlı olduğunu bulmuştur. Cebula ise, yaşlı olmayan kesimin düşük emlak vergisi alanlarını tercih ettiğini ve Tiebout hipotezinin yerel ikametgahı belirlemede önemli rol oynadığını ortaya koymuştur (Cebula 1974; Cebula 1978; Cebula 1979). 1990 yılı öncesinde Tiebout hipotezi açısından şu sonuçlar elde edilmiştir (Cebula, 2002): Yoksul insanlar yüksek düzeyde sosyal yardım yapılan alanlara doğru göç etmektedirler. Pek çok göçmen grubu kişi başına düşen kamusal eğitim harcamalarının yüksek olduğu alanları tercih etmektedir. Yaşlı göçmenler ve yüksek gelirli göçmenler düşük emlak vergilerinin ve yerel vergilerin olduğu alanlara yönelmektedirler. Ancak Cebula 1974 yılında yapmış olduğu bir çalışmada, yaşlı insanların göç hareketinde, mali değişkenlerin önemli rol oynamadığını bulmuştur (Karagöz, 2015:154).

Cebula'ya (2002) göre, Tiebout hipotezi iç göç motifinin belirlenmesinde istatistiki olarak anlamlı rol oynar. Eyaletlerin net göç oranları, toplam eyalet ve yerel kamu harcamaları, kişi başına düşen kamusal eğitim harcaması, kişi başına düşen eyalet ve yerel vergi yükü ile doğrudan ilişkilidir. Cebula (2009), Amerika Birleşik Devletleri'nde bir eyaletin gelir vergisinin iç göç hareketlerinde belirleyici rol oynadığını da bulmuştur. Tüketici-seçmenler özellikle düşük eyalet gelir vergisi yükünün, düşük emlak vergisi yükünün ve yüksek kişi başına düşen ilk ve ortaokul harcamasının olduğu eyaletlere doğru yönelmektedirler (Karagöz, 2015:155).

Bu süreçte yerel politikacılara da önemli görevler düşmektedir. Yerel seçim sistemi yerel politikacılara kendini oluşturan bileşenler hakkında veya yerel tercihler hakkında doğrudan bilgi edinme fırsatı vermektedir. Bu durum kamu hizmetlerinin yerel tercihler ile uyumlu bir şekilde üretilmesini sağlayarak tahsis etkinliği yaratmaktadır. Ayrıca seçilmiş yerel politikacılar, merkezdeki seçilmiş politikacılara göre halkın isteklerine daha iyi cevap verebilir konumdadırlar. Belirtilen üstünlük yönetimlerarası rekabetin faydalı yanları ile birleşince kamu hizmetlerinin sunum maliyetlerinin azalması muhtemeldir. (World Bank, 2002: s. 3). Dolayısıyla yerelleşme ile elde edileceği düşünülen diğer olumlu getiriler de bu teoriler etrafında veya şemsiyesi altında şekillenmekte ve genişletilmektedir. Ancak belirtilmesi gereken önemli bir nokta daha vardır; yerelleşme ile elde edileceği ileri sürülen verimlilik-etkinlik vb. diğer olumlu getiriler hakkında ikna edici ampirik kanıtlar olmamasıdır. Tartışmalar daha çok teorik zeminde gerçekleşmektedir. Bu nedenle herhangi bir sonuç çıkarmak zorlaşmaktadır (Meloche at all, 2004: 3, Ayrangöl-Tekdede, 2016:64).

Sonuç

Tiebout hipotezinin iç göçteki rolünün ele alındığı çalışmada, öncelikle, maliye politikasının kavramsal açıklamalarına yer verilmiştir. Çünkü, Tiebout, kamu mali politikalarının, bireylerin-tüketicilerin yaşamlarını nerede sürdüreceklerinin kararını vermede etkili olduğunu savunur.

Maliye politikası, genel olarak, fiyat istikrarı-ekonomik istikrar, ekonomik büyüme -kalkınma ve gelir dağılımında adaleti sağlamak için kamu gelirleri ve harcamalarını ayrıca borçlanma politikalarını kullanmaktadır. En temel kamu geliri vergilerdir. Vergileme ve kamu harcaması temel politika araçlarıdır.

Tiebout hipotezi'ne göre; yerel yönetimlerin sağladıkları kamu mal ve hizmetleri ve uyguladıkları vergi oranları aracılığıyla, mobil olan yerel tüketicileri, optimum büyüklüğü sağlayıncaya kadar kendi bölgelerine çekerek, etkin hizmet sunumunu gerçekleştirebileceklerdir. Hipotezin geçerliliği için varsayımlarının gerçekleşmesi gerekir. Varsayımlardan bazıları; tüketiciler, tamamen mobil olmalı ve tercihlerini en iyi tatmin eden bölgelere hareket etmelidirler, Tüketiciler, topluluğun vergileri ve kamu malları arzında tüm bilgiye sahiptirler ve vergi ve harcama düzeylerindeki farklılığa göre yer değiştirirler, tüketicilerin seçebileceği, çok sayıda topluluk mevcuttur. Bireyler, kar gelirine bağlı olarak yaşarlar; bu nedenle, bireylerin aynı yasal alan içinde yaşamalarını ve çalışmalarını gerektiren bir durum söz konusu değildir.

Tiebout hipotezi'nin literatürdeki eleştirileri varsayımlarının geçerliliğinin güç olması yönünde yoğunlaşır. Ayrıca, bölgeler arası vergi politikalarındaki farklılıkların negatif mali dışsallığa neden olması ve bölgeler arası kaynak dağılımında etkinsizliğe yol açabilmesi noktalarında da kritiklere rastlanır.

Genel olarak federal yapıdaki ülkelerde Tiebout hipotezi'nin sınandığı uygulamalarda iç göçte maliye politikası araçlarının etkili olduğu sonuçları elde edilse de analizler, merkeziyetçi yapıda olan ülkelerde yoğunlaşmaz. Dolayısıyla, federe devletlerde vergi ve harcama politikalarının bireylerin yaşam alanı seçimlerinde etkili olabileceği üniter devletlerde bu etkinin güçlü olamayacağı çıkarımı yapılabilir. Elbette üniter devletlerde de bölgeler arası farklılıkların giderilmesi için çeşitli vergisel teşvik politikaları ve kamu harcama politikaları uygulanabilmektedir. Ancak, söz konusu yapıdaki ülkelerde iç göçü belirler nitelikte olması beklenemeyecektir.

Kaynakça

Ayrangöl, Z., Tekdede, M. (2016). "Yerelleşme Teorisinin Analizi ve Ekonomik Parametreler Üzerindeki Rasyonalitesi", *İktisat Politikası Araştırmaları Dergisi*, Cilt 3, Sayı 1, 55-83.

Bakıcı, Z. (2004). "21. Yüzyılda Yönetimlerarası Mali İlişkiler", *Çağdaş Yerel Yönetimler Dergisi*, Cilt 13, Sayı 1, 5-32.

Bakırcı, F. (2001). "Bütçe Politikalarının Mikroekonomik Etkileri", C. U. *İİBF Dergisi*, C. 2, S. 2, 43-59.

Balaban, G. K. (2012). *Kurallı Maliye Politikası ve Türkiye'de Kurallı Maliye Politikası Uygulamasına İlişkin Model Önerisi*, TC Merkez Bankası Uzmanlık Tezi, Mayıs.

Blankart, C. B., Borck, R. (2004). "Local Public Finance", In J. Backhaus. R. E. Wagner (eds.), *Handbook of Public Finance*, Kluwer.

Bozkurt, C. ve Göğül, P. K. (2010). "Para ve Maliye Politikalarının Koordinasyonu", Akademik Araştırmalar ve Çalışmalar Dergisi, Cilt 2, Sayı 2, Mayıs, 27-44.

Cebula, R.J. (1974), Interstate Migration and the Tiebout Hypothesis: An Analysis According to Race, Sex, and Age, *Journal of theAmerican Statistical Association*, 69, 876-879.

Cebula, R.J. (1978), "An Empirical Note on the Tiebout-Tullock Hypothesis", *The Quarterly Journal of Economics*, 92(4), 705-711.

Cebula, R.J. (1979), The Migration Impact of PublicPolicies: A Critique of the Literature, In The Determinants of Human Migration, Lexington, *Mass.: Lexington Books*, D.C. Heathand Company.

Giray, F. (2005). "Küreselleşme Sürecinde Vergi Rekabeti ve Boyutları", *Akdeniz Üniversitesi İİBF Dergisi*, (9), 93-122.

Karaca, O. (2004)., *Türkiye'de Bölgeler Arası Gelir Farklılıkları: Yakınsama Var mı?*, Türkiye Ekonomi Kurumu Tartışma Metni, Nisan.

Karagöz, B. (2015). "Türkiye'de Mali Yerelleşme Emareleri ve Yatay Eşitsizlik Sorunu", *Sosyoekonomi*, Vol. 23(26), 139-163.

Karakurt, B. (2010). "Küresel Mali Krizi Önlemede Maliye Politikasının Rolü ve Türkiye'nin Krize Maliye Politikası Cevabı", *Atatürk Üniversitesi İİBF Dergisi*, Cilt 24, Sayı: 2, 167-195.

Karidis, S., M.A. Quinn (2006). "Fiscal Policyand Migration in the EU: Does the Tiebout Hypothesis Apply?", *Global Business and Economics*, 12(1): 1–18.

Kirmanoğlu, H. (1992). "Yerel Yönetimlerin Büyüklüğü", *Maliye Araştırmaları Merkezi*, Sayı 35, 260-266.

Meloche, J. P., Vaıllancourt, F., Yılmaz, S. (2004). Decentralization or Fiscal Autonomy? What Does Really Matter? Effects on Growth and Public Sector Size in European Transition Countries. *World Bank Policy Research Working Paper*, No:3254

Şen, H. Ve Kaya, A. (2015). *"Ekonomik Krizlerin Değişmeyen İmdatçısı: Maliye Politikası"*, Sosyo-Ekonomi Dergisi, 2015-1, Ocak-Mart, 55-86.

Tanzi, V. (2006). "Fiscal Policy: When Theory Collides with Reality, Centre for European Policy Studies", *Ceps Working Document*, 246, June, 1-18.

Tiebout, C. (1956). A Pure Theory of Local Expenditures. The Journal of Political Economy, 64(5), 416-424.

Ulusoy, A., Akdemir, T. (2002), *Mahalli İdareler Maliyesi*, İkinci Baskı, Ekim.

Wilson, J.D., (1999). Theories of Tax Competition, *National Tax Journal*, LII(2), June, 269-304.

World Bank (2002). *Romania Local Social Services Delivery Study*, Report No: 23492- RO, Vol: 2(Main Report), http://siteresources.worldbank.org/ EXTRO MA /Resources/lssdmain.pdf

Yamanoğlu, K. B. (2009). "Türkiye'de İller Arası Mali Yakınsama", *EconAnadolu 2009: Anadolu International Conference in Economics*, June, Eskişehir/Turkey.

Yüksel, C. (2011). *Kamu Harcamalarının Ekonomik Analizi*, http://www.cihanyuksel.org/kitap_2011_1.pdf, Erişim: 09/06/2016.

94

Göçün Mali Etkileri

Tülin CANBAY[41], Osman GÜLDEN[42]

Giriş

Son yıllarda küreselleşmenin yanı sıra savaşların da etkisiyle uluslararası göç hareketlerinde bir artış görülmektedir. İster isteğe bağlı olsun ister zorunlu olsun göç; ekonomik, sosyal, kültürel ve mali alanda etkilere yol açmaktadır. Bu çalışmada özellikle son yıllarda yaşanan uluslararası göç hareketleri mali etki ve sonuçları açısından ele alınacaktır. Göç hareketleri pozitif ve negatif dışsallıkların yanı sıra tam kamusal malların arzını, yarı kamusal malların (eğitim, sağlık gibi) üretimini ve tüketimini, kamu harcamalarını ve vergi gelirlerinin düzeyini etkilemektedir. Göç hareketlerinin hem göç alan hem de göç veren ülkeler açısından ortaya çıkardığı mali etkilerin net bir katkı mı yoksa mali bir yük mü getirdiği konusu tartışmalıdır. Ancak, özellikle savaş nedeniyle son yıllarda hızlanan uluslararası göç hareketliliği, göçmenleri kabul eden ülkeler için daha fazla kamu hizmeti sunumunu gerektirmekte ve bu ülkelerin daha fazla mali kaynağa ihtiyaç duymasına neden olmaktadır.

Uluslararası Göç Kavramı, Türleri ve Nedenleri

Disiplinlerarası bir kavram olarak karşımıza çıkan göç kavramına dair geniş bir tanım zenginliği bulunmaktadır. Bu sebeple göç kavramı her disiplin açısında çeşitli şekillerde tanımlanmaktadır. En genel anlamıyla uluslararası göç belli bir ülkeden başka bir ülkeye doğru gerçekleşen nüfus hareketi olarak tanımlanmaktadır. (Naz, 2015:4).

En genel anlamıyla göç topluluk ya da şahısların mevcut yaşam alanlarını isteyerek veya zorla, kalıcı ya da geçici bir süre değiştirmesidir. Bu tanımdan yola çıkarak göç kavramının zorunlu ya da gönüllü olarak ayırabilmekteyiz. Gönüllü göç, insanların kendi hayat şartları doğrultusunda bir beklenti ve iradeye sahip olarak bir bölgeden bir bölgeye olan hareketliliği anlamına gelmektedir. Zorunlu göç ise, bireylerin arzuları ve iradeleri dışında çeşitli kuvvetlerin etkisi veya zorlamasıyla gerçekleşmektedir. Örnek olarak devletin askeri ya da siyasi olarak aldığı kararlar sonucunda nüfusta meydana gelen hareketlilik zorunlu göçü oluşturmaktadır (Tokatlı, 2011:22).

Alandaki en büyük ayrım ise iç göç ve uluslararası göç ayrımıdır. Çalışmanın konusunu uluslararası göç hareketlerinin oluşturması dolayısıyla göç kavramı uluslararası göçü ifade etmek için kullanılacaktır. Göç ile ilgili yapılan diğer sınıflandırmalar ise ülke sınırları göz önünde bulundurulduğuna, iç göç – uluslararası göç; süre göz önünde bulundurulduğunda, geçici göç – sürekli göç; istek ve irade göz önüne alındığında, sorunlu göç – gönüllü göç, kapsamı ele alındığında, bireysel göç – kitlesel – bölgesel göç; hukuk ve yasalar esas alındığında ise yasal göç ve yasadışı göç olarak sınıflandırılmaktadır (Tavas, 2015:11).

---

[41] Tülin Canbay is Professor of Celal Bayar Üniversitesi İ.İ.B.F Maliye Bölümü, Turkey. E-mail: tcanbay@hotmail/com

[42] Osman Gülden is Assistant of Celal Bayar Üniversitesi İ.İ.B.F Maliye Bölümü, Turkey. E-mail:

Yazgan, P., Tilbe, F. (der.) (2016).
Türk Göçü 2016 Seçilmiş Bildiriler I.
London: Transnational Press London.

Uluslararası göç yaşanan ülkenin olumsuz koşullarından kurtulmak ve gidilecek ülkenin avantajlarından faydalanmak amacıyla yapılmaktadır. İnsanların göç hareketlerine neden olan unsurlar zamana, mekana göre farklılıklar gösterebilmektedir. Refah artışı beklentisi, savaş, iç savaş, siyasi olaylar, krizler, kıtlıklar, daha iyi eğitim olanakları gibi bir çok nedenden geçmişte göçler yaşanmış ve günümüzde yaşanmaktadır. Başlıca ekonomik göç hareketlerini ekonomik, sosyal ve siyasal nedenler olarak açıklamak mümkündür (Bayraklı, 2007: 28).

İnsanlar daha iyi bir yaşama sahip olmak yani daha yüksek bir refah seviyesine erişmek için dönemlerin şartlarına ve önemine göre göç hareketinde bulunmuşlardır. Ekonomik olarak hayatını idame ettiremeyen ya da düşük şartlarda yaşayan insanlar geçmişte olduğu gibi günümüzde de iş imkanlarının fazla olduğu ülkelerde çalışmak amacıyla uluslararası göç hareketlerine dahil olmuşlardır.

Elbette ki insanların, kitlelerin göç etmeleri için sadece kötü şartlarda yaşamaları gerekmemektedir. Bulunduğu şartlardan daha iyi şartlara ulaşabilmek amacıyla da göç hareketleri gerçekleşebilmektedir. Dünyadaki zenginlik ve sermayenin adaletli dağılmaması, iş ve sosyal imkanlar açısından uluslararasında büyük farklar bulunabilmesi gibi nedenler insanlarda göç etme arzusu doğurabilmektedir (Sever, 2012:52)

Daha iyi yaşam koşulları ve daha yüksek ücret düzeyi gibi ekonomik sebeplerin yanında ülke içerisinde yer alan etnik farklılıkların sebep olduğu huzursuzluk ve ayrımcılık, savaşlar, siyasi baskılar, rejim değişiklikleri, toplumsal ve siyasi çatışmalar, siyasal istikrarsızlıklık, nüfus politikaları, vatandaş mübadeleleri, töresel ve ailesel sebepler de insanları göç etmeye sevk edebilmektedir (Kutlu, 1992).

İnsanları göç etmeye sevk eden bir diğer neden de eğitim olanaklarıdır. Daha iyi bir eğitim ve bunun karşılığında daha iyi bir gelecek fikri de beyin göçü olarak adlandırılmakta ve uluslararası göçün temel sosyal nedenlerinden biri olarak sayılmaktadır.

Mali nedenlerle de insanlar göç edebilmektedir. Göçlerin başlıca mali nedenleri arasında göç veren ülkedeki kamu hizmet arzındaki yetersizlikler (eğitim, sağlık gibi), gelir dağılımının bozuk olması, vergi oranlarının yüksekliği ve vergi yükünün fazla olmasıdır.

Uluslararası göç hareketleri dinamik ve çok yönlü yapısıyla ekonomik, siyasal, kültürel, sosyal alanda pek çok etkiye neden olmaktadır. Bu etkilerin neden olduğu sonuçlar, fayda ve maliyetleri bilimsel çalışmalarda incelenmiş olsa da göç hareketlerinin mali etkileri, sonuçları, fayda ve maliyetleri konusunun ihmal edildiği görülmektedir. Uluslararası göçler göç veren ülke ve göç alan ülkedeki mali etkileri açısından bu çalışmada incelenecektir.

Göçün Mali Etkileri

Uluslararası göç hareketleri sonucu göçmenlerin geride bıraktıkları ülkelerine ve göç ettikleri ülkelere nasıl bir mali etkisi oluyor? Göç hem göç alan hem de göç veren ülkeler için bazen bir nimet olabileceği gibi bazen bir külfet de olabiliyor. Dolayısıyla mali açıdan göç hareketlerinin ülkelere net bir katkı mı yaptığı ya da mali bir yük mü getirdiği halen tartışmalı bir konudur. Ancak yapılan araştırmalarda bu etkinin GSYİH'nın % 0,5'ini geçmediği ve olumlu ya da olumsuz yönden etkisinin az olduğu söylenmektedir (OECD, 2013). Ancak mali açıdan net olarak sağlayacağı katkıya rağmen, göçmenler diğer ülkeler tarafından (Örneğin Avrupa ülkeleri yaşlı nüfusuna rağmen, genç nüfustan oluşan Suriyeli göçmenleri Avrupa'ya almamak için önemli bir direnç göstermektedir) çok da kabul görmezler.

Göçmenlerin daha az tercih edilir olmasının nedeni (diğer nedenler dışarıda bırakılacak olursa, mali faktörler kapsamında) her ne kadar sosyal yardımlara bağımlılıkları fazla olsa da, kaçak çalışmaları nedeniyle daha az vergi ve sosyal güvenlik primi ödemeleridir (OECD, 2013).

Uluslararası göç hareketlerinin ülkelere olan mali etkilerinin belirlenmesinde önemli bir faktör göçmenlerin profilidir. Eğer göçmenler gençlerden oluşuyorsa gelecekteki net mali katkılarının da mutlaka dikkate alınması gerekir. Göç ettikleri dönemdeki yaşları ile bugünkü net değerlerinin ortaya konulabilmesi için gelecekteki net mali katkılarının da hesaba alınması gerekmektedir. (OECD, 2013).

Göç Veren Ülke Açısından Mali Etkiler

Göç veren ülkelerde nüfusun azalması, ortaya çıkan temel belirgin sonuçtur. Nüfusun azalması ilk bakışta mali açıdan göç veren ülkenin lehine bir durum olarak görünür. Çünkü okul, hastahane, yol ve belediye hizmetleri gibi kamu hizmetlerine olan taleb azalır ve daha az hizmet sunumu yeterli olur, bütçede bu hizmetlere ayrılan kaynakların azalmasıyla bütçenin yükü hafifler. Hatta nüfustaki azalış yüksek olursa, ülkenin belli bölgelerindeki özellikle de kırsal kesimlerdeki okullar, hastahaneler vb. kamu kurumları kapanabilir. Ancak, nüfusun azalmasıyla yatırımların kişi başına düşen maliyetleri artacaktır. Özellikle de büyük sermaye gerektiren altyapı yatırımlarının kişi başı maliyeti daha yüksek olacaktır. Sadece kamu kesiminin yatırımlarında değil, özel kesimin yatırımlarında da azalış görülür.

Göç veren ülkede kamu gelirleri azalır. Çünkü, nüfusun azalmasıyla birlikte vergi ödeyenlerin sayısı da azalacaktır. Bu durum özellikle tam kamusal malların üretiminin finansmanında olumsuz etkiye yol açabilir. Göç eden kişilerin niteliği de vergi kaybı açısından önemlidir. Eğer göç edenler kalifiye ve eğitimli kişiler ise bir beyin göçü ile karşı karşıya kalındığı söylenebilir ki, bu durumda göçün etkisi, göç veren ülke açısından aleyhe dönüşebilecektir.

Desai, Kapur ve Mchale tarafından yapılan bir araştırmada, "Amerika'ya göç eden Hintli göçmenlerin büyük bir bölümünün H-1B türü vizeye sahip olan üniversite mezunu kalifiye ve eğitimli kişilerden oluştuğu ve sadece bu göçmenlerin Hindistan maliyesine vergi kayıplarının bireysel vergilerin toplamının % 12'sine eşit olduğu ortaya konulmuştur." (Desai, Kapur ve Mchale, 2004:13).

Göçmenler "Robert E. Park'ın öne sürdüğü asimilasyon teorisine" göre (bkz, Park, 1914: 607) göç ettikleri ülkenin kültürünü, yaşam tarzını, geleneklerini, davranış biçimlerini de zaman içinde ve farkında olmadan benimseyeceklerdir. Göçlerin genellikle az gelişmiş ülkelerden gelişmiş ülkelere doğru olduğu göz önüne alındığında kendi ülkelerine geri döndüklerinde devletlerinden gelişmiş ülkelerde sahip oldukları yaşam tarzını, refah seviyesini ve hizmet düzeyini de talep edeceklerdir. Örneğin önceden kız çocuklarının okutulmasına karşı iken, bu tutumları değişecek ve daha fazla eğitim hizmeti sunulmasını bekleyeceklerdir. Ülkelerine dönen göçmenlerin sosyalleşmesi, iş tecrübelerinin artması, yeni beceriler kazanması da işgücü sermayesini arttırarak sosyal kapitalin güçlenmesini ve ülkenin GSMH'na olan katkılarının artmasını sağlayacaktır.

Göç veren ülkelerde istihdam olanaklarının azalması, işçilik ücretleri ve maliyetlerinin artması sorunlarıyla karşılaşılmakta, bu durum dışsallıkların da etkisiyle ülkedeki üretim düzeyini olumsuz olarak etkilemektedir.

Göç sonucunda kişi başına düşen iç ve dış borç toplamında da artış meydana gelecektir. Göç edenler kendi kişisel borçları olmayan bu yükten kurtulurken, göç veren ülkedeki nüfusun azalmasıyla birlikte bu kamu borcunun yükünü geride kalanlar taşımak zorunda kalacaktır.

Göç edenlerin ülkelerine sağladığı önemli bir katkı bulunmaktadır; İşçi dövizleri. Eğer, göç edenler iş göçü (labour migration), olarak ülkelerinden ayrılmışlarsa, bu ayrılma sonucunu ülkeleriyle bağlarını tamamen koparmamakta ve kendi ülkelerine geri döndüklerinde daha güvenli ve rahat bir yaşam sağlamak amacıyla döviz *(economic remmitance) aktarmaktadırlar.* Bu dövizler mali açıdan göç veren ülke açısından oldukça önemli bir kamusal finansman sağlamaktadır. Ülkede alt yapının güçlendirilmesi, daha kaliteli sağlık hizmeti sunulması, kriz zamanlarında ve borçlanmalara karşı teminat olarak kullanılması, üretime dönük sektörlerdeki yatırımlarla iş imkânları yaratılması, haneler arasındaki eşitsizliğin yoksul kesimler lehine azaltılması gibi faydalar sağlamaktadır. (Yılmaz 2014:1962)

Bu niteliğinden dolayı göçün bazı Doğu Avrupa, Kuzey Afrika, Ortadoğu, Güney ve Güney-doğu Asya ve Latin Amerika ülke hükümetleri tarafından "işsizliği ve nüfusu azaltacak, işçi dövizi girdisi sağlayacak bir fırsat olarak görüldüğü" iddia edilmektedir Dünya Bankası verilerine göre 2012 yılında "gelişmekte olan" ülkelere gönderilen yurtdışı işçi gelirlerinin, bir önceki yıla göre % 5.3 artarak, toplam 401 milyar ABD doları olduğu ve bu rakamın 2015 yılında 515 milyar ABD dolarını bulacağı tahmin edilmektedir. Yurtdışı işçi gelirlerinin "gelişmekte olan" birçok ülkenin Gayri Safi Yurtiçi Hasıla'sının % 10'una eşit olduğu düşünüldüğünde durum daha net anlaşılmaktadır (Yılmaz, 2014:1962).

Göç edenlerin genç nüfusu kapsaması halinde, ülkede çalışacak genç nüfus azalırken yaşlı nüfusun payında da artış meydana gelir. Bu durum ise sosyal güvenlik sisteminin finansmanında önemli sorunlara yol açabilir. Çünkü çalışan genç nüfus, hem yaşlı nüfusun hem de 18 yaş altındaki nüfusun vergi ve primlerini karşılamaktadır. Genç nüfusun azalması halinde "Aktüaryal Denge" bozulacaktır. Devlet sosyal sigorta primlerini arttıracak, gerekirse sübvansiyon yoluyla desteklemek zorunda kalacak ve vergilerde artış yoluna gidecektir.

Kısacası gittikleri ülkelere hemen ve hatırı sayılır ekonomik katkıları olacak bu insanlar, terk ettikleri ülkeler için muazzam bir kan kaybı anlamına gelir. Terk ettikleri ülke yaşam standartlarını tutturabilmek için prim oranlarını arttırmak zorunda kalacak ama göç alan ülkeler, bu prim ve vergi oranlarını daha da düşürebilme olanağına kavuşarak göç baskısını zaman içinde daha da arttırabileceklerdir (Mithat Tosun,2014).

Göç Alan Ülke Açisindan Mali Etkiler

Uluslararası göç sonucunda ülkedeki göçmen nüfusunun artması vergi, kamu harcamaları, kamu hizmetleri sunumu alanında bazı yeni mali sorunları da beraberinde getirebilmektedir.

Göç alan ülkede nüfus artarken, nüfus artış hızı da yükselir. Bu artışlar gecekondulaşma ve düzensiz kentleşmeye yol açarken, kanalizasyon su, yol gibi altyapı hizmetlerinde de yetersizliklere neden olur. İşsizlik artarken, eğitim, sağlık gibi hizmetlerin sunumunda da sorunlar yaşanır ve artan nüfusun ihtiyaçlarının karşılanmasında yetersiz kalır. Farklı kültürlerdeki insanların bir araya gelmesi bazen sosyal sorunları oluşturur. Bu etkiler sonucunda kamu hizmet arzında yetersizlikler meydana gelmesi ve kamu harcamalarının artışı kaçınılmazdır.

Uluslararası göç sağlık ve eğitim gibi yarı kamusal malların tüketim düzeyini etkilerken ulusal savunma, diplomasi gibi tam kamusal malların tüketim düzeyi üzerinde bir etkiye yol açmamaktadır. Göç nedeniyle artan nüfusun yarı kamusal mallara olan talebinin karşılanması devlet bütçesi üzerinde önemli bir yük oluşturabilmektedir. Örneğin eğitim harcamaları, nüfusla yakından ilgilidir. Nüfustaki hızlı artış eğitime ayrılan kaynakların artmasına yol açarken, eğitim hizmetinin kalitesini de azaltacaktır. Göçmenlerin vergi yoluyla devlet bütçesine olan katkılarının yetersiz olması halinde, devlet bu harcamaların finansmanını kendi vatandaşlarından daha fazla vergi almak suretiyle karşılamak yoluna gidebilmektedir.

Prof. Christian Dustmann ve Tommaso Frattini "göçmenlerin çoğunun sosyal yardım ve kamu hizmeti turistleri olduğu" şeklindeki yaygın görüşü ortadan kaldırdığını; ancak çok uzun zaman dilimi söz konusu olduğunda, İngiltere'ye gelen göçmenlerin devlete yük oluşturduğunun görüldüğünü belirtmektedir. (http://www.bbc.com)

Göçmenler vergi gelirlerini arttırarak göç alan ülkenin tam kamusal mal arzını artırma yeteneğini olumlu etkilerler. Her ne kadar göçmenlerin tam kamusal malların tüketim düzeyi üzerinde bir etki yaratmadığı varsayımı kabul edilse de, bir tam kamusal mal olan güvenlik hizmetlerinin yaygınlaştırılması ve yoğunlaştırılması gereği savunma hizmetinin arzının arttırılmasını gerektirebilir. Çünkü, kontrolsüzce ve yasa dışı gerçekleşen göç sonucu, terör, etnik şiddet, suç oranlarının artması tehlikesiyle karşı karşıya kalınır. Kültürel farklılıklardan kaynaklanan gerginlikler ve düşmanlıklar ortaya çıkabilir. Hatta, ülkeler arası diplomatik krizler bile yaşanabilir. Bu etkilerin bir sonucu olarak tam kamusal mal ve hizmet grubunda yeralan diplomasi, güvenlik, emniyet hizmetlerinin maliyetinde artış yaşanabilir.

Göçmenler göç ettikleri ülkelerin vergi oranları üzerinde değişikliklere neden olurlar. "1974-1992 yıllarında 11 Avrupa ülkesinde yapılan bir araştırmada, söz konusu ülkelerin işgücü üzerindeki vergi yükünün toplam nüfusun dışındaki göçmenlerin payı ile azaltıldığı tespit edilmiştir. Ancak, düşük eğitim düzeyine sahip göçmen nüfusunun artışı ile düşük vergi oranları ortaya çıkmakta, buna karşın orta ve yüksek beceri ve eğitime sahip göçmenlerin artışı ile de yüksek vergi oranları görülmektedir" (Razan-Sadka-Swage, 2002:169).

Göç, kayıt dışı ekonomiyi arttırarak vergi gelirlerin azalmasına yol açan önemli bir faktördür. Özellikle göçmenlerin yasadışı yollardan veya kaçak olarak ülkeye gelmeleri durumunda sigortasız ve kaçak olarak çalışma sorunuyla karşı karşıya kalınmaktadır. Bu durum devlet açısından ek maliyetler oluştursa da, birçok işveren bu göçmenleri ucuz işgücü olarak görmektedir.

Göçmenlerin ülke içerisinde artmasıyla birlikte sosyal güvenlik sistemine fon girişi artar. Özellikle son yıllarda ülke nüfusunun yaşlı ve nüfusun yeterli düzeyde artmadığı ülkelerde, sosyal güvenlik kurumlarının faaliyetlerinin sürdürülebilmesi için yeni katılımcılara ihtiyaçları sözkonusu olmaktadır. Bu ülkeler ülke dışından göçü teşvik etmek zorunda kalmaktadır.

Göçmen nüfusunun artması devletlerin entegrasyon politikalarına da ağırlık vererek bu alana önemli kamu fonları ayırmasını gerektirmektedir. Çünkü göç edenler geldikleri ülkedeki kültüre, geleneklere ve çevreye uyum sağlayamamakta, işgücü piyasasına entegrasyonda zorlanmakta, gecekondulaşma artmakta, kentsel hizmetlerde yetersizlikle karşılaşılmakta, suç oranları artış göstermektedir. Entegrasyon politikalarına verilen ağırlık ve ayrılan kamu fonları, ülkeden ülkeye önemli farklılıklar göstermektedir. Bazı ülkeler entegrasyon girişimlerine önemli kamu kaynakları yatırmaya devam ederken, diğer ülkeler ekonomik durgunluk ve mali kısıtlamalar nedeniyle önemli kesintiler yapmaktadırlar (OECD, 2013).

Göç sonucunda meydana gelen nüfus artışı, önceden mevcut olan nüfus için yeterli olan kamu hizmetlerinin yetersiz kalmasına, çarpık kentleşme sonucu kentsel yatırım maliyetlerinin artmasına ve verimsiz kullanımına, altyapı vb. sorunlara yol açarak kamu hizmetleri maliyetini arttırmaktadır. Göç alan ülkeler, yoksullukla mücadele, sosyal hizmetler, konut, sağlık, eğitim konularında daha yaygın ve yoğun hizmet sunumu sağlayacak politikalar oluşturmak zorunda kalmakta bu da devlet bütçesi üzerindeki yükün artmasına neden olmaktadır.

Sonuç

İktisadi anlamda rasyonel kararlar alan bir varlık olarak insan; doğası gereği daha iyi yaşam koşulları elde etme , daha yüksek refah seviyesine ulaşma hedefleri doğrultusunda eylemlerde bulunabilmektedir. Küresel boyutu düşünüldüğünde göç hareketleri de bu eylemlerin en önemlileri arasında gelmektedir. Daha iyi bir eğitim, daha iyi bir ücret , daha iyi bir gelecek , daha güvenli ve daha huzurlu bir ortam için insanlar; yaşam alanlarını , bölgelerini ve ülkelerini değiştirebilmektedir.

Çalışmada göç hareketlerinin göç veren ve göç alan ülkeler açısından oluşturduğu mali etkilerinin ortaya koyulması amacıyla uluslararası göç kavramı üzerinde durulmakta ve ülkelerarası göç hareketlerinin mali etkileri değerlendirilmektedir. Uluslararası göç hareketlerinin göç alan ve göç veren ülkeler açısından tek yönlü değerlendirilmesi yapılmamakta her iki taraf için de avantajları ve dezavantajları ortaya konulmaktadır.

Göç veren ülke açısından göç sonucunda oluşan nüfus azalışının kamu harcamaları üzerindeki yükü hafifleteceği fakat nüfus azalışı sonucunda eksilen kamu gelirleri geride kalan nüfus üzerindeki vergi yükünü artıracağı sonucunda varılmaktadır. Ayrıca göç eden genç nüfusla birlikte sigorta prim ödemesi düşmekte ve göç veren ülkenin aktüeryal yapısı bozulabilmektedir. Bunula birlikte özellikle göç eden genç nüfusun daha sonra ülkelerine dönerek döviz kazandırabileceği fakat göç ettiği ülkedeki kamu hizmeti standardının düşmesini istemeyerek ülkesinden bunu talep edebileceği üzerinde durulmaktadır.

Göç alan ülke açısından ise artan nüfus ile birlikte kamu harcamalarında artış meydana gelmekte; özellikle göç alan ülkede sağlık , eğitim gibi yarı kamusal malların finansmanında yaşanan zorluklar mükellefler üzerindeki vergi yükünün artmasına sebep olabilmektedir. Tam kamusal mallar açısından ise bu hizmetlerin kolektif tüketim özelliği sebebiyle bir sorun yaşanmayacağı düşünülse de artan nüfus bu hizmetlerin etkinliğini ve verimliliğini düşürmektedir. Göç alan ülke açısından yaşanan nüfus artışı sigorta havuzuna prim katkısı sağlasa da kayıt dışı ekonominin artması , çarpık kentleşme ve kamu harcamalarının yetersiz kalması gibi sorunlara yol açabileceği sonuna varılmaktadır.

Kaynakça

BAYRAKLI, C. (2007). Dış Göçün Sosyo – Ekonomik Etkileri: Görece Göçmen Konutlarında Yaşayan Bulgaristan Göçmenleri Örneği. Yüksek Lisans Tezi, Adnan Menderes Üniversitesi, Aydın.

DESAI, A. Mihir, Devesh Kapur ve John Mchale. 2004. International Tax and Public Finanse, March 23, 2004, http://www.people.hbs.edu/mdesai/sharingspoilsproofs.pdf, 12.02.2014

http://www.bbc.com, "Yeni AB göçmenleri İngiltere'ye 5 Milyar Sterlin Kazandırdı" 5 Kasım 2014, http://www.bbc.com/turkce/ekonomi/2014/11/141105_ab_ingitere_goc

KUTLU E. (1992). Uluslararası İşgücü Hareketi Teorisi Çerçevesinde Türkiye'den AT'ye İşgücü Göçünün Türkiye Ekonomisi Üzerindeki Etkileri, Yayın No:656, Eskişehir: Anadolu Üniversitesi Yayınları.

OECD (2013), *International Migration Outlook 2013*, **Multilingual Summaries** OECD Publishing. http://www.oecd-ilibrary.org/sites/migr_outlook-2013-sum-tr/index.html?contentType=&itemId=%2Fcontent%2Fsummary%2Fmigr_outlook-2013-sum-tr&mimeType=text%2Fhtml&containerItemId=%2Fcontent%2Fsummary%2Fmigr_outlook-2013-sum-tr&accessItemIds=%2Fcontent%2Fbook%2Fmigr_outlook-2013-en

PARK, Robert E. (1914). "Racial Assimilation in Secondary Groups with Particular Reference To The Negro", American Journal of Sociology (AJS), Vol. 19, No. 5 (Mar., 1914): pp. 606-623.

PETERSEN, W. (1978). "International Migration", *Annual Review of Sociology*, Annual Reviews Press, Vol.4, pp533-575.

RAZAN, Assaf, SADKA Efraim and SWAGEL, Phillip (2002), "Tax Burden and Migration: a Political Economy Theory and Evidence", *Journal Of Public Economics*.

SEVER, H. (2012), "Sosyal Öğrenme Teorileri Işığında Yasa Dışı Göç ve Etkileri", *Dumlupınar Üniversitesi Sosyal Bilimler Dergisi*, 32(1), ss.51-66.

TAVAS. E. (2015). "Türkiye'nin Avrupa Birliği'ne Tam Üyelik Sürecinde Uluslararası Göç Yönetimi Stratejisi (Bir Model Önerisi)". Doktora Tezi. Gazi Üniversitesi, Ankara.

TOKATLI, Ö. (2011), *Küreselleşme Sürecinde Uluslararası Göç Hareketlerinin İşgücü Piyasalarına Etkisi.* Yüksek Lisans Tezi, Dokuz Eylül Üniversitesi, İzmir.

TOSUN, Mithat (2014), "Beyin göçü" http://www.mithattosun.com/?p=229

YILMAZ, *Abdurrahman*, **Uluslararası Göç: Çeşitleri, Nedenleri Ve Etkileri,** *Turkish Studies - International Periodical For The Languages, Literature and History of Turkish or Turkic Volume 9/2 Winter 2014, p. 1685-1704, ANKARA-TURKEY.*

BÖLÜM II. GÖÇ, KİMLİK ve DİASPORA

Beşeri Sermaye Kaynağı Olarak Diaspora: Almanya'da Yaşayan Nitelikli Türk Diasporası Üzerine Bir Saha Çalışması*

Adem Kalça* Atakan Durmaz**

Giriş

Türkiye'nin 2005-2015 yılları arasındaki ekonomik performansına bakıldığında, reel GSYH'nin yaklaşık yıllık ortalama %4 arttığı, kamu borç stokunun %67,7'den %36,3'e gerilediği, bütçe açığının %10'dan %3'ün altına düştüğü ve kişi başına düşen milli gelirinin 4.565 ABD dolarından 9.177 ABD dolarına çıktığı görülmektedir. Aynı dönemde ihracat gelirlerinin 47 milyar ABD dolarından 152 milyar ABD dolarına, turizm gelirlerinin ise 14 milyar ABD dolarından 31,465 milyar ABD dolarına ulaşmıştır. Bu durum Türkiye'yi Avrupa Birliği Bölgesi'ndeki 6. büyük ekonomi, dünyanın ise 17. büyük ekonomisi konumuna gelmiştir. Son dönemlerde ekonomi alanında gösterilen bu ilerlemenin ardından Türkiye Cumhuriyeti, kuruluşunun 100. Yılında denk gelen 2023 yılında dünyanın en büyük 10. ve Avrupa'nın en büyük 3. ekonomisi olma hedefini belirlemiştir. Bu doğrultuda milli gelirini 2 trilyon dolara, kişi başına düşen milli gelirini 25 bin dolara ve ihracatını da 500 milyar dolara çıkarmayı hedeflemektedir. Ancak ülkenin mevcut üretim stratejisini değerlendiren bilim insanları ve politika yapıcılar mevcut üretim sistemiyle belirlenen hedeflerin yakalanmasının son derece zor olduğunu belirtmekte ve ülkenin önündeki en önemli sorunun ARGE yatırımlarındaki ve bilgi üretimindeki yetersizlik ve üretilen bilginin ticarileştirilememesi olduğunu savunmaktadırlar.

Bu durum Dünya Ekonomik Formu tarafından yayınlanan 2015-2016 Küresel Rekabet Raporu'nda da kendisini göstermektedir. Raporda, rekabet sırasında ilk sırada yer alan İsviçre'ye rekabet üstünlüğü sağlayan en önemli faktörler, inovasyon, teknolojik olarak hazır olma durumu ve işgücü piyasasındaki verimliliktir. İsviçre'nin bu başarısının arkasında yatan neden olarak yüksek beşerî sermaye kapasitesine sahip olması ve yapılan araştırmaların büyün çoğunluğunun pazarlanabilir ürün ve hizmetlere dönüştürülebilir nitelikte olması, diğer bir ifade ile sahip oldukları yüksek beşerî sermaye kapasitesini etkin olarak kullanabilmeleri gösterilmektedir (Schwab, 2016).

---

* Bu çalışma, TÜBİTAK Yurt Dışı Doktora Sırası araştırma Bursu (2214/A) kapsamında yürütülen çalışma sonucunda ortaya çıkmıştır.

* Prof. Dr., Karadeniz Teknik Üniversitesi, İktisadi ve İdari Bilimler Fakültesi, İktisat Bölümü, E-mail: akalca@ktu.edu.tr.

**Arş. Gör., Bayburt Üniversitesi, İktisat Bölümü. Visiting Research Fellow at Stiftung Zentrun für Türkeistudien and Integrationsforschung, Duisburg-Essen University Essen E-mail: adurmaz@bayburt.edu.tr; durmaz@zfti.de

Yazgan, P., Tilbe, F. (der.) (2016).
Türk Göçü 2016 Seçilmiş Bildiriler I.
London: Transnational Press London.

Küresel dünya piyasalarına bakıldığında emek yoğun katma değeri düşük ürün ihracatının yerini yüksek teknolojiye dayalı yüksek katma değerli ürünlere bıraktığı görülmektedir. Türkiye'de bir kilogramlık ihracatının 1,5 dolar olduğu buna karşın, Almanya'da bu değerin 3,5-4 dolar olduğu, ayrıca GSYİH olarak dünyanın 17. Ekonomisi olmasına karşın küresel rekabette 45. sırada olduğu düşünülürse Türkiye'nin yeni bir ihracat stratejisine ihtiyaç duyduğu açıktır. Nitekim bu durum açıklanan 2014 yılı mart ayı dış ticaret verilerinden de görülmektedir. Bu verilere göre, Türkiye'nin belirtilen dönemde toplam ihracatı içerisinde %93',9'la en büyük paya sahip olan imalat sanayi ürünleri içinde ileri teknoloji ürünlerinin payı yalnızca %3,4'tür. 2023 hedeflerine yönelik çalışmalarda da bu problemler üzerinde durulmuş ve çalışmaların odak noktası teknoloji ve inovasyon olarak belirlenmiştir. Ancak Türkiye'deki eğitim süresinin ortalama 7,6 yıl olduğu ve 2023 hedeflerine ulaşmak için bu ortalamanın 12 yıl olması gerektiği düşünülürse, Türkiye'nin 2023 hedeflerine ulaşması için yeterli seviyede beşerî sermaye stokunun olmadığı ve bu stokun alternatif kaynaklarla artırılması gerektiği görülmektedir. Türkiye'nin gelişmiş ülkelerle kıyaslandığında diğer ülkelerden beşerî sermaye çekme imkânı kısıtlıdır ancak uluslararası kurum ve kuruluşlarla iş birliğine giderek sınırlı bir kaynak artırımına gidilebilmektedir. Ancak bu yolla elde edilebilecek beşerî sermayenin de ülkenin ihtiyacını karşılaması oldukça zor görünmektedir.

Bu noktada Çin ve Hindistan gibi gelişmekte olan ülkeler grubunda bulunup son yıllarda özellikle bilgi ve teknoloji yoğun mal ve hizmet üretiminde önemli noktalara gelmiş olan ülkeler beşerî kaynak yaratımı bakımından Türkiye için iyi birer örnek konumundadırlar. Bu ülkelerin yakaladıkları başarının arka planına göz atıldığında, yurtdışındaki nitelikli (beşerî sermaye) nüfus potansiyelinin olduğu görülmektedir. Bu ülkeler, ekonomik büyümelerinde bu potansiyeli kullanmaya yönelik birtakım programlar uygulayarak önemli atılımlar gerçekleştirmişlerdir. Beyin kazanımı stratejisi olarak adlandırılan ve genel olarak tersine beyin göçü olgusuna dayanan bu program iki farklı seçenek içermektedir. Bu seçeneklerden birincisi "Geriye Dönüş Seçeneği", ikincisi ise "Diaspora Seçeneği"dir. Sanayi toplumu döneminde uygulanan ve genel olarak çeşitli nedenlerle ülkesini terk etmiş beşerî sermayenin anavatana fiziksel anlamda geri dönmesini amaçlayan "Geri Dönüş Seçeneği", ilk kez 1970'lerden 1980'lere kadar ve daha sonra da 1990'lar boyunca uygulanmıştır. Bu seçeneği uygulayan ülkeler, Diasporalardaki nitelikli işgücü grubunun ülkelerine geri dönmelerini teşvik edici politikalara yönelmişlerdir. Ancak, sadece Hindistan, Güney Kore, Hong Kong ve Tayvan gibi bazı yeni endüstrileşen ülkeler bu politikadan olumlu sonuçlar almışlardır (Meyer ve diğerler, 1997: 287). Sanayi toplumunun yerini bilgi toplumuna bırakmasıyla birlikte bilgi, iletişim ve ulaşım sektörlerinde yaşanan gelişmeler ve buna bağlı olarak bu sektörlerin maliyetlerinde yaşanan azalmalar sayesinde, fiziksel geri dönüş olmaksızın dünyanın her tarafına ulaşmaktadır. Dolayısıyla bu durum yeni ve farklı bir seçeneğin, "Diaspora Seçeneği", devreye girmesine sebep olmuştur. Diaspora Seçeneği, geleneksel beyin göçü yaklaşımına yapısal olarak farklı bir bakış açısı getirmektedir. Bu yaklaşıma göre; anavatanlarını çeşitli nedenlerle terk etmiş insanlar fiziksel anlamda bulundukları ülkeleri terk etmeksizin fikirsel anlamda anavatanlarına katkı sağlayabilirler. Dolayısıyla beyin göçü bir kayıp değil, aksine gönderen ülke açısından potansiyel bir kazançtır. Nitelikli göçmenler anavatanları açısından potansiyel beşerî sermaye kaynağı olarak görülmektedir (Meyer ve diğerler, 1997: 287). Bu yaklaşım yapısal olarak sosyal ağ yaklaşımına dayanmaktadır. Sosyal ağları kısaca bireysel ya da grup halinde kurulan bağlar şeklinde tanımlamak mümkündür (Granovetter ve Swedberg, 1992: 9). Diaspora seçeneği yaklaşımının temel özelliği nitelikli göçmen grubunun birbirleriyle ve anavatanlarıyla bir iş birliği oluşturmaya çalışmasıdır. Bu bağlantının kurulmasıyla birlikte bu gruplar arasında ve bu gruplardan anavatana doğru bilgi akışı sağlanabilir ayrıca bu bağlantı sayesinde nitelikli göçmenler anavatanlarına fiziksel anlamda göç etmelerine gerek olmaksızın sahip oldukları tecrübe ve bilgi birikimini anavatanlarının kullanımına sunabileceklerdir. Anavatan, nitelikli göçmenleriyle kurduğu bağlantı sayesinde bilgi ve tecrübe akışına izin verirken aynı zamanda da göçmenlerin yaşadığı ülke ile de bağlantı kurmuş olmaktadır.

Bu noktadan hareketle çalışmanın temel amacı; Avrupa Birliği Bölgesi'nde en çok Türk ve/veya Türk kökenli nüfusun yaşadığı ülke olan Almanya'da yaşayan Türk Diasporası ve içerisindeki nitelikli insan gücünün(özellikle bilimsel diasporanın) beklenti ve önerilerini araştırarak politika yapıcılara Türk Diasporası'nın beşeri sermaye stokunu arttırmada alternatif bir kaynak olup olmadığını göstererek, tersine beyin göçünü (fiziki anlamda ya da fikirsel anlamda) teşvik edecek politikalar önermeye çalışmak, aynı zamanda da ulusal ve uluslararası literatüre katkı sağlamaktır. Bu amaç doğrultusunda, bilimsel diasporada yer alanların kendi aralarında ve Türkiye'deki meslektaşları ile ilişkileri, Türkiye ile olan bağları, geri dönme yönündeki eğilimleri, geri dönmeseler bile Türkiye'ye destek verme yönündeki düşünceleri ve önerileri doğrultusunda Türkiye'deki ekonomik büyüme hedeflerine yönelik birtakım girişimlere destek verme potansiyeli ölçülmeye çalışılacaktır. Bununla birlikte, çalışmanın kuramsal bölümünde genel olarak ortaya konulacak sonuçları ölçmek amacıyla, grubun demografik, sosyo-ekonomik özelliklerini, göç ve eğitim bağlantısını, göç nedenlerini, yurtdışında çalışma ve yaşam koşulları hakkındaki görüşlerini içeren sorular sorularak, yanıtları değerlendirilmiştir.

Çalışmanın uygulanacağı grubun dağılımı tam olarak saptanamadığından dolayı, saha çalışmasında niteliksel araştırma yöntemlerinin yerine, niceliksel araştırma yönteminin temel aracı olan bir anket çalışması uygulanmıştır. Literatürdeki mevcut çalışmalardan elde edilen bilgiler doğrultusunda hazırlanan anket Almanya'daki nitelikli Türk ve/veya Türk kökenli insanlara uygulanmıştır. Uygulamalar sonucunda elde edilen verileri değerlendirmek için SPSS programı kullanışmıştır.

Literatür Taraması

İletişim ve telekomünikasyon teknolojilerinde yaşanan gelişmeler ve ulaşım maliyetlerinin azalması göçmenlerin anavatanlarıyla olan ilişkilerini arttırmıştır. Bu durum 1970'ler ve 1980'lerdeki beyin göçüne karşı olumsuz bakış açısının 1990'lardan itibaren değişmesine neden olmuştur (Johnson ve Regets, 1998; Meyer, 2001). Göçmenlerin anavatanlarıyla olan ilişkilerinin artması, göç edilen ülkede kazanılan bilgi, beceri ve deneyimlerin göç veren ülkelerin ekonomik gelişiminde kullanılabileceği düşüncesini beraberinde getirmiştir. Bu dönemde yapılan çalışmalar da genellikle göçün göç veren ülkelerin ekonomik kalkınmasına etkileri üzerine yoğunlaşmıştır. Özellikle göçmenlerin gönderdikleri işçi dövizlerinin göç veren ülkelerin ekonomik büyümeleri için önemli bir yabancı kaynak olabileceği ve göçmenlerin bulundukları ülkelerle anavatanları arasında bir köprü vazifesi görebilecekleri bu dönemde en çok tartışılan konuların başında gelmektedir (Portes, 2001; Adams, 2003; Vertovec, 2004; de Haas, 2005; Agunias, 2006). Bu dönemde, gelişmekte olan bazı ülkeler uygulamaya koydukları çeşitli politikalarla yurtdışındaki nüfuslarının geri dönüşünü teşvik etmeye çalışmışlardır. Uyguladıkları geri dönüşü teşvik edici politikalarda başarılı olan ülkelerin ekonomik anlamda da önemli atılımlar gerçekleştirmeleri literatürde "yararlı beyin göçü" kavramının ortaya çıkmasına neden olmuştur (Yoon, 1992: 5). Genel olarak yararlı beyin göçü, göçmenlerle anavatanlarında kalan kişilerin arasındaki etkileşimle ilgilenmektedir. Meyer ve Brown (1999) yaptıkları çalışmada, özellikle kurulan "diaspora ağlarının" yararlı beyin göçü anlamda anavatanın hedeflediği ekonomik büyümeye önemli katkılarının olduğunu ortaya koymuşlardır. Kapur (2001) ise, çalışmasında Çin ve Hindistan gibi ülkeler dışında büyük nüfuslara sahip gelişmekte olan ülkelerin diğer ülkelere göre diasporalarından daha fazla faydalanacaklarını diğer bir ifadeyle bütün gelişmekte olan ülkelerin oluşturdukları diaspora ağlarından aynı ölçüde yararlanamayacağını ifade etmektedir. Ancak bu konu üzerinde yapılan çalışmalar genel olarak değerlendirildiğinde, diasporadaki araştırmacıların hem anavatanlarının hem de bulundukları ülkenin kültürüne ve diline hâkim oldukları için ayrıca, her iki ülkenin de eğitim sistemleri, bürokratik yapıları, politik durumları ve politikacılarının potansiyel tutumları vb. konular hakkında bilgi sahibi olmaları nedeniyle iki ülke arasında iyi bir köprü olabileceklerinin altının çizildiği görülmektedir (Lowell ve Gerova, 2004; de Haas, 2006; Seguin ve diğerleri, 2006; Katseli ve diğerleri, 2006). Bu doğrultuda yapılan bazı çalışmalar ise, uluslararası göçün ve beşeri sermaye hareketliliğinin göç veren ülkelerin bilimsel ve teknolojik kapasitelerinin artmasına neden olduğunu ileri sürmektedirler (Saxenian, 2005; 2006; Agunias ve Newland, 2007; Wickramasekara, 2011; Tejada ve diğerleri, 2013). Son dönemlerde nitelikli göçmenlerin anavatana katkılarını konu alan çalışmalar "bilimsel diaspora" adlı yeni bir aktörü ön plana çıkarmaktadırlar (Barre ve diğerleri, 2003; Seguin ve diğerleri, 2006; Tejada ve Bolay, 2010). Yurtdışında yaşayan bilim insanları ve mühendislerin organize ettiği ve anavatanlarının ya da bölgelerinin özellikle bilim, teknoloji ve eğitim alanlarında gelişmesine katkı sağlamayı hedefleyen topluluklar olarak tanımlanan bilimsel diasporalar, yapılan çalışmalarda bilgi sirkülâsyonunun anavatana doğru gerçekleşmesini sağlayan aktörler olarak görülmektedir (Foray, 2004; Seguin ve diğerleri, 2006; Tejada, 2012).

Araştırma Bulguları

Diasporanın Türkiye için alternatif bir beşeri sermaye kaynağı olup olmadığının araştırıldığı bu çalışmada, Diaspora nüfusunun yaklaşık yarısının yaşadığı (yaklaşık 2.859 bin kişi*) Almanya'da nitelikli diaspora üyelerinin (üniversite öğrencisi ve/veya üniversite mezunu) fikirsel dönüş hakkındaki düşüncelerine ilişkin 1126 kişinin katıldığı bir saha çalışması gerçekleştirilmiştir. Almanya'da üniversite mezunu Türklerin Diaspora nüfusu içerisindeki oranı yaklaşık %6'dır ve bu grup içerisinde kadınların eğitim seviyesinin erkeklere göre daha yüksek olduğu bilinmektedir. Bu durum yapılan çalışmaya katılımda da ortaya çıkmıştır. Yapılan ankete katılanların yaklaşık %52'si (579 kişi) kadınlardan oluşmaktadır. Benzer durum yaş gruplarında da geçerlidir. Diasporadaki Türklerin büyük çoğunluğu 45 yaşın altındadır (%73,4). Ankete katılanların da yaklaşık %90'ı (1018 kişi) 19-45 yaş grubu arasındadır. Çalışmaya katılanların yaklaşık %53'ünün (594 kişi) üniversite, %31'inin (358 kişi) yüksek lisans ve %15'inin (174 kişi) de doktora seviyesinde olduğu görülmektedir. Çalışmaya katılanların %40'ı (450 kişi) üniversite öğrencisi, geri kalanı ise çeşitli kategorilerde iş hayatına dâhil olmuş/olmaya çalışan kişilerden oluşmaktadır. Öğrenci

---

* Stiftung Zentrum für Türkeistudien und Integrationsforschung Mikrozensus 2014

statüsü dışındakiler mesleklerine göre gruplandırıldığında ilk sırada %31 ile araştırmacı ve bilim insanları (255 kişi) yer almaktadır. Araştırmacı ve bilim insanlarını %29 ile mühendisler (244 kişi), %11 ile yönetici ve iş adamları (86 kişi) ve %9 ile öğretmenler (70 kişi) takip etmektedir. Çalışmada cevap aranan sorulardan ilki nitelikli diaspora üyelerinin göç nedenidir. Nitelikli diasporaların oluşumuna yönelik diğer çalışmalara bakıldığında, nitelikli diasporaların daha çok eğitim amaçlı göçlerden oluştuğu anlaşılmaktadır (Tejada et al., 2013). Oysa ki, dünyadaki diğer diaspora örneklerinden farklı olarak Almanya'daki nitelikli Türk Diasporası ağırlıklı olarak Almanya doğumlu bireylerden oluşmaktadır. Çalışmanın sonuçlarına göre, Almanya'daki, nitelikli diaspora üyelerinin büyük çoğunluğunu (%61) Almanya'da doğanlar oluşturmaktadır. Bunları küçük yaşta ailelerinin Almanya'ya göç edenler (%14) ve yurtdışında eğitim almak isteyen (%14) izlemektedir. Araştırmada cevap aranan bir başka soru ise nitelikli diaspora üyelerinin işgücü piyasasındaki durumları ve Almanya'da edindikleri kazanımlardır. Nitelikli diaspora üyelerinin Almanya'da elde ettikleri bu kazanımları 4 başlık altında değerlendirmek mümkündür. a) dil becerisi, b) yerel örgütlere katılım, c) Almanya'daki hayat şartlarından memnuniyet ve d) Almanya'daki çalışma koşullarından memnuniyet. Yapılan çalışmaya katılanların %92'si Almanca, %91'i Türkçe ve %67'si de İngilizce konuşma, yazma ve anlama becerisi için kendilerini iyi ya da çok iyi olarak görmektedirler. Bu sonuçlara göre, diasporadaki nitelikli topluluğun diğer topluluklarla iletişimi arasında dil sorununun olmadığı söylenebilmektedir. Diaspora üyelerinin yerel örgütlere katılım durumlarına bakıldığında, yerel örgütlere ilginin orta seviyede olduğu görülmektedir. Bulundukları toplumda yerel bir örgüte katılmış olanların oranı %54'tür. Nitelikli diaspora üyelerinin çok azının (yalnızca %10,3) diasporik bir örgüte katıldığı da yapılan araştırmada ortaya çıkan bir başka sonuçtur. Almanya'daki yaşam koşullarından memnuniyete ilişkin diasporadaki nitelikli insanların genel bakışının olumlu olduğu, özellikle yaşam koşulları ve sosyal imkânların çok iyi olduğu çalışma sonuçlarından ortaya çıkmaktadır. Diğer dokuz faktörle karşılaştırıldığında ise en olumsuz durum olarak dışlanma etkisi ve çalışma/oturum izni konuları gösterilmektedir. Aynı durum katılımcıların işgücü piyasasına ilişkin görüşlerinde de geçerlidir. Genel olarak çalışma koşullarından memnun olan katılımcıların diğer faktörlerle kıyaslandığında yabancı olarak kariyer yapma imkanı durumunu olumsuz olarak görmektedir. Diasporaların anavatanlarının ekonomik gelişimine katkı yapmakta kullandığı/kullanabileceği pek çok farklı yöntem söz konusudur (Kapur, 2010). Ancak bu yöntemleri genel olarak 2 başlık altında toplamak mümkündür: Finansal yöntemler ve bilgi transferi.

Geçmiş dönemlerle kıyaslandığında, çeşitli nedenlerden ötürü Diasporadan Türkiye'ye gönderilen işçi dövizlerinde bir azalma eğilimin olduğu bilinmektedir. Nitekim yapılan çalışmada da bu durum bir kez daha gözler önüne serilmiştir. Ankete katılanların yaklaşık %32'si son bir yıl içinde Türkiye'ye para gönderdiğini söylemiştir. Türkiye'ye para gönderenlerin neredeyse tamamı bu parayı aile bireylerine gönderdiğini beyan ederken, bunların %60'ı, 1000 Euro'dan daha az miktarda para göndermiştir. Para transferi en çok günlük harcamalar (%43) için gerçekleştirilmişken, bunu hayırseverlik (%42) ve eğitim masraflarını karşılamak (%23) gibi nedenler takip etmiştir. Diasporadan Türkiye'nin ekonomik gelişmesine katkı sağlamanın bir başka yolu da Türkiye'ye çeşitli yöntemlerle (mesleki örgütlere katılım, kısa süreleri ziyaretler, seminerler, projeler vb.) bilgi transferi gerçekleştirmektir. Bu açıdan çalışmanın sonuçlarına bakıldığında, çalışmaya katılanların çoğunlukla Türkiye'deki insanlarla kişisel işleri ve siyasi konuları tartıştıkları görülmekle birlikte, iş ve iş birliği fırsatları hem Türkiye'de hem de diğer ülkelerdeki yatırım ve eğitim olanakları gibi konuların da yoğunlukla konuşulduğu görülmektedir. Bilim insanları, mühendisler ve diğer nitelikli iş gruplarının bir araya getirildiği bir diaspora bilgi ağının anavatana bilgi transferi konusundan önemli bir etkisinin olduğu daha önce yapılan çalışmalarda ortaya konulmuştur (Meyer, 2011). Ancak bu noktada Türk Diasporasının birtakım sorunlar yaşadığı söylenebilir. Nitekim çalışmaya katılanların yalnızca %7'si (77 kişi) Türkiye'de çalışma alanıyla ilgili herhangi bir örgüte üyedir. Ve bu durumun nedeni olarak Türkiye'de güvenilir bir yapı bulmada yaşanılan sorunlar ve uygun çalışma koşullarının sağlanması konusunda yaşanan sıkıntılar gibi bazı durumları neden olarak göstermektedirler. Katkı sağlamakta kullanılabilecek üçüncü yöntem, sahip olunan sosyal birikimi çeşitli şekillerde (ziyaretler, geri dönüş ya da uzaktan iletişim vb.) anavatana transfer etmek şeklindedir (Levitt, 1998). Katılımcıların yalnızca %4,5'i siyasi bir partiye üye olmasına karşın, Türkiye'deki sosyal ve siyasi durumu diğer insanlarla tartışanların oranı %55'dir.

Diasporadaki nitelikli bireylerin anavatana geri dönüş konusundaki düşünceleri tipik bir diaspora topluluğu özelliği göstermektedir. Çift kültürlülüğün ortaya çıkardığı durumlardan birisi olan anavatana aidiyet hissi Türk Diasporasındaki nitelikli bireylerde de görülmektedir. Çalışmaya katılanların %40'ı gelecekte bir gün Türkiye'ye dönmeyi düşünmektedirler. Ancak bu düşüncenin pek çok kişi için duygusal kaynaklı olduğu gelecek beş yılda Türkiye'ye dönmeyi düşünenlerin oranın %13 olmasından anlaşılmaktadır. Geçmişte diaspora ve anavatan arasında göç konusu ön planda olmasına karşın çalışmanın sonuçlarına göre, diasporadaki bireyler açısından bu duruma alternatiflerde geliştirilmeye başlamıştır. Nitekim çalışmaya katılanların %8'i gelecek beş yıl içinde başka bir ülkeye gitmeyi düşündüğünü belirtmiştir. Geri dönüş konusu fikirsel açıdan değerlendirildiğinde ise, çalışmaya katılanların %86'sı Türkiye'nin ekonomik gelişmesine fikirsel anlamda katkı sağlamak istediğini belirtmiştir. Bu sonuç, Türk Diasporasının ihtiyaç duyulan beşeri sermaye için Türkiye açısından alternatif bir kaynak olabileceğini ortaya koymaktadır.

Sonuç ve Öneriler

21. yüzyılda yaşanan teknolojik gelişmeler ve bu gelişmelerin iletişim ve ulaşım sektörlerine olan yansımaları bilginin mesafe tanımaksızın yayılmasına zemin hazırlamaktadır. Bu durum, bilgi yoğun ürünler üreterek uluslararası ticarette payını arttırmaya çalışan ülkelerin bu bilgiyi kendi ülkelerine çekmek için rekabet etmesine neden olmaktadır. Dolayısıyla ülkelerin 21. Yüzyıldaki rekabetleri beşerî sermaye stoklarını arttırma noktasına odaklanmaktadır. Bu rekabetten daha kazançlı çıkmak için bazı ülkeler sahip oldukları sosyal ve ekonomik avantajı kullanmaktadırlar. ABD, Almanya, İsviçre gibi ülkeleri bu gruba örnek olarak göstermek mümkündür. Bazı ülkeler ise, sahip oldukları nitelikli diasporalarına yönelmişlerdir. Çin, Hindistan, G. Kore de bu gruba örnek ülkeler olarak gösterilebilir. Diasporalarını ekonomik gelişmelerinde etkili bir şekilde kullanan bu ülkeler, dünya genelinde yaklaşık 6 milyon diaspora nüfusuna sahip olan Türkiye açısından önemli birer örnektirler. Bu ülkelerin sahip oldukları diasporaları ekonomik gelişmelerinde ihtiyaç duydukları beşeri sermaye için alternatif bir kaynak olarak görmeleri ve bu kaynağı temel alan politikalar geliştirmeleri sonucunda ekonomik anlamda önemli atılımlar gerçekleştirdikleri yapılan çalışmalarda ortaya konulmuştur. Türk Diasporası da her ne kadar kavramsal olarak son birkaç yıldır literatürdeki tartışmalarda yer alsa da

diasporanın Türkiye Ekonomisi 'ne katkısı 1960'lı yıllara kadar uzanmaktadır. 1960'lı yılların başından 2000'li yıllara kadar diasporadan gönderilen işçi dövizleri Türkiye'nin ödemeler bilançosu dengesine önemli bir katkı sağlamıştır. Ayrıca, Türkiye'nin dış ticaretinde ilk sıralarda Almanya başta olmak üzere diaspora nüfusunun yoğun olduğu ülkelerin yer alması da diasporanın Türkiye ekonomisine katkısını gözler önüne sermektedir. Diasporaların anavatanlarına yalnızca finansal değil, fikirsel anlamda da önemli katkılarının olduğu yukarıda bahsedilen ülke örneklerinden anlaşılmaktadır. Bu anlamda, Türk Diasporasındaki nitelikli bireylerin de Türkiye'nin ekonomik gelişimine fikirsel anlamda katkı sağlamaya istekli oldukları yapılan çalışmanın sonuçlarında ortaya çıkmıştır. Diasporaya yönelik projeler ve ortak çalışmaların sayısının arttırılması ve daha geniş kitlelere ulaşacak şekilde tanıtımın yapılması, diaspora ile anavatan arasındaki iletişimin geliştirilmesi, kamuoyunun Türk Diasporanın sahip olduğu potansiyel hakkındaki farkındalığının arttırılması ve diasporaya yönelik bilimsel çalışmaların sayısının arttırılması gibi çalışmalar yapılarak Diasporanın Türkiye ekonomisinin gelişimine fikirsel anlamda da katkı sağlayabileceği düşünülmektedir.

Kaynakça

Adams, R. (2003). International Migration, Remittances and The Brain Drain: A Study of 24 Labor-Exporting Countries. *Policy Research Working Paper 3069*. World Bank.

Agunias, D., R. (2006). Remittances and Development: Trends, Impacts and Policy Options: A Review of the Literature. *Migration Policy Institute*. World Bank.

Agunias, D., R., & Newland, K. (2007). Circular Migration and Development: Trends, Policy, Routes and Ways Forward. *Migration Policy Institute.* World Bank.

Barre, R., Hernandez, V., Meyer, J.-B. & Vinck, D. (2003). Scientific Diasporas: How Can Developing Countries Benefit from Their Expatriate Scientists and Engineers? *Institute De La Recherche Pour Le Developpement.* Paris.

De Haas, H. (2005). International Migration, Remittances and Development: Myths and Facts. *Third World Quarterly,* 26(8), 1269-1284.

De Haas, H. (2006). Engaging Diasporas: How Governments and Development Agencies Cam Support Diaspora Involment in The Development of Origin Countries. *International Migration Institute.* University of Oxford.

Foray, D. (2004). *Economics of Knowledge.* Cambridge, MA: MIT Press.

Granovetter, M., & Swedberg, R. (1992). *The Sociology of Economic Life.* Westview Press.

Johnson, J., & Regets, M. (1998). International Mobility of Scientists and Engineers to The United States: Brain Drain or Brain Circulation. *Issue Brief 316.* National Science Foundation.

Kapur, D. (2001). Diasporas and Technology Transfer. *Journal of Human Development,* 2(2), 265-286.

Katsell, L., Lucas, R., & Xenogiani, T. (2006). Effect of Migration on Sending Countries: What do We Know? *Working Paper 250.* OECD Development Centre.

Lowell, L., & Gerova, S. G. (2004). Diasporas and Economic Development: State of Know ledge. *Institute for The Study of International Migration.* Georgetown University.

Meyer, J., B. (2001). Network Approach Versus Brain Drain: Lessons from Diaspora. *International Migration*, 39(5), 91-110.

Meyer, J., B., v.d. (1997). Turning Brain Drain into Brain Gain: the Colombian Experience of The Diaspora Option. *Science, Technology and Society,* 2, 285-317.

Meyer, J., B., & Brown, M. (1999). Scientific Diasporas: A New Approach to The Brain Drain. *Management of Social Transformations Discussion Paper No.41.* UNESCO.

Portes, A. (2001). The Debates and Significance of Immigrant Transnationalism. *Global Network,* 1(3), 181-194.

Saxenian, A. (2005). From Brain Drain to Brain Circulation: Transnational Communities and Regional Upgrading in India and China. *Studies in Comparative International Development,* 40(2), 35-61.

Saxenian, A. (2006). *The New Argonauts: Regional Advantage in A Global Economy*. Cambridge, MA: Harvard University Press.

Seguin, B., State, B., Singer, L., P.a. & Daar, A. S. (2006). Scientific Diasporas as an Option for Brain Drain: Re-circulating Knowledge for Development. *Int. J. Biotechnology,* 8(1/2), 78-90.

Tejada, G. & Bolay, J., C. (2010) *Scientific Diasporas as Development Partners: Skilled Migrants from Colombia, India and South Africa in Switzerland Empirical Evidence and Policy Responses.* Bern: Peter Lang.

Tejada, G. (2012). Mobility, Knowledge and Cooperation: Scientific Diasporas as Agents of Development, *Migration and Development,* 10(18), 59-92.

Tejada, G., Varzari, V. & Porcescu, S. (2013). Scientific Diasporas, Transnationalism ve Home-Country Development: Evidence from A Study of Skilled Moldovans Abroad. *Southeast European and Black Sea Studies,* 13(2), 157-173.

Schwab, Klaus (2016). The Global Competitiveness Report 2015-2016. *World Economic Forum.* Geneva.

Vertovec, S. (2004). Migration Transnationalism and Modes of Transformation. *International Migration Review,* 38(3), 970-1001.

Wickramasekara, P. (2011). Circular Migration: A Triple Win or A Dead End?. *ILO.* Genova.

Yoon, B.-S., L. (1992). Reverse Brain Drain in South Korea: State-led Model. *Studies in Comparative International Development,* 27(1), 4-26.

Batı Avrupa Ülkelerinde Yaşayan Türk Çocukların Eğitim Sorunları

Cihan Aydoğu[43], Gönül Karasu[44]

Giriş

Türkiye, 1961-1974 yılları arasında yaşadığı ekonomik sorunlar ve artan işsizliğe çözüm bulmak amacıyla işgücü yetersizliği yaşayan birçok Batı Avrupa ülkesi ile işgücü alış veriş anlaşması imzalamıştır. Bu anlaşmaların neticesinde ülkemizden Batı Avrupa ülkelerine yoğun bir işgücü göçü başlamıştır. Göç edilen ülkelerin başında Almanya, Fransa, Avusturya, Hollanda ve Belçika gelmekteydi. Anlaşma koşullarına göre vatandaşlarımız bu ülkelere "konuk işçi" statüsüyle gidecekler ve sözleşme tarihleri dolduğunda ülkelerine geri döneceklerdi. Ancak durum öngörüldüğü gibi gelişmemiş ve bu işçiler aile birleştirme yoluyla kalıcı olmaya başlamışlardır. Ev sahibi toplumlar açısından yaşanan bu olumsuz durum ise başlangıçta geçici gibi görülen, göz ardı edilen ve önemsenmeyen birçok sorunun derinleşmesine ve geçici çözümlerle üstesinden gelinemeyecek boyutlara ulaşmasına neden olmuştur.

Göç eden milyonlarca Türk göçmen yıllarca kültürel uyum sorunu yaşamış, gidilen ülkenin dilini yeterince bilmeme, zor işlerde çalışma, hukuki haklarını yeterince bilmeme, ayrımcılığa maruz kalma gibi sorunlarla başa çıkmak zorunda kalmıştır. Aile birleştirme yoluyla eş ve çocuklarını yanlarına almaları ise oldukça önemli bir başka sorunu beraberinde getirmiştir: çocukların ve gençlerin eğitim sorunu. Türk çocukların ve gençlerin eğitim yaşantılarında karşılaştıkları sorunları, genel olarak, üniversiteye gidememe, okulda ayrımcılığa maruz kalma, iki kültür arasında sıkışıp kalma ve dil sorunu şeklinde sıralayabiliriz.

Yapılan araştırmalar (Başkurt, 2009; Yıldız, 2012; Gelekçi, 2010; Sarıkaya, 2014) göçmen çocukların ne anadilde ne de yaşadıkları toplumun dilinde istenilen düzeye ulaşamadıklarını ve bu durumun gerek toplumsal, gerekse eğitim yaşantılarını olumsuz etkilediğini ortaya koymaktadır. Oysaki yurt dışında yaşayan Türk çocukların Türkçeyi iyi öğrenmeleri, yaşadıkları ülkenin dilini de iyi öğrenmelerini kolaylaştıracaktır. Zira anadilde öğrenilen temel kavramların toplum diline aktarımı daha kolay olmaktadır. Belet'in (2009, 71) de çalışmasında belirttiği gibi "ana dili ve toplum dili aynı olmayan çocuklar, hem ana dilde hem de toplum dilinde ayrı ayrı dil yeteneklerine sahip olmakla birlikte, okula başlama yaşında ne anadilde ne de toplum dilinde tek dilli çocukların eriştikleri konuşma ve düşünme düzeyine ulaşamazlar. Ancak bu durumdaki çocukların anadili yeteneği ilköğretime başlama çağında daha yüksektir. Bu bakımdan öğrencilerin anadilini doğru biçimde öğrenmeleri ve kullanmaları hem toplum dilini öğrenmelerine hem aile çevresiyle yakın ilişki kurmalarına, hem de kişilik gelişimlerine olumlu katkılar sağlamaktadır."

---

* Bu çalışma Anadolu Üniversitesi Yayın Araştırma Teşvik Projesi kapsamında desteklenmiştir.
[43] Cihan Aydoğu, Eskişehir, Anadolu Üniversitesi, Eğitim Fakültesi Fransız Dili Eğitimi Anabilim Dalında Yardımcı Doçent Doktor. E-mail: caydogdu@anadolu.edu.tr.
[44] Gönül Karasu, Eskişehir, Anadolu Üniversitesi, Eğitim Fakültesi Alman Dili Eğitimi Anabilim Dalında Yardımcı Doçent Doktor. E-mail: gkarasu@anadolu.edu.tr.

"Avrupa'da Türkçe İkinci Dil" öğretimi araştırması Avrupa'da yaşayan 3. ve 4. Kuşak Türklerin ana dil yetersizliği sorununu daha yoğun yaşadıklarını ortaya koymaktadır (Ulutak, 2007). Bu durum Avrupa dillerini öğrenme güçlüğü, sosyal ve kültürel uyum, üniversiteye gidememe ve okulda ayrımcılığa maruz kalma gibi temel sorunları beraberinde getirmiştir.

Batı Avrupa vatandaşları arasında en çok kullanılan ortak dil İngilizceden sonra Türkçedir. Buna rağmen, alanda yapılan birçok çalışma Türkçe eğitiminin Batı Avrupa'da hak ettiği ilgiyi görmediğini ve çok kısıtlı bir çerçevede sürdürülmeye çalışıldığını ortaya koymaktadır. Bu çalışmada Almanya, Belçika ve Fransa'daki uygulamalar, sonuçlar ve devam eden sorunlar ayrı başlıklar halinde tartışılmış ve çözüm önerileri getirilmeye çalışılmıştır.

Almanya'da Yaşayan Türk Çocukların Durumu

İkinci dünya savaşının ardından endüstrisini hızla geliştirmeye başlayan Almanya 1950'li yıllarda işgücü açığı yaşamaya başlamış ve bu açığı kapatmak üzere birçok ülkeden "misafir işçi" statüsünde çalıştırmak üzere insan gücü talep etmiştir. Birçok ülkenin yanı sıra, 1960'lı yılların başlarında, Türkiye de Almanya'ya işgücü göndermeye başlamıştır. Ancak bu süreç Alman hükümetinin öngördüğü gibi gelişmemiş, giden işçiler aile birleştirme yoluyla kalıcı olmaya başlamışlardır.

Almanya'da 3 milyon civarında bir Türk nüfusu yaşamaktadır. Orada doğup büyümüş 2., 3. ve hatta 4. kuşak diye adlandırılan bir nesil bulunmaktadır. Ancak bu nüfusun Alman eğitim sistemi içindeki başarı oranı çok düşüktür. Arslan'ın (2006, 237) çalışmasında belirttiği gibi OECD'nin 32 ülkede yaptırdığı uluslararası Öğrenci Değerlendirme Programı sonuçları Alman eğitim sisteminin yoksullaştığını gözler önüne sermiştir. Zira sonuçlar Alman okul sisteminin toplumsal yönden yardıma ihtiyacı olan çocukları ve gençleri iyi eğitemediği sonucunu ortaya koymuştur. Bunların en başında da Türk çocukları ve gençleri gelmektedir. Türk çocukların büyük bir kısmı Alman eğitim sistemi içinde özel eğitime muhtaç çocuklar olarak görülmekte ve bu yönde eğitim veren okullara ya da meslek liselerine yönlendirilmektedir. Dolayısıyla da yükseköğretime devam eden öğrenci sayısı oldukça düşüktür.

Bu çocuklar okul sistemine ve toplumsal yaşama uyum sağlayamamaktalar. Bu temel sorun ise anadil eğitimi eksikliğinden kaynaklanmaktadır. Çocuk ne Türkçede ne de Almancada yeterli bir düzeye ulaşamadığı için iki kültür arasında sıkışıp kalmakta ve okulda başarısız olmaktadır. Çocuk okul çağına gelinceye kadar çoğunlukla Türkçe iletişim kurmakta ancak okula başladığında Almanca birinci dili olmaya başlamaktadır. Türkçesi ailesinden öğrendikleriyle sınırlı kaldığı için tam bir öğrenme gerçekleşmemekte ve çocuk anadilinde kavramsal bir alt yapı geliştiremediği için Alman eğitim sistemi içinde yok olup gitmektedir.

Okul hayatına başlayınca çocuk anadil eğitimi alma şansı bulmaktadır. Ancak her çocuğun imkândan yararlanabildiği söylenemez. Zira Türkçe dersi velilerin isteği üzerine verilmekte ve ders öğrenci sayısı 15'e ulaşınca açılmaktadır. Dersler genellikle öğleden sonra ya da hafta sonları, okul saatleri dışında yapılmaktadır ve öğrencinin okul başarısının değerlendirilmesinde etkili değildir. Bu nedenle de Türkçe derslerine yeterince ilgi gösterilmemektedir.

2005 yılında Aile ve Sosyal Araştırmalar Genel Müdürlüğü tarafından Türklerin yoğun olarak yaşadıkları 9 ilden seçilen 1525 denekle gerçekleştirilen anket sonuçlarına göre vatandaşlarımızın hem yaşadıkları ülkenin dilini öğrenmede hem de Türkçeyi çocuklarına öğretmede ciddi sorunlar yaşadıkları görülmektedir. Bu durumun ise aile içi sağlıklı ilişkilerden çocukların eğitimine, iş hayatından toplumla ilişkilere kadar birçok alanda vatandaşlarımız açısından olumsuzluklar üreteceği açıktır (Aile ve Sosyal Araştırmalar Genel Müdürlüğü, 58).

Diğer yandan siyasiler Türk göçmenlerin anadillerinde konuşmalarını uyuma en büyük engel olarak göstermekte, hem eğitim kurumlarını hem de yazılı ve görsel basını yanlarına alarak Türkçe konuşmanın hem toplumsal hem de eğitim açısından kaçınılması gereken bir durum olduğunu yaymaya çalışmaktadırlar. Bu durum göçmen ailelerini ve çocuklarını sosyo-psikolojik açıdan etkilemekte ve farkında olmadan insanlar Türkçe konuşmaya tereddüt etmektedirler (Yağmur, 2010, 7). Hatta anne-babalar bu durumdan ciddi şekilde etkilenip, çocuklarının dışlanacağı korkusuyla ve alman toplumuna daha kolay uyum sağlayacakları düşüncesiyle, okul seçiminde Türk çocukların olmadığı okulları tercih etme eğilimi göstermektedirler.

Almanya'da yaşayan göçmen çocukların ana dili dersleriyle ilgili olarak üç temel yapıdan söz edilebilir. Birincisi Alman okul idaresi tarafından finanse edilen ve içeriği kontrol edilen ana dil dersidir. İkinci yapıda Akdeniz ülkelerinin temsilcilikleri tarafından yürütülen ve onların sorumluluğunda sunulan ana dili dersi, üçüncüsü ise devletin yaptığı anlaşmalara dâhil olmayan ve özel olarak sunulan anadil dersidir (Yıldız, 2012, 8).

Bu mevcut yapıyla istenilen başarı seviyesine ulaşılamayacağı aşikârdır. Oysaki vatandaşlarımızın hem Türkçeyi hem de yaşadıkları ülkenin dilini ana dilleri kadar iyi öğrenmeleri özellikle başarılı bir eğitim ve iş hayatı açısından yüksek derecede bir öneme sahiptir. Anadilini yeterli düzeyde öğrenmenin diğer dillerdeki gelişimi desteklediği bilimsel bir gerçektir. Bu bakımdan yurt dışındaki vatandaşlarımızın yaşadıkları topluma başarılı bir katılım sağlamaları ve kendi öz benliklerini, kültürlerini kaybetmeden varlıklarını sürdürebilmelerinin yolu ana dili eğitiminden geçmektedir. Zira dil insanın kendi öz kültürü ile bağını devam ettirmesini sağlar. Bu yönüyle de dil bir milletin kültürünün en temel taşıdır ve kişinin kendi dilini unutması, kendi öz kültürüyle bağının kopmasına neden olur.

Belçika'da Yaşayan Türk Çocukların Durumu

Son yıllarda Belçika'da yaşayan Türk çocukların okul hayatındaki başarı durumlarını ortaya koymak amacıyla yapılan çalışmalar bu öğrencilerin büyük bir çoğunluğunun başarısız olduklarını ve öğrenim hayatları boyunca en az bir kez sınıfta kaldıklarını ortaya koymuştur (Mançö, 2002; Gelekçi, 2010; Sarıkaya, 2014).

Yaşanan öğrenim zorlukları, kimi öğretmenlerce sözde kötü aile eğitimine, akraba evliliklerine ve hatta çocukta gözlediklerini iddia ettikleri kalıtımsal, ruhsal ve zihinsel bozukluklara dayandırılmaktadır. Böylece ilkokulun ilk yıllarında zorlanan sağlıklı bir çocuk, kendisini bu şekilde özürlü okulunda bulabilmektedir. Aileler ise çoğunlukla bu duruma karşı çıkabileceklerini bilmedikleri ya da daha fazla çocuk parası alacakları için bu yanlış yönlendirmeyi kabul etmektedirler (Mançö, 2002). Bu çerçevede değerlendirdiğimizde anaokulu göçmen çocukları temel eğitime hazırlamak ve ilkokulda yaşanabilecek olası uyum sorunlarını en aza indirgemek açısından önemli bir aşamadır. Ancak Türk ailelerin gereken özeni göstermediklerini söyleyebiliriz.

Anne ve babalar açısından bakıldığında, çoğunlukla ailede babalar çalıştığı için annelerin daha çok çocuğun eğitimiyle ilgilendiği görülmektedir. Bu durumda annenin gerek eğitim düzeyi, gerekse kültürel düzeyi önem kazanmaktadır. Annenin okul ve öğretmenle işbirliği kurabilmesi ve çocuğun sorun yaşadığı konularda yardımcı olabilmesi için yaşadığı ülkenin dilinde iletişime geçebilecek düzeyde olması gerekir.

Aksi takdirde çocuk kaderiyle baş başa bırakılmış olacak ve çoğunlukla da sorunlu bir eğitim hayatı geçirecektir. Bu da doğal olarak çocuğun zorunlu eğitim sürecini tamamladıktan sonra eğitimini sonlandırmasına ve yükseköğrenimi hedeflememesine neden olmaktadır.

Belçika'daki Türk çocukların sorun yaşamalarının bir başka nedeni ise anadil konusundaki yetersizlikleridir. Ne anadilinde ne de yaşadığı ülke dilinde yeterli bir kültür, dünya görüşü ve iletişim becerisine ulaşamayan çocuk sorunlu bir kimlik geliştirmekte, gerek okulu, gerekse ailesi ile kültürel çatışmalar yaşamakta ve sonuç olarak eğitimdeki başarısı darbe almaktadır (Gelekçi'nin, 2010, 189-190). Bu durumdaki çocukların önemli bir bölümü ise mesleki veya teknik okullara yönlendirilmekte ve üniversite okuma şansları ellerinden alınmaktadır. Ayrıca çocukların okulda maruz kaldıkları ayrımcılık ve anadil öğrenme ortam ve imkânlarının yetersiz olması da diğer temel nedenler arasında yer almaktadır.

Durumu anadil eğitimi açısından değerlendirdiğimizde, Belçika'da Türk Dili ve Kültürü dersinin Avrupa Konseyinin kararları doğrultusunda, azınlık dilleri eğitim programları bünyesinde hayata geçirildiğini görmekteyiz. Dersler Türkiye'den gelen ve Türkiye Cumhuriyetinin görevlendirdiği öğretmenler tarafından verilmektedir. Verilen dersler, genellikle Türkiye'de izlenen müfredata sadıktır ve Avrupa'da yaşayan gençlerin gündemiyle örtüşmemektedir (Manço, 2002, 64). Ayrıca bu dersler okul müfredatı dışında, genellikle akşam saatlerinde ve seçmeli bir ders olarak verilmektedir. Okul başarısına bir etkisi olmadığı için de aileler tarafından gerekli hassasiyet gösterilmemektedir.

Fransa'da Yaşayan Türk Çocukların Durumu

Diğer Batı Avrupa ülkelerine kıyasla Türkler daha geç bir tarihte Fransa'ya göç etmeye başlamışlardır. Fransa ile Türkiye arasında ilk resmi iş gücü anlaşması 1965'te yapılmıştır ancak gerçek anlamda ilk Türk iş gücü göçü 1970'te başlamıştır. Günümüzde resmi rakamlara göre Fransa'da 300.000 civarında Türk yaşamaktadır.

Fransa'da yaşayan vatandaşlarımızın Türkçe kullanma alışkanlıklarına baktığımızda aile içinde çoğunlukla Türkçe iletişim kurduklarını ancak çocukların kardeşleri ve akranlarıyla Fransızca iletişime geçmeyi tercih ettiklerini söyleyebiliriz.

Türk çocuklara anadil eğitimi dersleri 1978 yılında Fransa ile yapılan ikili anlaşmalar çerçevesinde başlamıştır. Bu dersler ELCO tarafından yabancı dil dersi kapsamında Fransız okullarına uyumu kolaylaştırmak ve anadil desteği sağlamak amacıyla öncelikle ilkokullarda verilmeye başlamış sonrasında ortaokullarda ve meslek liselerinde de yer almaya başlamıştır. "Bu anadili derslerine, 1988'e kadar Türkiye'den gönderilen öğretmenlerin hiçbiri Fransızca bilmediğinden, yerel okul yönetimiyle hiçbir bağlantı kurulamadan devam edilmiş, sonraları ise Türkiye'de Fransızca sınavına tabi tutulup başaranlar gelmeye başlayınca yerel eğitimcilerle bir nevi bağlantı kurulması kolaylaşmıştır. [...] ELCO dersleri daha çok öğrencilere kültürleri hakkında bilgi vermeyi ve bulundukları ülke ile kendi ülkeleri arasındaki farklılıkları ortaya koymayı sağlamaya çalışmaktadır" (Akıncı, 2007:3).

Fransa'da Türkçe derslerine devam eden öğrenci sayısı 20.000 civarındadır. Ancak potansiyel sayının bunun üç katı civarında olduğu düşünülmektedir. Gerek yönetimlerin olumsuz tutumları gerekse öğretmen sayısının yetersiz olması nedeniyle 3 saat olan bu dersler son yıllarda 1,5 saate indirilmiştir. Dersler genellikle hafta içi akşam saatlerinde ve Çarşamba ve cumartesi günleri öğleden sonra okulların tatil olduğu zamanlarda yapılmaktadır. "Bu durumun dezavantajı ise tabii öğretmen ve öğrencilerin tamamen izole edilmeleri, yalnız kılınmalarıdır. Fransız öğretmenlerle ve okul idaresiyle iletişim resmen kopuktur. Hatta müdür dışında, çoğu öğretmenin bu tür derslerden haberleri bile yoktur" (Akıncı, 2007, 8).

Diğer bir dezavantajı da tatil günlerinde yapılan derslerin öğrencilerin aktivitelere katılamamasına neden olmakta ya da ailesiyle geçireceği zamandan fedakârlık etmesini gerektirmekte ve çocuğu bir seçim yapmaya zorlamaktadır. Akşam saatlerinde yapılması ise motivasyon düşüklüğüne ve ilgisizliğe neden olmakta ve sonuç olarak da çok fazla devamsızlık gözlenmektedir (Akıncı, 2007, 9). Son yıllarda yapılan değişikliklerle öğrencilerin Türkçe yabancı dil derslerinden elde ettikleri notların okul başarı puanlarına dâhil edilmesinin ardından, ana dil eğitimi hem veliler hem de öğrencilerin gözünde daha çok önem kazanmıştır. Ancak bu da sorunu çözmeye yetmemiştir. Ana dil eğitimi vermek üzere Fransa'ya giden öğretmenler Türkiye'de kullanılan ve Türkiye'de yaşayanlar için yazılmış olan kitapları kullanmaktadır. Bu kitapların içeriği o çocukların yaşadığı kültürel ortamla ve Fransız ders programıyla örtüşmemektedir. Çocukların gerçek dünyasını yakalayamayan bu araç-gereçler beklenen ilgi düzeyine ulaşılmasını engellemektedir.

Sonuç ve Öneriler

Yukarıda ortaya koymaya çalıştığımız durum çerçevesinde Almanya, Belçika ve Fransa'da yaşamlarını devam ettiren Türk çocukların ve gençlerin eğitim alanında yaşadıkları sorunların fazlasıyla benzerlik gösterdiğini söyleyebiliriz. Alanda yapılan çalışmalar incelendiğinde de Batı Avrupa ülkelerinin hemen hepsinde benzer sorunların yıllardır süregeldiği, benimsenen çözüm yollarının yetersiz kaldığı görülmektedir. Geçici çözümlerle bu sorunların üstesinden gelinemeyeceği de aşikârdır. Söz konusu ülkeler, her ne kadar kabul etmek istemeseler ya da sorunu göz ardı etmeye çalışsalar da bu gençlerin yaşadıkları ülkenin eğitim imkânlarından olabildiğince yararlanmaları ve giderek o ülkenin çocuklarıyla eşit hale gelmeleri gerekmektedir. Ancak bunu sağlarken kendi kültür ve dillerinden kopmamaları büyük önem taşımaktadır.

Yapılan birçok araştırma Avrupa ülkelerinde öğrenim gören Türk kökenli çocukların sahip oldukları farklı dil ve kültürden kaynaklanan çeşitli sorunlar yaşadıklarını açıkça ortaya koymaktadır. Ortak sorunları eğitim hayatına başlarken ne ana dilin ne de yaşanılan ülkenin dilinin yeterince bilinmemesi, okulda ayrımcılığa maruz kalma, dışlanma ve özel eğitime muhtaç çocuklarla eşdeğer tutulma ve bu yönde eğitim veren okullara ya da meslek liselerine yönlendirilme ve dolayısıyla da yükseköğrenim hakkının engellenmesi, "ülkelerarası kültürel farklılıklar, eğitim sistemleri arasındaki farklılıklar, Türkçe ve Türk Kültürü derslerinin zorunlu olmaması, ebeveynlerin yaşadıkları ülkenin eğitim imkânları konusunda gerekli bilgiye sahip olmamaları ve okul yönetimi ile yeterli işbirliği kuramamaları" (Sarıkaya, 2014, 247) şeklinde sıralayabiliriz.

Avrupa Birliği azınlık hakları çerçevesinde durumu değerlendirdiğimizde çok etkili Türkçe eğitimi alması gereken gençlerimizin bu koşullardan yoksun olduğunu ve imkânların çok sınırlı olduğunu görmekteyiz. Birçok Avrupa ülkesinde Türkçe dersleri ya okul müfredatı çerçevesinde ya da okul saatleri dışında verilmektedir. En yaygın şekliyle Türkçe ilkokullarda ders saatleri dışında anadil olarak, orta dereceli okullarda ise anadil veya yabancı dil kapsamında seçmeli ders olarak öğretilmektedir.

Avrupa'da yaşayan Türk çocukların ve gençlerin Avrupa Birliği içinde Türkiye açısından büyük bir potansiyel güç olduğu gerçeğinden yola çıkarsak durumun

115

iyileştirilmesi için bir an önce gerekli ve kalıcı çözümlerin geliştirilmesi gereği daha net ortaya çıkmaktadır. Yıllardır uygulanan yöntemler tek taraflı bir çabanın çözüm olmadığını ve olamayacağını gözler önüne sermektedir. Vatandaşlarımızın yaşadığı ülkenin ilgili makamlarının, Türkiye Cumhuriyeti Milli Eğitim Bakanlığının, ülkemizi temsil eden resmi ve sivil toplum kuruluşlarının ve bu ülkelerde yaşayan ebeveynlerin işbirliği halinde çalışmaları gerekmektedir.

Başarılı bir eğitim ve iş hayatı için vatandaşlarımızın yaşadıkları ülkenin dilini iyi bilmeleri gerektiği gibi Türkçeyi de iyi bilmeleri gerekir. Anadilini iyi bilen bireylerin diğer dilleri de iyi öğrenebildikleri bilimsel verilerle ortaya konulmuştur. Bu bakımdan yurtdışında yaşayan Türk gençlerin yaşadıkları topluma başarılı bir şekilde katılmalarının ve asimile olmadan, kimliklerini kaybetmeden varlıklarını sürdürmelerinin yolu iyi bir anadil eğitiminden geçmektedir. Zira dil bir milletin kültürünün temel taşıdır. İnsanın kendi öz kültürü ile bağını devam ettirmesini sağlayan en önemli unsurdur ve insanın anadilini kaybetmesi kendi öz kültürüyle bağının kopmasına neden olmaktadır.

Kendi öz kültürleriyle bağlarını koparmamaları ve yaşadıkları toplum içinde eriyip gitmemeleri için de "yurtdışındaki Türklerin öncelikli gereksinimi, iki dilliliği temel alan, bilimsel araştırmalara dayanan, uygun ve doğru yapılandırılmış bir anadil öğretimidir" (Bican, 2014, 317). İki dilli eğitim anaokulundan itibaren başlatılmalı ve bu alanda eğitim almış öğretmenler tarafından verilmelidir. İki dilli kitaplar ve okul gereçleri, bilimsel verilerden, araştırmalardan yola çıkarak, öğrencilerin psikolojik ve sosyolojik ihtiyaçları göz önünde bulundurularak hazırlanmalıdır. Öğrenciler ve veliler her türlü eğitim sisteminden, gün geçtikçe değişen kanunlardan, yönetmeliklerden anında haberdar edilmeli ve uyarılmalı, gençler üniversite öğrenimine teşvik edilmeli ve özendirilmelidir. Ayrıca dernekler, kültür merkezleri bünyesinde tüm gençlere aktiviteler düzenlenmeli ve okul ödevlerine yardımcı olacak düzenlemeler geliştirilmelidir (Akıncı, 2007: 11).

Bu ülkelerde yetişen gençlere özel bir program çerçevesinde, Türkiye'deki üniversitelerde Türkçe öğretmenliği okuma ve yaşadıkları ülkeye dönüp öğretmenlik yapabilme imkânı sağlanabilir. Böyle bir istihdam imkânı hem anadillerini daha iyi öğrenmeye teşvik edecek, hem de öz kültürleriyle bağlarını kuvvetlendirecektir.

Ayrıca Türk Dili ve Kültürü derslerinin içerik açısından yeniden gözden geçirilmesi gerekmektedir. Çoğunlukla Türkiye'de kullanılan kitaplarla bu göçmen çocuklara eğitim verilmeye çalışılmaktadır. Oysaki her ne kadar ortak konular olsa da, her ülkenin gerçekleri, kültürel yapısı, yaşam tarzı ve insanlara kazandırdığı bakış açısı farklıdır. Bu kitapların ilgili ülkelerden uzman kişilerle bir komisyon çerçevesinde oluşturulması, hatta belki de her ülke için ayrı bir kitap yazılması gerekir. Ayrıca günümüz iletişim teknolojilerinin bu kitaplara adapte edilmesi şarttır. Günümüz gençliğini teknolojiden uzak düşünmek imkânsız olduğuna göre, teknolojinin gençler üzerinde yarattığı cazibeyi eğitim amaçlı kullanmak oldukça yararlı olacaktır.

Sonuç olarak Türkçe derslerinin daha sitemli, daha kontrollü olması ve daha gerçekçi hedeflerle donatılması gerekir. Bunun için de öncelikle bu derslerin zorunlu hale getirilmesi, ders saatlerinin artırılması, teşvik edici sosyal ve kültürel etkinliklere yer verilmesi, Türkiye'deki okullarla işbirliğine yönelik uygulamalara yer verilmesi ve öğrenci değişim programlarının çok daha geniş çapta uygulanması gerekecektir. Yurtdışındaki gençlerimiz çoğunlukla ülkemizi yazın aileleriyle tatil yapmaya geldikleri ve akrabalarının yaşadığı bir yer olarak görmekteler. Tüm bu iyileştirmeler gençlerimizin ülkemizi tüm zenginlikleri ve güzellikleri, tarihi, kültürel ve sosyal yapısıyla bir bütün olarak tanımalarını, ülkelerine karşı farkındalıklarının artmasını ve kendi öz kültürlerine ve anadillerine sahip çıkmalarını sağlayacaktır.

Kaynakça

Aile ve Sosyal Araştırmalar Genel Müdürlüğü (2005). Federal Almanya'da yaşayan Türklerin aile yapısı ve sorunları araştırması. 3.03.2016 tarihinde http://ailetoplum.aile.gov.tr/data/544f6ddd369dc328ao57d01c/almanya.pdf adresinden erişilmiştir.

Akıncı, M. A. (2007). Fransa'da Türkçe anadili eğitimi ve iki dilli Türk çocuklarının dil becerileri, *II. Avrupa Türk Dili Bilgi Şöleni,* TOBB Ekonomi ve Teknoloji Üniversitesi, Söğütözü, Ankara (sözlü bildiri).

Arslan, M. (2006). Almanya'daki Türk işçi çocuklarının eğitim sorunları. *Erciyes Üniversitesi Sosyal Bilimler Enstitüsü Dergisi,* 2, 233-245.

Başkurt, İ. (2009). Almanya'da yaşayan Türk göçmenlerin kimlik problemleri. *Hasan Ali Yücel Eğitim Fakültesi Dergisi,* 12, 81-94.

Belet, Ş. D. (2009). İki dilli Türk öğrencilerin anadili Türkçeyi öğrenme durumlarına ilişkin öğrenci, veli ve öğretmen görüşleri (Fjell ilköğretim okulu örneği, Norveç). *Selçuk Üniversitesi Sosyal Bilimler Enstitüsü Dergisi,* 21, 71-85.

Bican, G. (2014). I. Uluslararası Avrupa'da iki dilli Türklerin anadili eğitimi çalıştayı. *Journal of World of Turks,* 6 (1), 317-320.

Gelekçi, C. (2010). Belçika'daki Türk çocukların eğitim-öğretim yaşantılarında karşılaştıkları sorunlar ve ayrımcılığa yönelik görüşleri. *Hacettepe Üniversitesi Türkiyat Araştırmaları Dergisi,* 12, 163-194.

Manço, Altay (2002). Göçmen Türklerin Belçika eğitim sisteminde yeri. *Çukurova Üniversitesi Sosyal Bilimler Dergisi,* 26 (1), 61-68.

Sarıkaya, H. S. (2014). Belçika Flaman bölgesinde yaşayan Türk kökenli çocukların yaşadığı temel eğitim sorunlarının incelenmesi. *ASOS Journal,* 2 (8), 246-260.

Ulutak, N. (2007). *Avrupa'da Türkçe "İkinci Dil" öğretimi araştırması* (proje no: 050734). Eskişehir: Anadolu Üniversitesi Yayınları.

Yağmur, K. (2015). Batı Avrupa'da Türkçe öğretiminin sorunları ve çözüm önerileri. 20.01.2016 tarihinde http://dergiler.ankara.edu.tr/dergiler/27/759/9644.pdf adresinden erişilmiştir.

Yıldız, C. (2012). *Yurt dışında yaşayan Türk çocuklarına Türkçe öğretimi (Almanya örneği).* Ankara: Yurtdışı Türkler ve Akraba Topluluklar Başkanlığı.

Yılmaz, M. Y. (2014). İki dillilik olgusu ve Almanya'daki Türklerin iki dilli eğitim sorunu. *Turkish Studies,* 9 (3), 1641-1651.

Hollanda'ya Göçün Hollanda Kimliğine Etkileri

Mustafa Güleç[45]

Giriş

İkinci Dünya Savaşı sonrasında yeniden yapılanma sürecine giren Hollanda'da oluşan işgücü açığı, 1960'lı yıllardan itibaren Türkiye ve Fas gibi İslami kültürel coğrafyadaki ülkelerden getirilen düşük ücretli misafir işçiler (*gastarbeiter*) aracılığıyla kapatılmaya çalışıldı. Hollanda, söz konusu savaş sonrasında oluşan iş gücü açığını, bir taşla iki kuş vurma ilkesiyle, hem çok ucuz, hem de "geçici" (ya da "misafir") işçi alımıyla kapatmak istedi. Sonuçta, ticari zihniyet, her zaman, yatırımı düşük, kârı ise en üst düzeyde tutmayı arzular (Güleç, 2015: 95).

Sanayi Devrimi'nin önemli etkilerinden biri, çoklu üretim dizgesine geçişle birlikte çoklu işgücü açığının oluşması biçiminde kendini gösterdi. Bu olgunun daha sonraki döneme yansımalarından biri olarak, 20. Yüzyılın başındaki iki büyük dünya savaşından önce Hollanda-Belçika Limburg Bölgesi'ndeki kömür madenlerinde iş gücü açığı oluşmasını konumuzla bağlantılı örnekleyebiliriz. Deneyimli olması bir yana, eğitimli Hollandalı maden işçisi bulunamadığı için, yurtdışından (Almanya, Polonya ve İtalya'dan) işçi getirildi. Yaklaşık on beş yıl çalıştıktan sonra, bu işçilerin çoğu 30'lu yıllardaki ekonomik bunalımın etkisiyle ülkelerine geri gönderildiler (Lakeman, 1999: 16)[46]. Belçika örneğinde açık biçimde gördüğümüz gibi, Belçika devleti, çalışma koşullarını ve sosyal hakları iyileştirmesine rağmen, madenlere yeterli sayıda yerli işçi çekemedi. 1946 anlaşmasıyla 50.000 İtalyan maden işçisi Limburg'a gelip çıkardıkları kömürün İtalya'ya satılmasına aracı oldular (Salsi, 2013: 15). Hollandalılar gibi Belçikalı işçiler de, işgücü açığından değil, işin pis, sert ve tehlikeli, işyerinden kaynaklı akciğer hastalıklarının tanınmamış olmasından dolayı yerel işgücünün çalışma isteksizliğine bağlı olarak, iyi örgütlenme ve güçlü sendikaları sayesinde bu türden iş koşullarını kolayca reddebiliyordu (Salsi, 2013: 42). 1934'e kadar geçerli pasaport sahibi ve mali açıdan bağımsız herkes, Hollanda'ya gelebiliyordu. Almanya'dan kaçan 12.000 iyi eğitimli ve varlıklı Musevi Hollanda'ya sığındı (Lakeman, 1999: 17). Ancak daha sonra II. Dünya Savaşı öncesi koşulların getirdiği durumların etkisiyle dışarıdan işçi göçü kısıtlandı. Savaşın tüm Avrupa'ya verdiği zarar büyük oldu. Ciddi darbe alan altyapı ve üstyapı, toplu ve çoklu onarımı, üretim artışını elzem hale getirdi. Savaşın bitişiyle sürekli küçülmeden kurtulan sanayi kuruluşları büyüme evresine girdi. Bu durum, çoklu üretim ve işgücü açığının oluşması anlamına geliyordu. Yukarıda da belirttiğim gibi, çoklu işgücünün düşük maliyeti, kar oranının doğrudan yükselmesi demektir. Almanya, Polonya ve İtalya'dan ya da Batı Avrupa kültür coğrafyasındaki diğer düşük maliyetli ülkelerden (örneğin Yunanistan, Portekiz ve İspanya'dan) işgücü alımı, daha önceki deneyimlere bağlı olarak, söz konusu ticari hedefe ulaşmada engel oluşturacaktı. Dolayısıyla, Batı kültür coğrafyası çeperindeki ekonomik ve toplumsal anlamda görece geri kalmış ve niteliksiz işgücü fazlası olan ülkelerden (örneğin Türkiye ve Fas'tan) sözleşmeli işçi

---

[45] Yrd. Doç. Dr., Ankara Üniversitesi, Dil ve Tarih-Coğrafya Fakültesi, Hollanda Dili ve Edebiyatı Anabilim Dalı; mustafagulec@hotmail.com

[46] Gereken bölümlerdeki çeviriler, alıntının kaynak dilinden Türkçeye tarafımdan yapılmıştır.

Yazgan, P., Tilbe, F. (der.) (2016).
Türk Göçü 2016 Seçilmiş Bildiriler I.
London: Transnational Press London.

alımı gerçekleşti. Kültürel artalanı farklı işçiler belli bir süre için 'misafir' olarak nitelenip çalıştırılacak; kar yüceltilmesi sağlandığında ve bu işçileri istihdam eden şirketlerin küresel rekabet güçleri istikrarlı bir konuma geldiğinde ise geri gönderilecekti. Akılcı mantığın genelde egemen olduğu büyük çaplı ekonomik ve ticari oluşumlarda üretimdeki gücün etten, kemikten, kan ve candan oluşmuş yaşayan bir organizma olduğu fikri, nedense pek fazla hesaba katılmaz. Ancak, işçiyi, bir makine basitliğine indirgemek, ticaretin ruhsal ve toplumsal boyutu ciddi sorun çıkarıcı biçimde göz ardı etmesine neden olur. 1960'lı yıllardan itibaren Türkiye ve Fas'tan Hollanda'ya getirilen işçiler, her ne kadar zor koşullarda, hızlı ve uzun süreli çalışsalar da, sonuçta makine değillerdi. Dolayısıyla, yalnızca ürün ve artı değer anlamında üretime katkıda bulunmaları beklenemezdi. İnsan öğesi devreye girince, ruhsal, toplumsal ve siyasi süreçlerin etkinleşmesi kaçınılmaz oldu.

Scheffer (2007) ve Pos (2014), söz konusu göçün, Hollanda'nın ulusal kimliğine etkilerini tartışırken, Hollanda toplumundaki dönüşümleri günümüze kadar üç evreye ayırıyor: 1960'lı yıllarda misafir işçilerden kaçınma, görmeme ya da yok sayma; 1970 ve 80'li yıllarda anlaşmazlık ve sürtüşmelerin baş göstermesi ve 1990'lı yıllardan günümüze kadar ise kabullenme evresi. Bu çalışmada, söz konusu ulamlamanın bugünkü koşullar içinde ne kadar geçerli olduğu Hollanda toplumundan örnekler temel alınarak tartışılacaktır. Söz konusu tartışmayı yaparken, toplumsal söylemlerin nasıl değiştiği de gösterilecektir.

Hollanda'ya işçi göçü

Savaş sonrası artan ekonomik etkinlik ve üretim, refah düzeyinin artmasına neden oldu. 1960'lı yıllara gelindiğinde, yükselen refah düzeyi, yerli işçilerin iş beğenmesine neden oldu. Temel sorun, Hollandalıların nahoş işleri yapmak istememeleri değildi. Hollandalı işçilerin bu türden kötü ve ağır işler için çok daha yüksek ücret istemeleriydi. Yüksek ücret verince şirketlerin kar oranları düşecek ve birkaç yıl içinde belki de piyasadaki rekabet gücünü yitirip iflas edeceklerdi (Lakeman, 1999: 33). Lakeman, misafir işçilerin aslında davetsiz misafir olduğunu öne sürdüğü incelemesinde, gelen göçmen işçilerin eğitim düzeylerinin düşük olduğunu ve buna bağlı olarak niteliksiz işçi konumunda götürdüklerini öne sürüyor. Halbuki 60'lı yıllardan itibaren Batı Avrupa'ya getirilen bu işçilerin düşük maliyet ve kar yüceltilmesi dengesi bağlamında bilinçli olarak seçildiklerini bir biçimde göz ardı ediyor. Lakeman'ın mekanik çözümlemesi, yukarıda açıkladığım ticaretteki akılcı ve düz mantık ile koşutluk gösteriyor.

Diğer taraftan, Scheffer ve Pos'un 1990'lı yıllara dönük yaptığı çözümlemedeki kabullenme evresine uyum sağlayan bir yaklaşım biçimi olmadığı net olarak görülebiliyor. Nitekim 2000'li yıllardan itibaren Hollanda'daki göçmenlere yönelik toplumsal ve siyasi söylemin önemli ölçüde değiştiğini gözlemliyoruz.

Avrupa Konseyi'nin beş yıllık dönemler içinde üye ülkelerdeki ırkçılık, ayrımcılık ve hoşgörüsüzlük üzerine yaptığı ve yayımladığı araştırmalar, Avrupa düzeyinde ırkçılık ve yabancı düşmanlığı olgusunun durumunu nesnel biçimde ölçüp betimliyor. Konseye bağlı Irkçılık ve Hoşgörüsüzlükle Mücadele Komisyonu'nun (ECRI) Hollanda ile ilgili yayımladığı son rapor (22 Mart 2013 tarihine kadar yapılan gözlemler), bu açıdan endişe verici ifadeler içeriyor. Komisyon raporlarını toplum içindeki çok farklı resmi ve gayri resmi kaynaklardan derlediği bilgileri çözümleyerek hazırlıyor. 2008 yılında yayımlanan son raporla karşılaştırıldığında olumlu anlamdaki ilerlemelere, yürütme ve yargı kurumlarının ayrımcılık ve ırkçılık konularında

120

donanımlarının ve kadrolarının arttırılması; ayrımcılığa maruz kalması muhtemel göçmenler gibi kırılgan ve hassas grupların iş piyasasındaki durumlarını saptayıcı araştırmalara ağırlık verilmesi sayılabilir. Bunlara rağmen, komisyon, olumsuzlukların da görüldüğünü belirtiyor (Raad van Europa, ECRI, 2013). Ceza hukukunda uyruk ve dil temelli ırkçılık ve ayrımcılık yasaklanması bir eylem olarak duruyor. Hüküm sürecinde ırkçılık suçu ağırlaştırıcı bir gerekçe olarak belirtilmemiştir. Özellikle siyasi dil kullanımında ırkçılık ve ayrımcılığa yönlendiren biçemin yasaklandığı belirlemelerin yorumlanması konusunda kaygı verici durumlar söz konusudur. Hükümet, internetteki ayırımcılık bildirim hattının finansmanında kısıtlamaya gitmiştir. Yapılan araştırma sonucunda şirketlerin ve iş bulma kurumlarının eylemlerinde ayrımcılığa sıkça rastlanmıştır. Doğu Avrupa ülkelerinden gelen göçmenler, İslam'ın ve Müslümanların Hollanda'daki varlığı, siyasetçiler ve medya tarafından sıkça ülke için bir tehdit olarak gösteriliyor. Uyum, çift taraflı bir süreç olarak algılanıyor, fakat bu sürecin sorumluluğu sıklıkla göçmenlerin sırtına yükleniyor. Göçmenlerin uyum sürecini kolaylaştıracak programların iptal edilmesi de öngörülüyor. Aile birleşimi için yurtdışında uygulanan uyum sınavlarının zorlaştırılması, eğitim düzeyi düşük olanlar, yaşlılar ve okuma yazma bilmeyenler bakımından ayrımcı ve engelleyici etki yaratacaktır. Hollanda'ya yerleşmek isteyen yabancıların üç sene içinde söz konusu sınavda başarılı puan alması gerekiyor. Başarısızlık durumunda para cezası ödeme ve oturma izninin iptali gibi ciddi sorunlarla karşılaşabiliyorlar (Raad van Europa, 2013: 9-10).

Göçmenlerin topluma uyumu söz konusu olduğunda; Avustralya, Kanada ve ABD gibi göç tabanlı kurulmuş devletler ile Fransa, Almanya, İngiltere ve Hollanda gibi kıta Avrupa'sında ulusal kimliği uzun bir tarihsel sürece yayılmış ve göç etkisiyle oluşmamış ülkelerdekine oranla önemli farklılıklar göstermektedir (Şeker, 2015: 19). Göç tabanlı ülkelerde kültürleşme yöntemleri uygulanmaktadır. Bu yöntemin ana özelliği bütünleşme olgusunun ön plana çıkarılmasıdır. Göçmenler, ülkeye kabul edildikleri andan itibaren bağlamın ana unsuru ve bir parçası olarak görülür; toplumun geneliyle bütünleşmeleri, karşılıklı olarak içine alma, kabullenme yönünde tutum sergilenir. Karşıt gruptaki ülkelerde ise ayrışma, ayrılma, ayrımcılık ve asimilasyon anlamındaki eritme, baskın gruptan göçmenlere yönelik tek yönlü olarak gözlemlenen tutumlardandır. Bu tür ülkelerde sorumluluk, sürekli biçimde göçmenlerin üzerindeymiş, herhangi bir sorun ortaya çıktığında ise göçmenlerin tutum ve davranışlarından, yaptıklarından ya da yapmadıklarından kaynaklanıyormuş gibi bir izlenim sıkça oluşur.

Scheffer ve Pos'un dönemsel ayrımlamasına zıt olarak, 1990'lı yılların sonunda Hollanda'da siyasi söylem gittikçe göçmen karşıtı bir içerik kazanmaya başlamıştır. Toplumbilimci ve köşe yazarı Pim Fortuyn'ün yükselişi bu döneme denk gelir. Pim Fortuyn'ün 1997'de yayımladığı göç ve İslam karşıtı kitabı, tüm sorumluluğun göçmenlerin üzerinde görüldüğünü net bir biçimde ortaya koyuyor: «…Son birkaç on yılda Türkiye ve Fas'tan gelen çok sayıda insan, Hollanda'ya yerleşti. Bunların bize ekonomik ve toplumsal uyum süreçleri yavaş ve çok sıkıntılı ilerliyor. Yahudi, Hıristiyan ve İnsancı kültür kökenleri üzerine kurulmuş bu ülkede, özellikle İslam, sıklıkla önümüzde kültürel bir engel oluşturuyor…» (Fortuyn, 1997: 56). Bu kitaptaki söylemler, Fortuyn'ün siyasi anlamda ün kazanmasına, 2002 seçimlerine öncü parti lideri olarak katılmasına götüren süreci başlatmıştır. Diğer taraftan, göç ve göçmen türleri üzerinde ayrımlaşma ve algının eşdeğer düzeyde olmadığını, Hollanda toplumundaki algı ve yorumun farklılık gösterdiğini gözlemleyebiliyoruz. Van

Heuckelom (2015), Eski Doğu Bloku ülkelerinin AB'ye katıldıktan sonra, bu ülkelerden Hollanda'ya olan göçü Hollanda'daki Polonyalı göçmen imgesi üzerinden incelediği çalışmasında, Kuzey Afrikalı ve Türk kökenli göçmenlerde yerel halk ile düşmanca etkileşim görülürken, Polonyalı göçmen imgesinde bu öğenin öne çıkmadığını öne sürüyor. Görsel sanatlarda yaratılan imge ve algı üzerinden paylaştığı çalışmasında, Polonyalı göçmenlerin fakir ancak daha olumlu yönleri öne çıkarılırken, Müslüman göçmenlerin daha saldırgan, ayrılıkçı ve şiddet yanlısı olarak yansıtıldığını belirtiyor. Seçici algıyı ve yargıyı öne çıkaran Yazar Heijne (2016) ise son Suriyeli mülteci akınını da işin içine katarak, Hollanda'da göçün etkisiyle bir "tehdit kültürünün" oluştuğunu, "toplum, ülke, ulus nedir?" sorularının tartışıldığını, ulusal kimliğin tehdit altında olduğunu söyleyen siyasi partilerin seçmen sayısını sürekli çoğalttığını, Hollanda'daki toplumsal kıskançlığın hiçbir yerde olmadığı kadar arttığını ve net görüş bildirmeyen ya da tavır takınmayan alışılmış siyasi partilerin aşırı kolaycı ve faydacı yaklaşımlarından dolayı seçmenlerin net (fakat sert) söylemlerle gelen aşırı sağ partilere kaydığını dile getiriyor. Bu durum, biraz önce bahsedilen kabullenme olgusunun bütünüyle geçerli olmadığını sezdiriyor. Heijne'nin görüşleri, dolaylı olarak Galtung tarafından da destekleniyor: "seçkinlerin sahip olduğu toplum imgesi ile iktidar sahibi olmayan halkın toplum imgesi arasında büyük bir mesafe olmamalıdır. Halkın, toplumun nasıl sunulduğunu ve aslında nasıl planlandığını bir ölçüde etkileme hakkı olmalıdır. Demokrasi, şeffaflık olmadan anlamsızdır. Bunun koşulu ise bağımsız medyadır" (Galtung, 2013: 115). Toplumu yönetenler ile yönetilenler arasında iletişim kopukluğu olduğu zamanlarda, genel olarak toplumlarda büyük değişimler tetikleniyor. Göçe ticari kar açısından bakan iş dünyası ve yönetici kesim, ilerleyen dönemde ucuz iş göçünün Hollanda toplumunun geneli için bir toplumsal sorun kaynağı olabileceğini muhtemelen hesaba katmadı. İlerleyen süreçteki ekonomik dalgalanmalar ve değişimler, tüm dünyada tarih boyunca liberal ve hoşgörülü olarak tanınan Hollanda Toplumunun 1990'lı yıllardan itibaren muhafazakar ve milliyetçi eğilimlerin ağır bastığı bir toplum olmasına zemin hazırladı. Böylesine bir dönüşümle suçlandığını anlatan liberal siyasetçi (D66) Jan Terlouw, son yıllarda kendisine yöneltilen soru ve eleştirilerin rahatsız edici boyutta olduğunu belirtiyor: «…Neoliberalizm hepimizi mahvedecek. Para, yegane güç haline geldi. Bizi artık siyaset değil, kapital yönetiyor. Yalnızca Hollanda'dan bahsetmiyorum. Tüm dünyada durum böyle. Artık hiçbir yerde siyaset patron değil. Clinton ailesine bakın. Bir konferans için iki yüz bin dolar para istiyorlar. İncil'de şöyle bir ifade var: 'deve iğne deliğinden geçmeden zenginler cennete giremez'. Amerika'da nüfusun yüzde biri milli gelirin yarısını cebinde tutuyor. Bunları duyan çevremdeki insanlar, 'sen sağcıydın hep. Son zamanda ne kadar solcu olmuşsun' diyor. Bu bence yanlış bir gözlem. Çünkü ben bunları 70'li yıllarda da dile getiriyordum. O zaman toplumdan böyle köktenci tepkiler almıyordum. Bence Hollanda toplumu sağcı oldu, korkunç bir biçimde sağcı…» (Jan Terlouw, De Volkskrant, 21 Şubat 2016). Terlouw, buradaki gözlemleriyle, 1960'lı yıllarda ucuz iş göçünü başlatan ticari düşünce yapısının, ikibinli yıllarda toplumun geneline nasıl bir toplumsal sorun yapılanmasının temellerini attığını dile getiriyor.

Çokkültürcülük (*multiculturalism*) ve Uyum-Eritme (*integration-assimilation*)

Başlangıç evresinden 1990'lı yıllara kadar çokkültürcülük söylemini benimseyen Hollanda'daki resmi söylem, tabandan gelen şikayetleri dinlememesinin bedelini siyasi akımların aşırı sağa doğru kaymasını deneyimleyerek ödedi. Bu tür söylem,

Anglosakson ülkelerde olduğu gibi bütünleştirici, farklı kültürleri kabul edici, hoşgörülü bir yaklaşımı içeriyordu. Kabullenmenin etkilerinden biri olan çokkültürcülük bugünün Hollandası'nda yerini bütünüyle Hollanda toplumuna tam uyum ve Hollanda ulusal kimliğini benimseme uyum-eritme yaklaşımına bırakmıştır. Buradaki uyum ve eritme kavramları, göçmenlerin getirdikleri kimliklerden vazgeçmeleri ve bütünüyle baskın topluma uyum sağlayıp içinde erimeleri beklentisine gönderimde bulunmaktadır. Bütüncül kimlik yadsıması, yerli Hollandalılar gibi davranmaları göçmenlerden beklenirken, şayet işin içine ekonomik çıkarlar girerse, Hollanda'da farklı kültürlerin yaşadığının kabullenilmesi gibi ani pragmatik, faydacı tutum ve tavırlar resmi (hukuksal) düzlemde bile kendini gösterebilir. Türk kökenli genç bir kızın geçirdiği kaza sonucu ömür boyu sakat kalmasına bağlı olarak istenen tazminat rakamı mahkeme tarafından farklı kültürel gerekçelerin kabul edilmesine neden olabilmektedir: «...Ezra'nın hayatını hesapladılar. Hollanda mahkemesi, geçirdiği kazada beyninde hasar oluşan 20 yaşındaki Türk kökenli Hollanda vatandaşı genç kız Ezra Coşkun için, 'nasılsa evde oturacak çocuk doğurup bakacaktı' diye az tazminatı uygun gördü...» (24 Aralık 2013, joop.nl).

Pim Fortuyn'den sonra aşırı sağ akım liderliğini üstlenen Geert Wilders'ın söylemleri, konunun zamanın ruhuna bağlı olarak içerik değiştirdiğini ve kavramların ırktan kültüre doğru kaydığını görüyoruz. Wilders, sağ liberal parti VVD'den ayrılarak 2006'da PVV'yi kurdu. 2010'da üç büyük koalisyon ortağından biri oldu. Söylemlerinde ırktan ziyade sürekli kültür olgusuna vurgu yaptı: «Müslümanlardan nefret etmiyorum. İslam'dan nefret ediyorum... Kitapların yasaklanmasından yana değilim ama tutarlı olmak lazım. Hitler'in yazdığı *Mein Kampf*'ı yasaklıyorsak, Kuran'ı da yasaklamamız gerekir. Faşist bir kitaptır. İslam, bir din değildir. Komünizm ve faşizm gibi bir totaliter siyasi ideolojidir» (5 Ekim 2010, Russia Today).

Bu bağlamda, çokkültürcülük ve uyum-Eritme kavramlarının, iki kutuplu bir uç oluşturacak biçimde bir bütünce (*continuum*) olup olmadığı sorusu önem taşımaktadır. Bazen toplumsal gelişmeler, tahmin edilemez bir biçimde olguyu kavramaya çalıştığımız bütüncenin de dışına taşabilir. Nitekim, Wilders'ın, 2014 yerel seçimlerinde başkent Lahey bölgesini kazandıktan sonra yaptığı kutlama konuşma olgunun boyutlarını tahmin etmenin zorluğunu açıkça gösteriyor: «Bu şehirde ve tüm Hollanda'da, daha az mı, yoksa çok mu Faslı görmek istiyorsunuz? Taraftarları, "daha az, daha az" diyerek tempo tutuyor. Wilders'in tepkisi şöyle: Tamam o zaman biz o işi ayarlayacağız... Birçok kişinin düşündüklerini söyledim. Faslıların sayısını, Müslüman ülkelerden göçü kısıtlayarak, gönüllü geri göçü teşvik ederek çifte vatandaşlık hakkı olan suçluların Hollanda pasaportunu iptal edip sınır dışı ederek azaltabiliriz...». (20 Mart 2014, De Volkskrant).

Söz konusu bütünce, bu türden anlık gelişmeleri açıklayabilecek durumda gözükmüyor. Öyleyse, 21. Yüzyıldaki göç olgusunun toplumsal düzlemde yeni kavramsal ve kuramsal yaklaşımlarla ele alınması gerekir.

Sonuç

Göç olgusu, dokunduğu tüm toplumları tarih boyunca değişime ve/veya dönüşüme zorlamıştır. İşçi göçünün başladığı 1960'lı yıllardan itibaren Hollanda ulusal kimliğinde önemli değişim ve dönüşümler olduğunu gözlemliyoruz. En çok göze çarpan konu, 20. yüzyılın ilk yarısına kadar çokkültürlülüğü anavatan dışında edilgen ve faydacı biçimde yaşamış Hollanda toplumu, bu tarihten sonra, içeride yani anavatanda etken ve diğergam boyutta deneyimleme zorunda kalmıştır. Pim Fortuyn'ün ani yükselişi ve Geert Wilders'a giden süreç, bugünkü Hollanda toplumuna baktığımızda, Scheffer ve Pos'un öne sürdüğü kabullenmenin kısmen ve kısıtlı olduğuna işaret ediyor.

Diğer taraftan, Wilders'ın söylemleri, çokkültürcülük ve uyum-eritme kutuplu bir bütüncenin olmadığını, toplumsal söylem ve gelişmelerin bu bütüncenin dışına taşabileceğini gösteriyor.

Toplumdaki değişim ve dönüşümler bağlamında; Jan Terlouw, Lakeman ve Galtung, toplumsal hastalığın nedenleri ve etkenleri üzerine yoğunlaşırken, Van Heuckelom, Fortuyn ve Wilders sonuç ve etkileri ön plana çıkarıyor. Halbuki bir benzetmeyle anlatacak olursak, gerçek anlamda tedavi edici, sağaltıcı tıp; belirtileri, sonuçları giderici odaklanma yerine daha kökten ve kalıcı olan nedenleri ortadan kaldırıcı yöntem uygulamalıdır.

Bu anlamda, Lakeman, Galtung ve Terlouw, ayrıcalıklı kesim ile toplum tabanının göç olgusuna çok farklı pencereden baktığını net biçimde ortaya koyuyor. Bu saptama, muhtemelen, gelecekteki sorun ve gerilimlerin ana kaynağını oluşturacaktır. Dolayısıyla önleyici ve öngörücü toplumsal atılımlar, bu saptama ekseninde biçimlenmelidir.

Kaynakça

Galtung, Johan. (2013). *İnsan Hakları: Başka Bir Açıdan Bakış*. Çeviren: Müge Sözen. İstanbul: Metis Yayınları.

Güleç, Mustafa. (2015). *Hollanda'da Kültürün Tekil ve Çoğul Halleri*. Ankara: Gazi Kitabevi Yayınları.

Heijne, Bas. (2016). "In dit Land Heerst een Dreigcultuur": www.limburger.nl. Paul van Gageldonk'un röportajı, 13 Şubat 2016.

Lakeman, Pieter. (1999). *Binnen Zonder Kloppen: Nederlandse Immigratiepolitiek en de Economische Gevolgen*. Amsterdam: Uitgeverij Meulenhoff.

Pos, Arie. (2014). "Voor wie de nuance zoekt". *Internationale Neerlandistiek* içinde, cilt 52/3. Amsterdam: Amsterdam University Press.

Raad van Europa. (2013). ECRI-Rapport over Nederland, vierde monitoringcyclus. Gepubliceerd op 15 Ekim 2013. Council of Europe, European Commission against Racism and Intolerance, ECRI.

Salsi, Sonia. (2013). *Storia dell'immigrazione Italiana in Belgio: Il Caso del Limburgo*. Bologna: Edizioni Pendragon.

Şeker, Betül Dilara. (2015). "Göç ve Uyum Süreci: Sosyal Psikolojik bir Değerlendirme". Yayına Hazırlayanlar: B. Dilara Şeker, İbrahim Sirkeci, M. Murat Yüceşahin. *Göç ve Uyum*. Londra: Transnational Press London.

Scheffer, Paul. (2007). *Het Land van Aankomst*. Veertiende Druk. Amsterdam: De Bezige Bij.

Van Heuckelom. (2015). "'In Holland Staat een Huis': De Uitbeelding van Poolse Immigranten in Recente Nederlandse Speelfilms". *Internationale Neerlandistiek* içinde, cilt 53/2. Amsterdam: Amsterdam University Press.

Kitlesel Akınlarda Geçici Koruma: Türkiye'deki Suriyeliler

Esra Yılmaz Eren[47]

Giriş

BMMYK kayıtlı verilerine göre 2011 yılı bahar aylarından bu yana yaklaşık 4.7 milyon Suriyeli ülkesini terk ederek komşu ülkelere sığınmak mecburiyetinde bırakılmıştır. Bunlardan yaklaşık 2.6 milyonunun Türkiye'ye geldiği resmi kaynaklarca ifade edilse de kayıtlı olmayanlarla birlikte bu rakamların çok daha yüksek olduğu tahmin edilmektedir.

Türkiye, Yabancılar ve Uluslararası Koruma Kanununda geçici korumayı "ülkesinden ayrılmaya zorlanmış, ayrıldığı ülkeye geri dönemeyen, acil ve geçici koruma bulmak amacıyla kitlesel olarak Türkiye sınırlarına gelen veya sınırları geçen yabancılara sağlanabilecek koruma" (mad. 91) olarak tanımlamış ve ülkesinde barındırdığı Suriyeliler için geçici koruma statüsünü sağlamıştır.

"Geçici Koruma" Kavramının Anlamı ve Kapsamı

Geçici korumaya (temporary protection) ilişkin düzenlemeler, uluslararası belgelerden çok Avrupa Birliği uygulamasına özellikle de 2001 tarihli AB Geçici Koruma Yönergesine[48] (Temporary Protection Directive) dayanmaktadır.

Geçici koruma statüsü ile 1951 Mültecilerin Hukuki Durumuna ilişkin Cenevre Sözleşmesi bağlamında mültecilik şartlarını taşımayan, silahlı çatışma, yaygın şiddet ya da sistematik veya yaygın insan hakları ihlalleri nedeniyle kitlesel olarak ülkelerinden kaçan kişilere, istisnai nitelikte olağanüstü hal koşullarında ve sınırlı bir süre için çözüm bulunmuş olmaktadır[49]. (Goodwin-Gill& McAdam, 2007, s. 340.)

Geçici korumanın amacı bu kişilerin acilen güvenli bir ortama yerleştirilmelerini sağlamak ve başta geri gönderilmeme ilkesi olmak üzere temel insan haklarını güvence altına almaktır.

Avrupa Birliği Uygulamasında Geçici Koruma

1990'lı yıllarda Eski Yugoslavya'da yaşanan iç savaş sonucunda Avrupa Birliği'nin sınırlarına yapılan toplu nüfus hareketlerine cevap verebilmek ihtiyacı, AB ülkelerini sığınma politikalarında yeni bir yaklaşım oluşturmaya sevk etmiştir. Birlik içerisinde ülkeler arasındaki uygulama farklılıklarını ortadan kaldırmak ve nüfusun belli ülkelere yoğunlaşması nedeniyle oluşan adaletsizliği yük paylaşımı ile

---

[47] Araş. Gör, Türk- Alman Üniversitesi Hukuk Fakültesi Genel Kamu Hukuku ABD, Şahinkaya Cad. No: 86 34820 Beykoz İstanbul, Türkiye. E-posta: eren@tau.edu.tr

[48] Council Directive 2001/55/EC of 20 July 2001 on minimum standards for giving temporary protection in the event of a mass influx of displaced persons and on measures promoting a balance of efforts between member states in receiving such persons and bearing the consequences thereof, OJ L212,07.08.2001. http://eur-lex.europa.eu/LexUriServ/LexUriServ.do?uri=OJ:L:2001:212:0012:0023:EN:PDF.

[49] Guy S. GOODWIN-GILL/Jane MCADAM, The Refugee in International Law, 3rd edition, Oxford University Press 2007, s. 340.

Yazgan, P., Tilbe, F. (der.) (2016).
Türk Göçü 2016 Seçilmiş Bildiriler I.
London: Transnational Press London.

dengelemek amacıyla 20 Temmuz 2001 tarihinde "Geçici Koruma Yönergesi" kabul edilmiştir. Böylece AB Hukukunda geçici korumaya ilişkin yasal bir dayanak oluşturulmuş ve AB kurumlarınca harekete geçirilen istisnai bir mekanizma ile sığınma konusunda adil yük paylaşımını hedefleyen bağlayıcı bir geçici sığınma sistemi kurulmuştur. (Arenas, 2005, s. 437) Yönerge, "geçici koruma sağlamak için gerekli minimum standartları belirlemeyi" ve "yerinden edilmiş kişileri kabul eden üye devletlerin gösterecekleri çabaları dengelemeyi" amaçlamaktadır. Yönergenin uygulama kapsamı ise, üçüncü ülkelerden kitlesel olarak gelen ve menşe ülkelerine geri dönemeyen yerinden edilmiş kişilerle sınırlandırılmıştır. Yönerge çerçevesinde geçici korumanın işlerlik kazanabilmesi için Birlik kurumlarının kitlesel bir yerinden edilmenin varlığını kabul etmeleri gerekmektedir. Başka bir deyişle bu düzenleme bireyler tarafından doğrudan talep edilebilecek yeni bir sığınma hakkı tanımamaktadır.

"Kitlesel Akın" Kavramı Ve Geçici Koruma

Kitlesel akın (mass influx), kavramı; iltica hukuku alanında temel metinler olarak sayılabilecek 1951 Cenevre Sözleşmesi'nde ve 1967 Protokolü'nde yer almamaktadır. Öte yandan BMMYK İcra Komitesi kararları kitlesel akının niteliğine ilişkin belli kriterler öngörmektedir. Buna göre kitlesel sığınma kavramının, hem devletlerin ciddi sayıda mülteci ile karşılaştığı aşamayı, hem de çok sayıda mülteci nüfusuna ev sahipliği yaptığı süreci ifade eden bir kavram olarak kullanılması gerektiği; kitlesel sığınma olgusunun varlığı belirlenirken sadece sayısal verilerin dikkate alınmaması, kitlesel sığınmanın varlığını iddia eden devletin kaynaklarına göre bir değerlendirme yapılması gerektiği BMMYK tarafından ifade edilmektedir[50]. Başka bir deyişle, eğer sığınmaya ev sahipliği yapacak olan devlet, kaynakları itibarıyla normal usullerle bireysel başvuruları değerlendirerek bireysel statü belirleyebiliyorsa bu durumda kitlesel sığınma durumundan bahsedilemeyecektir. Dolayısıyla, i) Uluslararası bir sınıra ulaşan önemli sayıda insan varsa, ii) Bu varış hızlı bir sürede gerçekleşmişse, iii) Özellikle olağanüstü halin devam ettiği süre boyunca ev sahibi ülkenin bu sayıda kişiyi barındırma kapasitesi yetersiz ise ve iv) Bireysel sığınma usulleri bu sayıdaki sığınmacı ile ilgilenmekte yetersiz kalmış ise kitlesel bir sığınmanın varlığından söz edilebilecektir[51]. Doktrinde ise Kerber, kitlesel sığınma hareketinden bahsedilebilmesi için, belirli bir ülke ya da bölgeden gelme, gelen insan sayısının çok olması ve sığınma olayının ani olması şeklinde üç unsurun bulunması gerektiğini belirtmektedir. (Kerber, 1999, s. 196-97). Bu bilgiler ışığında aniden, hızlı bir biçimde gelişen ve çok sayıda insandan oluşan bir akın mevcutsa ve bu nedenle bireysel mülteci statüsü belirleme usullerinin uygulanması mümkün değilse ve ev sahibi ülkenin kurum ve kaynakları üzerinde ciddi yük bulunmakta ise kitlesel bir sığınmadan söz edilebilecektir ve yalnız bu hallerde bireysel statü belirlemesi yapılmaksızın grup bazında geçici koruma sağlanması mümkün olabilecektir. (Goodwin-Gill & McAdam, 2007, s. 335)

Kitlesel bir akının varlığı tespit edildikten sonra geçici koruma statüsünün tanınması usulünün nasıl olacağı sorusu gündeme gelmektedir. Geçici koruma

---

[50] "Protection of Refugees in Mass Influx Situations: Overall Protection Framework", UNHCR (2001), UN Document EC/GC/01/4, para. 14.

[51] "Conclusion on International Cooperation and Burden and Responsibility Sharing in Mass Influx Situations", Executive Commitee Conclusion, No. 100 (LV) – 2004, EXCOM Conclusions, (8 Ekim 2004), para. (a).

kararının AB kurumları bağlamında nasıl bir yol izlenerek alınacağı hususu da AB Geçici Koruma Yönergesinde düzenlenmiştir. Buna göre kitlesel bir sığınma sonucunda geçici koruma kararı verilebilmesi için Avrupa Komisyonun resen ya da bir üye devletin talebi üzerine hazırlayacağı teklifin Konsey tarafından nitelikli çoğunlukla uygun görülmesi gerekmektedir. (md. 5(1)). Komisyonun yapacağı öneride; geçici korumanın uygulanacağı somut insan grubunun tanımı, geçici korumanın yürürlüğe gireceği tarih, yerinden edilmiş kişilerin hareket ölçeğinin tahmini, ağırlama kapasiteleri hakkında üye devletlerden alınan bilgiler ve Komisyon, BMMYK ve ilgili diğer uluslararası örgütlerden alınan bilgiler gibi hususların yer alması gerekmektedir. Bu bilgilerin sağlanmasıyla birlikte silahlı çatışmadan veya yaygın şiddetten kaçan yahut sistematik ve genel insan hakları ihlalleri mağduru olan veya ciddi risk altında bulunan kişilere geçici koruma sağlanabilecektir.

Geçici koruma kararının alınmasıyla birlikte, üye devletler üzerinde geçici korumadan yararlananlar lehine yükümlülükler doğmaktadır. (Arenas, 2005, s. 447). Yönerge'de üye devletlerin uluslararası alanda geçici korumadan yararlanan kişilere belirli minimum muameleleri yapmaktan sorumlu olduğu, ancak bunun bireyler açısından talep edilebilecek sübjektif haklar doğurmayacağını ifade edecek şekilde "hak" değil "yükümlülük" terimi tercih edilmiştir. (Kerber, 2002, s. 201). Bu yükümlülükler arasında; ikamet izinleri, vize, bilgi ve geri kabul, kayıt ve veri koruma, konaklama ve konut, sosyal yardım ve sağlık yardımı, öğretim ve aile birleşimi ile refakatsiz çocuklarla ilgili hükümler bulunmaktadır.

AB Konseyi tarafından hazırlanan bu Yönerge, geçici koruma süresini, Yönerge'de belirtilen sebeplerle sona erdirilmedikçe 1 yıl olarak belirlemiştir. Ayrıca ihtiyaç duyulması halinde, bu sürenin 6 aylık sürelerle en az 1 yıl daha uzatılabileceği de hükme bağlanmıştır. Geçici koruma statüsü sona eren kişilerin gönüllü geri dönüşlerinin (voluntary return) sağlanması esastır. Ancak kişinin gönüllü olarak geri dönmek istemediği hallerde üye devletin, onu ülkesine geri göndermek için gerekli tedbirleri alabileceği de Yönerge'de belirtilmiştir. AB çapında geçici koruma rejiminin sona ermesi halinde, üye devletler kendi hukuklarının öngördüğü geçici koruma rejimini devam ettirebileceklerdir.

Bu bağlamda geçici koruma, kitlesel akın durumlarında bireysel statü belirleme usullerine başvurulmaksızın, pragmatik ve tamamlayıcı bir araç olarak, varışta (prima facie) ya da grup temelinde statü verilmesi suretiyle sığınmacıların acil koruma ihtiyacını karşılamaktadır. Ayrıca geçici koruma kavramı, ülkeye kabul, temel insan hakları ve geri gönderilmeme ilkesine uyma gibi temel koruma unsurlarını da barındırmaktadır. Kapsamlı bir uluslararası koruma ihtiyacının parçası olan geçici koruma önlemleri aynı zamanda yük paylaşımını ve uluslararası dayanışmayı da gerektirmektedir.

Türkiye Uygulamasında Suriyeliler ve Geçici Koruma

Türkiye, coğrafi konumu nedeniyle tarihi boyunca göçe maruz kalmış bir ülkedir. Yakın tarihte de özellikle Bulgar İstanlı soydaşların 1950-51 yıllarındaki ve 1989 yılındaki kitlesel sığınmaları, Iraklıların 1988 ve 1991'deki kitlesel sığınmaları ve 1992 yılından sonra eski Yugoslavya'dan tahminen 20 bin civarında Bosnalı Müslümanın Türkiye'den sığınmaları ile Türkiye kitlesel sığınmalarla karşı karşıya kalmıştır. (Kirişçi, 1996, s. 6)

İç hukuk bakımından kitlesel sığınma kavramına ve geçici korumayla ilgili hükümlere 1994 tarihli İltica ve Sığınma Yönetmeliği'nde[52] rastlanmaktadır. Yönetmelikte kabul edilen esasın kitlesel nüfus hareketinin sınırda durdurulması ve sığınmacıların sınırı geçmelerinin önlenmesi olduğu görülmektedir. (md. 8) Ayrıca, topluca sığınanların da kriz veya silahlı çatışma bittikten sonra uyruğunda bulundukları devlete dönmeleri öngörülmüştür. (md. 26) Yönetmeliğin tamamına bakıldığında, kitlesel sığınmanın içinde yer alan kişilere sadece ''geçici koruma'' sağlama amacını taşıdığı söylenebilir. Geçici oturma izni almış olanların makul bir süre içinde kendilerine üçüncü ülke bulamadıkları takdirde, oturma izinlerinin uzatılmayabileceği ve ülkeyi terk etmelerinin istenebileceği ifadesi de bu yaklaşımı teyit etmektedir. (md. 28)

Suriyeliler bakımından hukuki statünün ne olduğu hususuna gelince, uzun yıllardır tartışılan iltica hukukuna ilişkin kanuni mevzuat eksikliğinin kitlesel akının neden olduğu ivedi sorunlara çözüm bulma ihtiyacının da etkisiyle çıkarılan YUKK'nun yürürlüğe girmesiyle sona erdiği görülmektedir. Bu kanunla birlikte Türkiye "açık kapı politikası" sonucunda kabul ettiği Suriyelilere geçici koruma statüsü tanımıştır. Kanunun 91. Maddesi uyarınca "ülkesinden ayrılmaya zorlanmış, ayrıldığı ülkeye geri dönemeyen, acil ve geçici koruma bulmak amacıyla kitlesel olarak sınırlarımıza gelen veya sınırlarımızı geçen yabancılara geçici koruma sağlanabileceği" hüküm altına alınmıştır. Böylelikle yasal altyapıya kavuşan Suriyelilerin statüsünün kişilere sağladığı hak ve yükümlülüklerin daha detaylı düzenlenmesi amacıyla 22 Ekim 2014 tarihinde "Geçici Koruma Yönetmeliği" de hazırlanmıştır. Pek çok noktada AB Geçici Koruma Yönergesi'ni örnek alan ve paralel düzenlemeler öngören bu Yönetmelikte dikkati çeken farklılık AB Yönergesi bağlamında geçici koruma süresini en fazla 3 yıl olarak öngörülmüş iken, Geçici Koruma Yönetmeliği'nde geçici korumanın süresine ilişkin herhangi bir hükme yer verilmemiş olmasıdır.

Geçici Koruma Statüsü'nün Sağladığı Haklar

Geçici koruma statüsünün kişilere hangi hakları sağladığı veya nasıl yükümlülükler getirdiği hususunda ise en yol gösterici metin AB Geçici Koruma Yönergesi olacaktır. Metin incelendiğinde devletlere yönelik yükümlülükleri, 3. maddenin 2. fıkrasında geçici koruma sağlarken "devletlerin, temel hak ve özgürlüklere ve geri göndermeme konusundaki yükümlülüklere saygı içinde hareket edecekleri" şeklinde belirtilmiştir. Bu madde uyarınca Yönerge'nin devletlere yönelik asgari taleplerinin bu iki husus olduğu sonucuna varılabilir. Ancak aynı maddenin 5. fıkrasında da "Yönergenin üye devletlerin geçici koruma kapsamında bulunan kişiler için daha elverişli koşulların kabul edilmesi ya da muhafaza edilmesine yönelik yetkilerini etkilemeyeceği" ifade edilmektedir. Böylece Yönerge'de asgari şartların düzenlendiği ancak devletlerin Yönerge'de belirtilmeyen hakları da tanıyabileceği anlaşılmaktadır. Yönerge'nin geçici korumadan yararlanan kişilere karşı üye devletlerin yükümlülüklerinin ne olduğunu belirleyen III. bölümü bu konuda yol göstermektedir. Bu bölümde yer alan maddelerden 8. madde geçici korunanlara

---

[52] Türkiye'ye İltica Eden Veya Başka Bir Ülkeye İltica Etmek Üzere Türkiye'den İkamet İzni Talep Eden Münferit Yabancılar İle Topluca Sığınma Amacıyla Sınırlarımıza Gelen Yabancılara Ve Olabilecek Nüfus Hareketlerine Uygulanacak Usul Ve Esaslar Hakkında Yönetmelik, RG. 30/11/1994 – 22127.

oturma izni tahsis edilmesini düzenlemekte iken 9. madde kişilere geçici koruma altında olduklarını ifade eden ve bu statünün şartlarını belirleyen bir belgenin bu kişiler tarafından anlaşılacak bir dilde hazırlanıp verilmesini düzenlemektedir. 12. madde ise bu kişilere çalışma hakkı verilmesini ve ayrıca yetişkinler için eğitim olanakları ve mesleki staj imkanları sağlanması gerektiği de ifade etmektedir. Geçici korunanlara uygun bir barınma imkanı sağlanması gerektiği hususu, 13. maddede düzenlenmiştir. Ayrıca sosyal imkan ve geçim için yeterli desteğin sağlanması da hüküm altına alınmıştır. Eğer yeterli imkanlara sahip değillerse, geçici korunanlara en azından acil durumlarda ve tedavisi gerekli hastalıklar bakımından sağlık desteği de sağlanmalıdır. Ayrıca özel ihtiyaç sahibi olan geçici korunanlar bakımından (küçükler, işkence, tecavüz ya da herhangi bir fiziksel yahut cinsel şiddete maruz kalmış kişiler) her türlü sağlık desteği de verilmelidir. Eğitim hakkını düzenleyen 14. madde, ikili bir ayrım yaparak 18 yaş altı geçici korunanlara eğitim imkanı sağlamayı zorunlu tutarken, 18 yaş üstü için ilgili ülkenin eğitim imkanlarına erişim sağlamayı devletin takdirine bırakmıştır. Genel anlamıyla aile birleşmelerini düzenleyen 15. madde, farklı üye devletlerde bulunan aile bireylerinin hangi usulle bir araya getirileceği hususunu hüküm altına almıştır. 16. madde ise yanında velisi bulunmayan küçüklere ilişkin devletlere düşen sorumlulukları düzenlemektedir.

AB Geçici Koruma Yönergesi'nde yer alan bu düzenlemeler ışığında, Türkiye'de bulunan Suriyeli geçici korunanlara ilişkin haklar ise "Geçici Koruma Yönetmeliği"nde düzenlenmiş bulunmaktadır. Geçici Koruma Yönetmeliği öncelikle 6. maddesinde iltica hukukunun en temel ilkelerinden biri olan geri gönderme yasağını (non-refoulement) düzenlemektedir. Yönetmelik'in 6. bölümünde ise "Geçici Korunanlara Sağlanacak Hizmetler" başlığı altında Suriyelilere Türkiye devletinin sağlayacağı imkanlar hüküm altına alınmıştır. Bölümdeki ilk madde olan 26. madde metnine bakıldığında "Bu Yönetmelik kapsamındaki yabancılara; sağlık, eğitim, iş piyasasına erişim, sosyal yardım ve hizmetler ile tercümanlık ve benzeri hizmetler sağlanabilir" ifadeleri göze çarpmaktadır. Madde metninde sayılan bu hizmetlerin zorunlu olarak düzenlenmediği, devlete takdir hakkı tanındığı söylenebilir. Madde metninde "haklar" yerine sunulacak "hizmetler"den bahsedilmesi de, bu anlamda hem Yönergeyle uyumlu hem de maksada daha uygun olmuştur.

Geçici Koruma Yönetmeliği, geçici korunanlara sağlanacak hizmetlerin başında sağlık hizmetlerini hüküm altına almıştır. Sağlık hizmetleri hem geçici barınma merkezlerinin içinde hem de dışında Sağlık Bakanlığının kontrolünde sağlanacaktır. (mad. 27) Ayrıca (b) bendine göre temel ve acil sağlık hizmetleri ile bu kapsamdaki tedavi ve ilaçlardan hasta katılım payı alınamayacağı hükme bağlanmıştır. Başbakanlık AFAD Yönetimi Başkanlığı tarafından 12.10.2015 tarihinde çıkarılan "Geçici Koruma Altındaki Yabancılara İlişkin Sağlık Hizmetlerinin Yürütülmesi" başlıklı genelgede[53] sağlık hizmetlerinin yürütülmesi usulüne ilişkin detaylar da düzenlenmiştir. Bu noktada geçici korunanların kayıt altına alınmalarının sağlanması amacıyla teşvik edici bir hüküm getirilmiş ve GKY mad. 21 uyarınca kayıt işlemlerini tamamlamayan geçici korunanların bulaşıcı ve salgın hastalıklardan korunma ve acil sağlık hizmetleri dışındaki hizmetlerden faydalanamayacakları belirtilmiştir. Öte yandan geçici korunanların hareketliliğini kontrol etmek için bir hüküm daha

---

[53] AFAD, 12.10.2015 tarihli ve 34202324/ 010.06.02- 21628 sayılı 2015/8 "Geçici Koruma Altındaki Yabancılara İlişkin Sağlık Hizmetlerinin Yürütülmesi" başlıklı genelge. https://www.afad.gov.tr/UserFiles/File/Mevzuat/Genelgeler/2015-8%20Genelgemiz.pdf

getirilmiş ve Geçici korunanların mad. 24' te düzenlendiği şekliyle kalmalarına izin verilen illerde sağlık hizmetleri alabilecekleri hükme bağlanmıştır. (Genelge mad. 2) Ayrıca geçici barınma merkezlerinde de geçici sağlık hizmet birimleri kurulması kararlaştırılmıştır.

Geçici korunanlara sağlanması öngörülen bir başka hizmet de eğitim hizmetidir. Yönetmelik madde 28 uyarınca Yönetmelik kapsamındaki yabancıların eğitim faaliyetleri hem barınma merkezlerinde hem de merkez dışında Milli Eğitim Bakanlığı tarafından yürütülecektir. Bu kapsamda (a) bendinde 54-66 ay arası öncelikli olmak üzere çocuklara okul öncesi eğitim hizmeti verilebileceği, (b) bendinde ilköğretim ve orta öğretim yaşındaki çocuklara eğitim faaliyeti verileceği, (c) bendinde her yaş grubuna yönelik olarak dil eğitimi, meslek edindirme, beceri ve hobi kurslarının isteğe bağlı olarak düzenlenebileceği hükme bağlanmaktadır. Türkiye'de bulunan Suriyelilerin yarısından fazlası 18 yaş altındaki çocuk ve gençlerdir. Suriyeli çocukların okullaşması konusunda, hem başlangıçta kalıcılığın bu kadar uzayacağı öngörülemediğinden hem de eğitim dili olan Türkçenin çocuklar tarafından bilinmemesinden kaynaklanan bir sorun yaşanmaktadır. Kamplar içinde durum nispeten iyi olsa da, genelde okullaşma çok düşük düzeyde kalmıştır. Bu kapsamda ilk olarak İl Millî Eğitim Müdürlüklerince 2011 yılında sınır illerde bulunan Suriyelilerin eğitim ihtiyaçlarını karşılamak üzere bölgesel çalışmalar yapılmış; yetişkinlere yönelik olarak Halk Eğitimi marifetiyle çadırlarda, konteynerlerde ve okullarda ve geçici barınma merkezlerinin tamamında başta Türkçe dil kursları olmak üzere birçok alanda kurslar açılmıştır.

Sadece geçici korumanın devam ettiği süre zarfında değil, geçici korumanın sona ermesinden itibaren de en önemli olacak husus kuşkusuz eğitimdir. Geçici koruma sonrası Suriyelilerin Türkiye'ye entegrasyonu söz konusu olduğunda Türkçeyi öğrenmiş ve eğitim sistemine dahil edilmiş olmaları pek çok sorunu baştan önleyecektir. Bunun yanında Suriye'deki iç savaşın ortadan kalkması ve geçici korunanların ülkelerine geri dönmeleri ihtimalinde de eğitimli kişiler olarak ülkelerinin yeniden gelişimine katkıda bulunmaları çok büyük önem arz etmektedir.

Geçici korunanlara sağlanan bir başka imkan da çalışma hayatına katılımdır. Yönetmelik'in 29/2. Maddesinde geçici koruma kimlik belgesine sahip olanların Bakanlar Kurulunca belirlenecek iş kollarında ve coğrafi alanlarda çalışma izni almak için, Çalışma ve Sosyal Güvenlik Bakanlığına başvurabilecekleri düzenlenmiştir. 15.01.2016 tarihinde yayımlanan "Geçici Koruma Sağlanan Yabancıların Çalışma İzinlerine Dair Yönetmelik[54]" ile geçici koruma sağlanan yabancıların çalışmalarına ilişkin usul ve esasların detayları belirlenmiştir. Yönetmeliğe göre geçici koruma sağlanan yabancılar çalışma izinleri olmaksızın Türkiye'de çalışamaz veya çalıştırılamazlar. (md. 4/1) Yönetmelik uyarınca geçici korunanlar geçici koruma kayıt tarihinden itibaren 6 sonra Çalışma izni almak için Bakanlığa başvurabileceklerdir. (md. 5/1) Yönetmelik geçici korunanların çalışacakları işler bakımından ikili bir ayrım yapmıştır: Sürekli işler bakımından çalışma izni zorunluluğu getirilmiş ve çalışma izni başvurusunun, işverenler tarafından Bakanlığa yapılması düzenlenmiş, (md. 5/2) öte yandan mevsimlik işler bakımından; mevsimlik tarım veya hayvancılık işlerinde çalışacak geçici korunanlar çalışma izninden muaf tutulmuşlardır. (md. 5/4) Yönetmelik ayrıca çalışma izni verilmesini il bazında

---

[54] 11.01.2016 tarih ve 2016/8375 sayılı Bakanlar Kurulu kararına dayanılarak çıkarılan Yönetmelik, RG No: 29594.

sınırlamış ve (md. 7/1) çalışma izninin Geçici Koruma Yönetmeliği'nin 24. Maddesi uyarınca yabancıların kalmasına izin verilen iller bazında verilmesi hüküm altına alınmıştır. Yönetmelik ayrıca yabancıların istihdamına yönelik bir de istihdam kotası uygulamaktadır. Bu düzenleme uyarınca, çalışma iznine başvurulan işyeri bakımından yabancı sayısı çalışan Türk vatandaşı sayısının yüzde onunu geçemeyecek ancak çalışan sayısı on kişiden az olan işyerlerinde en fazla bir geçici korunanın çalışmasına izin verilebilecektir. Bu noktada geçici koruma sağlananlar ve bunların işverenlerinin yükümlüklerini belirlemek amacıyla yayınlanan "Geçici Koruma Sağlanan Yabancıların Çalışma İzinlerine dair Uygulama Rehberi[55]" de detayları düzenlemektedir. Geçici koruma sağlanan yabancılara her seferinde en fazla 1 (bir) yıl süreli çalışma izni ve çalışma izni muafiyeti verileceği de rehber kurallarda belirtilmiştir. (Dördüncü bölüm, md. 6) Geçici koruma altındakilere çalışma izni verilmesi, onların bulundukları topluma külfet oluşturmadan kendilerinin ve ailelerinin hayatını idame ettirmelerine yardımcı olmaktadır. Ancak bunun toplumda algılanan olumsuz yansımaları da olabilmektedir. Özellikle işsizliğin yüksek olduğu dönem ve bölgelerde, geçici koruma altındakiler de dahil olmak üzere, göçmenler işsizliğin kaynağı olarak gösterilebilmektedir. (Kaya / Eren, 2015, s. 60.)

Geçici Koruma Statüsü'nün Sona Ermesi

Geçici korumanın sona ermesi ise, tıpkı geçici koruma kararının alınması usulünde olduğu gibi İçişleri Bakanlığı'nın teklifi ve Bakanlar Kurulu kararı ile gerçekleşecektir. (mad. 11/1) Bu kararla birlikte Bakanlar Kurulu; Geçici korumanın tamamen durdurularak geçici korunanların ülkelerine dönmesine, Geçici korunanlara koşullarını taşıdıkları statünün toplu olarak verilmesine veya uluslararası koruma başvurusunda bulunanların başvurularının bireysel olarak değerlendirilmesine ve Geçici korunanların kanun kapsamında belirlenecek koşullarda Türkiye'de kalmalarına izin verilmesine karar verebilecektir. Bu usul koruma kapsamındaki herkesin statüsünü sonlandıran kolektif sonuç doğuran bir usuldür. Öte yandan geçici koruma bireysel olarak da sona erebilir. Geçici korunan kişi; kendi isteği ile Türkiye'den ayrılırsa, üçüncü bir ülkenin korumasından yararlanırsa ve üçüncü bir ülkeye insani nedenler ya da yeniden yerleştirme kapsamında kabul edilirse ya da üçüncü bir ülkeye gitmek üzere çıkış yaparsa veya ölürse geçici koruma statüsü ilgili kişi bakımından bireysel olarak sona erecektir. (GKY mad. 12)

Esasen sınırlı bir süre için mevcut ve ivedi bir soruna geçici bir sığınma sağlamak suretiyle çözüm oluşturmayı amaçlayan geçici koruma statüsünün sona ermesinden itibaren nasıl bir kalıcı çözüme kavuşturulacağı doktrinde tartışılan bir konudur. [56]. AB ülkelerinin çoğunda bu geçici korumanın nihai hedefinin menşe ülkedeki karmaşa sona erdikten sonra kişilerin ülkelerine dönmeleri olduğu kabul edilmektedir. Ancak menşe ülkedeki karışıklık sona ermedikçe bu kişilerin gönüllü geri dönüşleri yahut gönderilmeleri mümkün olmayacaktır. BMMYK İcra Komitesi kararlarında, geri dönüşün sadece güvenli ve onurlu bir biçimde menşe ülkeye dönüşün mümkün olduğu hallerde çözüm olarak kabul edileceği, aksi halde kişilerin dönüşe zorlanmaması

---

[55] http://www.calismaizni.gov.tr/media/1035/gkkuygulama.pdf
[56] European Council on Refugees and Exiles (ECRE) Temporary Protection in the Context of the need for a Supplementary Refugee Definition, Position Paper, Londra, 1997, Kalin, W. Towards a Concept of Temporary Protection, Geneva, UNHCR, 1996. Luca, D. Questioning Temporary Protection, International Journal of Refugee Law, 6 (4): 535-561.

ve olağan sığınma sistemine dahil olma imkanı sağlanması gerektiği ifade edilmektedir.

Bu noktada geçici koruma statüsünün sona ermesinden sonra sığınmacılar bakımından dört alternatif bulunduğu BMMYK tarafından ifade edilmektedir[57]. Bunlar; kendi ülkesine gönüllü dönüş (voluntary return), üçüncü bir ülkeye yerleşme (resettlement), mülteci statüsü veya başka bir uluslararası koruma statüsüne geçiş ve ikamet ya da çalışma gibi bir yabancılık statüsüne geçiş olarak düzenlenmektedir. Bu sayılan kalıcı çözümlere kişilere kabul ülkesinin vatandaşlığının verilmesi (naturalization) de eklenebilir.

Arafta olarak tasvir edilebilecek bu süreçte kabul ülkesinin kişilere ilişkin yaklaşımı bu noktada önem arz etmektedir. Kişilerin iş hayatına, eğitime dahil edilmesinin bulundukları ülke ile entegre olmalarının kişilerin ülkesine geri dönme isteğini azaltacağı şeklindeki görüş ABD gibi bazı devletlerce savunulmaktadır. Öte yandan geçici korunanların kalış süreleri boyunca toplumdan izole edilmiş biçimde tutulmasının geri dönüşü hızlandırmayacağı aksine bulunduğu ülkede verimli zaman geçiren bir sığınmacının ekonomik, sosyal ve zihinsel olarak kendi ülkesine dönüş ve orayı yeniden kalkındırma amacına daha iyi hazırlanacağı için, sığınmacıların toplumla kaynaşmasının ülkelerine dönüş için en önemli hazırlık olacağı; ayrıca kısa veya uzun vadede kaynaşmanın sağlanmasının- en azından sığınmacıların çalışma hayatına erişiminin sağlanmasının- da ülkenin yükünü azaltacağına ilişkin bir başka görüş de özellikle AB üyesi devletler tarafından dile getirilmiştir. Türkiye'nin bu yaklaşımlardan birini tercih etmesi Suriyelilere yönelik politikaların net olarak belirlenmesini de sağlayacaktır.

Bir başka önemli husus da adı üzerinde "geçici" olan bu korumanın süresinin ne kadar olması gerektiğine ilişkindir. AB Ülkelerinin Eski Yugoslavya özelinde sağladığı geçici koruma süresi 2 ila 5 yıl arasında değişmekte iken, ABD en fazla 7 yıl süre ile geçici koruma tanımakta, bu sürenin bitiminde ise kalıcı çözümler sağlamaktadır. Kalıcı çözümlerden kastedilen her ne kadar ilk etapta kişilerin menşe ülkelerine gönüllü geri dönüşleri olsa da geri dönüşün menşe ülkede yer değiştirmeye neden olan durum ortadan kalkmadığı ihtimalde gerçekleşmesi mümkün olmayacaktır.

Suriyeliler özelinde konuya bakılacak olursa, 2011 yılından itibaren Türkiye'de bulunan ve 2013 tarihi itibariyle geçici koruma statüsünü kazanan Suriyelilerin daha ne kadar bu statüde kalacakları belirsiz durumdadır. Yakın tarihte Suriye'deki siyasi ve fiziksel durumda geri dönüşe imkan verecek bir iyileştirme olmayacağı ihtimali göz önüne alınarak artık kalıcı çözümler üzerinde çalışılması gerekmektedir. Bu bağlamda AB ülkelerinin Kosova örneğinin aksine Suriye krizi bakımından "geçici koruma" kararı almaması kanımızca durumun geçici olmaktan uzak olduğunun görülmesinden kaynaklanmaktadır. AB ülkeleri sınırları belirsiz bir süre boyunca sayıları gittikçe artan bir topluluğa koruma sağlayıp daha sonra kalıcı çözümler aramak yerine baştan kalıcı olarak devlete kabul edilebilecek kişileri belirlemek gibi politika gütmektedirler. Her geçen gün yeni gelişmelerin yaşandığı böyle bir konuda öngörülerde bulunmak – hele de hukuki öngörülerde bulunmak- oldukça zor olsa da Üye devlet yetkililerinin neredeyse tüm beyanlarında "yasadışı göçmen" tabirini kullanımlarının temelinde de bu bakış açısının bulunduğu kanaatindeyiz.

---

[57] BMMYK, Guidelines on Temporary Protection, 2014, para. 21.

Sonuç ve Öneriler

Mülteci sorunu, sadece sınır ülkelerini değil, bütün uluslararası kamuoyunu ilgilendiren bir husustur. Her türlü soruna rağmen mültecileri kabul eden devletlerin, mültecilerin korunmasına olan bağlılıklarını sürdürmeleri bir gereklilik ise, daha da önemli bir gereklilik mülteci göçlerine neden olan devletlerin büyük kitlesel göçlere neden olan eylemlerden kaçınması ve tüm dünya devletlerinin bu anlamda caydırıcı bir rol üstlenmesidir. Büyük kitlesel göçlerin baş nedeninin insan hakları ihlalleri olduğu göz önüne alındığında, Birleşmiş Milletler insan hakları organları tarafından sürekli olarak izleme yapılması, ihlallerin uluslararası toplum tarafından kınanması ve özel durumları etüd etmek ve tavsiyelerde bulunmak için özel raportörlerin atanması şeklinde çözümler üzerinde durulmalıdır. Ayrıca önleyici diplomasi, çatışma önleyici arabuluculuk girişimlerinin desteklenmesi ve insancıl hukukun ilkelerine saygı gösterilmesi yoluyla da çözümler elde edilebilir. Doktrinde "kapsamlı eylem" (comprehensive action) olarak ifade edilen bu yaklaşımla kitlesel akınların önüne geçilebilmesi- ya da kötü sonuçların asgari düzeyde tutulması mümkün olabilecektir. Haiti örneğinde ABD'nin doğrudan askeri müdahalede bulunması, Kosova örneğinde ise AB Bakanlar Komitesi kararıyla[58]; sivil nüfusun korunması için güvenli bölgeler oluşturulması, insani yardımların ulaştırılması amacıyla güvenlik koridorları açılması gibi önlemler Suriye örneğinde de gündeme getirilmelidir. Başka bir deyişle öncelikle uluslararası camia tarafından sorunun kaynağını ortadan kaldırmaya yönelik adımlar atılmalıdır.

Türkiye özelinde de daha önce geçici koruma tecrübesini yaşamış ve menşe ülkeye dönemeyen sığınmacılar bakımından daimi çözümler üretmek zorunda kalmış AB ülkelerinin tecrübeleri baz alınarak ve Suriyelilerin önemli bir kısmının kalıcı olacağı gerçeği göz önüne alınarak özellikle eğitim alanında doğru bir strateji belirlenmesi gerekmektedir. Kalıcı olacak Suriyelilerin dil engellerinin aşılması, eğitimlerine devam edilmesi ve iş piyasasına azami erişimlerinin sağlanması hususları en ivedi ihtiyaçlar olarak önümüzde durmaktadır. Mali külfetlerin ve yük paylaşımının farklı usullerle telafisi mümkün olabilmektedir ancak kayıp bir nesil sadece Suriye halkı için değil, Türkiye vatandaşları için de telafisi zor sonuçlara neden olabilecektir.

Kaynakça

Acer, Yücel, Kaya İbrahim & Gümüş Mahir. (2010). Küresel ve Bölgesel Perspektiften Türkiye'nin İltica Stratejisi, USAK Yayınları.

Arenas, Nuria. (2005) "The Concept of "Mass Influx of Displaced Persons' in the European Directive Establishing the Temporary Protection System", European Journal of Migration and Law, C. 7, 435-450.

Çiçekli, Bülent. (2016). Yabancılar ve Mülteci Hukuku, Güncellenmiş 6. Baskı, Seçkin Yayıncılık.

Eggli, Ann Vibeke. (2002). Mass Refugee Influx and the Limits of Public International Law, Martinus Nijhoff Publishers,

Ekşi, Nuray. (2012) Türkiye'de Bulunan Suriyelilerin Hukuki Statüsü", Legal Hukuk Dergisi, C. 10, S. 119, 3-22.

---

[58] AB Bakanlar Komitesi, Conclusion on People Displaced by the Conflict in the Former Yugoslavia, 10518/92, Londra, 30.11.1992-01.12.1992, s. 1.

Ekşi, Nuray. (2014) "Geçici Koruma Yönetmeliği Uyarınca Geçici Korumanın Şartları, Geçici Koruma Usulü, Sağlanan Haklar ve Geçici Korumanın Sona Ermesi", İstanbul Barosu Dergisi, C. 88, S. 6, 65-89.

Ekşi, Nuray. (2015) Yabancılar ve Uluslararası Koruma Hukuku, 3. Baskı, Beta Yayınları.

Fitzpatrick, Joan. (2000) "Temporary Protection of Refugees: Elements of a Formalized Regime", American Journal of International Law, C: 94.

Goodwin-Gill, Guy S. /McAdam, Jane (2007) *The Refugee in International Law*, 3rd edition, Oxford University Press.

Kaya, İbrahim / Yılmaz Eren, Esra (2015) *Türkiye'deki Suriyelilerin Hukuki Durumu: Arada Kalanların Hakları ve Yükümlülükleri,* Seta Vakfı Yayınları.

Kerber, Karoline. (1999) "Temporary Protection in the European Union: A Chronology", Georgetown Immigration Law Journal, C. 14/1, 35-50.

Kerber, Karoline. (2002) "The Temporary Protection Directive", Eur. J. Migration & L. C. 4, 2002, 193-214.

Mekan Algıları: Anayurt Dışında Uygur Gençlerin Kimliksel Süreç Pratikleri

Bayram Ünal[59] ve David Makofsky[60]

Giriş

Bu çalışma, kimlik olgusunun süregelen bir süreç olduğundan hareketle, Türkiye'de öğrenci olarak bulunan Uygur gençlerin, kendileri hakkındaki kimlik algılarına odaklanmaktadır. Kimliksel oluşum, geçmişin mirası olarak tanımlanmakla birlikte, sürekli kurgusal olarak yeniden inşa edilen bir süreç özelliği gösterir. Dolayısıyla kimlik kavramlaştırmasının en önemli temeli bireyin kendisini yeniden tanımlamasıdır (Turner 2012:331).

Sorunsal

Bu yeniden tanımlama sürecinin dinamiklerinin, Anayurt'ta yaşayanlara göre, Türkiye'de geçici olarak yaşayan gençlerde farklılıklar göstereceği beklenmektedir. Anayurt'ta yaşayanların kimlik süreci *tasarlanmış* (perceived) gerçekliklerin baskısı altında iken, kısa süreliğine de olsa Türkiye'de kalan Uygur gençlerin içerisinde bulundukları farklı sosyal ve kültürel kodların altında *hissedilen* (conceived) gerçeklikler üzerinden yürümektedir. Diasporada kimlik sürecinin yeniden inşasında hakim olan *hissedilen* belirleyicilerin çoğu zaman, içerisinde yaşadıkları toplumların etnik göçmen grupların kültür politikalarına karşı esnek ve destekleyici olmalarından dolayı, çok daha üst düzeyde kimliksel süreçleri *tasarladığı* görülmüştür. Fakat çalışmamız politik kimliklerden daha çok kültürel süreçlere odaklanmaktadır. Bir başka deyişle, Anayurt'tan uzak Uygur gençlerin sosyal hafıza kuruluşlarının hem geçmişe ait algılar olarak hem de gündelik yaşama taşınma pratikleri olarak çalışılması planlanmaktadır.

Kavramsal Çerçeve

Kimlik, tek başına geçmişten bu zamana taşınan salt bir hafızanın üzerinden tanımlanamaz bir gerçekliktir. Stryker, bu tanımsal sürecin aslında bireyin kendi pozisyonunu doğrudan tayin etmesi ile ilintili olduğunu iddia etmektedir. Bu pozisyon belirleme, yaşamsal anlamda öncelikle *hissedilmeyle* ilintilidir. Devamında, konumlarının üzerinden bireyin kendisini hissetmesi, bireyin kendisinden olan beklentilerin tasarlanmasını da beraberinde getirmektedir. Bu durum, bireyin verili bir kültürde ve zamanda tasarlanmış bir davranış içerisinde bulunmasını açıklamaktadır.

Kimlik kavramı sosyoloji açısından çok farklı düzeylerde kullanılmaktadır. Bunları üç ayrı kategori altında toplayabiliriz. (i). Nesnel gerçeklik olarak kültürel sisteme referans (Weber 1957, Özlem 1999) (ii). Kolektif ve sosyal olarak genele referans (Halbwachs 1992) ve (iii). Bireyin kendisine referans (Turner 2012). Buradaki kısır döngü Mead'in sembolik etkileşim üzerinden tanımladığı toplum

---

[59] Doç. Dr., Niğde Üniversitesi, E-mail: bayram@binghamton.edu
[60] Visiting Prof. Sociology Department, Queen University Belfast, dmakofsky@hotmail.com

Yazgan, P., Tilbe, F. (der.) (2016).
Türk Göçü 2016 Seçilmiş Bildiriler I.
London: Transnational Press London.

(society) ile bireyin kendisi (self) arasındaki ilişkide önceliğin hangisine verileceği üzerinde belirmektedir. Mead ve Sembolik Etkileşimciler, bireyi toplumun bir işlevi olarak görme eğiliminde ısrar ederken son dönemde kimlik teorisine eğilenler, bireyin bir toplum içerisinde olduğu iddiasını kabul etmekle birlikte, kendi küçük ilişkilerinde kendi dünyasını yeniden yarattığını iddia etmişlerdir. Toplumsal İşlev olarak Kimlik sürecinden (Parsons 1967, Mead 1972, Halbwachs 1992). Kimliksel Süreç olarak Toplum (Assmann 1995, Stryker and Burke 2000) tartışmasına geçilmiştir.

Kimliğe süreç açısından bakıldığında toplum; bireyin kimlik bileşenlerinin bir referans çerçevesi, dolayısıyla da bireyin farkında olduğu bir gerçeklik olarak ele alınmaktadır. Bu gerçeklik içerisinde bireyler kendilerini bir diğerinin pozisyonuna göre değil, diğerlerinin kendisi hakkındaki düşüncelerine göre konumlandırmaktadır. Bu durum, Mead'in öngördüğü haliyle sosyal davranışların, bireyin rolleri ve onlardan beklentileri ile doğrudan ilişkili (self reflects society) olduğunu göstermektedir (Mead 1972). Stryker ve Burke'ye göre Mead'in yaklaşımı, bireylerin rol tercihlerini, kimliğin bir fonksiyonu olarak görmektedir (Stryker and Burke 2000:286). Fakat burada altını çizmemiz gereken bir durum: kimliğin herhangi bir rol üzerinden ifade edilişindeki yoğunluğun, ifade edilen alanda bireyin harcadığı zaman ile doğrudan ilintili olduğu iddiasıdır. Bu ilintinin kopması durumunda Assman'ın dediği gibi, kimliğin işlevi geçmiş zaman ve mekanın bilgisi olarak hafıza formunda istikrara kavuşmak eğilimindedir. Bu durumda, kimliksel sürecin bileşenlerini, bireyin de parçası olduğu gündelik yaşamın zaman ve mekanı içerisinden deneyimlediği iletişimsel hafıza oluşturmaktadır. Özellikle bireyin çoklu bir rol sistemi içerisinde olduğu durumlarda, kimlik çok daha karmaşık ve çatışan ilişkileri yansıtmaya başlamaktadır. Örneğimizde okuyan kız öğrencilerin yaşama dair görüşlerinin, farklı toplumlarda daha farklı bir içerikle bezenmesi öngörülebilir bir durumdur.

Bu durum, ilişkiye girilen sosyal sistem ile bireyin ilintisini kavramlaştıran sorumluluk kavramını tartışmaya açmaktadır. Bu kavram, Stryker'a göre bireyin diğerleri ile kurdukları ilişkilerin sosyal mesafelerine bağlı olarak kimliğin şekillenmesinde etkili olmaktadır. Aradaki ilişkinin bağımlılık derecesi arttıkça, bireyin sorumluluklarını yerine getirme derecesi de artacaktır. Bireyin diğerlerinin hakkındaki beklentilerine dönük davranış geliştirme tezi, kimliksel süreci sosyal hafızadan iletişimsel hafızaya eklemlememiz için önemli bir neden olarak karşımızda durmaktadır. Ayrıca, ne kadar fazla kişi benzeri kimliksel ögelerin gereğini yerine getirirse, o özellik o kadar fazla yaygın ve kalıcı olarak bireylere nüfuz edecektir.

Tablo 1: Bazı Demografik Değişkenlerin Ortalaması				
	Dizi	En Az	En Fazla	Ortalama
Yaş	42	13	55	27,45
Erkek	42	13	55	28,48
Kadın	42	13	55	23,80
Eğitim Seviyesi	15	1	16	3,39
Erkek	5	1	6	3,08
Kadın	13	3	6	4,45

Bu çalışma 2016 yılı boyunca Ankara, İstanbul ve Kayseri illerinde bulunan farklı cinsiyet, yaş ve meslek gruplarında 141 kişiyle yapılan anket çalışması ve ikili görüşmelere dayanmaktadır. Örneklem en az 13 en fazla 55 yaşında olan ve ortalaması 27 olan Türkiye'de yabancı statüsünde bulunan öğrenci veya çalışan kişilerden oluşmaktadır (Tablo 1). Katılımcıların ortalama eğitim sevileri 3,38 ile, lise ve üniversite arasındadır. Fakat, kadınların eğitim seviyesi ortalamaları, 4,45 ile erkeklerin 3,08 olan ortalamalarından çok daha fazla yüksektir.

Bulgular ve Tartışmalar

Çalışmamızda sosyal hafızayı tanımlayan temel faktörler, dinsel ve etnik-geleneksel olarak iki ayrı grup altında ele alınmaktadır. Temel soru Uygurların kendi kimliklerini tanımlarken önem verdikleri değerlerin neler olduğu ve bu noktada kimliksel hiyerarşilerini öncelikli olarak hangi kategori içerisinde tanımladıkları ile ilgilidir. Tablo 2'de cinsiyete göre verilen dini değerler ortalamalarına bakıldığında en göze çarpan değer Helal Yiyecek hakkındadır. Uygurlar, genel olarak "Sadece Helal Yiyecek Yerim" seçeneğine *Kesinlikle Katılıyorum* (5 üzerinden 4,81) tercihi ile katılmışlardır. Helal Yiyecek tercihlerini, cinsiyete göre ele aldığımızda erkeklerin 4,87 ortalama ile bu konuda 4,45 ortalamaya sahip kadınlardan çok daha güçlü bir tercihte bulunduğunu görüyoruz.

Tablo 2: Cinsiyete Göre Dini Tercihlere Dair Ortalamaları			
	Erkek	Kadın	Total
Kadın sadece İslami doğrultuda giyinmelidir	4,41	3,73	4,26
Sadece Müslüman birisi ile evleneceğim	4,59	4,45	4,56
Sadece Helal Gıda Tüketirim	4,87	4,61	4,81
Alkol ve Alkollü içecekler almam	4,75	4,65	4,72
Ramazan boyunca oruç tutarım	4,56	4,27	4,50
Kadın ve erkeğin ayrı oturmaları uygundur.	3,83	3,77	3,82

Kesinlikle Katılıyorum	Katılıyorum	Katılıyorum/ Katılmıyorum	Katılmıyorum	Kesinlikle Katılmıyorum
5	4	3	2	1

İkinci en güçlü dinsel göstergenin alkol kullanımı ile ilişkili olduğunu görüyoruz. Sosyal hafıza içerisinde köklü bir yeri olan bu değişken hem alışkanlıklar hem de dinin kuralı gereği bireyler tarafından oldukça güçlü bir şekilde savunulmaktadır. Örneklem genelinde alkol alımına gösterilen direnç 4,72 ortalama ile "Kesinlikle Katılıyorum" olarak belirmiştir. Kadınların alkol alımına karşı tercihleri çok büyük farklılık arz etmemekle birlikte 4,65 ortalama ile erkeklerin 4,75ortalamasından düşüktür. Yine kadınların sadece Müslümanlar ile evlenme konusundaki tercihleri (4,45) erkeklere göre 0,14 gibi bir esnekliğe sahiptir. Benzeri bir fark ise kadın erkek oturma düzenini İslami kurallara göre düzenleyen haremlik konusunda da ortaya çıkmaktadır. Fakat, din ile ataerkil geleneğin birleştiği "kadının İslami kurallar doğrultusunda giyimi konusunda", kadınlar (3,73, Katılıyorum) erkeklerden (4,41, Kesinlikle Katılıyorum) çok daha fazla esnek bir yaklaşım göstermişlerdir. Bu tercihin ataerkil kodlarla kurulmuş Uygur toplumunda kadının ahlaki sorumluluğunun erkeğe ait hissedilmesiyle ilintili olduğunun altının çizilmesi gerekir.

Bu değerlerin eğitim seviyesi ile bağlantılı olarak değerlendirilmesi, sosyal hafıza ve iletişimsel hafızanın farkını ortaya çıkarmaktadır. Sosyal hafıza içerisinde kodlanan ve yine sosyal hafıza aracılığıyla varlığını sürdüren toplumsal cinsiyet kategorilerindeki dini değerlerin çok güçlü olmasına karşın, iletişimsel hafızanın bir göstergesi olarak kültürün değişebilirliği gerçeğini yansıtan eğitim kategorilerinde bu değerlerin gücünün karşılıklı olarak azaldığını görmekteyiz (Tablo 2). Eğitim

137

seviyeleri göz önüne alındığında örneklemimizde yine ilk göze çarpan kurucu değerin 4,80 ortalama ile helal gıda tüketimiyle ilgili olduğu görülecektir. İkinci değer 4,71 ile alkol kullanımı tercihlerinin ortalamasıdır.

Tablo 3: Eğitim Seviyelerine Göre Dini Tercihlere Dair Ortalamaları

	İlkokul	Orta Okul	Lise	Üniversite	Yüksek	Toplam
Kadın sadece İslami doğrultuda giyinmelidir	4,60	4,80	4,42	3,85	3,94	4,26
Sadece Müslüman birisi ile evleneceğim	5,00	4,75	4,38	4,54	4,38	4,55
Sadece Helal Gıda Tüketirim	5,00	4,75	4,72	4,80	4,88	4,80
Alkol ve Alkollü içecekler almam	5,00	4,85	4,70	4,54	4,81	4,71
Ramazan boyunca oruç tutarım	4,90	5,00	4,47	4,32	4,37	4,54
Kadın ve erkeğin ayrı oturmaları uygundur.	4,00	3,80	3,92	3,61	3,80	3,77

Kesinlikle Katılıyorum	Katılıyorum	Katılıyorum/ Katılmıyorum .	Katılmıyorum	Kesinlikle Katılmıyorum
5	4	3	2	1

Fakat bu ortalama değerin çok fazla olmamasına rağmen eğitim seviyesine paralel olarak azaldığını görüyoruz: İlkokul için 5 olan değer, üniversite düzeyinde 4,88'e gerilemektedir. Eğitim seviyesine bağlı olarak değişen en önemli ortalama sosyal ve kamusal alanlarda kadın erkeğin birlikte oturması ve kadının giyimine donuk olan tercihlerde görülmektedir. İlkokul mezunlarının "Kadının Erkek ile birlikte oturabilmesi" konusunda 4,00 ortalama ile güçlü dirençlerine karşın yüksek eğitimliler arasında 3,80 gibi bir ortalamayla daha ılımlı bir yaklaşım söz konusudur. İlkokul mezunları, "Kadının İslami usullere göre giyinmesi" konusunda 4,60 gibi bir ortalamayla yüksek kararlılığa sahip iken, yüksek eğitimliler arasında bu destek 3,94'e kadar gerilemektedir.

Tablo 4: Cinsiyete Göre Geleneksel Tercihlere Dair Ortalamaları

	Erkek	Kadın	Toplam
Sadece Uygur birisi ile evleneceğim	3,73	4,19	3,84
Eş Seçimi ve evliliğimin ailem tarafından düzenlenmesi en doğrusudur.	3,55	3,65	3,57
Kız veya erkek arkadaşım herhangi bir etnik kökenden olabilir; kalbimi takip ederim.	2,43	2,26	2,39
Uygurlar, sadece Helal Gıda Tüketir	4,39	4,29	4,37
Bu günlerde kadın erkek yan yana oturamıyorlar; Hoşlanmıyorum. Aynı masada birlikte oturabilmeliyiz.	2,02	2,24	2,07

Kesinlikle Katılıyorum	Katılıyorum	Katılıyorum/ Katılmıyorum	Katılmıyorum	Kesinlikle Katılmıyorum
5	4	3	2	1

Tablo 4, kimlik süreci açısından etkileşimsel bir belirleyiciliğe sahip olan geleneksel değerlerin cinsiyete göre dağılımını göstermektedir. Genel ortalamada en yüksek değerin 4,37 ile Uygurların helal yeme eğilimlerine ait olduğu görülmektedir. Bu tercihlerin doğrudan din ile bağlantısı olduğundan, Tablo 2'deki değerler ile orantılı çıkması normal olarak değerlendirilmelidir. Fakat bu değerin öncekiler ile olan benzerliği, Uygurların kendileri hakkındaki tercihleri ile kendilerinin ait oldukları etnik yapı hakkındaki düşüncelerinin birbirine paralelliğine işaret etmektedir. İkinci yüksek değer ise Uygurların yine bir başka Uygur ile evlenme aruzlarına aittir. Bu konuda kadınların tercihlerinin (4,19) erkeklere göre (3,73) çok daha fazla olduğunu görüyoruz (Tablo 4).

Geleneksel yapıya uygun olarak evliliklerin aileler tarafından organize edilme fikrinin ise dinsel değerlerin ortalamalarına göre oldukça düşük seyrettiğini görüyoruz. Kadınlar 3,65 ortalama ile kısmen de olsa bu fikre, 3,55 ortalama ile temsile edilen erkeklerden daha fazla katılmaktadır. Bireylerin kendi etnik kökeninden birisi ile evlenme arzularına paralel olarak, erkek/kız arkadaşlarının herhangi bir etnik gruptan olmaları konusunda kızlar çok az farkla başta olmak üzere oldukça gönülsüz olduklarını görüyoruz.

Tablo 5, geleneksel değerlere dönük tercihlerinin eğitim üzerinden nasıl dağıldığını göstermektedir. İletişimsel hafızanın temel aracı olarak ele aldığımız eğitim olgusunun, Tablo 4'de verilen ortalamaların denk gelebileceği bilinçlilik düzeylerini referans verecek şekilde farklılaştırdığı görülmektedir. Özellikle evliliğin ve öncesinde hayat arkadaşlığının aynı etnik kökenden olması üzerinde eğitim seviyesine bağlı olarak yükselen bir destek ortaya çıkmaktadır. İlkokul mezunları arasında 3,70 gibi bir ortalama desteğe sahip olan etnik tabanlı evlilik fikri, yüksek okul mezunlarında 4,25'e yükselmektedir. Buna karşıt olarak evliliğin düzenlenmesi konusunda ailesine öncelik verenlerin ortalaması ile eğitim seviyesi arasında negatif bir ilişki söz konusudur (Tablo 5).

Tablo 5: Eğitim Seviyelerine Göre Geleneksel Tercihlere Dair Ortalamaları

	İlkokul	Orta Okul	Lise	Üniversite	Yüksek	Toplam
Sadece Uygur birisi ile evleneceğim	3,70	3,11	3,85	3,98	4,25	3,82
Eş Seçimi ve evliliğimin ailem tarafından düzenlenmesi en doğrusudur.	4,60	3,60	3,75	3,15	3,38	3,54
Kız veya erkek arkadaşım herhangi bir etnik kökenden olabilir; kalbimi takip ederim.	3,30	2,37	2,08	2,44	2,13	2,38
Uygurlar, sadece Helal Gıda Tüketir	4,60	4,50	4,20	4,22	4,63	4,35
Bu günlerde kadın erkek yan yana oturamıyorlar; Hoşlanmıyorum. Aynı masada birlikte oturabilmeliyiz.	1,10	1,55	2,15	2,34	2,40	2,07

Kesinlikle Katılıyorum	Katılıyorum	Katılıyorum/ Katılmıyorum	Katılmıyorum	Kesinlikle Katılmıyorum
5	4	3	2	1

Tablo 6'da hafızanın kuruluşunda ve korunuşunda İletişimsel boyutu olduğunu düşündüğümüz Toplumsal Cinsiyet Rollerine ilişkin tercihlerin cinsiyete göre dağılımı verilmektedir. Genel geçer eğilimin 3,80 ortalama ile kadının yerinin evi olduğu yönünde olduğu görülmektedir. Fakat, bu konuda yine kadın ile erkeğin farklı derecelerde tercihleri olduğu görülmektedir. Erkek 4,00 gibi bir ortalama ile kadının yerinin evi olduğu yönündeki geleneksel değerin korunması yönünde tercihte bulunmuştur. Kadın ise 3,10 ortalama ile bu konunun doğrudan ve net bir şekilde destekçisi olmamıştır. Bu tercihlerin, erkekler açısından istedikleri eşin dini ve geleneksel motiflere uygun olması tercihleri ile de paralel gittikleri görülmektedir. Hem erkeklere hem de kadınlara göre Uygur kadını daha çok dindar niteliklere yakın bir şekilde tanımlanmakla birlikte evlilik için ideal olan kadının her iki grupta da geleneksel kadın modeline doğru bir kayma gösterdiğini söyleyebiliyoruz. Bu iki tercihin ortalamaları arasındaki fark, sosyal hafızanın göstergesi olan hali hazırdaki (perceived) durumum, bireylerin gündelik yaşamları üzerinden deneyimledikleri (conceived) durum tarafından farklılaştırıldığına bir işarettir. Alkol sorusuna verilen cevap, ikili görüşmelerde derinlemesine tartışılmış konuların başında gelmektedir. Bu soruya verilen cevapların sadece kadın erkek arasındaki kıyası barındırmadığını dolayısıyla, ayrıca bireylerin alkole karşı top yekûn karşıt oluşlarını açık ettiklerini belirtmekte fayda var. Fakat kadın erkek karşıtlığı elbise giyimi konusunda verilen cevaplarda çok net ortaya çıkmaktadır. Erkeklerin büyük çoğunluğu, kadınların erkekler gibi *istedikleri şekilde* giyinemeyeceklerine dair inançlarını güçlü bir şekilde dile getirmiştir. Fakat kadınlar bu konuda, bu iddianın doğruluğunu kabul etmemişler ve daha kararsız bir tercih sergilemişlerdir.

Tablo 6: Cinsiyete Göre Toplumsal Cinsiyet Rollerine Dair Tercih Ortalamaları

	Erkek	Kadın	Toplam
Erkeğin Alkol alması normal ama kadının alkol maması normal	2,15	2,84	2,31
Erkeklerin istediği şekilde giyinmelerinin normal ama kadınların istediklerini giymelerinin yanlış olduğu düşüncesi doğru değildir.	2,25	3,03	2,43
Kadının yeri ailesidir.	4,00	3,10	3,80
Ortalama Uygur Kadınını nasıl tanımlarsınız?	1,71	1,73	1,72

Modern	Dindar	Geleneksel
3	2	1

	Erkek	Kadın	Toplam
Uygur erkeğinin evlenmeyi isteyeceği ideal kadın hangisidir?	1,67	1,48	1,63

Modern	Dindar	Geleneksel
3	2	1

	Erkek	Kadın	Toplam
Dansöz Müslüman işi değildir. Bu resim gerçek bir Uygur resmi olamaz.	2,92	2,67	2,87

Kesinlikle Katılıyorum	Katılıyorum	Katılıyorum/ Katılmıyorum	Katılmıyorum	Kesinlikle Katılmıyorum
5	4	3	2	1

Söz konusu toplumsal rollere dair beklentiler, eğitim seviyelerine göre bakıldığında çok daha fazla farklılaşmaktadır. Eğitim seviyesi yükseldikçe kadınların da erkekler gibi istediği şekilde giyinebileceğine dair inanç güçlenmektedir. İlkokul mezunları arasında 2,22 ortalama ile destek bulamayan bu tercih, yüksek öğretim seviyesine gelindiğinde 3,06 düzeyine çıkmaktadır. Asıl önemli değişiklik, olması gereken ortalama Uygur kadını özelliklerindeki değişikliklerdir. Eğitim seviyesi ilkokuldan yüksek öğretime çıktığında, Uygur kadını modeli de 1,8 ortalama ile tanımlanan geleneksel muhafazakar tipten 2,36 ortalama ile modern tipe doğru değişim göstermektedir. Eğitim seviyesinin artışına paralel olarak yine giyim üzerinden kadın-erkek ayrımcılığının da giderek azaldığını görüyoruz.

Tablo 7: Eğitim Seviyelerine Göre Toplumsal Cinsiyet Rollerine Dair Tercih Ortalamaları

	İlkokul	Orta Okul	Lise	Üniversite	Yüksek	Toplam
Erkeğin Alkol alması ama Kadınların alkol maması normal	2,78	2,00	2,38	2,12	2,56	2,28
Erkeklerin istediği şekilde giyinmelerinin normal ama kadınların istediklerini giymelerinin yanlış olduğu düşüncesi doğru değildir.	2,22	1,65	2,53	2,71	3,06	2,48
Kadının yeri ailesidir.	4,90	4,15	3,87	3,44	3,19	3,77
Ortalama Uygur Kadınını nasıl tanımlarsınız?	1,8	1,78	1,55	1,70	2,36	1,75

Modern	Dindar	Geleneksel
3	2	1

	İlkokul	Orta Okul	Lise	Üniversite	Yüksek	Toplam
Uygur erkeğinin evlenmeyi isteyeceği ideal kadın hangisidir?	2,0	1,82	1,78	1,47	1,10	1,63

Modern	Dindar	Geleneksel
3	2	1

	İlkokul	Orta Okul	Lise	Üniversite	Yüksek	Toplam
Dansöz Müslüman işi değildir. Bu resim gerçek bir Uygur resmi olamaz.	3,40	3,50	2,82	2,56	2,67	2,89

Kesinlikle Katılıyorum	Katılıyorum	Katılıyorum/ Katılmıyorum	Katılmıyorum	Kesinlikle Katılmıyorum
5	4	3	2	1

Kaynakça

Assmann, J. (1995). "Collective Memory and Cultural Identity." New German Critique **65**.

Halbwachs, M. (1992). On Collectiv Memory. Chicago, The University of Chicago Press

Mead, H. (1972). MIND, SELF, and SOCIETY Chicago, University of Chicago Press.

Morris, C. W., Ed. (1967). Mind, Self, and Society from the Standpoint of a Social Behaviorist. Works of George Herbert Mead, Vol. 1. Chicago, University of Chicago Press.

Özlem, D. (1999). Max Weber'de Bilim Ve Sosyoloji. İstanbul, İnkılap Kitabevi.

Parsons, T. (1967). Sociological Theory and Modern Society. New York, The Free Press.

Stryker, S. and P. J. Burke (2000). "The Past Present, and Future of an Identity Theory " Social Psychology Quarterly 63(4): 13.

Turner, J. H. (2012). Contemporary Sociological Theory, Sage.

Weber, M. (1957). The theory of social and economic organization. Glencoe, Ill.,, Free Press.

Küresel Dünyada Turist Göçerler Olarak Yabancı Uyruklu Yüksek Öğretim Öğrencileri: Erzurum Atatürk Üniversitesi Örneği

İsmail Öz [61]

Giriş

Yeryüzünün dört bir yanında mevcut farklı beşeri topluluklar arasındaki her türde etkileşimi sınırlayan engellerin ortadan kalkması anlamında küreselleşme, sonuçlarının bir boyutu açısından malların ve bilginin yanı sıra insanların hareketliliğinin de artmasını sağlar. Zygmunt Bauman'ın (2010, s.89) 'akışkanlık' olarak tanımladığı bu hareketlilik, insanlar açısından iki tür ortaya çıkarır: *aylaklar* ve *turistler*. Bunlardan ilki 'aylaklar', Torstein Veblen'in (2005) sosyal bilim literatürüne kazandırdığı 'aylak sınıf' kullanımından ayrılır. Çeviriden kaynaklı bu tür bir benzeşim (*vagabonds* ve *leissure class*), aslında birbirinin zıttı iki grubu ifade eder. Bauman'a (2010, s.109) göre aylaklar, tüketim toplumunun aşağı katmanlarını temsil eden, ekonomik yönden az gelirli ve kusurlu birer tüketicidirler. Tüketim kapasitelerinin gelirleriyle orantılı bir şekilde sınırlı olması bunda etkilidir. Bu noktada, aylakların sahip oldukları ekonomik düzey, onları, şimdiki hallerinden daha iyi koşullara sahip bir yer aramaya zorlar. Söz konusu zorlamanın ortaya çıkardığı hareketlilik ise ağır bir nitelik taşır. *Mülteciler*, *sığınmacılar* ve *emek göçmenleri*nin içinde yer aldığı aylakların ekonomik durumu kadar eğitim ve öğretimden de yoksun olmaları ağırlıklarının en önemli nedenidir. Bu noktada, hiç kimsenin böylesi grupları kendi içlerine dahil etmede istekli olmaması, aylakların hareketlerinin her daim engellerle karşılaşmasına neden olur. Veblen'in (2005, s.19) aylak sınıfı ise endüstriyel işlerden muaf, ancak savaşmak ve dini hizmet vermek gibi onur barındıran işlerle ilgilenen ve feodal hiyerarşinin üst katmanlarında yer alan asilleri/aristokrasiyi temsil eder. Bu anlamda kastedilen aylak, maddi yönden varlıklı ve boş zaman açısından oldukça zengin bir grup olarak ifade edilir. Bauman'ın küresel hareketlilik için belirlediği diğer grup turistler ise tüketebilme kabiliyeti açısından toplumun üst katmanlarında yer alan eğitimli kişilerdir. Bu yönleriyle turistler, aylaklara nazaran daha hafif bir nitelik taşır. Bauman'a (2010, s.105) göre turistlerin bu hareketliliği bir zorunluluk olarak değil de isteyerek gerçekleştirmeleri onları aylaklardan ayıran en önemli özellikleridir.

Yüksek öğrenim faaliyetleri için akışkanlıklar içerisinde hareket eden üniversite öğrencileri de turistler olarak değerlendirilir (Ritzer, 2011, s.314). Dünya geneline bakıldığında öğrenci turistlerin hareketliliği bir artış içerisindedir. 1970'lerde bu hareketlilik 800 bin iken, günümüzde 4,5 milyon civarındadır ve gelecek dört yıl içinde de 8 milyona ulaşması beklenmektedir (Kalkınma Bakanlığı *[KB]*, 2015, s.2). Grafik 1'de yer alan 2012 OECD verilerine göre söz konusu akışkanlığın ana kollarından biri %16,4 ile Amerika Birleşik Devletleri'ne doğrudur. Hareket yoğunluğunun baskın olduğu diğer bir kol da %12,6 ile Birleşik Krallık'a yöneliktir. Türkiye ise % 0,9'luk bir akışkanlığın hedefindedir.

---

[61] Yrd. Doç. Dr., Atatürk Üniversitesi Edebiyat Fakültesi Sosyoloji Bölümü, Erzurum TÜRKİYE.

Grafik 1. Uluslararası Öğrencilerin Eğitim Gördükleri Ülkelere Göre Yüzde Dağılımı

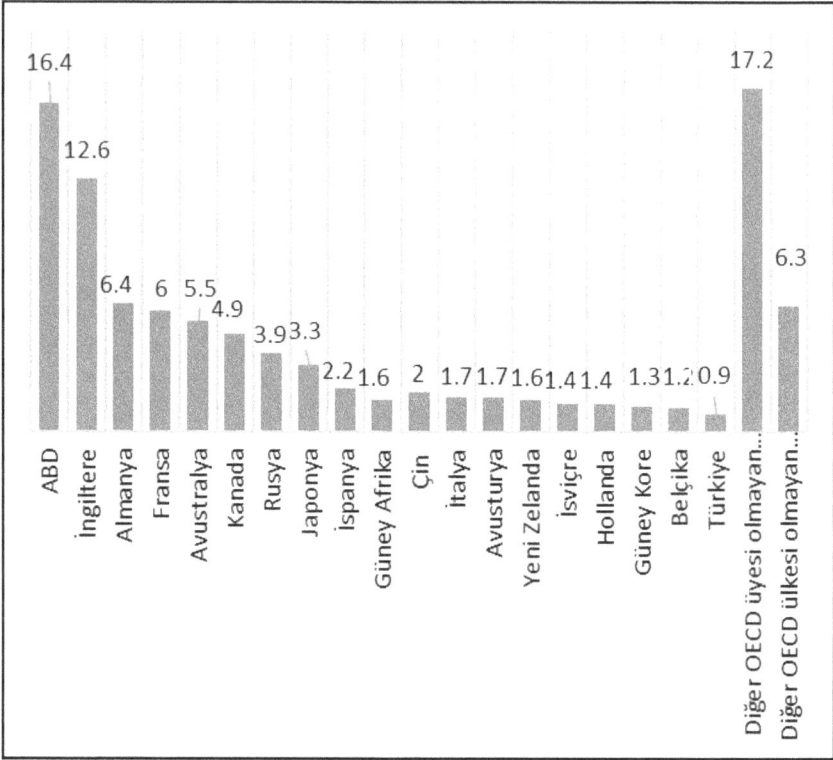

Grafik verileri: ABD 16.4, İngiltere 12.6, Almanya 6.4, Fransa 6, Avustralya 5.5, Kanada 4.9, Rusya 3.9, Japonya 3.3, İspanya 2.2, Güney Afrika 1.6, Çin 2, İtalya 1.7, Avusturya 1.7, Yeni Zelanda 1.6, İsviçre 1.4, Hollanda 1.4, Güney Kore 1.3, Belçika 1.2, Türkiye 0.9, Diğer OECD üyesi olmayan... 17.2, Diğer OECD ülkesi olmayan... 6.3

Kaynak: Bir Bakışta Eğitim 2013, OECD)

Çalışmanın amaçlarından biri uluslararası yüksek öğretim öğrenci hareketliliği içinde Atatürk Üniversitesi'nin yeri ve buna bağlı olarak turist öğrencilerin Atatürk Üniversitesini neden tercih ettiklerini ortaya koymaktır. Söz konusu öğrencilerin Atatürk Üniversitesi ve Erzurum'da deneyimledikleri gündelik yaşam pratiklerinden kaynaklı karşılaştıkları sorunları tespit etmeye yönelik uğraşlar da çalışmanın diğer bir amacını oluşturur. Bu durum üniversitenin, ileride gelmesi muhtemel yeni öğrenciler için de bir cazibe merkezi olmayı sürdürebilmesi için ortaya konacak öneriler için gereklidir.

Araştırmamızın örneklemi kartopu yaklaşımıyla oluşturulmuştur. Üniversitemizin pek çok fakültesinden tespit edilen öğrencilerle temasa geçilmiş, sonrasında da söz konusu öğrencilerin ulaşabildikleri diğer öğrenci arkadaşları görüşmelere dahil edilmiştir. Veri toplama tekniği olarak ise yarı-yapılandırılmış görüşme tekniği kullanılmıştır. Bu noktada çalışmanın amacına yönelik bulguları ortaya koyacak bazı sorular önceden hazırlanmış olsa da görüşme esnasında kendiliğinden gelişen sorular da öğrencilere aktarılmıştır. Nitel görüşme tekniği ile elde edilen verilerin yanı sıra, mevcut durumun ne olduğunu göstermek üzere bazı kurum ve kuruluşların ulusal ve küresel çapta eğitim ile ilgili verileri de çalışmaya dahil edilmiştir. Görüşmeler, zaman boşluğu açısından sıkıntıların yaşanması nedeniyle, bu boşluğu yakalayan öğrencilerle bazen yüz yüze ve bazen de odak grup şeklinde yapılmıştır. 7 kız ve 9 erkek toplamda 16 öğrenciyle görüşülmüştür. Senegal, Benin Cumhuriyeti, Yemen, Afganistan, İran, Türkmenistan, Azerbaycan, Gürcistan ve Karadağ görüşme yapılan öğrencilerin ülkeleridir. Görüşmecilerin ikisi siyahi ve biri hariç hepsi Müslümandır. Doktora ve Yüksek lisans yapan birer kişi bulunmakla birlikte diğer 14 kişi lisans öğrencisidir. Örneklem içerisinde Erasmus ve Mevlâna programına dahil öğrenci bulunmamakta; Türkiye bursları ve kendi imkanlarıyla okuyan öğrenciler yer almaktadır.

Bulgular ve Yorum

1957 yılında kurulan Atatürk Üniversitesi Türkiye'nin en eski 7. üniversitesidir. Üniversitenin sahip olduğu yaklaşık 60 yıllık birikim, onun, Doğu Anadolu Bölgesi'nin birinci sırada gelen üniversitesi olmasındaki en belirleyici etkendir. Hemen hemen her ile bir üniversitenin düştüğü günümüzde Atatürk Üniversitesi, tercih edilebilirlik açısından yabancı uyruklu öğrenciler için de önemli bir duraktır. 2015-2016 yılı verilerine göre Atatürk Üniversitesi 2111 yabancı uyruklu öğrenciye ev sahipliği yapmakta ve bu sayı ile birlikte Türkiye üniversiteleri arasında 6. sırada yer almaktadır (Şimşek ve Bakır, 2016, s.527). Sıralamanın ilk beşinde ise İstanbul, Anadolu (Eskişehir), Marmara (İstanbul), Uludağ (Bursa) ve Ankara Üniversiteleri bulunmaktadır. Birinci sırada yer alan İstanbul Üniversitesi'nin uluslararası öğrenci sayısı 5317'ye ulaşırken, bunun Türkiye'ye gelen bütün uluslararası öğrenci sayısı içindeki payı %7,36'dır. Atatürk Üniversitesi'nin payı ise %2,94'tür. Şimşek ve Bakır'ın (2016, s.531) tespitlerine göre Grafik 2'de de görüldüğü gibi 1999 yılından 2004 yılına kadar öğrenci sayısında düşüş yaşanırken, 2004'ten itibaren yükseliş baş göstermiş ve 2013 yılından itibaren de dört haneli rakamlara ulaşılmıştır.

Grafik 2. 1999-2016 yılları arasında Atatürk Üniversitesindeki uluslararası öğrenci sayıları

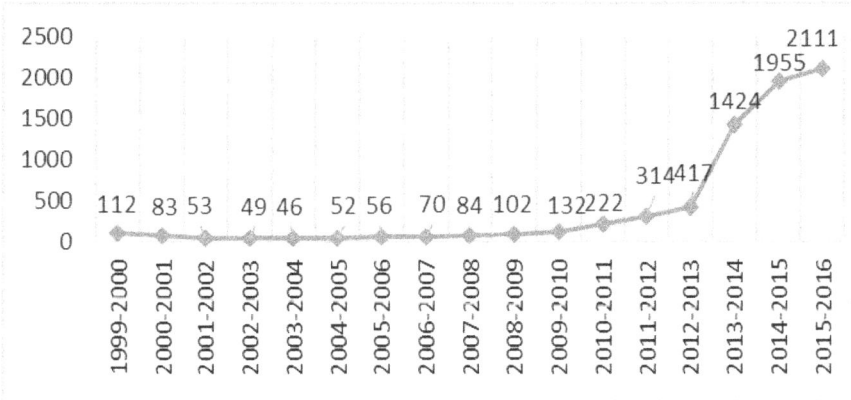

Kaynak: Şimşek ve Bakır, 2016

Atatürk Üniversitesinde 2015-2016 yılı verilerine göre öğrenim gören uluslararası öğrencilerin uyruklarına yönelik bir dağılım yapıldığında da Azerbaycan 727 öğrenci ile birinci sırada yer almaktadır. Onu sırasıyla İran (672), Türkmenistan (164), Suriye (105) ve Afganistan (85) takip etmektedir. Dağılım içerisinde Batılı ülkeler de yer almakla birlikte sayıları oldukça azdır. Örneğin ABD'den 2, İspanya ve Fransa'dan 1,

İsviçre'den 2, Hollanda'dan 4 öğrenci bulunmaktadır. Rusya 15 ve Almanya 11 öğrencileri ile en çok öğrenci bulunduran ilk iki Batılı ülkeyi temsil etmektedir (Şimşek ve Bakır, 2016, ss.533-534). Son olarak Şimşek ve Bakır'ın (2016:535) elde ettiği verilere göre Atatürk Üniversitesine gelen uluslararası 2111 öğrencinin 451'i (%21) doktora, 392'si (%19) yüksek lisans, 1214'ü (%57) lisans ve 54'ü (%3) ön lisans eğitimi almaktadır.

Atatürk Üniversitesi'nin yukarıda sıraladığımız uluslararası öğrenci verilerinin yanında, Türkiye üniversiteleri arasındaki yerini de belirleyecek olursak, URAP'ın (University Ranking by Academic Performance) 2016-2017 eğitim dönemine ait verilerine göre Atatürk Üniversitesi 617,40 performans puanı ile 12.sırada yer almaktadır. ODTÜ 756,67 puanla listenin birinci sırasında yer alırken, onu sırasıyla Hacettepe (720,42), İstanbul (702,55), Ankara (688,08) üniversiteleri takip etmektedir (tr.urapcenter.org/2016/2016-2017-URAP-Turkiye_Siralamasi-Raporu.pdf). Bir önceki yıl verileriyle yapılan dünya sıralamasında (20.000 üniversite arasında) ise ilk 1000'deki 18 Türk üniversitesinden biri de Atatürk Üniversitesi'dir.

Atatürk Üniversitesi'nin uluslararası öğrenci hareketliliği ile ilgili olarak ortaya konan ilk sosyolojik yayın Kaçmazoğlu ve Şeker (1998)'in Türk ve akraba toplulukları öğrencileri üzerine yaptıkları çalışmadır. Öğrencilerin eğitim, ekonomik, kişisel ve Erzurum'a yönelik sorunlarının yanı sıra Türkiye değerlendirmeleri söz konusu çalışmanın problematiğini oluşturur. Kendi çalışmamızın bazı sorularının yapılandırılması için de bu çalışmanın örnek teşkil ettiğini söyleyebiliriz.

Yabancı uyruklu öğrencilerle yaptığımız görüşmelerden elde edilen bulguları maddeler halinde sıralarsak;

- Öğrenci tercihlerinde üniversitenin yer aldığı şehirden ziyade adının belirleyici bir etken olduğu görülmüştür. 'Atatürk'ü ve onun tarihsel kişiliğini kendi ülkelerindeki ders kitaplarından öğrenmiş olan öğrenciler, Atatürk'ün isminin verildiği bir üniversitenin de iyi bir kurum olabileceğini düşündüklerini belirtmişlerdir.

- Öğrencilerin çoğunun, anadillerinin ve Türkçe'nin dışında yabancı başka bir dil daha bildikleri görülmüştür. İngilizce burada baskın bir şekilde öne çıkmaktadır. Hatta yabancı uyruklu öğrencilerin kendi aralarında Türkçeden ziyade İngilizceyi kullandıkları görülür. Bu noktada neredeyse evrensel bir hale gelmiş olan İngilizceyi bilmenin, öğrencilerin Türkiye dışında yapabilecekleri tercihleri üzerinde doğrudan bir etkisinin olmadığı görülmüştür. Öğrencilerin çoğunlukla konuştukları diğer yabancı diller ise Fransızca ve Rusçadır. Bunun nedeni bu dillerin ya geçmişte sömürüldükleri ülkenin ya da bağlı bulunulan birliğin (Sovyetler Birliği) etkileşimi ile zaman içerisinde kazanılmış olmasıdır. Bağımlılık teorisi bağlamında değerlendirildiğinde bunun bir sonucu Nurgün Oktik'in (2002, s.112) de vurguladığı gibi 'çevre' konumunda yer alan ülke öğrencilerinin 'merkez' ülkeler tarafından oluşturulmuş bilginin tüketicisi konumuna gelmeleridir. Bunun da öğrencilerin üniversite tercihlerinde etkili olduğu görülmüştür. Örneğin Somalili öğrenci Fransa ve Belçika'yı Türkiye üniversitelerine öncelerken, Türkiye'de de Galatasaray Üniversitesini Fransızca eğitim vermesi açısından ilk sıralarda seçebilmektedir. Türk Cumhuriyetler ve Akraba topluluklardan gelenler ise Rusya'yı bir öncelik olarak görebilmektedir. Bazen de bunun itici bir durum oluşturarak zaten bildikleri bir dili öğrenmenin gereksizliğini ve Türkiye Türkçesini öğrenmek için de geldiklerini söyleyen öğrenciler olmuştur. Öğrencilerin yurtdışı eğitimlerinin kendi ülkelerindeki denkliği ve yeterliliği söz konusu olduğunda da yukarıdaki ilişkiye benzer bir durum söz konusudur. Örneğin Somalili öğrenci Fransa'dan alınacak olan bir diplomanın Türkiye'den alacağı bir diplomadan daha kıymetli olduğunu vurgulamıştır.

- Din, üniversite tercihlerinde de belirleyici bir etkendir. Görüşme yapılan öğrencilerin hemen hepsi Müslüman olduğu için, nüfusun çoğunluğu Müslüman olan bir ülkede eğitim alacak olmanın ibadetlerini de yerine getirilebilmelerini mümkün kıldığını ifade etmişlerdir. Aynı zamanda, ezan sesini duyabiliyor olmanın da bazı öğrenciler tarafından ruhani bir huzur sağladı belirtilmiştir. Özellikle Türkiye dışında bir yurt dışı deneyimi elde edenlerin, gittikleri ülke Müslüman değilse, ibadet yapmanın (namaz kılmak) ne kadar zor bir hal aldığını vurgulamışlardır. Bu noktada İslamafobi ile bezenmiş ülkelerde ibadetin gizliden gizliğe yapıldığı ifade edilmiştir. Yine dinle ilgili olarak Müslüman öğrencilerin Ramazan ayında kendi ülkelerindeki kalıplarda oruç tutabilecekleri bir yer olarak Erzurum'u tercih ettikleri de görülmüştür. Çünkü onlara göre, Erzurum'da herkes Ramazan ayında oruç tutmaktadır. Öğrenciler bu durumun Türkiye'nin özellikle batısında bulunan şehirlerde tam olarak böyle olmadığını hem deneyimlerinden hem de oralarda okuyan arkadaşlarından öğrenmişlerdir. Başka dine mensup öğrenciler için ise Erzurum'da bir ibadethanenin olmaması sıkıntı yaratmaktadır. Görüşmelerde karşımıza çıkan Hıristiyan bir öğrenci, Erzurum'da ibadetlerini yerine getiremediğini, ancak İzmir'e ya da İstanbul'a gittiğinde ibadet edebildiğini belirtmiştir. Tüm bunların yanı sıra dinsel bir ortaklığın tercihlerde her zaman bağlayıcı bir unsur olmadığı da görülmüştür. Örneğin Yemenli bir öğrencinin ilk tercihi Hindistan, ikinci tercihi Yunanistan iken Türkiye üçüncü sırada yer alabilmiştir.

- Görüşme yapılan öğrencilerin çoğunluğu Türkiye bursu ile eğitimlerini sürdürse de kendi imkanlarıyla okuyan öğrenciler için Türkiye'de eğitim almanın ucuzluğu ön plandadır. Bu noktada, kendi ülkelerinde yapılan sınavların zorluğu neticesinde bir devlet üniversitesine yerleşememiş ve ülkelerindeki özel üniversitelerin de pahalı olması nedeniyle Türkiye üniversitelerini seçenler olmuştur. Bu durum, özellikle coğrafi yönden yakın olan sınır komşusu ülkelerin öğrencilerinde daha belirgindir. Bu ülkelerin başında gelen İran, coğrafi açıdan Erzurum'a da yakındır. Ancak eğitimin ucuzluğu, gündelik yaşamın gerektirdikleriyle aynı paralellikte değildir. Kendi imkanlarıyla okuyan pek çok öğrenci eğitimin ucuz olduğunu belirtse de yaşam pahalılığına vurgu yapmışlardır.

- Üniversite tercihlerinde çok az sayıda öğrenci, ulusal ya da uluslararası derecelendirme kuruluşlarının üniversiteler hakkındaki incelemelerine göz atmıştır. Benzer bir durum üniversitenin bulunduğu şehir Erzurum için de geçerlidir. Pek çokları nasıl bir şehre geleceklerini araştırmamıştır. Hatta tercihlerinin, kardeşleri ya da velileri tarafından yapıldığını ifade edenler de mevcuttur. Bu durum, John Urry'nin (2015) kavramsallaştırmasıyla turistler için önem arz eden "tüketim mekanları"nın Erzurum'da fazla yer almamasından dolayı, buraya gelen öğrenci turistlerde sonradan bir hayal kırıklığı yaratabilmektedir. Kevin Lynch'in (2010) terminolojisiyle öğrenciler Erzurum'un görselliğine yönelik bir 'okunaklılık' görememişlerdir. Şehrin en önemli simgelerinden biri olan Palandöken, kış sporları için öğrencilere bir alternatif sunsa da görüşmelerde birkaç öğrencinin dışında bu spor dalını deneyenin ya da dağa gidenin olmadığı görülmüştür. Bunun önemli nedenlerinden biri, dağa özel bir araç olmaksızın gitmenin neredeyse zor olmasından ve kış sporları yapmanın burslu öğrenciler için bile pahalı olmasından kaynaklanmaktadır. Şehrin nüfus açısından az olmasının ve büyük şehirlerin sahip olduğu keşmekeşten uzak olmasının da öğrenci tercihlerinde belirleyici olduğu görülmüştür.

- Şehre özgü yemeklerin öğrencilerin tüketim mekanlarında fazla yer almaması ve Türkiye'nin hemen her yerinde karşılaştıkları bir beslenme kültürünün yaygınlığı, yemekler konusunda da hayal kırıklıkları yaratmıştır. Bu noktada, kırmızı et yerine tavuk etinin yaygınlığı, kırmızı etin pahalılığı, sebze çeşitliliğinin fazla olmaması ve hatta balık tüketiminin Erzurum içinde az olması bahsi geçen olumsuzluklar arasındadır. Yemeklerin aşırı acı olması ve çoğu turist öğrencinin ülkesinde önemli bir besin ögesi olan pilavın sıradanlığı da diğer eleştiriler arasındadır.

- Şehrin kozmopolit bir nitelik göstermemesinden dolayı, şehir insanının farklı ten renklerine ve çekik gözlü öğrencilere yönelik bazen tatsız tutumlar sergilediği aktarılanlar arasındadır. Bunların başında siyahi tene sahip öğrencilerin yaşadıkları olaylar başı çekmektedir. Bunun yanı sıra, Türk Cumhuriyetler ve Akraba topluluklardan gelen çok sayıda çekik gözlü öğrenci, Çinli sanılarak alaya maruz kaldığını ifade etmiştir. Söz konusu tutumlar karşısında öğrencilerin önlemi ise kampüs dışına fazla çıkmamaktır. Görüşülen çoğu öğrenci de kampüsün ihtiyaç duydukları pek çok şeyi karşılayabildiği üzerinde hem fikir olmuş, öğrencilikleri süresince boş zamanlarının büyük çoğunluğunu kampüs içerisinde geçirdiklerini belirtmişlerdir. Bu görüş birliğinin oluşmasında kampüsün sinema salonları, bankalar, yurtlar ve fakülteleri bir arada bulunduran yapısı etkilidir. Öyle ki çoğu zaman ulusal bazda sponsorlu gençlik şölen ve konserleri dahi kampüs içerisinde gerçekleştirilmektedir.

- Mevsim ve coğrafya açısından dile getirilen düşünceler ise kışın çok uzun ve sert olması ve denizin bulunmamasıdır. Bu durumun psikolojik açıdan öğrencilerin üzerinde olumsuz bir etki oluşturduğu görülmüştür. Örneğin sert kış, sıcak bir iklime sahip olan ülkelerden gelen öğrenciler için kasvetli bir ortam oluştururken, denize yakın yerlerden gelen öğrenciler de bu coğrafi eksikliği, özlemini her daim duyacakları bir şey olarak ifade etmişlerdir. Hatta soğuk kış mevsiminin öğrencilerin yurt ortamından kopamamalarında etkili olduğu görülmüştür. Öyle ki birkaç kişi ile birlikte ev kiralayacak kadar para denkleştirenler, yakıt masrafının altından kalkamayacakları için bu düşüncelerinden vaz geçmektedir.

- Öğrenciler, eğitim süreçleri boyunca, daimi konakları olan yurtlarla da bazen sorunlar yaşayabilmektedirler. Yaş grubu ve eğitim dereceleri göz önünde bulundurulmadan, mevcut boşluklara göre yapılan yerleştirmeler sorunların temelini oluşturmaktadır. Bu durum öğrenciler arasında empati sorunlarına ve uyuşmazlıklara neden olabilmektedir.

- Türkiye'nin komşu ülkelerle olan mevcut siyasi ilişkileri üzerinden kaynaklı gerilimler de bazen öğrencileri sıkıntıya sokabilmektedir. İranlı bir öğrenci ülkelerine yönelik siyasi yaptırımlar çerçevesinde kendilerine burs verilmediği, yurtlara yerleştirilmediği ve mevcut olanların da yurttan çıkarıldığını ifade etmiştir. Siyasetin eğitim üzerinde etkin olması bazı akraba topluluklara yönelik kontenjanların da diğerlerine oranla daha geniş tutulduğunu göstermiştir. Bu noktada, bir grup öğrenci Ahıska Türklerine daha fazla kontenjan verildiğini söylemiştir.

-    İfade edilen sorunlardan biri de, ilk kez Türkiye'ye gelmiş olan öğrenciler için üniversite işlemlerini nasıl ve nerede yapacaklarını gösteren bir rehber ya da kılavuzun olmayışıdır. Bu durum onların çeşitli şekillerde kandırılmalarına yol açabilmektedir. Örneğin havaalanından taksiye binen ve ilk kez Türkiye'ye gelen bir öğrenci, taksi ücretini fazladan vermek zorunda kaldığını aktarmıştır.

Sonuç ve Öneriler

Türkiye'nin uluslararası öğrencilere yönelik ilgisinin temelinde 90'lı yılların başından itibaren kültür ilişkileri çerçevesinde ortaya konan politikaların varlığı söz konusudur. Çift kutuplu dünyanın sona erdiğini gösteren bir durum olarak Sovyetler Birliğinin dağılması, bu birliğin içerisinde yer alan Türk ve akraba topluluklarla geçmişten bu yana devam ettirilmeye çalışılan kültürel ve ortak bir bağın yeniden canlandırılması için fırsat sunmuştur. Eğitimin ise bu bağları kuvvetlendirebilecek en önemli araç olduğu öngörülmüştür. Komünist rejime sahip Sovyetler Birliği'nin yaşadığı ekonomik sıkıntılar neticesinde Türk devletlerini kendi başlarının çaresine bırakması, Türkiye'nin eğitim üzerinden önemli bir politik uygulamayı devreye sokmasına vesile olmuştur. "Büyük Öğrenci Politikası" (BÖP) olarak adlandırılan bu eylem, söz konusu ülkeleri küreselleşme sürecinin şafağında liberal ekonomik sisteme dahil etmenin yanı sıra, bu yöndeki yapısal düzenlemelerin gerçekleşmesini sağlamak üzere insan kaynaklarının oluşturulmasının en hızlı yolu olarak görmüştür. Ayrıca yeniden sağlanacak bir kültürel bağın siyasal güç açısından da büyük avantajlar sağlayacağı yadsınamaz bir gerçeklik halini almıştır. Bu yöndeki politikaların dışında Avrupa Birliği üyelik süreci yolunda Erasmus gibi politikalar da Avrupa değerlerini görmek ve anlamak üzere bizim için olduğu kadar, Avrupa'dan gelenler için de Müslüman bir aday ülkeyi tanımak ve anlamak üzere fırsatlar ortaya koymuştur. Tüm bunların ötesinde belki de Mevlana programı gibi hedefi bütün dünya ülkelerini kapsayan programlarla da küresel ağın eksik parçalarıyla etkileşime geçmek söz konusu olmuştur. Ancak günümüzde bu siyasi fırsatların dışına çıkılarak daha başka bir perspektifin odağa yerleştiği görülür: Ekonomik perspektif. Öyle ki eğitim ekonomisinin gün geçtikçe ülkelere katkısı tüm dünyada daha görünür bir hal almıştır. Bu noktada, ülkelerine gelen uluslararası turist öğrencilerden ABD 2011-2012 yılları arasında 29,8 milyar dolar, Kanada 2010 yılında 7,5 milyar dolar, 2009 yılında İngiltere'nin 12,2 ve Avustralya'nın da 14 milyar dolar gelir elde etmiştir (*KB*, 2015, ss.2-3). Böylesi bir durum eğitim kurumları üzerinde de kârı önceleyen bir mantalitenin baskısını hissettirmeye başlamıştır. Özellikle neoliberal düşünceler çerçevesinde üniversite reformların tartışıldığı ve üniversitelerin kendilerine öz kaynak oluşturabilmelerinin teşvik edildiği şu günlerde yabancı uyruklu öğrenciler, üniversitelerin giderek daha fazla önem verdiği bir kalem haline dönüşmüştür. Bu noktada, bilginin ulusal sınırlar içinde yabancı uyruklu öğrencilere ihraç edildiği ve onların bu süre zarfında ülke içinde yapacakları her türlü tüketimin katkısı ulusal kalkınma planları içerisinde ön plana geçmiştir. Siyasi erkin de onayladığı bu durum üniversiteleri bacasız fabrikalara dönüştürmüştür. Ancak bulgulardan da görüleceği gibi yeni yerleşmeye başlayan bu mantaliteye yönelik hizmet sağlayıcıların ve bunların yer aldıkları şehirlerin eksiklikleri bulunmaktadır. Bu noktada, turist öğrencilerin deneyimlerinden gelebilecek her türlü sorun hakkındaki geri bildirim, önemli görülerek dikkate alınmalı ve eğitim alt yapısının ticari nitelikteki dönüşümü için kullanılmalıdır. Ayrıca yerel yönetim ile oluşturulacak bir koordinasyon, şehrin okunabilirliğine yönelik düzenlemelerin de gerçekleştirilmesi için daha doğru ve kalıcı bir imkan sağlayacaktır. Son olarak kendi öz kaynaklarını oluşturmaları yönünde teşvik edilen üniversitelerin siyasal erkin dış politikalarıyla bağdaşık bir şekilde turist öğrencilere yönelik değişik tutum seviyeleri göstermemeleri gerektiğidir. Özellikle de kendi imkanlarıyla komşu ülkelerden gelen öğrencilere yönelik tutumun yumuşatılması gerekmektedir. Öyle ki çekim yaratmış bir eğitim kurumunun çevre ülke öğrencileri üzerinde kültürel bazı işlevleri (kültürel yayılma) yerine getirmesi söz konusu olabilir.

Kaynakça

Bauman, Z. (2010). *Küreselleşme.* (Çev. Abdullah Yılmaz), İstanbul: Ayrıntı Yayınları.

Bayram, H. B. -Şeker, H. (1998). "Türk Cumhuriyetleri, Türk ve Akraba Topluluklarından Gelen Öğrencilerin Türkiye ve Kendi Ülkeleriyle İlgili Gözlemlerine Dayanarak Ortaya Koydukları Sorunlar: Atatürk Üniversitesi Örneği", *Sosyoloji Araştırmaları Dergisi, sayı 1-2, cilt:1. ss.86-104.*

Kalkınma Bakanlığı. (2015). *Yükseköğretimin Uluslararasılaşması Çerçevesinde Türk Üniversitelerinin Uluslararası Öğrenciler İçin Çekim Merkezi Haline Getirilmesi.* Ankara: Kalkınma Bakanlığı.

Lynch, K. (2010). *Kent İmgesi.* (Çev. İrem Başaran), 6.basım, İstanbul: Türkiye İş Bankası Kültür Yayınları.

OECD. (2013). *Bir Bakışta Eğitim 2013.*

Oktik, N. (2002). "Globalleşme ve Yüksek Öğrenim". *Doğu-Batı Dergisi,* (18), 103-114.

Ritzer, G. (2011). *Küresel Dünya.* (Çev. Melih Pekdemir). İstanbul: Ayrıntı Yayınları.

Şimşek, B. ve Bakır, S. (2016). "Uluslararası Öğrenci Hareketliliği ve Atatürk Üniversitesinin Uluslararasılaşma Süreci", *A.Ü. Türkiyat Araştırmaları Enstitüsü Dergisi,* (55), 509-542.

Urry, J. (2015). *Mekanları Tüketmek.* (Çev. Rahmi G. Öğdül), 2.basım, İstanbul: Ayrıntı Yayınları.

Veblen, T. (2005). *Aylak Sınıfın Teorisi.* (Çev. Zeynep Gültekin, Cumhur Atay), İstanbul: Babil Yayıncılık.

tr.urapcenter.org/2016/2016-2017-URAP-Turkiye_Siralamasi-Raporu.pdf

http://www.turkiyeburslari.gov.tr/TBTanitim/TR/16%20APPLICAN_TURKCE. pdf

Çoklu Kültürün Bir İfade Biçimi Olarak Çalgıcı Romanlar

Tuncay Aras[62]

Giriş

Müzik, çingenelerin hayatında farklı boyutlara sahip bir olgudur. Müzik üzerine olan yetenekleri doğrultusunda sanata bakış açıları değişik şekillerde olmuş ve bu yeteneklerini geçimlerini temin etmek adına çok iyi kullanmışlardır. "Dünyada Çingeneler üzerine araştırma yapan bilim adamlarının genel kanaati dünyadaki hiçbir etnik gurubun, Çingeneler kadar müzik zevki ve kabiliyetinin olmadığı doğrultusundadır. Dünyanın dört bir yanına dağılmış olan Çingeneler, son derece ilginç toplumsal bir mozaik yapı oluşturmaktadırlar. Çingenelerin müziklerini, dansları, gelenek ve göreneklerini çok iyi tanıdıktan sonra; bambaşka bir dünyanın insanları olarak ne kadar insancıl bir yapıda oldukları anlamamak imkânsızdır" (Sal, 2009, s.72).

Geçmişten günümüze çingeneler, yaşamlarını sürdürmek adına kalaycılık, sepetçilik, demircilik, çalgıcılık gibi farklı "zanaatkarlık" biçimlerine yönelmişlerdir. Aynı zamanda, müziksel kimlikleri ve müzik kabiliyetleri doğrultusunda çalgıcılık, romanların toplumlar içerisinde yer almalarına ve toplumlar tarafından kabul görmelerine katkı sağlar ve romanlar için zanaatkarlıkların bir adım ötesine geçip yaşam biçimine dönüşür. Romanlar için müziğin yarattığı bu zeminin sağlam olmasındaki başat neden ise romanların göçebelik sürecinde kendilerine ait olanı kaybetmeden farklı toplumların yaşamlarına erken uyum sağlayabilmeleri ve bu uyum sağlama sürecinin neticesinde bu toplumların kültürel özelliklerini iyi tanımaları ve tanımlayabilmeleridir. "Çingeneler, egemen toplum kesimleri tarafından asla bütünüyle kabul görmezler ancak müzikle olan bağlantıları nedeniyle bir türlü göz ardı da edilemezler. Öteden beri göçebeliğe özgü marjinal mesleklerle (kalaycılık, sepetçilik, çalgıcılık, canbazlık vb.) uğraşan Çingene topluluklar açısından müzik, bu nedenle ayrıcalıklı bir noktada durur" (Kınlı ve Yükselsin, 2016, s.379).

Çingeneler tarihte Gypsy, Kıpti, Sinti, Tigani, Gitane, Zingari vb. pek çok farklı isimlerle anılmışlardır. Bu durum çingenelerin yaşadıkları ülkelerin yerel ve dil özelliklerinden kaynaklanmaktadır. Çingenelerin tarihi geçmişi hakkında ise kesin bilgiler bulunmamaktadır. "Çingenelerin kökenleri hakkında çok çeşitli görüşler ileri sürülmekte ise de bunlar arasında en fazla benimsencni, Çingenelerin Hindistan kökenli bir topluluk olduklarını öngören tezdir. Bu görüşü destekleyen tezlerin çoğunluğu, tarihsel belgelerden çok dilbilimin ortaya koymaya çalıştığı verilerden hareketle ortaya konulmuşlardır. Zira ne Çingenelerin 9. Yüzyıl olarak tahmin edilen hiiyiik göçleriyle ilgili ne de onların sosyal, kültürel, siyasal vd. özellikleriyle –o dönemlere ait- hiçbir kesin belge yoktur" (Duygulu, 2006, s.14).

---

[62] Arş. Gör., Marmara Üniversitesi Eğitim Bilimleri Enstitüsü Güzel Sanatlar Eğitimi Anabilim Dalı Müzik Eğitimi Bilim Dalı

Yazgan, P., Tilbe, F. (der.) (2016).
Türk Göçü 2016 Seçilmiş Bildiriler I.
London: Transnational Press London.

"Çingenelerin 10. yüzyıldan başlayarak 19. yüzyıla kadar İran taraflarından ve Kafkasya' dan gelerek, Anadolu içlerine yerleştikleri, daha sonra da Mısır ve Kuzey Afrika' ya geçtikleri, buradan da İspanya' ya ve Avrupa içlerine dağıldıkları; Anadolu' da kalan grupların bir kısmının Marmara ve Trakya' yı geçerek Balkanlara yerleştikleri bugün konu ile ilgilenen tüm araştırmacıların paylaştıkları bir görüştür" (Duygulu, 2006, s. 19).

"Çingene" ve "Roman" terimlerinin kullanımı geçmişten gelen bir tartışma konusu olarak halen devam etmektedir. Ancak yapılan literatür çalışmasında çingenelerin daha çok "Roman" terimini kullanmayı tercih ettikleri ön plana çıkmaktadır. Bu tercihteki başlıca nedenler ise "Çingene" teriminin bu topluluk dışındaki insanlar tarafından konulmuş olması ve toplumda anlam olarak olumsuz yargılar uyandırmasıdır. "Avrupa'daki her ülkede, Kuzey ve Güney Amerika'da, Avustralya'da, Afrika ve Asya'nın bazı bölgelerinde yaşayan 12 milyon Çingene, kendilerini tanımlayan sözcük olarak Romani/ Roman adını kullanmaktadır. Dünya üzerinde yaşayan milyonlarca insanın iki farklı kimliği vardır: bunlardan ilki, sahip oldukları gerçek Roman kimliği; ikincisi ise, genellikle topluluk dışındaki insanlarca onlara yüklenen Çingene kimliğidir" (Hancock, 2007: xvii, akt: Özer, 2012, s. 18).

Duygulu (2006), Türkiye'nin batısında yaşayan çingenelerin, yaklaşık son elli yıldan bu yana "Roman" adının kullanımını tercih ettiklerini belirtmektedir (s: 13-14). Yükselsin (2015), Türkiye'nin batı bölgelerinde yaşayan ve müzikle profesyonel olarak uğraşan çingenelerin kendilerini ısrarla "Roman" olarak tanıtmasının sebebini, müzikle olan bağlantıları nedeniyle toplumda göz önünde olduklarından ve bundan dolayı da kendilerini birlikte anıldıkları diğer çingenelerden (müzikle uğraşmayan) ayrı tutma ve farklı bir kimlik sunma çabası içerisinde olmalarından kaynaklandığını belirtmektedir (s: 1120)

Roman çalgıcıları, değişik kültürel özelliklere sahip olan toplulukların olduğu bir toplumun farklı müzik anlayışlarına hakim olmayı başarabilmiş usta zanaatkarlardır. Bu bağlamda roman çalgıcıların yapmış oldukları mesleki hizmet ilk bakışta sadece insanları eğlendirmek gibi görünse de bünyesinde çoklu kültürü barındıran bir toplum içinde kültür paylaşımı da sunar. "Geçimlerini müzik yaparak temin eden Roman/Çingene topluluklarının, yalnızca inançları ve konuştukları diller bakımından değil kültürel özellikleri bakımından da birbirinden farklı olan topluluklara sundukları profesyonel müzisyenlik hizmetleri, basitçe 'eğlendiricilik' olarak tanımlanamayacak kadar önemli ve kapsamlıdır" (Yükselsin, 2014, s. 713).

Yapılan literatür çalışmasında, müzikle profesyonel olarak uğraşan romanların ülkemizin daha çok batı kesimlerinde yaşadıkları ve genelde Batı Türkiye Romanları Topluluğu içerisinde ele alındıkları sonucu ortaya çıkmıştır. Bu doğrultuda araştırma, ülkemizin batı kesimlerinde yaşayan romanlar ile sınırlandırılmıştır.

Bu çalışmanın amacı, çingene/roman müziğinin göçebe kültürüne bağlı olarak nasıl bir yaşam şekline dönüştüğünü açıklamak, tarihsel süreç içerisinde toplumsal ve kültürel etkileşimleriyle müziksel formların nasıl bir yaşamın ifade biçimine dönüştüğünü müziğin kültürel aracı olma işleviyle yansıtmak ve romanların toplum içerisinde üstlenmiş oldukları çalgıcı kimliklerini açıklamaktır.

Çalgıcı Romanlarda Çoklu Kültürel Boyut

Tarihte toplumlar ekonomi, göç, savaş gibi pek çok sebepten dolayı birbirleriyle sürekli olarak temas halinde olmuşlar ve temaslar neticesinde toplumlar arasında kültür aktarımı gerçekleşmiştir. Buna bağlı olarak da toplumlar içerisinde fakli yaşayış şekillerine göre topluluklar ortaya çıkmıştır. "Bu noktadan hareketle içindeki çok sesliliğin ve renkliliğin güzelliklerinden yararlanmasını bilen organ, kurum, devlet ya da toplulukların kendi içinde çok kültürlülüğünden bahsetmek mümkündür. Her ne kadar "çok kültürlülük" kavram olarak yeni bir deyimmiş gibi duruyor olsa da, çok kültürlü olma durumu zaten olagelmiş bir durumdur" (Küçükaydın, Arslan ve Sağır, 2014, s.583).

Çok kültürlü bir toplum içerisinde geçimlerini zanaatkarlıkla sürdüren romanlar, "bulundukları bölgelerin dil, mutfak, giyim vb. gibi kültürel özelliklerinin yanı sıra, inanç ve dinsel kültürlerine bile çabucak adapte olmaktadırlar. Bu adaptasyon durumu, müzik için daha çok geçerlidir. Çünkü müzisyenlik, Romanların profesyonel bir biçimde hayatlarını kazanmalarını sağlayan bir etkinliktir" (Sağer ve Dönmez, 2012, s. 8). Hayatlarını kazanma sürecine bağlı olarak çalgıcı romanlar, farklı toplulukların müzik kültürlerini bilmek durumundadırlar. Çocukluk döneminde bu sürece giren romanların da kendi içlerinde almış oldukları eğitimin özünde, çalgı çalma becerisinin yanı sıra çok kültürlülüğe yönelik bir eğitim şekli yatar. "Tek bir kültürel topluluğun müzik dizgesi yerine çok sayıdaki topluluğun birbirinden farklı dizgeleriyle uyumluluk temeline dayanır. Çünkü müziğin içsel niteliklerine ilişkin kültürel referanslarını kendi kimliklerinden (Roman/Çingene) çok başka kimliklerden (Yörük, Pomak, Kürt, Çerkez, vb) ya da kültürel varoluş düzeylerinden (kırsal, kentsel, popüler, erkek, kadın vb.) almak zorundadırlar" (Yükselsin, 2014, s.720).

Yükselsin (2014), çalgıcılığa yönelmiş olan bir roman çocuğuna, en başta ikiden fazla kültüre yönelik müzik yapma becerisinin aşılandığını belirtmekte ve çocuğun icrasını sunacağı evlilik, sünnet, asker uğurlaması, festival gibi etkinliklerdeki olgunlaşma döneminde kimin için, nerede, hangi müziğin, nasıl seslendirileceğini öğrenmesi ve çalgı çalma becerisini tüm bunlara yanıt verecek şekilde geliştirmesi gerektiğini belirtmektedir (s: 720)

Değişik kültürleri kendi öz benliklerini yitirmeden hızlıca benimseyen ve yaşamları içine alan romanlar, bu kültürlere ait müzikleri icra ederken değişik roller üstlenirler. "Farklı kültürel kimliklerin önemli birer simgesel, pragmatik ve/veya estetik bileşeni olan müziksel biçemleri belleklerinde koruyan, onların beklentilerine uygun müziksel biçim ve biçemleri sahiplenip seslendiren, müziği onu talep edenlerin ayağına kadar götürüp sunan bu müzisyenler, bu yolla yaşamlarını kazanan birer 'kültür simsarı' oldukları kadar, sahiplendikleri kültürlerin taşıyıcıları ve aktarıcıları konumundadırlar" (Kınlı ve Yükselsin, 2015, s.1129).

Çalgıcı Kimliği

Romanlar, müziğe olan yeteneklerini daha çok esnaflık anlayışı üzerinden sahnelemektedirler. "Onlara göre yapılan iş esnaflık' tır ve kendileri de birer esnaf' tır. Her esnaf en az bir çalgıyı iyi derecede çalar" (Yılmaz, 2010, s.18). Bu düşünceden hareketle çalgıcılık, geçim temin etme yolunda aynı zamanda toplum içerisinde zanaatkarlık bağlamında bir kimlik oluşumudur. Romanlar, icra edildikleri alanlar bakımından "Çalgıcılık" ve "Müzisyenlik" terimlerini farklı şekillerde tanımlarlar "Çalgıcılık 'zanaatkârlık' ile müzisyenlik ise 'sanatçılık' ile örtüştürülür. 'Çalgıcılar' olarak adlandırılan profesyonel Roman müzisyenler tarafından seslendirilen müzik, bir 'el zanaatı' (craft) gibi algılanır ve bir 'zanaat' olarak müzik yapmak, çeşitli kaynaklardan elde edilmiş müziksel gerecin potansiyel alıcılara satılmak üzere işlenmesi ya da dönüştürülmesi anlamına gelir" (Yükselsin, 2009, s.453).

"Grup kimliğini (çalgıcı romanı) içinde barındıran bir kavram olmasıyla dikkat çeken ve Roman/Çingene olmakla ilişkilendirilen 'çalgıcılıktaki' icra alanları: düğün (evlilik, sünnet), asker uğurlamaları, takvime bağlı festivaller/ritüeller vb. etkinliklerle ilişkilendirilir. 'Müzisyenlik' ise daha geniş ölçekli sosyokültürel dizge ve ağırlıklı olarak kentsel ve popüler kültür bağlamındaki icra alanlarını vurgulayıcıdır" (Yükselsin, 2005, s.107). Kendilerini müzisyen olarak niteleyen romanlar genelde konserlerde, stüdyolarda albüm kayıtlarında, eğlence mekânlarında vb. yerlerde çalanlardır.

Romanlarda zanaatkarlığa bağlı meslekler genelde soya dayalı olarak aktarılır ve romanlar, mesleklerine yönelik soy isimler kullanırlar. Doğal olarak çalgıcılık içinde bu durum geçerlidir. "Sözgelimi Edirne'de davul-zurna müziği yapan iki Çalgıcı soyundan biri 'Zurna' diğeri 'Zurnacı' soyadını taşımaktadır. Edirne dışında Türkiye'nin başka bölgelerinde yaşayan Çalgıcı Romanlarında benzer soyadlarının olduğu görülür. 'Çalgı', 'Şenyaylar', 'Şençalar', 'Şenlendirici' gibi soyadlarını taşıyan Romanların çalgıcı soyundan geldiği anlaşılır" (Yükselsin, 2000, s.136). Soyunda çalgıcılık olmasa da sonradan bu mesleğe yönelen romanlar için de "Kapma" terimi kullanılmaktadır.

Kadın ve erkek çalgı gruplarının ayrı olduğu romanlarda, kadın müzisyenler "Dümbekçi" olarak adlandırılırlar ve kadınlara yönelik etkinliklerde rol alırlar. Genelde iki kadından oluşan ekibin bu etkinliklerdeki rolleri, şarkı söylemek ve şarkıya ritim ile eşlik etmektir. "Kadın Romanların daha çok vurma çalgılar (def, dümbek, darbuka) eşliğinde şarkı (ve türkü) söylemek biçiminde sürdürdükleri bu müzisyenlik edimi, erkeklerin ağırlıklı olarak çalgı çalma özelinde sürdürdükleri müzisyenlik ediminden farklıdır. Dolayısıyla 'Çalgıcılar' terimi Romanlar özelinde, yalnızca bu meslekle uğraşan erkek romanları ve ailelerini içeren Roman topluluklarını gösterir" (Yükselsin, 2009, s. 455).

Temelinde göçebelik anlayışı olan romanların çalgıcı kimliğini oluşturanlar her ne kadar yerleşik yaşam sürseler de talep edildiği durumlarda yaptıkları müziği başka yerlere götürürler ki bu ülkemizin batı kesimlerinde yaşayan çalgıcı romanlar için olası bir durumdur. "Yaşadıkları mekanlardan hizmetlerinin talep edildiği başka mekanlara doğru kimi zaman günübirlik ya da birkaç günlük, kimi zamansa mevsimlik yapılan bir göçtür; Bu göç, Roman mahallesindeki evlerden izlerkitlelerinin kutlama yaptıkları evlere, mahallelere ya da piknik alanlarına; meyhanedeki sahneden "kişiye özel" bir parça talep eden müşterinin masasına doğru gerçekleşir" (Yükselsin, 200, s. 455).

Romanların notayı müzikal yaşamları içerisine sokmaları geç olmuştur. Bu durumun temel nedeni, çalgılarını icra etmedeki üstün yetenekleri doğrultusunda, hızlıca yaşamlarını kazanma boyutu içerisine girmeleri ve bu nedenle de herhangi bir müzik eğitimi alabilmek için zamanlarının ve imkanlarının olmamasıdır. Romanları diğer müzisyenlerden ayıran, "onların müziği hem çocuklarına öğretirken hem de performans gösterirken yalnızca belleklerine ve kulaklarına güvenmeleridir. Dolayısıyla performanslarında, Batı klasik müzik performansında var olan mekaniklikten çok, bireysel yaratıcılığa dayanan ve yaşayan ruh dolu bir performans vardır. Çalgılarına çok hâkim oldukları için müziğe istedikleri gibi yön verebilmektedirler. Yine Onların biçemleri, süslemelerinin sıklığı, aynı ezgilerin farklı varyetelerle sunulması ve sık doğaçlamaları içeren pasajların daha fazla olması yönüyle, diğer topluluklardan biçemsel olarak ayrılmaktadır" (Sağer ve Dönmez, 2012, s.10).

Melih Duygulu, *Türkiye' de Çingene Müziği: Batı Grubu Romanlarında Müzik Kültürü* adlı yapıtında çalgıcı romanlar üzerindeki değerlendirmesi şu şekildedir. "Hangi kültüre ait olursa olsun Çingenenin elinde hayat bulan çalgıdan çıkan ses, o çalgının karakterini yansıtmaktan çok Çingene ruhunun sesini veren bir araç halini almıştır. Hangi ses kültürüne hangi ses sistemine veya hangi topluma ait olursa olsun istisnasız her kültürün çalgısı için bunu söylemek mümkündür. Çingenelerin ilk yolculuğa çıktıkları zamanlarda, karşılaştıkları kültürlerde bulunan hiç tanışık olmadıkları çalgılar, Çingene ruhunun müzikal yansımasına aracı olabilmiş; bu çalgıların en meşhur icracıları yine Çingeneler arasından çıkabilmiştir." (Duygulu, 2006, s.143).

Bu bağlamda düşünüldüğünde, aslında romanlar sadece geçimlerini temin etmek için müzikle bu kadar yakın ilişki içerisinde değildirler. Farklı kültürlerin müzikleri de olsa çalgılarını icra ederken müziği o kadar derin yaşamaktadırlar ki parmakların ortaya çıkardığı his, romanların çalgıcı kimliklerinin özünde yatan kilit noktayı oluşturmaktadır.

Sonuç

Kültürün kimliğin inşasındaki önemi düşünüldüğünde çok kültürlülük kavramı egemen güçler ve güç istenciyle ilişkilendirildiğinde olumsuz anlamlara yönelse de çingeneler kendi öz benliklerini kaybetmeden yeni kültürlere kucak açabilmiş, yeni edindikleri deneyimleri kendilerinde olanla birleştirip bir bütünlük içerisinde tutabilmişlerdir. Romanların çok kültürlülük kavramını avantaj çevirip sanatsal bir çerçeveyle kendilerine yönelik kullanımlarının, kavramı kendileriyle birlikte müzikal formlar içerisinde önemli bir yere taşıdığı söylenebilir. Romanların çalgılarıyla birleştirdikleri bu öz olumlama, içerisinde yıllardır süregelen bir hafızayı ezgilere taşıyarak tekinsiz bir hazzı ortaya koyar.

Kaynakça

Duygulu, M. (2006). *Türkiye' de Çingene Müziği Batı Grubu Romanlarında Müzik Kültürü.* İstanbul: Pan Yayıncılık

Kınlı, H. D., ve Yükselsin, İ. Y. (2016). "Eşikler, Müzikler ve Liminalite: Profesyonel Roman Müzisyenler ve Bergama Yöresi Evlilik Ritüellerindeki Liminal Rolleri". *International Journal of Human Sciences*, 13(1), 375-399.

Küçükaydın, M. A., Arslan, R. ve Sağır, Ş. U. (2014). "Çok Kültürlülüğün Medya, Edebiyat, Oyun ve Müziğe Yansımaları". *The Journal Of International Social Research*, Volume 7/34, 583-593.

Sağer, T. ve Dönmez, B. M . (2012). "Batı-Dışı Müzik Eğitimi Yöntemleri Müzik Eğitimi Disiplinine Ne Kazandırabilir? Roman Müzik Eğitimi Örnek Durumu" Üzerine Kültürel ve Pedagojik Bir Analiz". *Akademik Bakış Dergisi*, sayı: 33.

Sal, A. (2009). *Türkiye'de Yaşayan Çingenelerin Sanatsal Olarak Ele Alınışı.* Yayımlanmamış Yüksek Lisans Tezi, Edirne: Trakya Üniversitesi.

Özer, U. (2012). *Trakya'daki Çingene Müzisyenler ve Yaşantıda Gerçekleşen Müzikal Öğrenme.* Yayımlanmamış Doktora Tezi. Ankara: Gazi Üniversitesi.

Yılmaz, C. (2010). *Toplumsal Cinsiyet ve Müzik: Bergamalı Roman Kadınlarının Profesyonel Müzisyenlik Modeli Olarak 'Dümbekçilik'.* Yayımlanmamış Yüksek Lisans Tezi. İzmir: Dokuz Eylül Üniversitesi.

Yükselsin, İ. Y. (2000). "Bir Grup Kimliği Olarak "Çalgıcılık": Edirne Romanlarında Profesyonel Müzisyenliğin Grup Kimliğindeki Rolü". *Müzikoloji Derneği Sempozyum Bildirileri Kitabı*, 134-140, Baskı: Kitap Matbaacılık.

Yükselsin, İ. Y. (2005). "İlle de Roman Olsun: Popüler Müzik ve Kültürel Kimliğin Tınısal Sunumu". *Uluslararası Müzikte Temsil ve Müzikle Temsil I. Kongresi.* İstanbul: İstanbul Teknik Üniversitesi, 107-120.

Yükselsin, İ. Y. (2009). "Satılık Havalar: Batı Türkiye Roman Topluluklarında Bir Müziksel Zanaatkarlık Biçimi Olarak "Çalgıcılık". *The Journal Of International Social Research*, Volume 2/8, 453-463.

Yükselsin, İ. Y. (2014). "Kültürel Aracılık, Romanlar (Çingeneler) ve Müzik: Bir Rumeli Halk Ezgisinin Kırkpınar Güreş Havasına Dönüştürülmesi Örnek Olayı". *The Journal Of International Social Research*, Volume 7/34, 713-730.

Yükselsin, İ. Y. (2015). "Kültürel Aracılığın Ritüelleri: Bergama Profesyonel Roman Müzisyenlerin Geçiş Ritüellerindeki Aracılık Rolleri". *The Journal Of International Social Research*, Volume 8/39, 1119-1130.

Göçmenlerin Almanca Yabancı Dil Ders Kitaplarında Uluslara göre Ele Alınış Biçimleri ve Sıklık Oranları*

Gönül Karasu[63] ve Cihan Aydoğu[64]

Giriş

1950'li yıllarda ve öncesinde henüz resmileşmeyen göçler gerçekleşirken 30 Ekim 1961 yılında Bad Godesberg'de Almanya ve Türkiye arasında gerçekleşen iş gücü göçü antlaşması ile göçler resmi bir boyut kazanmıştır. Avusturya ise Türkiye ile İşgücü Göçü Tedarik Anlaşmasını 1964'de imzalamıştır. Gelen işgücü ilk yıllarda ve takip eden yıllarda Avusturya'da öncelikle inşaat sektöründe, bunu takiben montaj sanayi ve tekstil sektöründe istihdam edilmiştir (Soytürk, 2012, s.2319-2320). Almanya ise gelen işgücünü "imalat, madencilik, inşaat ve hizmet" (Dağhan, 2012, s.55) sektöründe değerlendirmiştir. İlerleyen zaman içerisinde ilk göç edenlerin ikinci kuşağını oluşturan çocukları, dayatılan işlerin yerine artık kendi tercihlerini yapmak istiyorlardı. Dolayısıyla "Gastarbeiter" kavramı 1970'lerde tartışma konusu olmaya başlamıştı. "Ausländische Mitbürger" kavramı 1080'lerde ortaya atılmışsa da bugün artık "Arbeitsmigranten", "Migranten" ve "Menschen mit Migrationshintergrund" kavramlarını görmekteyiz. "Arbeitsmigranten" az gelişmiş ülkelerden sanayi ağırlıklı şehirlerde işçi olarak çalışan kesime karşılık gelirken, "Migranten" Almanya'da doğmuş ve sınırsız oturma hakkı olan ikinci kuşağa karşılık gelmektedir. "Menschen mit Migrationshintergrund" kavramında ise en az ebeveynlerden birisinin göç etmiş olması ve kendisinin yine ikinci kuşağı temsil ediyor ve Almanya'da doğmuş olmasını gerektiriyor. Bugün Almanya'da nüfus 2014 verilerine göre 81.2 milyondur. Bunun 64.511'i göç geçmişi olmayanlar iken göç geçmişi olanların sayısı 16.4 milyondur (bkz.:bpb.de). Yine 2015 yılı verilerine göre Almanya'da yabancı uyruklular toplam nüfusun içerisinde yüzde 9,72%lik bir orana sahiptir (Statista, 2016). Bunlar sırasıyla: Türkiye (1.506.113), Polonya (740.962), İtalya (596.127), Romanya (452.718), Suriye (366.556), Yunanistan (339.931), Hırvatistan (297.895), Rusya (230.994), Sırbistan (230. 427) ve Bulgaristan'dır. (226. 926). Avusturya'da yaşayan yabancı oranı ise 1 Ocak 2015 verilerine göre 8,58 milyon toplam nüfusun yüzde 13,3'ü dür (Statista, 2016). İlk sırayı 170.475 ile Alman vatandaşları alırken, ikinci sırayı 115.433 rakamıyla Türk vatandaşları almaktadır. Bunları sırasıyla Sırbistan (114.289), Bosna Hersek (92.527), Romanya (73.374), Hırvatistan (66.475), Polonya (54.262), Slovakya (32.052) ve Rusya (30.032) takip etmektedir. Burada da elde edilen son 2013 yılı verilerine göre göç geçmişi olup Avusturya vatandaşı olanlar nüfusun 19,4'ünü

---

* Bu çalışma Anadolu Üniversitesi Yayın ve Araştırma Teşvik Projesi tarafından desteklenmiştir.
[63]Yrd. Doç. Dr. Gönül Karasu Yabancı Diller Eğitimi Bölümü, Almanca Öğretmenliği Programı, Eğitim Fakültesi, Anadolu Üniversitesi, Eskişehir'de çalışmaktadır. E-mail: gkarasu@anadolu.edu.tr.
[64] Yrd. Doç. Dr. Cihan Aydoğu Yabancı Diller Eğitimi Bölümü, Fransızca Öğretmenliği Programı, Eğitim Fakültesi, Anadolu Üniversitesi, Eskişehir'de çalışmaktadır. E-mail: caydogdu@anadolu.edu.tr.

157

Yazgan, P., Tilbe, F. (der.) (2016).
Türk Göçü 2016 Seçilmiş Bildiriler I.
London: Transnational Press London.

oluşturmaktadır. İsviçre'de ise toplam nüfus 2014 yılına göre 8.24 milyondur. 1. Ocak 2015 yılının verilerinde toplam nüfusa göre yabancı sayısı ise 2,05 milyondur (24,3%) ve yapılan sıralamaya göre ilk on ülke şu şekildedir (statista, 2016): İtalya (319.165), Almanya (313.756), Portekiz (273.834), Fransa (126.326), Kosova (110.371), İspanya (84.392), Türkiye (68.713), Sırbistan (65.492), Makedonya (64.333) ve İngilizler (43.503). İstatistik veri tabanına göre 2014 yılında İsviçre nüfusunun %64 göçmen geçmişi olmayan, %36 ise göç geçmişine sahiptir (bkz.: bfs.admin.ch 2015).

Yıllar içerisinde Avrupa ülkelerine iş gücü olarak giden birinci kuşağın bir bölümü geri dönerken büyük bir bölümü de bulundukları ülkede kalmış, çocukları olmuş, onlar da doğdukları ülkeyi benimsemiş, burada mal mülk edinmişleridir (Bkz.: Yücel, 2015, s.72). Bu konuya ilişkin Çakır dil bağlamını da vurgulayarak şu görüşü dile getirmektedir: "Avrupa'da yaşayan Türkiye kökenlilerin pek çoğu artık iki dile de hâkim olan "Türkiye kökenli Almanyalı, Avusturyalı, İsviçreli" vd. Bu insanlar, Türkiye'ye ait olduğu kadar, yaşadıkları, vatan edindikleri bu topraklara da aitler." (Çakır, 2015, s.136). Ancak gittikleri ülkenin kültürünü, sosyal yaşamını yakından tanımakla kalmadılar. Köken ülkelerinin kültürünü ve yaşam biçimini görerek sentez bir kültür de meydana getirdiler. Birinci kuşak Türkiye'ye döviz getirirken[65] ve ülke ekonomisine katkıda bulunurken, ikinci ve üçüncü kuşak eğitim alarak her ülke arasındaki ilişkileri daha da geliştirmişlerdir (Yücel, s.67-68). Bu bağlantılar artık ekonomik içeriğin ötesinde sosyal ve kültürel çeşitliliği içermektedir. Sinema, tiyatro, yayın dünyası artık göç etmiş bu insanların bilgi birikiminden yararlanmakta ve göçmenler de uzun yıllarını geçirdiği ülkeye kendi çeşitliliğini katmaktadır. Gramsci (2000, s.301-303) entelektüelleri geleneksel ve organik olmak üzere iki guruba ayırır. Geleneksel entelektüeller öğretmen, din adamı, memur gibi mesleklere sahip olan kesimdir. Organik entelektüeller ise kendisini yenileyen, otoriteden yönetilmeyen ama temsil ettiği kesimi otoriteye, yönetime, idareye anlatan kesimdir. Bu nedenle hayatın her alanında ve özellikle de yabancı dil ders kitaplarında bu gelişmeye ve çok kültürlülüğe yeterince yer verilmelidir. Çünkü Almanya'da neredeyse nüfusun %20'i, İsviçre'de nüfusun % 24,3'ü ve Avusturya'nın nüfusunun % 13.3'ü yabancı uyrukludur.

Araştırmanın Konusu ve Yöntem

Yukarıdaki verilerden yola çıkarak bu araştırma, geçmişte Almanca konuşulan ülkelere göç etmiş olan 'iş gücünün' Almancanın yabancı dil olarak öğretimi kaynaklarında hangi ülkelerin vatandaşları, nasıl, hangi ortamda, hangi bağlamda işlendiklerini ortaya koymayı amaçlamaktadır. Araştırma yapılırken şu sorulardan yola çıkılmıştır: Almanca yabancı dil ders kitaplarında çokkültürlülük bağlamında farklı uluslardan bireylere yer verilmiş midir? Verildi ise bunlar hangi uluslardır ve sıklık oranları nedir? Bireylerin göç geçmişinden söz edilmekte midir? Kaynaklar arasında oranlar bazında farklılık var mıdır? Bu oranlar Almancanın yabancı dil olarak konuşulduğu ülkelerdeki göç eden insanların ilk on sıradaki ülkeleri ile paralellik göstermekte midir? Bu sorulara yanıt verebilmek için Almanya basımlı olan studio d, Sowieso, Themen neu ile MEB onaylı Deutschstube ve Deutsch ist Spitze adlı 5 yabancı dil kaynağından yararlanılmış ve bu kaynaklarla da sınırlandırılmıştır.

---

[65] Almanya'daki İşçi Tasarruflarının Türkiye Açısından Önemi, İşçi Dövizleri, İşçi dövizlerinin tanımları ve Türkiye ekonomisindeki yeri için bkz: Artukoğlu,2005, s.20-29; Atalay,2005, s. 38-76.

Araştırmanın bulguları içerik analizi yoluyla elde edilmiş ve elde edilen bulgular tablolar ile görselleştirilmeye çalışılmış, verilere dayalı olarak yoruma gidilmiştir.

Ders Kitaplarında Yer Alan Göçmenlerin Ülkelere Göre Dağılımı

Yabancı dil kitaplarında öğrenci yabancı dili öğrenirken aynı zamanda erek dilin kültürü ile de bilgi edinmektedir. Bu düşünceden yola çıkarak amacı Almancayı yabancı dil olarak öğretme olan beş ders kitabı ele alınmış ve bu ders kitaplarında hangi farklı ulusların yer aldığı, bu ulusların bireylerinin hangi bağlamda öğrenciye görselleştirildiği tablo yoluyla sayısal verilere dönüştürülmüştür.

Tablo 1. Ders kitaplarına göre ülkelerin dağılımları

Ders kitapları:	Studio d DaF Kurs- und Übungs- buch	Themen aktuell Kursbuch	Sowieso DaF- für Jugendliche	Deutschstube DaF	Deutsch ist Spitze! Schülerbuch
Türkiye	S.16/S.59/ S.141			S.28/S.41 S.44/S.74/	-
Çek Cumhuriyeti	S.8				-
İtalya	S.10		S.22		-
Nijerya	S.10				-
Rusya	S.16		S.23		-
İspanya	S.16 (Kısa süreli)				
Çin	S.65 (Kısa süreli)				
Brezilya		S.13	S.23		
Fransa		S.13			
Japonya		S.13			
İsveç		S.13			
Hindistan		S.13			
Polonya		S.16			
Yeni Zelanda		S.17			
Yunanistan			S.23		
ABD			S.23		
Almanya (kendilerinden Almanyadan giden)	S.138				
Finlandiya	S.176				

Tablo 1'de farklı kitaplarda yer alan toplam 18 ülke adı yer almaktadır. Bunlardan 9 ülke Studio d ders kitabında işlenmektedir. Themen aktuell ders kitabında 7 ülke, "Sowieso" ders kitabında ise 5 ülke yer almıştır. Türkiye basımı ders kitaplarında Deutschstube adlı kaynakta Türkiye dışında başka bir ülkeye yer verilmezken Deutsch ist Spitze! kaynağında farklı ülkeye yer verilmemektedir.

Göçmenlerin Meslekleri, Becerileri ve İçinde Bulundukları Bağlam

İnceleme konusu olan ders kitaplarında elde edilen kişiye dayalı bulgular ise Cinsiyet, Meslek, Yaş ve içinde bulundukları bağlam açısından 4 kategoride incelenmiş ve bir tablo ile görselleştirilmiştir.

Tablo 2. Göçmen Kimlikleri

	CİNSİYET	MESLEK	YAŞ	BAĞLAM
(Türkiye) s.16 Studio d	Kadın: Ayşe Demir	Ev hanımı Manav dükkânları var	45-50 civarı	Diller ve Biyografi: Manav dükkânları var. Kızı Hazal-Doktor, oğlu Mehmet Tüccarlık eğitimi alıyor.
(Türkiye) s.59 Studio d	Kadın: Emine Sevgi Özdamar	Yazar, Dramaturg	-	Çokdillilik ve dil öğrenme
(Türkiye) s.141 Studio d	Kadın: Güler Erdoğan	1978'de göç eder. Önce temizlikçi olarak çalışır sonra eğitim alıp Kuaför olur.		Çalışma Hayatı: Kendi salonu var ve çırak yetiştiriyor.
(Türkiye) s.28 Deutschstube	Erkek: Ümit Özat	Futbolcu	-	Ünlü bir kişinin okula gelişi (Türk kökenli Alman oluşu vurgulanmış.)
(Türkiye) s.41 D.stube	Erkek: Cengiz amca		-	Berlin'de yeğenini misafir ediyor
(Türkiye) s.44 Deutschstube	Erkek: Ömer Özdemir	Restauran sahibi "Berlin Döner Kebap"	15 yıldır Alm.'da	Berlin'deki Türk restoranlar
(Türkiye) s.74 Deutschstube	Rock Gurubu (Melih, Emre, Fikri Can, Tolgahan)	Müzisyen-Öğrenci	-	Metin okuma ve bireylerle ilgili bilgi toplama
(Çek Cum.) s.8 studio d	Kadın: Alice Bradova	Schwarzkopf'da çalışıyor.	-	Diller ve Biografi: Schwarzkopf firmasında çalışıyor, Linz ve Düsseldorf kentinde ortakları var, sık seyahat ediyor.
(İtalya) s.10 Studio d	Kadın: Gabriella Calderari	Asistan (Hukuk alanında)	26	Alman erkek arkadaşı ile birlikte Münih'de yaşıyorlar.
(İtalya) s.22 Sowieso	Erkek: Aldo Serrano	-	-	Tanışma
(Nijerya) s.10 Studio d	Rebecca Akindutire	Üniversite öğrencisi Daha sonra siyasete atılmayı planlıyor.	-	İsveç, Avusturya ve Almanya'da yaşayan insanları merak eder, firmada çalışır.
(Rusya) s.16 Studio d	çift: Pjotr-Anna Bruckmüller	Pjotr-elektrikçi Anna-ev hanımı	-	Çocukları var: Maria ve Boris. Maria Tüccar. Boris-İşsiz. Aile geleli 5 yıl olmuş.
s.23 Sowieso	Erkek: Boris Passov	-	-	Tanışma
(İspanya) s.16 Studio d	Erkek: Ramon Rodriguez	Müzisyen		Ramon bir Alman ile evli ve ikisi de İspanya'da yaşıyorlar. Dil öğrenmek için Goethe Enstitüsü'ne gelmiş.
(Çin) s.65 Studio d	Kadın: Chunyan.	-	23	Ronshausen'de aile yanında 3 ay kalmış.
(Brezilya) s.13 Themen aktuell	Kız çocuğu: Julia Ornelas Cunha	Öğrenci	Çocuk 9-14 yaş arası	Dusseldorf kentinin uluslararası olduğu üzerine
s.23 Sowieso	Erkek: Ernesto Maier	-	-	Tanışma
(Fransa) s.13 Themen aktuell	Kız Çocuğu: Victoria Roncart	Öğrenci	9-14	Duesseldorf kentinin uluslararası olduğu üzerine
(Japonya) s.13 Themen aktuell	Erkek Çocuğu: Kota Oikawa	Öğrenci	9-14	Duesseldorf kentinin uluslararası olduğu üzerine

(İsveç) s.13 Themen aktuell	Erkek Çocuğu: Sven Gustavsson	Öğrenci	9-14	Duesseldorf kentinin uluslararası olduğu üzerine
(Hindistan) s.13 Themen aktuell	Kız Çocuğu: Farbin Halim	Öğrenci	9-14	Duesseldorf kentinin uluslararası olduğu üzerine
(Polonya) s.16 Themen aktuell	Erkek: Ewald Hoppe	Elektrikçi	60	Kişinin tanıtımında
(Yeni Zelanda) s.17 Themen aktuell	Erkek: John Roberts	Mühendis	25-30	Restoran'da
(Yunanistan) s.23 Sowieso	Erkek: Dimitri	-	-	Tanışma
(ABD) s.23 Sowieso	Kadın: Jennifer	-	-	Tanışma
(Finnlandiya) s.176 Studio d	Antti Nissila	Mainz'da çalışıyor.	27	Sevgililer Gününde mektup yazmak istiyor.
(Almanya) s.138 Studio d	Erkek: Walter Gropius	"Bauhaus" un kurucusu	1983-1969	Büyük Britanya'ya kaçar Boston'da ölür. (Dışgöç)

Yabancı dil ders kitaplarında göçmenlere verilen kimlikler kitaplara göre farklılıklar göstermektedir. Studio d ders kitabında Türklere 3 kez, Çek, İtalyan, Nijeryalı, Rus, İspanyol, Çinli, Finlandiyalı ve Almanca konuşulan bir ülkenin dışında yaşayan biri olarak bir Almana 1 kez yer verilmiştir. Studio d adlı ders kitabında Türk kökenlilerin adları: Ayşe Demir, Emine Sevgi Özdamar ve Güler Erdoğan'dır. Ayşe Demir Almanya'da 2. ve 3. kuşağın yöneldiği gibi eşiyle birlikte gıda sektöründe çalışmaktadır. Emine Sevgi Özdamar ise Türk göçmenlerinin organik entelektüeller kesimini temsil etmektedir. Yine Güler Erdoğan göç ettiği ülkede hayata temizlikçi olarak başlamış olsa da eğitim alıp kuaför olmuştur. Studio d ders kitabında Çek Cumhuriyetinden gelen adı Alice Bradova yine bir kadındır. İtalyadan gelen Gabriella Calderari ise Alman erkek arkadaşıyla Münih'te birlikte yaşamakta ve Hukuk alanında eğitim görmektedir. Nijeryalı bayan Rebecca Akindutire'nin Almanya'da bulunma nedeni eğitimle ilgilidir. Rusya'dan verilen örnekte ise göç geçmişi 5 yıl olan bir çift bulunmaktadır. Erkek olan Pjotr elektrikçi olarak çalışmakta eşi Anna Brockmüller ise ev hanımıdır. Kızları Maria ticaretle uğraşırken oğulları Boris işsizdir. İspanyol Ramon Rodriguez bir müzisyendir. Alman ile evli olan bay Rodriguez geçici olarak dil eğitimi almak üzere Almanya'da bulunmaktadır. Çinli bayan Chunyan Almanya'da 3 aylığına bir Alman'ın yanında kalmıştır. Finlandiya'dan gelen, işçi bay Antti Nissilae yazacağı mektup için yardıma ihtiyaç duymaktadır. Son olarak Studio d kendi ülkesinden başka bir ülkeye zorunlu gidiş yapan birisini de örnek verir. Alman olan bay Walter Gropius Bauhaus'un kurucusudur. Yine Almanya'da yazılmış olan Themen aktuell kaynağının toplam üç sayfasında yabancılara değinilmektedir. Ders kitabının 13. sayfasında Düsseldorf kentinin uluslararası bir kent olduğunu vurgulamak için yabancı öğrencilere yer verilmiştir. Aynı kaynakta sayfa 16'da Polonyalı olan erkek Ewald Hoppe 60 yaşında ve elektrikçidir. Son olarak bir sonraki sayfada (s.17) Yeni Zelanda'dan gelen John Roberts yer almaktadır. Kendisi 25-30 yaşlarında bir mühendistir ve restoranda birisiyle tanışmaktadır. Yabancı dil öğretiminde kullanılan Sowieso adlı ders kitabında 5 ulus adı geçmekte, bunların 4'ü sayfa 23'de aynı bağlam içerisinde diğer biri de bir önceki sayfada yer almaktadır. Sayfa 22'de İtalyan erkek Aldo Serrano kendisini tanıtır. Bir sonraki sayfada da bir tanışma sahnesinde Rus erkek Boris Passov, Brezilyalı Ernesto Maier, Yunanlı erkek

Dimitri ve Amerikalı kadın Jennifer tanışırlar. Adları dışında herhangi bir veriye rastlanmamıştır.MEB tarafından yazılan Almanca ders kitaplarından Deutschstube'de ise Almanya'da bulunan Türkler dışında farklı ulustan kişiye yer verilmemiştir. Bu kaynakta sözü geçen ve kimlik kazandırılan örnekler de Studio d kaynağının aksine erkektir. Örneğin Futbolcu Ümit Özat okulu ziyarete gelecektir. Kendisinin Alman vatandaşı olmakla beraber Türk kökenli olduğu vurgulanmaktadır. Cengiz amca Berlin şehrine yeğenini misafir etmiştir. Yeğeni de kendisine bir teşekkür mektubu yazar. Yine Berlin'de Ömer Özdemir bir "Berlin Döner Kebap" restoranına sahip ve 15 yıldır Almanya'dadır. Son örnek ise Almanya'da bulunan ve 3. kuşağı temsil eden bir müzik gurubundan söz edilmektedir. Ekip, aynı zamanda öğrenci olan erkek çocuklarından oluşmaktadır ve adları Melih-Emre-Fikri ve Tolgahan'dır. Deutsch ist Spitze adlı kaynakta ise çokkültürlülük bağlamında yabancı algısına yönelik herhangi bir veriye rastlanmamıştır.

Sonuç

Yabancı dil kaynaklarında çokkültürlülüğe de yer verilmesi gerektiği ortak anlaşmalarla vurgulanmıştır. Buna bağlı olarak yabancı dil öğretimine yönelik hazırlanmış olan Alman dili ders kitaplarında çokkültürlülük bağlamında farklı uluslardan bireylere yer verme konusunda kaynaklar arasında farklılıklar olduğu gözlenmiştir. Almanya'da yazılmış olan Studio d göçmenlere ve Türkiye, Çek Cumhuriyeti, İtalya, Nijerya, Rusya, İspanya, Çin ve Finlandiya gibi farklı uluslara yer verirken Almanya'da yazılan her iki diğer kaynakta Themen aktuell ve Sowieso'da kitabın tanışma ve kendini tanıtma bölümlerinin dışında yer verilmediği görülmüştür. Bununla beraber Brezilya, Fransa, Japonya, İsveç, İtalya, Rusya gibi çeşitli uluslardan gelen bireylere isimleriyle yer verilmiştir. Türkiye'de yazılan kaynaklarda ise Deutschstube kitabının dört farklı yerinde Almanya'da yaşayan Türk göçmenlere yer verilmiş, Deutsch ist Spitze kaynağında ise göç ve çokkültürlülükle ilgili bulgulara rastlanmamıştır. Yapılan araştırmada görülmüştür ki her ne kadar yabancı uyruklu bireylerden söz edilse de göç etmiş veya göç geçmişi olan, topluma uyum sağlamış, artık bulunduğu ülkenin toplumunun bir parçası olan bireylere kısıtlı sayıda yer verilmiştir. Her üç ülkeyi karşılaştırdığımızda her üç ülkeye de en çok göç veren ülkeler Türkiye ve Sırbistan'dır. Almanca konuşulan bu üç ülkeden yoğunluğa göre sıralamada sadece ikisinde yer alan ülkeler ise: Polonya, İtalya, Romanya, Hırvatistan ve Rusya'dır. Sadece birisinde adı geçen ülkeler ise Almanya, Bulgaristan, Bosna-Hersek, Suriye ve Yunanistan'dır. Ders kitaplarına bakıldığında 5 farklı ders kitabında Türkiye, Polonya, İtalya, Almanya, Fransa, İspanya ve Rusya'dan gelenlere yer verilirken Romanya, Suriye, Hırvatistan, Sırbistan, Bulgaristan, Bosna-Hersek, Slovakya, Portekiz, Kosova, Makedonya ve İngilizlere yer verilmediği gözlenmiştir. Bunların nedenleri farklı bakış açılarıyla ele alınabilir. Ne var ki eğer toplum içerisinde farklı kültürlerin birbirine eklemlenmesine, harmanlanmasına, çok yönlü ilişkilerin geliştirilmesine çaba harcanacaksa ve hoşgörü ve barışa destek verilmesinde yabancı dil öğretiminin büyük katkısı olduğu düşünülürse bu çok kültürlü yaşamlara günümüz gerçeği olarak daha ayrıntılı vurgu yapılması gerekmektedir. Toplulukların birbirini ötekileştirmeleri yerine göç politikaları ve içinde bulundukları ulusların yurttaşlık anlayışları ve uyum çalışmaları çerçevesinde herkesin birbirini anlamaya çalışmasını sağlamak açısından da biz yabancı dilcilere de önemli bir görev düşmektedir.

Kaynakça

Artukoğlu, O. Sökmen (2005) Yurtdışı İşçi Tasarruflarının Türkiye Cumhuriyet Merkez Bankası, Banka Sistemi ve Türkiye Ekonomisi Üzerine Etkileri. Uzmanlık Tezi. T.C. Merkez Bankası İşçi Dövizleri Genel Müdürlüğü Ankara, Kasım 2005.

Atalay, Aysel (2005) Almanya'daki İşçi Tasarruflarının Değerlendirilmesi: Kredi Mektuplu Döviz Tevdiat ve Süper Döviz Hesapları Örneğinde Bir Makro Analiz. Uzmanlık Tezi. T.C. Merkez Bankası İşçi Dövizleri Genel Müdürlüğü Ankara, Eylül 2005.

Aufderstraße, H./Bock, H./Gerdes, M./ Müller, J./Müller, H. (2011) Themen aktuell 1. Deutsch als Fremdsprache. Ismaning: Hueber Verlag.

Çakır, Mustafa (2015) Göçün 50. Yılında Türkiye Avusturya İlişkilerine Genel Bir Bakış. Kent Araştırmaları Dergisi Sayı 15, Ankara: Salmat Matbacılık, ss.132-148.

Dağhan, Ozan (2012) Göçün Tanımı. (Edt.: Gülmüş, Z) Türk-Alman İşgücü Anlaşması'nın 50. Yılında Almanya Türkleri. Eskişehir: Anadolu Üniversitesi Basımevi, s.53-60.

Funk, H./König, M./Scherling, T./Neuner, G. (1998) Sowieso. Deutsch als Fremdsprache für Jugendliche. Kursbuch 1. Berlin: Langenscheidt Verlag.

Funk, H./ Kuhn, Ch./ Demme, S. (2010) Studio d. Kurs und Übungsbuch A2. Berlin: Cornelsen.

Glause, H./ Göznek, S./ Özoğluöz, M.K./ Öz, V./ Pıtraklı, O./Spangenberg, E. (2011) Deutsch ist Spitze! Schülerbuch Band 1. MEB. İstanbul: Uniprint.

İncebel, F./ Balkan, F./ Dülger, M. (2014) Deutschstube. Ankara: MEB.

Soytürk, Mehmet (2012) Türkiye'den Avusturya'ya İşgücü Göçü. Turkish Studies-International Periodical for the Languages, Literature and History of Turkish or Turkic Volume 7/3, Summer 2012, p. 2313-2328, Ankara-Turkey.

Yücel, Alev (2015) Batı Avrupa'da Göçmenliğin Değişen Algısı ve Türkiye Kökenli Göçmenler. Kent Araştırmaları Dergisi Sayı 15, Ankara: Salmat Matbacılık, ss.66-99.

Gramsci, A (2000) The Gramsci Reader: Selected Writings 1916-1935. (Yayınlayan: David Forgacs), New York: New York University Press.

URL:
-Vom Gastarbeiter zum Migranten.SWR International. 2011. - http://www.swr.de/international/vom-gastarbeiter-zum-migranten-begriffswelten/-/id=233334/did=8765718/nid=233334/1s2kp5w/index.html *(Zugriff:27.06.2016)*

-Anzahl der Ausländer in Österreich http://de.statista.com/statistik/daten/studie/293019/umfrage/auslaender-in-oesterreich-nach-staatsangehoerigkeit/ (Zugriff:28.06.2016)

-Bevölkerung mit Migrationshinterground I (http://www.bpb.de/nachschlagen/zahlen-und-fakten/soziale-situation-in-deutschland/61646/migrationshintergrund-i) (Zugriff:31.05.2016)

-StatistikSchweizBevölkerung mit Migrationshintergrund http://www.bfs.admin.ch/bfs/portal/de/index/themen/01/07/blank/key/04.html(Zugriff:31.05.2016)

Niğde Üniversitesi'nde Beden Eğitimi ve Spor Yüksek Okulu'nda Okuyan Yabancı Türk Öğrencilerin Spor Açısından Sosyal/Kültürel Değerlerine Kıyaslamalı Bir Bakış

Ümran Akdağcik[66], Bayram Ünal[67]

Giriş

Değerler sportif, psikolojik, kültürel, sosyal, ekonomik ve politik olmak üzere oldukça geniş bir alanda varlık gösteren algıları kapsamaktadır (Morris, 1956; Rokeach, 1968; Gungor, 1998; Kahle, 1983 ve 1987; Schwartz, 2012) . Dolayısıyla bu alanlardan herhangi birisine odaklanarak kolay bir tanımı da yapılamayacaktır. Zira bu alanların birbirine indirgenmesi de mümkün değildir. O zaman tanımın genel özelliklerinden hareket ederek çalışmamız için operasyonel bir tanıma ulaşmaya çalışmak en mantıklısı.

Değer tanımının en önemli genel bileşeni değerin meşruiyet kaynağı olarak değerlendirmemiz gereken kabul tabanıdır. Jurgen Habermas'a göre bu taban; herkes tarafından kabul edilebilir olmalarıdır (Habermas, 1984). Zira bu kabul, hem toplumsal (genelleştirici) hem de bireysel (yorumlayıcı) tabanlı olacaktır (Habermas, 1996). Toplumsal odaklı Değer tanımına bakıldığında genel kabul Görme ilkesinin toplumsaldan (social) değil topluma ait (societal) bir kabulden kaynaklandığını görürüz (Weber, 1957). Bireysel odaklı bakış ile de öznel anlamın yaratılması temelinde özne ile nesnenin eleştirel-yorumlayıcı-ıraksak bir ilişki içerisine girebilmiş (Cheng ve Fleischmann, 2010:1) bir *Kabul Görme* durumundan bahsedebiliriz. Bu Iraksal eleştirel yaklaşım ile en azından Değer olgusu tartışılırken bireylerin niçin tek tip Değer'leri barındırmadığını ve bireysel farklılıkların nasıl ortaya çıktığını tartışabiliriz. Zira toplumsal olarak tanımladığımız her şey istisnasız bireyde cereyan etmektedir ve yorumlamaya tabiidir.

Söz konusu yorumlama bireyin spor üzerine atfettiği değerler için de geçerlidir. Basit anlamıyla spor, oyun kökenine bakılarak tanımlanan bir eylem olarak değerlendirilir. Oyun, Huizinga (2006 [1958])'nın söylediği gibi insan hayatının kültürden de önce var olan, vazgeçilmez bir parçası. Dünyaya geldiğimiz ilk anlardan itibaren oynayan bizler için, öğreten ve keyif veren bir eylem. Spor da bir oyun ve Huizinga'nın tanımıyla oyunun tüm özelliklerini taşır; kurallı, bizatihi bir amaca sahip, gerilim ve sevinç duygusunun var olduğu, "bir yanıyla" alışılmış hayatın dışında bir alandır. Fakat spor, birçok diğer yanıyla oyunun ötesine geçmiştir: Endüstriyelleşme ve profesyonelleşme ile birlikte "ciddi" bir kurum olarak toplumsal işlevini yerine getirirken, sadece bir oyun olmaktan uzaklaşır. Eitzen (2005) ise bir kurum olarak sporu toplumun mikrokozmosu olarak tanımlar. Kazanma ve kaybetme durumunda toplumun tepkisi, katılımcıların sporla kurduğu ilişkinin farklı boyutları ve kuralların nasıl uygulandığı hakkında bilgi edindiğimizde, bu aynı zamanda içinde yaşadığımız toplumun işleyişi hakkında da bilgi sahibi olmak anlamına gelmektedir.

---

[66] Yrd. Doç. Dr. BESYO, Niğde Üniversitesi
[67] Doç. Dr. FEF, Niğde Üniversitesi

Yazgan, P., Tilbe, F. (der.) (2016).
Türk Göçü 2016 Seçilmiş Bildiriler I.
London: Transnational Press London.

Çalışmamızda üç tür ilişkisellik üzerine odaklanılmıştır: Cinsiyet ve Vatandaşlık değişkenlerine bakarak PVQ-RR Ortalama Değerleri (Schwartz: 2013) (Tablo 1 ve Tablo2) ve Çapraz Tablo (Tablo 5.1, 5.2, 6.1 ve 6.2), ve Cinsiyet ve Vatandaşlık değişkenlerine bakarak YSVQ (Youth Sport Values Questionnaire) diğerleri (Whitehead vd. 2013) (Tablo 3 ve Tablo 4). Bu ilişkisellikler aşağıda özetlenerek verilmiştir.

Cinsiyete göre Schwartz'ın Değerleri

Tablo 1'de gösterildiği gibi Schwartz'ın değerleri cinsiyete göre kısmen de olsa farklılıklar göstermektedir. Değişime Açık Olma başlığında ele alınan Özbenlik, Teşvik ve Haz değerleri ve Kendini Geliştirme başlığı altında ele alınan Başarı ve Güç değerleri kadınlara göre erkeklerde kısmen daha fazla onaylanmaktadır. Güce atfedilen değerler erkeklerin (x=2,3111) toplumda üstlendikleri rollere paralel olarak kadınların (x=3,0152) değerlerine göre farklılık göstermektedir. Özverili Olma başlığı altında ele alınan Yardım Severlik, kadın ve erkek arasında aynı seviyede gözükse de Evrensellik değerinin kadınlarda (x=1,5076) daha baskın olduğu tespit edilmiştir. Muhafazakârlık başlığı altında ele alınan Kurallara Uyum, Gelenek ve Güven değerleri ise kadın ve erkek arasında benzerlikler göstermektedir.

Tablo 1. Schwartz'ın Değerleri ve Cinsiyet İlişkisi

	Teşvik	Güven	Gelenek	Evrensellik	Haz	Başarı	Güç	Kurallara Uyum	Özbenlik	Yardım Severlik
Erkek	2,0815	1,973	2,1778	1,8741	2,2889	1,917	2,3111	2,0222	1,95	1,9778
Kadın	2,1212	1,7	1,9545	1,5076	2,2879	2,33	3,0152	1,9432	2,0568	1,9091
Total	2,0945	1,884	2,1045	1,7537	2,2886	2,052	2,5423	1,9963	1,9851	1,9552

Milliyete göre Schwartz'ın Değerleri

Tablo 2'de gösterildiği gibi Schwartz'ın değerleri vatandaşlığa göre farklılıklar göstermektedir. Değişime Açık Olma başlığında ele alınan Özbenlik değerinin iki ülke vatandaşları arasında kısmen aynı olduğu tespit edilmiş olsa da, Teşvik ve Haz değerlerini Türkiye Cumhuriyeti vatandaşları (teşvik x=2,02, haz x=2,18) daha fazla içselleştirmektedirler. Kendini Geliştirme başlığı altında ele alınan Başarı değeri iki ülke vatandaşları arasında kısmen aynı olduğu tespit edilmiş olsa da, Güç değeri Türkmenistan vatandaşları (x=2,31) lehine daha kabul gördüğü tespit edilmiştir.

	Teşvik	Güven	Gelenek	Evrensellik	Haz	Başarı	Güç	Kurallara Uyum	Özbenlik	Yardım Severlik
Türkiye	2,0222	1,707	2,225	1,4667	2,1889	2,008	2,656	1,925	2	1,7667
Türkmenistan	2,2184	2,062	1,9914	2,0862	2,3563	2,035	2,303	2	1,9397	2,2155
Total	2,0945	1,884	2,1045	1,7537	2,2886	2,052	2,543	1,9963	1,9851	1,9552

Cinsiyete ve Milliyete Göre Gençlik Spor Değerleri

Tablo 3'te Sportif Değerler ile cinsiyet ilişkisi verilmiştir. Buna göre Rekabet değeri dışında "Adil olmak", "İyi bir sportmen/centilmen olduğumu göstermek", "Oyunda insanlara ihtiyacı olduğunda yardımcı olmak", "Gereği gibi oynamak", "Bana söyleneni yapmak" gibi Moral değerler ile "Diğerlerinden daha iyi olduğumu gösterebilmek", "Kazanmak ve diğerlerini yenmek", "Seyirciye iyi görünmek", "Grupta lider olduğumu göstermek", "Ülkemi temsil eden oyuncuların uluslararası takımlarda olması", "Ülkemi temsil eden oyuncuların rakiplerini yenmesi ve kazanması", "Uluslararası karşılaşmalarda ayırım yapmadan ülkemin her takımını destekelemek", "Uluslararası karşılaşmalarda Ülkemi temsil eden oyuncuları veya takımları sürekli takip etmek" gibi Statü değerleri erkeklerde (x=1,46) kadınlara (x=1,70) göre daha fazla onay görmüştür.

Tablo 3. Sportif Değerler ve Cinsiyet İlişkisi

	MORAL	REKABET	STATÜ
Erkek	1,4622	1,5333	2,0333
	45	45	45
Kadın	1,7091	1,5	2,6705
	22	22	22
Total	1,5433	1,5224	2,2425
	67	67	67

Tablo 4'te Sportif Değerler ile vatandaşlık ilişkisi verilmiştir. Türkiye Cumhuriyeti vatandaşları (Rekabet x=1,44; Moral x=1,46) Rekabet ve Moral değerlerini Türkmenistan vatandaşlarına (Rekabet x=1,61; Moral x=1,64) göre daha kararlı bir şekilde onayladıkları görülmektedir. Buna karşın Statü değerlerinin Türkiye Cumhuriyeti vatandaşlarında (x=2,22) Türkmenistan vatandaşlarına (x=1,96) oranla daha az kararlılıkla onaylandığı görülmektedir.

Tablo 4. Sportif Değerler ve Vatandaşlık İlişkisi

	MORAL	REKABET	STATÜ
Türkiye	1,44	1,4667	2,225
	30	30	30
Türkmenistan	1,6138	1,6466	1,9655
	29	29	29

Tablo 5 ve 6 da PVQ-RR v e YVSQ değerlerinin cinsiyete ve milliyete göre tercih yüzdeleri verilmiştir. Tablo 5.1 ve 5.2'ye bakıldığında Gelenek, Güven, Haz, Yardım Severlik, Başarı ve Teşvik Değerlerine erkeklerin kadınlara göre kesin katılım tercihleri hemen hemen %50 fark ettiği görülmektedir. Fakat Güç, Kurallara Uyum ve Özbenlik değerlerine *Kesinlikle Katılıyorum* tercihlerinde bulunanların hemen hemen %80'i erkekler olarak belirmektedir. Kadınların yüzdesi ise % 15 ile % 30 arasında değişmektedir.

Tablo 5.1 Schwartz'ın Değerleri ve Cinsiyet İlişkisi, %

	Teşvik		Güven		Gelenek		Evrensellik		Haz	
	Erkek	Kadın	Erkek	Kadın	Erkek	Kadın	Erkek	Kadın	Erkek	Kadın
Kesinlikle Katılıyorum	66,70	33,30	66,70	33,30	70,00	30,00	53,60	46,40	64,30	35,70
Katılıyorum	68,80	31,30	62,50	37,50	58,80	41,20	72,00	28,00	68,00	32,00
Kısmen Katılıyorum	50,00	50,00	85,70	14,30	68,80	31,30	83,30	16,70	61,10	38,90
Çok Az Katılıyorum	100,00	0,00	75,00	25,00	100,00	0,00	100,00	0,00	77,80	22,20

Tablo 5.2 Schwartz'ın Değerleri ve Cinsiyet İlişkisi, %

	Basari		Güç		Kurallara Uyum		Özbenlik		Yardım Severlik	
	Erkek	Kadın	Erkek	Kadın	Erkek	Kadın	Erkek	Kadın	Erkek	Kadın
Kesinlikle Katılıyorum	70,60	29,40	84,60	15,40	84,60	15,40	78,60	21,40	62,50	37,50
Katılıyorum	73,30	26,70	68,40	31,60	60,00	40,00	62,90	37,10	65,70	34,30
Kısmen Katılıyorum	40,00	60,00	70,00	30,00	61,50	38,50	68,80	31,30	84,60	15,40
Çok Az Katılıyorum	85,70	14,30	46,20	53,80	100,00	0,00	50,00	50,00	33,30	66,70

Tablo 6.1 ve 6.2'ye bakıldığında ise Teşvik, Güven, Haz, Kurallara Uyum ve Yardım Severlik Değerlerine Türkiye vatandaşlarının, Türkmenistan vatandaşlarına göre kesin katılım tercihlerinin hemen hemen yakın olduğu görülmektedir. Evrensellik

değerine *Kesinlikle Katılıyorum* tercihinde bulunanların %71,4'ünü Türkiye vatandaşları, %25'ini ise Türkmenistan vatandaşları oluşturmaktadır. Gelenek %60, Başarı %71, Güç %70 ve Özbenlik %57 oranları ile Türkmenistan vatandaşlarının lehinde olduğu saptanmıştır.

Tablo 6.1 Schwartz'ın Değerleri ve Türkiye (TR) ve Türkmenistan (TM) Üzerinden Milliyet İlişkisi, %

	Teşvik		Güven		Gelenek		Evrensellik		Haz	
	TR	TM	TR	TM	TR	TM	TR	TM	TR	TM
Kesinlikle Katılıyorum	44,40	38,90	54,20	33,30	40,00	60,00	71,40	25,00	50,00	35,70
Katılıyorum	46,90	40,60	46,90	40,60	44,10	38,20	32,00	48,00	56,00	36,00
Kısmen Katılıyorum	50,00	41,70	0,00	100,00	50,00	37,50	8,30	83,30	33,30	50,00
Çok Az Katılıyorum	20,00	80,00	50,00	25,00	66,70	33,30	100,0	0,00	33,30	55,60

Tablo 6.2 Schwartz'ın Değerleri ve Milliyet İlişkisi, %

	Başarı		Güç		Kurallara Uyum		Özbenlik		Yardım Severlik	
	TR	TM	TR	TM	TR	TM	TR	TM	TR	TM
Kesinlikle Katılıyorum	23,50	70,60	23,10	69,20	3,80	30,80	35,70	57,10	56,30	25,00
Katılıyorum	60,00	26,70	52,60	36,80	40,00	51,40	48,60	34,30	45,70	42,90
Kısmen Katılıyorum	50,00	30,00	55,00	30,00	30,80	46,20	50,00	50,00	30,80	61,50
Çok Az Katılıyorum	28,60	71,40	46,20	46,20	75,00	25,00	0,00	50,00	33,30	66,70

Sonuç olarak, Türkmenistan'dan Niğde'ye gelen öğrencilerin referans grubu olarak Türk öğrencilerle kıyaslaması, bu iki grubun birbirlerinden Schwartz'ın Gelenek, Başarı, güç, Özbenlik gibi değerleri dışında çok farklı olmadığını bize görülmektedir. Öte yandan spora bakış açılarında da değer olarak çok büyük farklılıklar söz konusu değildir. Bu iki toplumun aslında ortak değerlerden beslendiğini söylemek çok yanlış olmayacaktır. Geleneksel değerlere bağlılıklarının Türklerden daha fazla çıkmış olması çok şaşırtıcı gelmemelidir. Zira Türkmenistan, içerisinde bulunduğu coğrafyada değerlerine bağlılığı ile anılan bir millettir. Bireysel anlamda başarı ve güçlü olmaya dönük değerleri ise Türkmen gençlerin Türk gençlerden daha fazla motive olduğunu bize göstermektedir.

Kaynakça

Güngör, E. (1998). *Değerler Psikolojisi Üzerine Araştırmalar*, İstanbul: Ötüken

Habermas, J. (1984). *The Theory of Communicative Action V. I The Reason and the Rationalization of Society* (T. McCarthy, Trans.). Boston.

Habermas, J. (1996). *Between facts and norms : contributions to a discourse theory of law and democracy*. Cambridge, Mass.: MIT Press.

Hacısoftaoğlu İ., Akcan F., (2015). *Sporun Sosyolojisi Olur mu?* s; 13-14, İçinde: Oyunun Ötesinde, (der.) Hacısoftaoğlu, İ., Akcan, F., Bulgu, N. Notabene Yayınları, Ankara.

Kahle, LR. (1983). *Social values and social change: adaptation to life in America.* New York: Praeger

Kahle L, Chiagouris C, editors. (1997). Values, lifestyles, and psychographics. Mahwah (NJ): Erlbaum, pp. 337–54

Morris,C. (1956). Varieties of Human Values. Chicago: University of Chicago Press.

Rokeach M. (1968). *Beliefs, attitudes, and values: a theory of organization and change.* New York: Free Press

Schwartz, S. H. (2012). An Overview of the Schwartz Theory of Basic Values. Online Readings in Psychology and Culture, 2(1). http://dx.doi.org/10.9707/2307-0919.1116

Weber, M. (1957). *The theory of social and economic organization*. Glencoe, Ill.,: Free Press.

Whitehead, J., Telfer, H., ve Lambert, J. (2013). Values in Youth Sport and Physical Education Routledge. London

BÖLÜM III. KENTLEŞME, SİYASET ve GÖÇ POLİTİKALARI

1980 Sonrası Göçler ve Kentle Bütünleşme Sorunu[68]

Gülsen Demir[69], Kadir Şahin[70]

Giriş

Dünya tarihinin değişmez olgularından biri olan göç, sosyolojinin de temel araştırma alanlarından birini oluşturmaktadır. Göç üzerine yapılan tanımlardaki ortak özellik ise göçün "bir yer değiştirme" hareketi olduğudur. Göç, "bir yerden kalkıp başka bir yere yerleşmek" gibi bir fiziksel hareketi ifade etse de, yer değiştiren birey ya da bireylerin yaşadığı sosyal değişim ya da yaşam alanlarında meydana gelen değişim, büyük dönüşümleri kapsamaktadır. Özellikle "göç sorunsalını" önemli kılan da göçün yol açtığı sosyal, kültürel ve ekonomik içerikli olan bu dönüşümlerdir.

Araştırma

Araştırma için özellikle bu ilin seçilmesinin önemli nedenlerinden birisi şehrin mekansal yapılanmasına bağlı olarak, '1980 öncesinde gelenlerle' '1980 sonrasında gelenlerin' şehrin farklı yerlerinde/bölgelerinde yerleşmiş olmalarıdır; bu mekansal yayılmaya bağlı olarak da karşılaştırmanın amacına hizmet eden bir ayrışma halinin ortaya çıkmasıdır.Ayrıca neden 'Kürt kökenli vatandaşların' araştırmaya konu edildiği noktasında belirtilmesi gereken önemli bir husus da, bu kişilerin 'etnik ve dilsel' farklılıklarının kimlik temelli ayrışmayı kolaylaştırabilecek temel özelliklere sahip olmasıdır. Nitekim Türkiye'deki iç göçler düşünüldüğünde, 'kimliksel vurgular üzerinden içe kapanarak' sisteme karşı şiddet içerikli bir kültürel inşayı gerçekleştirebilecek, kısacası 'getto tarzı yapılar' oluşturmaya en müsait göçmen grubunun 'Kürt kökenli göçmenler' olabileceği varsayımıyla, böylesi bir araştırmanın bu göçmen grubuyla sürdürülmesine karar verilmiştir. Nitekim böylesi bir nitelik, bütünleşememenin ortaya çıkması durumunda 'gettolaşmayı mümkün kılacak' asgari kriterlerin sosyal sermaye olarak var olduğunu göstermektedir.

Araştırmanın karşılaştırma perspektifinde yürütülmesinden hareketle, ele alınacak örneklem sayısının karşılaştırmayı mümkün kılacak nitelikte olmasına özen gösterilmiş, alanları temsil yeteneği olan eşit sayıda örneklemin alınmasına çalışılarak 300'er kişilik (toplamda 600 kişi) örneklem grubunun seçilmesine karar verilmiştir. Böylece Kuzey Bölgesi göçmenlerinden ve Güney Bölgesi göçmenlerinden 300'er kişilik iki farklı örneklem grubu oluşturulmuştur. Ayrıca her haneden en fazla bir kişiyle görüşülmesine özen gösterilmiş ve daha fazla haneye erişilmesine çalışılmıştır.

---

[68] Bu araştırma TUBİTAK 106K124 no'lu proje ile desteklenmiştir.

[69] Prof. Dr., Adnan Menderes Üniversitesi Fen Edebiyat Fakültesi Sosyoloji Bölümü, E-mail: gdemir@adu.edu.tr

[70] Dr., Karabük Üniversitesi Edebiyat Fakültesi Sosyoloji Bölümü, E-mail: kadirsahin09@gmail.com

Yazgan, P., Tilbe, F. (der.) (2016).
Türk Göçü 2016 Seçilmiş Bildiriler I.
London: Transnational Press London.

Yanı sıra örneklem gruplarının %60'ının erkek (180 kişi), %40'ının ise kadın (120 kişi olmasına karar verilmiştir). Araştırmada nicel ve nitel teknikler karma olarak kullanılmıştır.

Bulgular

Bölgelerin Özellikleri

Araştırmanın birinci bölgesi olan Kemer Bölgesi (Kuzey Bölgesi), eski Aydın şeklinde tabir edilen ve bölge içinde yer yer tarihi eserlerin de bulunduğu, kent merkeziyle iç içe geçmiş bir kesimdir. 1980 öncesinde gelen göçmenler çoğunlukla bu bölgeye yerleşmiş durumdadır. Kuzey Bölgesi olarak da adlandırdığımız bu bölge, kent merkezine yakınlığı ile tercih edilmiş bulunmaktadır. Araştırmanın ikinci bölgesi olan Osman Yozgatlı (Güney Bölgesi) Bölgesi'nde ise durum çok farklıdır. Özellikle 1980 sonrası bu bölgeye gelen göçmenlerin yerleştiği bölge, fiziksel yapılanması yönüyle kent merkezinden ve birinci bölge olan Kemer Bölgesi'nden büyük farklılıklar sergilemektedir. Bölgedeki yapılar daha çok 1-2 katlı, bahçesi olan, müstakil, kırsal alan evlerini andıran bir görüntü sergilemektedir. Birinci Bölgeden farklı olarak bu bölgede kırsal yaşam alışkanlıkları devam etmekte, birinci bölgede var olan kentsel yaşam kanıtları yerine bu ikinci bölgede informal sektör olarak tarım işçiliği varlığını sürdürmektedir. Bu durum göçmenlerin kentleşme bakımından yumuşak geçiş yapmasına imkan vermesi yanında kent(li)leşme yönündeki sosyal değişme sürecini geciktirmesini de beraberinde getirmektedir.

Göç Nedenlerine Göre Karşılaştırma

Göçe temel olan nedenler, yapılmış olan diğer araştırma bulgularına benzer biçimde sonuçlar ortaya koymaktadır. İlk gelenler, 1980 öncesi gelen göçmenler (Kuzey Bölgesi) %51 oranında "kentte yaşamak için" geldiklerini belirtirken 1980 sonrası gelenler (Güney Bölgesi) %39, 3 oranında "yeterli iş imkanı olmadığı için" geldiklerini belirtmişlerdir.

Meslek dağılımına bakıldığında ise birinci bölge göçmenlerinin (eski göçmenler – Kemer-Kuzey Bölgesi) %26 oranında küçük esnaf, ikinci bölge (yeni göçmenler- Osman Yozgatlı- Güney Bölgesi) göçmenlerinin ise %44,7 oranında inşaat işçisi oldukları görülmüştür.

Göçmenlerin Memleketle Olan İlişkileri

Göçmenler arasında kentle bütünleşmeyi engelleyici bir faktör gibi düşünülen 'memleketle ilişkiler' konusundaki yaklaşımlara bakıldığında Kuzey Bölgesi (1980 öncesi) göçmenlerin memleketle ilişki düzeyi %96 oranında ilişki yok, Güney Bölgesi (1980 sonrası) göçmenlerinin ise %44 oranında 'gidip gelmek/ziyaret' anlamında bir ilişki içinde oldukları anlaşılmaktadır.

Kentsel Tüketim Alışkanlıkları

Kentte kalış süresinin uzamasıyla bağlantılı olarak göçmenlerin tüketim alışkanlıkları geleneksel kalıplardan uzaklaşmaktadır. Bir başka önemli nokta da diğer 'kentsel tüketim alışkanlıkları/tüketim tarzlarını' ortaya koyan edinimlerdir. Ekonomik düzeyle de yakından alakalı olan bu göstergeler, aynı zamanda da göçmenlerin sahip olduğu 'ihtiyaç algısını' ve 'kazançlarını harcama şeklini' ortaya koyabilmektedir.

Yakın tarihte göç edenlerle, uzak tarihte göç edenlerin ekonomik verileri arasında büyük farklılıklar söz konusudur. Kentte kalış süresinin artışı 'ekonomik bütünleşme' yönünde olumlu bir süreç olarak ortaya çıkmaktadır. Yani -kente göç edişleri yönüyle- eski tarihli olan göçmenlerin 'ekonomik göstergeleri' daha kentli bir profil çizerken; yakın tarihli göçmenlerin 'ekonomik profilleri' kentsel formata ulaşmamış bir görüntü sergilemektedir. Ancak yakın tarihli göçmenlerin, kendilerini 'ekonomik yönden' algılarına da dayanarak, henüz 'arada bir sınıf' (kır ve kent arasında) olduklarını söylemek mümkündür. Bu durumun ilerleyen süreçlerle birlikte -kentte kalış süresi daha uzun olan, eski tarihli göçmenlerin verilerine dayanarak- kentsel formata yakınlaşacağını söylemek mümkündür.

Kent Merkezindeki Farklı Alanlarda Yaşamak Arzusu/Eğilimi

''Kentle bütünleşme'' anlamında çok önemli boyutu oluşturan aynı zamanda bu araştırmanın da önemli noktalarından birisi olan, göçlerin mekansal ayrışmasına bağlı olarak, 'bir içe kapanma' ya da 'kasıtlı bir ayrışma' sürecinin var olup-olmamasıdır. Ancak bölgeler bu yönüyle karşılaştırıldığında, Güney Göçmenlerinin 'mekansal farklılaşmayı' (kent içinde yer değiştirmeyi) arzulamadıkları çok net olarak ortaya çıkmaktadır. Çünkü ankete katılanların %21,7'si (sadece 65 kişi) oturduğu mekanı/mahalleyi değiştirmek isterken, %78,3'ü ise (235 kişi) 'oturduğu mekanı/mahalleyi değiştirmek istemediğini' dile getirmiştir. Buna karşılık olarak da Kuzey Göçmenlerinin %44'ü 'görece bütünleşmiş bir mekan' (kentsel forma daha benzeşik olması yönüyle) olmasına rağmen 'oturduğu mekanı/mahalleyi' değiştirmek istediğini dile getirirken, %56'sı 'değiştirmek istemediğini' dile getirmiştir.

Bölgeler Düzeyinde Hemşehriliğe Yüklenen Anlamlar

Ayrışma ya da içe kapanma düzeyinin tahlili açısından önemli bir veri de farklı bölgelerde çalışmanın konusu olan göçmen gruplarının, hemşehrilik mekanizmasına yükledikleri anlamların, ne gibi farklılıklar sergilediklerinin anlaşılabilmesidir. Yani hali hazırda 'kasıtlı bir ayrışma çabası olmayan bütünleşememiş mekan' ile 'bütünleşmiş bir profil gösteren mekanın' göstergelerini karşılaştırmak yerinde olacaktır. Kuzey Göçmenlerinin hemşehriliğe yüklediği anlamlar, 'kentsel koşullara karşı bir güvenlik duvarı/şeridi', 'kentsel yaşam içinde sosyal anlamda dayanışma mekanizması', 'psikolojik moral/güven' vb. yönünde anlamlardan ziyade 'kültürel birliktelik' ve 'nötr ilişki' (hiçbir şey ifade etmiyor) düzeyinde kalmıştır. Buna karşılık Güney Göçmenleri için hemşehrilik, çok daha farklı anlamlar taşımakta ve onlar için çeşitli misyonlar üstlenmektedir. Onlara göre, 'kentsel yaşamın tehlikelerine karşı bir güvenlik şeridi', 'maddi-manevi dayanışma' ve 'moral destek sunmak' gibi çeşitli misyonlar üstlenmektedir.

Bu durumun ortaya çıkmasının en büyük nedenini, daha öncesinde de sunulan 'ekonomik göstergeler' oluşturmaktadır. Çünkü 'informel sektörün asli unsuru' olan bu kitlelerin, hayat tarzlarının da informel ilişkiler üzerine kurulması çok doğaldır. Kurumsal yaşam tarzına entegre olamamış bireylerin, geleneksel düzeydeki sosyal ilişki kalıplarının ve kimliksel aidiyetlerinin de hala devam etmesi, onların kentsel yaşam içindeki 'psikolojik varoluşunda' kendisine 'moral/güven veren' ve 'başarısızlık/entegre olamamak/tutunamamak' yönündeki psikolojiyi' aşmasını

173

mümkün kılacak bir ilişkiler sistemi kurmasını sağlamaktadır. Bu açıdan böylesi ilişki kalıplarının çözülmesinin en önemli yolu 'ekonomik', 'bireysel' ve 'kültürel' anlamdaki göstergelerinin, Kuzey Göçmenlerinin (bütünleşik/tutunabilmiş göçmenlerin) seviyesine yakınlaşmasıdır. Nitekim kalkış noktası aynı olan, etnik farklılıkları ve dilsel farklılıkları da benzer olan fakat kentte kalış süresine bağlı olarak 'daha bütünleşik görüntü sergileyen' Kuzey Bölgesi göçmelerinin 'hemşehriliğe yükledikleri anlamlar', 'bütünleşik görüntü sergilemeyen Güney Bölgesi göçmenlerinin' tam tersi yönde veriler sunmaktadır. Bu yönüyle iki göçmen grubu arasındaki makasın kapanmasına paralel olarak bu ve benzeri mekanizmaların, tutunamamış özellik gösteren Güney Bölgesinin göçmen bireyleri için ifade ettiği anlamların daha farklı yönlerde evrileceği görülmektedir. Çünkü tutunabilmenin risklerini hala yaşamaya devam eden bu tarz bireylerin, içinde bulundukları gruplara bağlılık düzeyi de doğal olarak artmaktadır. Fakat tutunabilme konusundaki bireysel yetilerinin artmasına paralel olarak, gruba dayalı aidiyet hislerinin daralacağı ve yerini daha birey merkezli algılara bırakacağı Kuzey Bölgesi göçmenlerinin verilerinden anlaşılmaktadır.

Göçmenlerin Sorunlar Karşısında Başvurdukları Mekanizmalar

Göçmenler açısından 'hemşehriliğe yüklenen anlamların' ortaya çıkmasını sağlayan en büyük özellik, kentsel sorunlarla baş edebilme güçleri/düzeyleri ya da sorunları çözebilme kapasiteleri/donanımlarıyla yakından alakalıdır. Kentsel yaşam içinde, karşılaştığı sorunları, kendi kişisel donanımlarıyla çözebilen bireyler, 'kentli/kentlileşmiş birey' özelliğine erişebilmiş kişilerdir. Bu yöndeki değişim sürecinin başarıya ulaşması nispetinde de geleneksel kalıplardan kopabilmek becerisini gösterebileceklerdir. Bunun en önemli göstergelerinden birisi de, kentsel yaşam içinde yoğunlaşan 'kurumsal yapılardan/mekanizmalardan' faydalanabilme durumudur. Kurumsal yaşama tamamiyle entegre olabilmiş bireyler, aynı zamanda kentli bir birey olabilme sürecinde de başarılı olabilmiş demektir.

Sorunlar karşısındaki çözüm kaynakları gibi benzer bir durum, bölgelerin göçmenlerinin diğer insanlarla ilişkiye geçme ve bilgiye başvurma şekillerinde de ortaya çıkmaktadır. Geleneksel kalıplardan kopabilme becerisine ve kentli bir birey olabilme düzeyine paralel olarak -kentli göstergelere yaklaştığı oranda- 'bilgiyi edinme ve dikkate alma' konusunda 'ilk karşılaştığı/tanıştığı kişilerde dikkate aldığı göstergelerin' de geleneksel kalıpların dışına çıktığı/çıkabildiği gözlenmiştir.

Dilsel Farklılıklar

Bireylerin dili kullanabilme kapasiteleri, kendini ifade edebilme düzeyleriyle de yakından alakalıdır. Kendini ifade etme noktasında, sınırlılıkları olan bireylerin, diğer bireylerle ilişkiye girme düzeyinde de sınırlılıkların ortaya çıkacağı muhtemel sonuçtur. Dili yeterli koşullarıyla kullanılabilmesi nispetinde, dış dünya (kentteki diğer gruplar) ile ilişkiye girme düzeyinde doğrusal bir artışın yaşanacağı beklenen sonuç olarak ortaya çıkacaktır. Çünkü bireyler, sosyal ortamlarının sınırlarını, kendilerini ifade edebildikleri şekliyle çizmektedirler. Dilsel problem yaşayan bireylerin, tüm bu gerekçelerle sınırlı bir 'ilişki sistemi/ağı' ve 'sosyal ortamının' oluşması son derece doğaldır.

Kuzey Göçmenlerinin büyük bir kısmı 'dilsel bütünleşmeyi gerçekleştirmişken' (dile dayalı farklılığı giderirken), Güney Göçmenlerinin büyük bir kısmı 'dilsel bütünleşme yönünde henüz problemler yaşamaktadır'.

'İçe Kapanma Mekanizmalarının' İşleyiş Düzeyi

Toplumsal ilişkiler açısından, dış gruplarla ilişkiye geçişin ve kültürel etkileşimin yoğun olduğu önemli araçlardan birisi de 'evlilik mekanizmasıdır'. 'Evlilik' aracılığıyla birlikte, farklı gruplar arasında sıkı ilişkilerin/etkileşimlerin ortaya çıktığı ve buna dayalı olarak da 'hısım ilişkilerine' dönüşen bir sürecin yaşandığı bilinen gerçeklerdendir. Dışa açılmamak yönünde, kasıtlı tepkisi olan birlikteliklerin, dış gruplarla ilişkiye geçmemek adına, evlilik ilişkilerinin 'grup içinde' gerçekleşmesi için yoğun bir çaba harcayacakları açıktır. Bu nedenle kente göçle gelen grupların, 'dışa açılmamak' ya da 'içe kapanmak/ayrışmak' adına kasıtlı bir çabası olacaksa, evliliğe yüklenen anlamlar da ayrışmayı mümkün kılacak şekilde düzenlenmektedir. Hatta ilişki halini kısıtlayacak bir hayat döngüsünü dahi yaratabilmektedir. Bu nedenle de her iki bölgenin göçmenlerine, evliliğe dair grup algılarını anlayabilmek adına, bu yönde soru sormak gereksinimi duyulmuştur. Her iki bölgeden alınan cevaplar göstermektedir ki kentte kalış süresi daha uzun olan göçmen grubu evliliği bir 'içe kapanma mekanı' olmaktan çıkarmıştır.

Kente ve Kentsel Yaşama Dair Yargıları

Kuzey Göçmenleri ile Güney Göçmenleri arasındaki önemli farklardan birisi de, kente dair kurulan bazı 'yargı ifadelerine' verdikleri cevaplardır. Bütünleşik profil sahibi bireylerle (Kuzey Göçmenleri), bütünleşik bir profil sunmayanların (Güney Göçmenleri) verdiği cevaplar birbirinden farklılaşmaktadır. Güney göçmenlerinin cevapları daha çok kırsal eksenlidir. Karşılaştırma noktası, yani referans noktası tamamen kırsal alandır. Kuzey Göçmenlerinde ise tablo tamamen farklılaşmış durumdadır; veriler kuzey göçmenlerinin referans noktasının kırsal yaşam olmadığını, kentsel yaşamı kendilerine kriter olarak seçtiklerini göstermektedir.

'Göçle birlikte başlayan sosyal değişme süreci', kuşaklar boyunca devam eden bir gerçekliktir. Göç tarihinin yakınlığına bağlı olarak, kuşaklar arası farklılık düzeyi artarken, ilerleyen dönemlerde bu farklılık hali -ilk kuşağın değişme süreci dahilinde çözülmesine bağlı olarak- azalmaktadır. Ayrıca göç; sadece, göçü yaşayan ilk kuşakları etkileyen bir 'sosyal gerçeklik' değildir. Göçü yaşamayan (öznesi olmayan) diğer kuşaklar da bu 'sosyal değişme sürecinin içinde yer almaktadır'. Bu nedenle de sonraki kuşakların, sürecin içine girmesine paralel olarak (Kemer Bölgesi örneğinde olduğu gibi) bütünleşme düzeyi ve değişme hızında da artış söz konusu olmaktadır. Ayrıca kentsel yaşamın kurumlarıyla daha erken süreçte tanışma fırsatı bulan (eğitim kurumu) bu kuşakların, göçü yaşayan kuşaklardan farklı olarak 'bütünleşme' yönündeki göstergelerinde de artış söz konusudur. Ayrıca sonraki kuşakların bütünleşme ekseni hem ilk kuşaklar için bu yönde katkı sağlarken hem de görsel/somut bir veri niteliği sunarak ilk kuşakların değişme hızını da arttırıcı etki sağlamaktadır. Bu durum da beraberinde kuşaklar arası farklılığın azaldığı bir süreci getirmektedir. Nitekim içe kapanma/ayrışma ya da getto tarzı yapılanmaların önemli bir özelliği kuşaklar arası istikrara dayalı olarak, bu eksendeki farklılaşmaların çok sınırlı düzeylerde kalmasıdır. Böylesi bir durumun özellikle Güney Göçmenlerinde ortaya çıkmaması 'gettolaşan bir kitle' olmadıklarının da ispatı olmaktadır.

Bütünleşmeye Dair Bazı Yargı İfadelerine Verilen Cevaplar

Farklı göçmen bölgelerini temsil eden bireylerinin, bütünleşme ve bütünleş(e)meme düzeylerine bağlı olarak, bazı yargı cümlelerine verdikleri cevaplar da son derece önemli olmaktadır. Bütünleşmeye dair oluşturulan yargı ifadelerinden kasıt, kentte kalış süresine bağlı olarak, bütünleşme süreci içinde, geleneksel kodların çözülme yaşayıp yaşamadığının göçmenler tarafından ifade edilebilmesidir.

Kentsel yaşama girişle birlikte, ataerkil bir yaşam tarzı olan, kırsal yaşamın kodlarında da bazı değişimler ortaya çıkmaktadır. Erkeğin mutlak iktidarına dayanan, 'kırsal/geleneksel ataerkil yapının' kentsel yaşam içinde de 'mutlak surette devam ettiğini' söylemek zorlaşmaktadır. Bu veriler de ortaya net olarak koymaktadır ki göç süreciyle birlikte 'gizil bir iktidar savaşı' da ortaya çıkmaktadır. Bu iktidar savaşı, 'iktidarı elinde bulundurmayan kadınların', daha hızlı bir değişme süreci yaşamasını; 'iktidarı elinde bulunduran erkeklerin' ise daha tutucu/muhafazakar ya da farklı şekliyle söylemek gerekirse daha yavaş değişim süreci yaşamasını getirmiştir.

Bu nedenle, 'yargı ifadelerine' verilen cevapların farklılaşması, bölgelerin bütünleşme düzeyine bağlı olarak, içerik yönüyle değerlendirildiğinde cinsiyet bağlamında da önemli gerçeklikleri taşıdığı anlaşılmıştır. Şüphesiz Aydın'da bu durumun ortaya çıkmasını sağlayan önemli bir etken, bütünleşme düzeyinin düşük olduğu Osman Yozgatlı Bölgesinde daha önce de belirttiğimiz, informel sektöre katılan kadınların (tarım işçisi kadınların) yoğunluğuna bağlı olarak -göçle birlikte ortaya çıkması beklenen, kadının gerilemiş sosyal statü örneğinin burada yaşanmamış olmasının önemli bir etkisi vardır. Kadınların, her şeye rağmen geleneksel kalıplardaki 'ikincil statülerinin' kent içi yaşamda, onları erkeklere göre daha değişime açık bireyler haline getirmektedir. Geri kalmış statüleri -çevresel kodlarının da etkisiyle- merkezi karaktere (burada merkez rolünü erkek/ataerkil statü oynamaktadır) karşı daha eleştirel ve değişime daha açık hale gelmektedir.

Bölgelere Göre Göçmenlerin 'Geri Dönme Mitlerinin' Aktiflik Düzeyi

Bütünleşmeme çabasının aktif olduğu gruplarda önemli olan bir durum da 'geri dönme mitlerinin' hala yüksek düzeylerde olmasıdır. Böylesi bir durumun varlığı da, 'içe kapanma' ya da 'yaşam alanının homojenleştirilmesi' gibi belli başlı bazı kaygıları beraberinde getirmektedir.

Nitekim araştırma dahilinde, Güney Göçmenlerinin bütünleşme profilleri son derece düşük görünmesine rağmen 'geri dönmek yönünde' eğilimlerinin olduğu şeklinde bir veriye ulaşılmamıştır. Bu nedenle göçle birlikte içine girilen, yeni mekanla (kentle/yeni yaşam alanıyla) bütünleşmek yönünde kalıcı bir eğilimin olduğu, net olarak ortaya çıkmıştır. Çünkü ankete katılan göçmenlere yöneltilen 'ekonomik olarak yeterli düzeye erişince memleketinize geri dönmeyi düşünür müsünüz?' şeklindeki soruya; Güney Göçmenlerinin %71'i 'hayır' derken, sadece %29'u 'evet' şeklinde cevap vermiştir. Buna karşılık olarak da Kuzey Göçmenlerinin %84'ü 'hayır' derken sadece %16'sı 'evet' şeklinde cevap vermiştir.

Göçmenlerin büyük çoğunluğunun, göçteki temel noktasının 'ekonomik yetersizlikler' ve 'güvenlik' gibi nedenler olmasından hareketle, kaygı düzeylerinin (hem ekonomik hem de huzur yönüyle) giderilmemiş olmasının, bu yönde cevap vermeye sevk edebileceği düşüncesiyle, soruyu farklı şekilde tekrar sorma gereksinimi hissedilmiştir. Bu nedenle 'kaygılarının da giderildiği düşüncesiyle' yöneltilen, 'buradakiyle aynı şekilde yaşama olanağı bulsanız, göç etmeden önceki yaşadığınız

176

yere geri dönmeyi ister misiniz?' şeklindeki soruya; Güney Göçmenlerinin %68'i 'hayır' derken, %32'si 'evet' şeklinde cevap vermiştir. Kuzey Göçmenlerinin ise %82'si 'hayır' derken, %18'i 'evet' şeklinde cevap vermiştir. Bu veriler de göstermektedir ki her iki göçmen grubunun da 'geri dönme miti' grupların geneli ele alınınca düşük düzeylerde kalmaktadır. Özellikle 'bütünleşmemiş' bir profil sunan Güney Göçmenlerinde, geri dönmeye ilişkin beklentilerin ya da düşüncenin olmaması, gelinen yeni mekana (yerleşilen yere) atfedilen misyonun da göstergesi olmaktadır. Geri dönme eğilimlerinin sınırlı düzeylerde kalması, 'yeni yaşam alanlarına', 'geçici yerleşimler' gözüyle bakmadıklarını göstermektedir. İçe kapanmak gibi bir verinin bu göçmenlerce sunulmaması da 'bütünleşme enerjilerinin/kaygılarının aktif düzeyde olduğunun' da kanıtı olmaktadır.

Kaynakça

Abadan-Unat, Nermin; Kentsel Bütünleşme: Türk Sosyal Bilimler Derneği Türkiye Gelişme Araştırmaları Vakfı Ortak Semineri Sunuş Konuşması, Türkiye Gelişme Araştırmaları Vakfı Yayın No: 4, 1982, Ankara.

Akkayan, Taylan; (1999), Göç ve Değişme, *İstanbul Üniversitesi Edebiyat Fakültesi Yayınları No: 2573, İstanbul.*

Bayhan, Vehbi; (1996), Türkiye'de İç Göçler ve Anomik Kentleşme, *II. Ulusal Sosyoloji Kongresi: Toplum ve Göç, s. 178-193*

Demir, Gülsen; (1996) Göç Nedenleri ve Göçenlerin Beklentilerindeki Gerçekleşme Durumu: Bolu İli Kıbrısçık İlçesi Örneği, II. Ulusal Sosyoloji Kongresi: Toplum ve Göç, s. 85-94

Erder, Sema; (1997), Kentsel Gerilim (Enformel İlişki Ağları Alan Araştırması), *um:ag Yayınları, Ankara.*

Erder, Sema; (2006), Refah Toplumunda Getto, *İstanbul Bilgi Üniversitesi Yayınları, İstanbul.*

Kartal, S. Kemal; (1992), Ekonomik ve Sosyal Yönleriyle Türkiye'de Kentlileşme, *Adım Yayınları, İstanbul.*

Kıray, Mübeccel; Gecekondu: (1998), Az Gelişmiş Ülkelerde Hızla Topraktan Kopma ve Kentle Bütünleşememe *(Kentleşme Yazıları İçinde: s. 90-104), Bağlam Yayıncılık, İstanbul.*

Özcan, Yusuf Ziya (1998), İçgöç Tanımı ve Verileri İle İlgili Bazı Sorunlar, Icinde: Icduygu, A., Sirkeci, I., Aydingun, I. (der.) *Turkiye'de Icgoc.* Türkiye Ekonomik ve Toplumsal Tarih Vakfı Yayınları, İstanbul.

Şenyapılı, Tansı; (1978) Bütünleşememiş Kentli Nüfus Sorunu, *Orta Doğu Teknik Üniversitesi Mimarlık Fakültesi Yayın No: 27, Ankara.*

Tekeli, İlhan ve Erder, Leila; (1978) Yerleşme Yapısının Uyum Süreci Olarak İç Göçler, *Hacettepe Üniversitesi Yayınları D-26, Ankara.*

Türk Kamu Yönetiminde Göç Politikaları ve Göç Yönetiminin Belirlenmesinde Avrupa Birliği ve Avrupalı Değerlerin Yeri

Yusuf Soyupek[71]

Giriş

Türk kamu yönetiminin hem idari hem de hukuki açıdan değişiminde ve gelişiminde Avrupa devletlerinin ve değerlerinin geçmişten günümüze önemli etkisi ve katkısı olmuştur. Son yıllarda Türkiye ve dünya gündemini derinden etkileyen olaylardan birisi olan göç konusunda da Türk kamu yönetimi idari ve hukuki açıdan Avrupa Birliği'nin yönlendirmesi ve zorlamasıyla önemli değişiklikler yapmıştır.

Göç, içine birden fazla aktörün dâhil olduğu çok karmaşık bir olaydır. Bundan dolayı göç yönetimi ve göç politikalarının belirlenmesi ve uygulanmaya konulması da aynı şekilde karmaşık ve bir o kadar da zorlu bir süreçtir. Her ne kadar göç olgusu insanlığın tarihi kadar eski olup günümüze dek sürekli devam etmiş olsa da göçün kamu yönetimleri ve kamu politikaları gündeminde üst sıralara çıkması 1950 ve 1960'lardan itibaren olmuştur.

Birleşmiş Milletler verilerine göre şu an 250 milyonu geçmiş olan uluslararası göçmen sayısının son 20 yıldaki hızıyla artmaya devam ederse 2050 yılında 405 milyona ulaşması beklenmektedir (The World Bank, 2016, s.v). Özellikle Soğuk Savaş sonrası yaşanan iç savaşlar sonrası göç hareketlerinin dünya çapında hızlandığı görülmektedir.

Göçe hiç de yabancı olmayan ve tarihi boyunca değişik dönemler boyunca göç hareketleriyle karşılaşan Türkiye, özellikle "Arap Baharı" adı verilen ve çok yakın coğrafyada gerçekleşen siyasi ve toplumsal olaylar neticesinde şimdiye kadar olmadığı büyüklükte göç hareketleriyle karşılaşmıştır. Türkiye'nin söz konusu göç hareketlerine ilişkin uyguladığı insani ve ilkesel nitelikteki "açık kapı" politikası göçmen sayısının artması ve devam etmesi nedeniyle yürütülemez hale gelmiştir. Aynı göç ve göçmen akımından etkilenen Avrupa Birliği ise ilkeler ve çıkarlar ikileminde hareket nasıl hareket edeceğine karar verememiştir.

Avrupa Birliği'nin İlke ve Değerleri

Avrupa Birliği bir takım evrensel değerler üzerine kurulmuş olan bir birliktir. Bu husus 2009 tarihli Lizbon Anlaşması'nın 2. maddesinde: "Birlik, insan onuruna saygı, özgürlük, demokrasi, eşitlik, hukuk devleti, azınlık hakları da dâhil insan haklarına saygı değerleri üzerine kuruludur. Bu değerler, çoğulculuk, ayrımcılık yapmama, hoşgörü, adalet, dayanışma ve kadın-erkek eşitliğinin hâkim olduğu bir toplumda üye devletler için ortaktır." şeklinde belirtilmektedir.

3. maddede; "Birliğin amacı; barışı, kendi değerlerini ve halklarının refahını ileriye götürmek" olarak ifade edilmektedir. Ayrıca, "Birlik, dış dünya ile ilişkilerinde kendi

---

[71] Yrd. Doç. Dr. Yusuf SOYUPEK, Çankırı Karatekin Üniversitesi, İktisadi ve İdari Bilimler Fakültesi, Uluyazı Kampüsü, Çankırı. E-mail: yusufsoyupek@gmail.com

Yazgan, P., Tilbe, F. (der.) (2016).
Türk Göçü 2016 Seçilmiş Bildiriler I.
London: Transnational Press London.

değerlerini ve çıkarlarını savunur ve destekler ve vatandaşlarının korunmasına katkı sağlar. Barışa, güvenliğe, dünyanın sürdürülebilir kalkınmasına, halklar arasında dayanışma ve karşılıklı saygıya, serbest ve dürüst ticarete, yoksulluğun ortadan kaldırılmasına ve çocuk hakları başta olmak üzere insan haklarının korunmasına ve Birleşmiş Milletler Şartı'nda yer alan ilkelere saygı gösterilmesi de dâhil uluslararası hukuka titizlikle uyulmasına ve uluslararası hukukun geliştirilmesine katkıda bulunur" hükmüyle değerlerine vurgu yapmaktadır.

AB söz konusu değerleri yalnızca üye ülkeler için değil aynı zamanda Birliğe üye olmak isteyen ülkeler için de bir giriş şartı olarak sunmaktadır. Anlaşmanın 49. maddesindeki "2. maddede belirtilen değerlere saygı gösteren ve bu değerleri desteklemeyi taahhüt eden her Avrupa devleti, Birliğe üye olmak için başvuruda bulunabilir." şeklindeki hüküm bu durumu teyit etmektedir.

Avrupa Birliği'nde Göç ve Göç Politikaları

Avrupa ülkeleri 2. Dünya Savaşının ardından ekonomik kalkınma için ihtiyaç duyduğu işgücünü göçmen işçilerden karşılamıştır. 1970'li yıllara kadar uygulanan "açık kapı" politikası ekonomik kriz, göçün ve göçmenlerin sebep olduğu toplumsal ve sosyal olaylar gibi sebeplerle sona erdirilmiştir. Yasal yollarla girişlerin kısıtlanması yasal olmayan yollarla girişlerin artmasına sebep olmuştur. 1980'lerin sonuna doğru arka arkaya gelişen ve birbirinin tetikleyicisi, sebep ve sonucu durumundaki olaylar (Berlin Duvarının yıkılması, Sovyetler Birliği ve Yugoslavya'nın dağılması, Bosna ve Kosova Savaşları) Avrupa ülkelerine yönelik göçü artırmıştır (Demir & Soyupek, 2015, s.24).

1990'lı yıllarda yoğun bir göçmen akımına maruz kalan AB'de göç ve iltica politikaları daha fazla gündeme gelmeye başlamıştır. "Arap Baharı" ve Suriye Krizinin ardından savaş ve çatışmalardan kaçan bir milyondan fazla insanın Avrupa'ya göç etmesinden sonra ortak göç ve iltica politikalarının uygulanabilirliği daha fazla önem kazanmıştır. Söz konusu olaylar çerçevesinde 2011 yılından bu yana 277 bin kişi Kuzey Afrika ülkelerinden, 1.255.600 kişi Suriye'den olmak üzere toplamda yaklaşık 1.6 milyon kişi Avrupa ülkelerine sığınma başvurusunda bulunmuştur (http://ec.europa.eu/eurostat/documents/2995521/7203842/3-04032016-AP-FR.pdf/).

Kivisto ve Faist'in yaptığı dönemlendirmeden yola çıkarak AB'nin göç politikalarını 4 farklı tarihsel döneme ayırmak mümkündür (Kivisto & Faist, 2010, s.217). 1957 ile 1989 arasını kapsayan ilk dönemde göç politikaları üye devletlerin kontrolü altında yürütülmüştür. Ortak bir politikadan bahsetmenin mümkün olmadığı bu dönemde üye ülkelerin göç politikaları; işçi alımı, aile birleşimleri, işçi alımının durdurulması, kaçak göçün engellenmeye çalışılması çerçevesinde gerçekleşmiştir. Düzensiz göçün ortaya çıktığı ve arttığı bu dönemde üye devletler göç kontrolü ve kısıtlanması ile ilgili politikalar yürütmüşlerdir.

1986'dan 1993'e kadar süren ikinci dönem, üye devletler arasında işbirliğinin ortaya çıkmaya başladığı dönem olarak adlandırılabilir. Söz konusu dönemde devletler arasında bazı ortak çalışma grupları oluşturularak göç ve iltica konularında AB mevzuatını oluşturan anlaşmalar imzalanmıştır. 1993-1999 yılları arasını kapsayan üçüncü dönem Maastricht Anlaşması çerçevesinde hükümetler arası işbirliği konularının ön plana çıktığı dönem olmuştur. Göç politikaları üçüncü sütun altında yer almıştır. 1999 yılında yürürlüğe giren Amsterdam Anlaşması ile dördüncü ve son döneme girilmiştir. Bu dönemde ortak göç ve iltica politikası oluşturulması yönünde önemli adımlar atılmıştır (Kivisto & Faist, 2010, s.218).

AB'nin göç ve iltica politikaları, ulusal çıkarlara dayanan geleneksel kontrol politikalarından Birliğin temel değerlerine dayanan küresel politikalara doğru bir değişim ve gelişim geçirmiştir. Göç politikasının temelini oluşturan kontrol odaklı yaklaşım; dış sınırlarda kontrollerin sıkılaştırılması, göçmen kamplarının sınır dışında kurulması, sınırlara tel örgü çekilmesi, üçüncü ülkelerle geri kabul anlaşmaları imzalanması, üçüncü ülkelere parasal yardım yapılması ve ticari ilişkilerin geliştirilmesi gibi uygulamalarla kendini göstermiştir. Başlangıçta, göçe sebep olan etkenlerin engellenmesi durumunda göçün de engelleneceği düşüncesi hâkim olmuştur. Bu paradigma çerçevesinde geliştirilen politikaların göçü engellemede başarısızlığı açık bir şekilde görülünce 90'lı yılların sonuna doğru göçün yönetilebilir bir süreç olduğu kabul edilmiştir. Bu yeni paradigmada göçü engelleme yerine göçün kalkınma ve kültürel zenginlik gibi konularda faydalarına vurgu yapılmıştır. Fakat söylemde göçün engellenemeyeceği kabul edilmesine ve buna bağlı olarak yeni bir bakış açısı getirilmesine rağmen uygulamada yine eski alışkanlıklar terkedilmedi.

AB'nin Değerler ve Çıkarlar İkilemi

AB'nin retorik çerçevesinde göçe yaklaşımın pratik düzleme aktarılamamasının temel nedeni dış politika ve göç gibi konularda üye devletlerin çıkarlarını kompoze etmenin zorluğudur. Üye devletler söz konusu alanlarda AB'ye yetki devrinde bulunma konusunda son derece tutucu davranmaktadırlar. Diğer taraftan göç, üye ülkelerdeki aşırı sağ politikacılar tarafından manipüle edilmeye oldukça müsait bir konudur. Söz konusu siyasetçiler şimdiye kadar önlerine çıkan bu fırsatı kullanma konusunda hiç de ihmalkâr davranmayarak halkın korku ve endişelerini tahrik etmişlerdir. (Son dönemde aşırı sağ partilerin oy oranlarının yükselmesi hatta iktidara gelmeleri bu durumu teyit etmektedir.)

Göçmenlerin ücretler üzerinde olumsuz etkisi, işsizlik, güvenlik sorunu, kültürel çatışmalar ve radikalizm konuları ön plana çıkarılarak halkta göçmenlere karşı bir tepki oluşturulmuştur. Her ne kadar bu argümanlar bilimsel verilerle çürütülmüş olsa da (Dustmann & Frattini, 2013, s.27; Odendahl, http://www.constructif.fr) yöneticiler halkın tepkisini azaltmak için değerler çıkarlar dengesinde çıkarlar lehine ağır basan kararlar (ki en kolay olan ve gözle görülenleri sınır kontrollerinin başlatılması, sınırlara tel çekme veya duvar örme, az sayıda mülteci statüsü tanıma gibi) almakta ve uygulamaktadırlar (Elmas vd, 2016, s.8). Üye devletlerin "öncelikler hiyerarşisi"nde (Tocci & Cassarino, 2011, s.8) demokrasi ve insan hakları gibi en temel değerlerden önce dış sınırları güçlendirme ve dolayısıyla göçü kontrol etme yaklaşımının yer alması ciddi eleştirilere uğramaktadır (Elmas, 2016, s.184).

Üye ülkelerin halkın tepkisini yatıştırmak için mi bu kararları alıp uyguladığı yoksa göç sorununu gerçekten bu şekilde çözeceğini mi düşündükleri tartışılmaktadır. Zira AB Komisyon ve Konsey toplantılarında, sorumluluğu paylaşma ve gerçek bir dayanışma yerine; sınır güvenliği, geri gönderme, geri kabul, üçüncü ülkelerle anlaşma, göçü kaynağında engelleme, insan kaçakçılığı ile mücadele öncelikle ele alınan konular olmaktadır.

Üçüncü ülkeler ile ilişkilerinde ve üyelik müzakerelerinde insan hakları ve demokrasinin geliştirilmesini temel değerler olarak öne süren AB aynı değerlere göçmen krizi esnasında uymamak hatta "ihanet etmekle" suçlanmaktadır. Avrupa'ya gelmek isteyen mültecilerin Akdeniz ve Ege'de ölüme terkedilmesine göz yumma, yasal ve doğal giriş yollarını sert bir şekilde kapatarak insan kaçakçılarına fırsat verme, botların geri gönderilmesi, göçmenlerin kamplara hapsedilmesi, göçmenlerin önüne sınır tellerinin çekilmesi, mülteciler üzerinden üçüncü ülkelerle pazarlığa girişilmesi ve sorunun para yardımıyla çözüleceğine inanılması AB'nin değerlere olan bağlılığını ve inandırıcılığını kaybetmesine yol açmaktadır.

Türk Kamu Yönetiminde Avrupa ve AB'nin Etkisi

Türk kamu yönetimi idari ve hukuki açıdan özellikle 18. yüzyıldan sonra Avrupalı devletlerden ilham alarak değişmeye başlamıştır. Avrupalılaşma olarak da adlandırılan bu süreç, farklı Avrupalı toplumlar ve kurumlar tarafından tarih içinde oluşturulmuş Avrupa normlarının, kurallarının ve kurumlarının oluşturduğu durum ve onlar üzerindeki etkisidir (Düzgit & Kaliber, 2016, s.3; Yazgan, 2012, s.124). Dönemin diğer devletleri gibi Osmanlı Devleti de Avrupalılaşma sürecine dâhil olmuş, Cumhuriyetin ilanından sonra da Türkiye Cumhuriyeti aynı yönde hareket etmiştir.

Türkiye adaylık statüsünün tanındığı 1999 yılından itibaren AB'ye üyelik için hukuki ve idari alanda birçok değişiklik yapmıştır. 2000 yılında Avrupa Birliği Genel Sekreterliği'nin (2011 yılında AB Bakanlığı) kurulması, Ulusal Programlar yapılması, Uyum Paketleri çıkarılması, Anayasa değişiklikleri yapılması ve çok sayıda kanun çıkarılması bu çerçevede yapılan düzenlemeler olmuştur.

Türk Kamu Yönetiminde Göç Politikaları ve AB ve Avrupalı Değerlerin Yeri

Türkiye Cumhuriyeti Devleti kurulduğu günden bu yana hatta denilebilir ki Anadolu coğrafyası göç ve göçmen konusuna oldukça alışkındır. Son 500 yıllık tarihine bakıldığında milyonlarca insanın Anadolu'ya göç ettiği görülmektedir (2015 Türkiye Göç Raporu, s.27).

Danış, Türkiye'ye yönelik göçü temel özellikleri açısından üç döneme ayırmaktadır. "Milli dönem" olarak adlandırdığı birinci dönemde amaç; nüfusu millileştirmek ve soydaşları kabul etmek olarak belirlenmiştir. 1990'lı yıllara kadar devam eden bu ilk dönemde, çok uluslu bir imparatorluğun yerine tek uluslu bir ulus devlet oluşturmak için göç ve nüfus politikaları bir araç olarak kullanılmış ve yaklaşık 1.6 milyon kişi Türkiye'ye göç etmiştir. Göç edenlerin büyük çoğunluğunun Türk kökenli olması nedeniyle; hem devletin bu göçmenlere yönelik uyguladığı politikalar, hem de göçmenlerin topluma adaptasyonu kolaylıkla çözülmüştü. (Danış, 2016, s.9).

Soğuk savaşın bitmesiyle başlayan "küresel" dönemde Türkiye'ye gelen göçmenlerin yapısında önemli değişiklikler oldu. 1990'lardan itibaren Afrikalılardan, Ermenilere, Ukraynalılardan Gürcülere kadar çok daha geniş bir coğrafyadan ve çok daha farklı bir etnik ve dini kökene sahip göçmenler Türkiye'ye geldi ve bunlar "yabancı" olarak algılandı. Suriyelilerin gelişiyle başlayan üçüncü dönemi "post milliyetçi-neo Osmanlı dönem" olarak adlandıran Danış, bu dönemin diğerlerinden bazı yönleriyle ayrıldığını ifade etmektedir. Suriyeli göçmenlerin sayıca daha önce gelenlerden çok daha fazla olmaları, bir anda gelmeleri, yakın zamanda geri dönme ihtimal ve imkânlarının bulunmaması, şimdiye kadar Türk soylular dışında kimseye gösterilmeyen pozitif kabul politikasının uygulanması bu farklılıkları ifade etmektedir (Danış, 2016, s.9).

Türkiye "açık kapı politikası" uygulayarak 2011 yılından bu yana ülkeye girmelerine izin verdiği Suriyelilere "geçici koruma" sağlamıştır ve şu anda yaklaşık

3 milyon göçmen ile dünyanın en fazla göçmen barındıran ülkesi olmuştur. "Misafir" olarak kabul edilen Suriyelilere 2011 yılında geçici koruma statüsü verilmiştir. Yabancılar ve Uluslararası Koruma Kanunu (2013) sığınmacı ve mülteciler açısından önemli iyileştirmeler sağlasa da Türkiye'deki yabancılara yönelik uygulamalarda kesin bir standardı tutturamadı. 2014 yılı Ekim ayında çıkarılan Geçici Koruma Yönetmeliği ile Suriyeliler hukuki bir statüye kavuşmuş oldular ve AB ile yapılan son anlaşma çerçevesinde ülkede kalıcı olmalarının yolu açılmış oldu.

AB ile Türkiye'nin göçmenlere yaklaşım konusunda birbirinden farklı noktalarda olduğu Suriyeli göçmen akını ile ortaya çıkmıştır. Krizin başlangıcından itibaren uyguladığı "açık kapı politikası" ile göçmenlere kapısını ardına kadar açan Türkiye, göçmenleri ülkelerine sokmamak için sınırlarda önlemleri artıran hatta sınırlara duvar ören, tel örgü çeken Avrupalı devletlerden ayrılmıştır. Bu durum örnek alınan ve örnek alan pozisyonunu değiştirmiş, yaklaşık 200 yıldır süren Avrupalılaşma tartışmalarında yeni tartışmaları (Avrupalılaşma karşıtlığı/De-Europeanisation) başlatmıştır (Düzgit & Kaliber, 2016, s.3). Fakat Türkiye her ne kadar göçe yaklaşım ve insani değerleri öncelemek konusunda AB'den farklı ve ileri bir noktada bulunsa da göç ve iltica konularında (tüm tecrübe ve geçmişine rağmen) yeterli bir politikasının olmaması nedeniyle iç hukukunda ve idari yapısında AB vesilesiyle bir takım düzenlemeler yapmıştır. Bu çerçevede AB'nin etkisi ve baskısıyla Geri Kabul Anlaşmasını imzalanmış, sınır yönetimi, yabancılar ve uluslararası koruma konularında hem uluslararası standartlara hem de AB standartlarına uygun düzenlemeler yapmıştır. Yürütülen müzakereler neticesinde mevzuat düzenlemeleri, eşleştirme projeleri, ülkeler arası çalışma ziyaretleri, ortaklaşa eğitimler gibi yöntemler geliştirilmiştir. Tüm bu faaliyetler neticesinde AB'nin Türkiye üzerindeki etkisinin zayıflamasına rağmen halen devam ettiği görülmüştür (Bürgin, 2016, s.106).

Sonuç

Göç ve göçmen konusuna yaklaşım noktasında temelde Türkiye üzerinde herhangi bir etkisi olmamasına hatta etkisinin giderek azalmasına (bir açıdan rollerin değişmesine) rağmen AB göç siyasasının belirlenmesi ve uygulanmasında belirleyici unsurdur. AB'nin göçe yaklaşımı ve göç politikaları; göçü önleme ve kontrol merkezli olup sorunu sınırları dışında, üçüncü ülkeler üzerinden çözmeye odaklıdır. Dolayısıyla çıkar motifli hareket eden AB karşısında uyguladığı açık kapı politikasıyla Türkiye evrensel değerlerin temsilciliğini yapmaktadır. Bununla birlikte, AB'nin gayri insani ve tutarsız da olsa göçle ilgili politikası olduğu halde Türkiye'nin geleceğe ve birkaç adım ilerisine yönelik bir politikasının olmaması şeklinde de konuya farklı bir açıdan bakılabilir.

Barındırdığı 3 milyona yakın göçmen ile dünyanın en fazla göçmene sahip ülkesi olan Türkiye, politikalarını göçmenlerin büyük kısmının kalıcı olacağı gerçeğine göre belirlemek zorundadır. Bu çerçevede bu zamana kadar uygulanmayan entegrasyon politikalarının Türkiye'nin gündemine girmesi gerekmektedir. 3 milyon göçmen içinde 1 milyon çocuğun bulunduğu ve bunların da yaklaşık 700 bininin formal eğitim imkânlarından uzak olduğu dikkate alınacak olursa çok kısa bir süre sonra istihdam, çalışma, entegrasyon, sağlık, eğitim, barınma, sosyal hizmet, toplumsal uyum, yerel bütünleşme gibi birçok alanda tamiri mümkün olmayan sonuçlar ortaya çıkacaktır. Nitekim göçmenlerle birlikte Türkiye'de ortadan kalkan bir takım hastalıkların yeniden görüldüğü rapor edilmiştir. (http://www.haberturk. com/saglik/ haber/ 1240108-turkiyeye-yapilan-gocler-unutulan-hastaliklari-hortlatti)

Kaynaklar

Bürgin, A. (2016). Why the EU Still Matters in Turkish Domestic Politics: Insights from Recent Reforms in Migration Policy. *South European Society and Politics*. (21:1), 105-118.

Danış, D. (2016). Türk Göç Politikasında Yeni Bir Devir. *Saha Dergisi*. Ocak 2016.

Demir, O.Ö. ve Soyupek, Y. (2015). *Mülteci Krizi Denkleminde AB ve Türkiye: İlkeler, Çıkarlar ve Kaygılar*. Global Analiz 6.

Düzgit, S. A. & Kaliber, A. (2016). Encounters with Europe in an Era of Domestic and International Turmoil: Is Turkey a De-Europeanising Candidate Country? *South European Society and Politics*. (21:1), 1-14.

Dustmann, C. & Tommaso, F. (2013). The fiscal effects of immigration to the UK. Centre for research and analysis of migration, discussion paper series, CDP n° 22/13.

Elmas F.Y, Kutlay M, Büyük H. F. & Gümüş Ö. (2016). *EU-Turkey Cooperation on Refugee Crisis: Is it on the Right Track?*, USAK Policy Brief.

Elmas, F.Y. (2016). *Avrupa Kapı Duvar*. Ankara: USAK Yayınları.

http://ec.europa.eu/eurostat/documents/2995521/7203842/3-04032016-AP-FR.pdf/ Erişim tarihi 12.05.2016.

http://data.unhcr.org/syrianrefugees/asylum.php Erişim tarihi 12.05.2016.

http://www.haberturk.com/saglik/haber/1240108-turkiyeye-yapilan-gocler-unutulan-hastaliklari-hortlatti Erişim tarihi 16.05.2016.

Kivisto, P. & Faist, T. (2010). *Beyond A Border: The Causes and Consequences of Contemporary Immigration*, USA: Pine Forge Press.

TC İçişleri Bakanlığı Göç İdaresi Genel Müdürlüğü. (2016). *2015 Türkiye Göç Raporu*. Yayın No:35.

The World Bank (2016). *Migration and Remittances Factbook 2016*. Third Edition.

Tocci, N. & Cassarino, J. P. (2011). Rethinking the EU's Mediterranean Policies Post-1/11, IAI WORKING PAPERS 11 | 06.

Odendahl, C. http://www.constructif.fr/bibliotheque/2015-3/le-royaume-uni-doit-rester-dans-l-ue.html?item_id=3457#1 Erişim Tarihi 10.05.2016.

Yazgan, H. (2012). Bir Kavramsal Çerçeve Olarak "Avrupalılaşma": Kapsam, Gereklilik ve Sınırlar, *Anadolu Üniversitesi Sosyal Bilimler Dergisi*. 12(4): ss.123-140.

Dinamik/Statik Siyaset İkileminde Göçmenlik "Sorunu"

Esin Hamdi Dinçer[72]

Giriş

Göç ve toplumsal değişim arasındaki ilişkide toplumsal hareket bağlamında göçü bir insan hakkı olarak değerlendiren Stephen Castles, göçü toplumsal sorunların kaynağı olarak değerlendirmenin yanlışlığına vurgu yapar. Castles göçün her koşulda kötü bir şey olarak varsayılmasının bir norm haline geldiğini iddia eder. Buna karşılık aslında göçün sosyal bir ilişki olduğunu kabullenmemiz gerektiğini öne sürer. Ona göre eğer ortada bir sorun varsa bile bu sorunun kaynağı eşitsizliklerdir. Dünyadaki eşitsizliklerin azalmasıyla göçü zorunlu kılan koşullar da azalacaktır (Castles, 2010, s. 1568). Castles'e göre sorunun kaynağı insan hakları ve eşitlik temelli kavrayışın terkedilmiş olmasıdır. Bunun yanında göçe dair sorun algısını yaygınlaştıranın ise akademi içi ve akademi dışı bilgi birikimini kuran çalışmalar olduğunu öne sürer ve bu çalışmaların oluşum süreçlerine katkı sağlayan koşulları belirginleştirerek algının nasıl kurulduğunun soykütüğünü ayrıntılı şekilde analiz eder. İlk olarak bu analize göre sosyal bilimlerde disiplinlerarasılığın yok olması bütünlüklü bir göç analizini mümkün olmaktan çıkarmıştır. İkinci olarak göç çalışmaları gün geçtikçe spesifik örnekler üzerinden şekillenmeye başlamıştır. Üçüncüsü devletle yapılan işbirlikleri neticesinde göç çalışmaları devletlerin istediği yöne evrilen çalışmalar haline gelmiştir. Dördüncü olarak çalışmalarda göç ile ortaya çıkan çoğulcu ve dayanışmacı ağlara yapılan vurgular azalmıştır. Beşincisi sosyal teori üzerine kurulan çalışmaların sayısı azalmıştır. Son olarak ise ekonomi temelli göç açıklamaları sayısal bir ağırlık kazanmıştır ve çeşitliliğin diğer konularla ilişkisi ikincil ve dışsal hale getirilmiştir. Castles bunlara karşılık eğer göç çalışmalarının normatif bir hedefi olacaksa bu çalışmaların göçün azaltılması için değil, insanların nasıl bir arada, insan haklarına saygılı ve eşit yaşayabileceklerinin araştırılması için yapılması gerektiğini vurgular (Castles, 2010, s. 1569-1574).

Alejandro Portes, Castles ile paralel biçimde göç ve toplumsal alan arasındaki ilişkinin önemli olduğunu fakat negatif vurguyla değerlendirmenin yanlış olacağını öne sürer. Portes iddiasını savunmaya göçün sosyal değişime etkisinin iki ayaklı olduğu tespitiyle başlar: Bu ayaklardan biri "kültür/değer", diğeri ise "nüfus/ekonomi" dir. Bu iki ayağa etkisinin derecesini ölçmek için ise "rakamlar"ın, "göçün geçici/kalıcılığı"nın ve "sınıfsal konumlanma biçimleri"nin kullanılabileceğini öne sürer (Portes, 2010, s. 1544-1545).

Portes, rakamlar incelendiğinde dünya nüfusunun yüzde 3-3,5'unun hareket halinde olduğu tespitini yapar. Dünya nüfusunun yedi milyar civarında olduğunu varsaydığımızda bu rakam yaklaşık iki yüz elli milyona denk gelir. Portes'e göre rakamlar göz önünde bulundurulursa göçün hem kültür konusunda hem de nüfusun

---

[72] Öğr. Gör. Dr., Düzce Üniversitesi Sosyal Bilimler Meslek Yüksekokulu, esinhamdidincer@duzce.edu.tr

Yazgan, P., Tilbe, F. (der.) (2016).
Türk Göçü 2016 Seçilmiş Bildiriler I.
London: Transnational Press London.

köklü değişimi konusunda dünyayı tehdit eden bir niteliğe sahip olmadığı açıktır[73] (Portes, 2010, s. 1545). Göçün geçici ve kalıcılığı konusunda da benzer bir görünüme işaret eder. Ona göre geçici göçün kültür ve nüfus konusunda kalıcı bir etki yaratması kategorik olarak mümkün değildir. Kalıcı göçü değerlendirirken ise bu insanları ev sahibi ülkede entelektüel sermaye ve kol gücüne katkıları bakımından değerlendirmek gerektiğine dikkat çeker. Bu etkinin olumlu yönüne odaklanmanın daha makul olacağını vurgular. Ayrıca geçici ya da kalıcı göçün faillerinin geldikleri ülkelere gönderdikleri maddi varlıklarla o ülkelerde yarattıkları ve hatta ev sahibi ülkelerin üretim ve ticaret olanaklarını güçlendirerek ortaya çıkardıkları sosyal değişimin önemine dikkat çeker.[74] Bu açıklamalar ışığında göçün toplumsal değişim bakımından sorun ya da tehdit edici yönü yapay görünümlüdür. Sınıfsal konumlanma biçimleri düşünüldüğünde de Portes'e göre göçün kültür ve nüfusa etkisi sınırlıdır. Üst gelir grubunun ve/veya entelektüel sermaye sahibi göçmenlerin toplumsal koşullara entegrasyonu zaten çok hızlıdır. Bu bakımdan değişime etkisi de sınırlıdır. Diğer yandan alt gelir grubu ve kol emeğiyle çalışanların ise özellikle ikinci ve üçüncü kuşaktan itibaren topluma entegrasyon eğilimleri büyük ölçüde artar. Böylece ikinci ve üçüncü nesil göçmenler çeşitli meslek gruplarında profesyonel ağa katıldığı ölçüde zaten süregelen statüler aracılığıyla toplumsal alana katılmış olurlar (Portes, 2010, s. 1545-1547).

Her birinin göç olgusunun ortaya çıkış sürecine dair teorik yaklaşımları birbirinden farklı olsa da toplumsal değişime etkisi konusunda Thomas Faist de, Castles ve Portes ile benzer görüşleri savunur. Faist, göç ile ortaya çıkan heterojenliğin zorunlu olarak eşitsizlikleri yaratıp yaratmadığını sorar. Bu soruya "hayır" cevabını verirken göçün toplumsal eşitsizlikleri kuşkusuz yeniden ürettiğini, ancak bunun nedeninin politik karar alıcılarının yeniden dağıtımı dönüştürme konusundaki yeteneksizlikleri olduğunu öne sürer. Dağıtım sorunu, ona göre, sosyal gruplar arası dağıtım farklılığıdır (Faist; 2016, s. 2-4). Bu bağlamda tabii ki her heterojenlik eşitsizlik değildir ve hem göç veren de ev sahibi ülke açısından olumlu etkileri vardır. Ancak burada kastedilen yoksul ve zengin arasındaki heterojenlik değildir ve belki de göçe yaklaşımdaki sorunun en önemli yönü burada gizlidir ve daha önemlisi araştırmalar da bu koşula odaklanmada ısrarla çekimser davranmaktadır. Faist bugün göç alan ülke sayısının sabit kalırken göç veren ülkelerin sayısının artmasının yeniden bölüşüm koşullarına ilişkin soruna dikkat çekmeyi zorunlu kıldığını özellikle vurgular. Ona göre her geçen gün artan eşitsizliği yaratan koşulların küreselleşmesi, küresel ve sınırlararası göçü de derinleştirir (Faist; 2016, s. 10-11).

Belkıs Kümbetoğlu da dünya refahının nasıl paylaşıldığı ve bireylerin bu refahtan ne ölçüde yararlandıklarını inceler. Buna göre bir kategori olarak göçmenler ile

---

[73] Hareket halindeki iki yüz elli milyonluk nüfusun 50-70 milyon arasındaki kısmının 2015 yılı itibariyle savaş kaynaklı zorunlu göçten kaynaklandığını ayrıca belirtmek gerekir. Özellikle düşük yoğunluklu savaşların sürdüğü Irak, Suriye ve Afganistan kaynaklı göç dikkate alınırsa Portes'in altını çizdiği rakamların azlığı çok daha fazla önem kazanacaktır (http://www.unfpa.org/migration).
[74] Birleşmiş Milletler nüfus araştırma fonu (UNFPA) verilerine göre bu maddi varlıkların kayıt altındaki toplam değeri 720 milyar dolar civarındadır. Bunun birçok ülkenin Gayri Safi Milli Hasılasından doğrudan yatırımlara ayrılan payı aştığı özellikle vurgulanmalıdır (http://www.unfpa.org/migration). Ayrıca göç kaynaklı geri dönen maddi kaynağın Türkiye ve diğer ülkeler için ayrıntılı karşılaştırmaları konusunda bkz. (http://www.tradingeconomics.com/turkey/remittances).

toplumsal olarak dışlanmışlar yani kadınlar, farklı renkten olanlar ve çalışamayacak durumda olanlar eş anlamlı biçimde kullanılırlar. Böylece toplumsal alanda dışlanacakların sayısal olarak oldukça büyük bir grup oluşturacaklarını da görmüş oluruz. Kümbetoğlu buradan yola çıkarak yabancılar ve kendilerine öfke duyulan ya da en azından daha aşağıda oldukları kabul edilenler olarak göçmelerin hükümetler ve işverenler tarafından yoksulluk, suç ve kirlilik gibi toplumsal sorunları üstüne yıkacakları bir günah keçisi haline getirildiklerini öne sürer. Bu arada ucuz emek ve beyin göçünden fayda sağlayan ülkelerin bu ev sahibi ülkeler olduğu gerçeğinin unutturulduğunun altını çizer (Kümbetoğlu, 2003; s. 288).

Aslı Şirin Öner de ulus-devlet merkezli milliyetçiliğin uluslararası-göçü ulus-devletin sınırlarına, düzenine, vatandaşlık ve sosyal refah rejimine meydan okuyan bir olgu olarak gördüğünü öne sürer. Bu da göçmeni "vatandaş"a ya da "yerli"ye karşı "yabancı" olarak konumlandırma ve tanımlamaya iter. Öner daha sonra ise bu "yabancı"nın "yasal", "yasal olmayan" ya da "düzensiz", "kaçak", "kağıtsız" gibi alt kategorilere ayrıldığının altını çizer. Bu algı günümüz güvenlik politikalarının ve güvenlikleştirici söylemin giderek hakim olmasının önemli bir aracıdır (Öner, 2012, s. 14).

Basit Sorular, Önemli Sonuçlar

Tüm bu yorumlara dayanarak göç/göçmenliğin sorun/tehdit olarak algılanmasının göç çalışmalarındaki tek bakış açısı olmadığı söylenebilir. Ancak sorun şu ki bu çalışmalarda göç/göçmenliğin sorun/tehdit olarak algılanmasına neden olan koşullar tek yönlü bakış açısıyla değerlendirilmektedir. Bu bağlamda göçün/göçmenin siyasal karar alma süreçlerinde sorun/tehdit olarak yerleşik hale getirilmesi ve bunun sonuçları konusunda bütünlüklü bir çalışma bulunmamaktadır. Burada sorulması gereken önemli sorular şunlardır: Göçü bir sorun, göçmeni bir tehdit biçiminde yerleşik bir algı haline getiren kavrayış nasıl bir siyaset yapma biçiminin sonucu olarak şekillenir? Göç/göçmenlik siyasal karar alma süreçlerinde hangi kategoriler aracılığıyla sorun haline gelir? Siyaset yapıcılar bu kategorileri kullanarak kendi siyasal konumlarında ne tür faydalar sağlarlar? Göçün/göçmenliğin siyasal karar alma süreçlerinde sorun ve tehdit olarak değerlendirilmesi ihtimali dışında bir siyaset pratiği mümkün müdür? Makalenin amacı bu soruları cevaplamaya çalışarak dünya siyasetinde asli tartışma konuları arasında bulunan göçü bütünlüklü bir şekilde ele alacak bir bakış ortaya koymaktır. Bu amaçla söz konusu alandaki yöntemsel boşluğa katkı sağlama hedefindedir.

Yukarıdaki sorulardan hareketle, ilk olarak statik/dinamik siyasal olan koşulları belirginleştirilmelidir. Bu çaba göç/göçmenlik konusunda "sorun/tehdit" algısının oluşum veçhelerini anlamak açısından önemlidir. Hannah Arendt bu süreci belirginleştirmek konusunda önemli fırsat sağlamaktadır.

Arendt kendi de yaşamının önemli kısmında mülteci ve göçmen olarak yaşamış önemli bir yirminci yüzyıl teorisyenidir. Siyasal olanın sınırları üzerine düşündüğü tüm eserlerinde, içinde bulunduğu bu koşulların etkisini görebiliriz. Çalışmalarının ana eksenini ulus-devlet rejimleri içinde siyaseti kuran, siyaset dışına çıkılan ve siyaset yapma olanağını yok eden koşulları belirginleştirmek oluşturur. Arendt, statik siyaseti özellikle değişime açık olmayan ve kendini içerideki olarak tanımlayan bir grup insanın dışarıdakiler için koyduğu kuralların "değişmez" ve "süreklilik" kazanması olarak değerlendirir (Arendt, 2003, s. 338). Statik siyasete alternatif olarak da eylemi, iktidar ve özgürlük anlayışlarıyla beraber dinamik siyaset kavrayışının merkezine yerleştirir. Eylem birbirine eşit seviyede sonsuz iktidar odağını (çoğulcu ve her bir grubun eylemini mümkün kılacak şekilde oluşmuş olan) özgürce ortaya çıkarmalıdır. İktidar ise yalnızca, insanların karşılıklı ilişkide oldukları ve söz vererek/ söz tutarak bir kuruluş eyleminde birleştikleri "dünyevi bir-arada-oluş alanına hasredilen yegâne insani girişimdir ve siyaset sahnesinde de pekâlâ en yüksek insani yeti olabilir" (Arendt, 2013, s. 235).

Arendt için siyasetin statik biçimde kurgulanması denildiğinde iktidarların değişim ve dönüşüme kapalılığı anlaşılmalıdır. Peki, bu kapalılığı mümkün kılan olgusal zemin nasıl kurulacaktır? Arendt bu sorunun cevabı için önemli siyaset teorisi metinlerinden biri olan *Totalitarizmin Kaynakları*'nı yazar. Burada egemenlerin tekçi anlayışla çoğulcu tüm özellikleri dışlayan, tartışma ve müzakereyi anlamsızlaştıran ve siyasal eylemi siyaset dışına çıkaran ayrımcılık/ırkçılık, emperyalizm ve topyekûn tahakküm koşullarını ele alır. Arendt'in statik siyasete ilişkin yaptığı saptamalar ışığında göçün sorun olarak algılanmasını sağlayanın da statik siyaseti kuran bu koşullar olduğu rahatlıkla söylenebilir.

Statik Siyaset ve Araçları

Arendt için statik siyasetin kurucu unsurlarından olan ayrımcılık tek kimlik üzerinden yürütülen siyaset yapma anlayışıdır. Ona göre doğuştan gelen özelliklerimizi temele yerleştiren siyaset zorunlu olarak öteki kimliklerin dışlanmasına neden olur. Bu nedenle kimlik siyaseti yapmak kimlik savunusu yapmak olmamalıdır; tersine eylem ve söz ile kim olduğunu göstermektir (Toker, 2005, s. 65). Arendt'e göre ırkçılık ise insanlar arasında eşitsizliği katı hiyerarşik tabakalaşma anlayışıyla kurar. Dışlama kavrayışını bu bakış açısının merkezine yerleştirir. Bürokratik yönetimin önemli bir icraatı olarak ırkçılığı "insan haklarının yıkılışı" nın temsili olarak betimler. Irkçılık ve bürokrasinin ekonomi merkezli düşünme yöntemi de ulus-devletin şeklini değiştirir. Başlangıçta yurttaşların eşit haklarla bağlı olduğu ulus-devlet ayrımcılık ve tek kimlik üzerinden yeni bir yurttaş tanımı yaparak onları azınlık konumuna indirger (Urbinati, 2015, s. 79). Sonuç olarak ayrımcılık ve ırkçılık insanlar arasında keskin ayrımlar yapar ve onlar arasındaki ölümcül rekabeti göstermeye dayalı olarak gelişir. Bu bağlamda göçün sorun olduğu algısı üzerine düşünüldüğünde de söz konusu ölümcül rekabetin kurumsallaşması için önemli bir araç olduğu yönündeki tespit yersiz olmayacaktır. Hiyerarşik anlayışın kurumsallaşması için tehdit olarak sunulan göçmen ve sorun olarak sunulan göç önemli bir araç konumuna yerleşir. Bu sayede her birey, cemaat ya da ulus kendi üstünlüğünü, ötekinin elde edilebilir, yönetilebilir ve hatta haksız ve devletsiz bırakıp yok edilebilir olduğu algısına dayanarak kurabilir. Egemenliğin değişmezliği konusunda toplumu bölmek ve düşmanlıklar üzerinden kontrol altında tutmak için göç ve göçmenlik olgusu siyasetin merkezine yerleştirilir.

Arendt statik siyaset kurucu unsurlarından ikincisi olan emperyalizmi ulus-devletlerde sabitlenmiş çıkar gruplarının/burjuvazinin yayılmacı ve genişlemeci arzularını siyaseti massetmesi olarak tanımlar. Bu şekilde ulus devletin siyasal hedefleriyle burjuvazinin siyasal hedefleri tam olarak örtüşmüş olur. Emperyalizm, ırkçılık ile birlikte ulus-devletin eşitlikçi politikalarının terkedilmesi konusunda önemli bir diğer göstergedir. Emperyalizm yurttaşlar yerine ulus-devleti temsil ettiği varsayılan bu azınlığın/burjuvazinin finansal kaynak bulma etkinliğidir (Arendt, 1998, s. 22,25). Öyle ki ulus-devletler başlangıçta koymuş oldukları eşit yurttaşlığa dayanan ilkelerini, yayılmacı ve genişlemeci politikalarla varlıklarını korumak uğruna yok sayarlar. Kazananı olmayan bu süreçte milyonlarca insansa "yok oluş" a sürüklerler

(Arendt, 1998, s. 51-52). Haklarını kaybeden bu insanlar, hiçbir yerde var olamayan göçmen gruplar haline gelirler. Sonuçta bu insanlar anayurtlarından ayrıldıklarında yurtsuz; devletlerini bıraktıklarında devletsiz; insan haklarından yoksun bırakıldıklarında ise artık haksız; "yeryüzünün posası" olurlar (Arendt, 1998, s. 256).

Bu bağlamda düşünüldüğünde göçün sorun olduğu algısının yerleşik hale getirilmesi, emperyalist düşüncenin temel sorunlardan biri olduğunu gizleme amacını taşır. Statik siyasal olanın kuruluşu açısından insanı "hak sahibi olmaya hakkı olan bir canlı" olmaktan çıkaran emperyalist politikalar, insanları devletsiz ya da yersiz yurtsuz bırakmanın önemli bir nedenidir. Göçün sorun olduğu algısı toplumda bir norm olarak hak sahibi olmama halini ya da eş anlamlı olarak emperyalist siyaseti kurar. İnsan hakları kavramıysa böylece artık sadece azınlığın/burjuvazinin hakları şeklinde algılanır ve dışlayıcı siyaset genel bir ilke haline gelir.[75] Ayrıca göç ve göçmenlerin emperyalizmin yayılmacı eğilimine meşruiyet kazandıran bir tarafı olduğu da vurgulanmalı. Buna göre göçmenleri yetersiz ve uygar olmayan insan grubu olarak tehdit olmaktan çıkarmak amacıyla emperyalist siyaset, onları geldikleri yerleri "düzenlemek" için de meşru bir araç olarak kullanılır. Bu statik siyasetin gereği olarak göçmenler, hem ortadan kaldırılmaları hem de geldikleri yere taşınmaları gereken bir öğe durumuna indirgenirler. Daha da ötesi göçmenin hareketine neden olan (emperyalist siyasetin kendi yarattığı) koşullar, yayılmacı politikanın meşruiyet aracı haline getirilir.

Topyekûn tahakküm de diğer iki olgu gibi Arendtçi siyaset teorisinde siyasal olanı statik bir konuma indirgemek için önemli bir araçtır. Arendt topyekûn tahakkümden herhangi bir hakkın diğer bütün haklar üzerinde egemenlik kurmasını anlar. Ona göre herkesin atomize olmuş bir biçimde kendi çıkarına yöneliminin somutlandığı rejimlerde toplumsal ve siyasal, özel ve kamusal, bireysel kavrayış ve yurttaşlık bilinci muğlaklaşır. Topyekûn tahakküm anlayışı, insanı söz konusu siyasetin nesnesi haline getirir. Arendt bu sürecin ortaya çıkışı için gerekli şartları ayrıntısıyla ortaya koyar. Ona göre topyekûn tahakkümün yerleşik olması önce sınıf sisteminin ve onun örgütlü dayanışma ağlarının çöküşü ile gerçekleşir. Bu şekilde kenetlenmiş sınıf üyeleri birbirlerinden koparlar. Sendika, siyasi parti, meslek örgütü ve yerel yönetim dayanışma ağları daha sonra tekçi/totaliter bir kavrayışa evrilecek olan siyasi partilerin "kitlesel hareket" bilinciyle ikame edilir (Arendt, 2011, s. 668).

Arendt siyasal özne olmanın mümkün olmaktan çıktığı bu siyasal sistemin "yalan", "şiddet/terör", "propaganda" gibi siyaset karşıtı öğelerle inşa edildiğini vurgular (Arendt, 2014, s. 475, 492; Arendt, 2011, s.726-727; Arendt, 2011, s. 767-777). Bu araçlarla sistem kendi oluşum sürecinde karşılaştığı zorluklara çözümler geliştirir ve sürekli yeniden kurulur. Sonuç olarak topyekûn tahakküm ile sözü edilen araçlar "insanı insan olarak gereksiz" konuma ve dünyasızlığı bir olgu haline getiren anlayışı temsil eder. Arendt'in yeni siyasal olan pratiği olarak tanımladığı bu sistem yirminci yüzyılda büyük acıların kaynağı haline gelir.

---

[75] "Hak sahibi olma hakkı"nın yitirildiği koşulları anlamak açısından özellikle üç makaleye bakılabilir: İlk olarak Jacqueline Bahbha özellikle çocukların devletsiz ya da yersiz yurtsuz kalışlarının hukuki ve toplumsal sonuçlarını Arendtçi perspektifle yorumlar (Bahbha, 2009). M. San Martin ise kamusal/özel alan ayrımı, birey olma, öteki olma, mülksüzlük, konuşma gibi olguları hak sahibi olma hakkının yitirilişi çerçevesinde Arendtçi bir okumaya tabi tutar (Martin, 2010). Serena Parekh ise yine devletsiz insanlar olan mültecilerin "göçmen kamplarındaki" koşullarından hareketle onları "hakkı olan bir canlı" olmaktan çıkaran bakışımızın temellerini sorgular (Parekh, 2013).

Bu bağlamda göçün sorun, göçmenin tehdit olduğu algısı Arendt'in topyekûn tahakküm konusunda sunduğu kavram setindeki araçların yerleşmesi için de kullanışlıdır. Göç özellikle özne olma halini yok etme ve kitlesel hareketi mümkün kılma bakımından statik siyasetin önemli bir koşulu olur. Hangi etnik kimliğin düşman konumuna yerleştirileceğine karar verilmesi sonrasında yalan ve propaganda teknikleriyle özne olması istenmeyen yurttaşlar, "hak sahibi olma hakkı" olmayan göçmenler karşısında konumlandırılır. Zaman zaman terör ve şiddetin faili zaman zaman da nesnesi haline getirilen göçmenlerin tehdit olduğu algısı tekrar eden yalan ve propaganda araçlarıyla sabitlenir.[76]

Sonuç olarak göç politikaları sınırları kapatmaya, sınır içinde kalanlara güvenlikçi politikaları dayatmaya, sınır ötesini düzenleme konusundaki emperyalist politikanın meşruiyetini sağlamaya, haklara dayalı eşitlikçi hümanizm düşüncesinin istisnai haller yaratılarak askıya alınabileceğine dair görüşlerin yerleşmesine olanak sağlar. Siyasette egemenliğin ve tahakküm ilişkilerinin sürekliliğini sağlayan araç olarak göç, sorun olduğu yönünde belirginleştirilen bir algıyla önümüze konulur.

Sonuç Yerine: Seçenek Olarak Dinamik Siyaset

Burada şu soru sorulabilir: Statik siyaseti kuran araçları önümüze seren Arendt'in kavramlarıyla ele aldığımız göçü, yine onun kavramlarıyla bu kez dinamik siyaset anlayışı üzerinden değerlendirmek mümkün müdür?

Arendt için dinamik siyaset iki seçenek arasında tercih yapmaya zorlanan ve dışarıdaki olarak tanımlanan yurttaşları bu iki seçenekten birini seçmeye zorlamaktan vazgeçmektir. "Dışarıdakiler" şeklinde tanımlanan yurttaşların *Paria ve Parvenü* seçenekleri arasında tercih yapmaya zorlandığını belirler. *Paria* olmak sistemin dışında sessizce beklemek, *Parvenü* olmak ise sistemin içinde olmak için sahip olduğun kimliğin, sınıfın, statünün özelliklerini terketmek ve gerçek yurttaş olarak görülenler gibi davranmayı kabullenmektir. Arendt asimile olmanın en acımasız hali olarak tanımladığı bu ilişki biçimlerini, şimdi ve burada her anı yeniden eşitlik, bağımsızlık ve özgürlük temelinde kuran devrimci bir anayasal yurttaşlık tanımıyla ikame eder. Ona göre "siyasal hak" sadece teknik bir boyutla incelenir olmaktan çıkarılmalıdır (Dinçer, 2015, s. 72).

Bugün göçmenler tam da bu bağlamda işe yarar oldukları sürece yaşama katılmalarına izin verilen, herhangi bir yaşamları olduğu varsayımından uzakta kanunlar merkezinde ele alınan ve tekil faydası temelinde teknik boyutuyla değerlendirilen bir varlık konumuna indirgenmiştir. Göçmenlik bu haliyle sınırları ayrıntılı şekilde belirlenen bir kategoridir. Sınırların dışına çıkıldığında göç sorun göçmen de tekniğe tehdittir. İnsan haklarının siyaset ve demokrasi ile ilişkisi koparılmıştır (Urbinati, 2015, s. 81).

---

[76] İngiltere'de AB karşıtı bloğun Türkiye'nin AB'ye girmesi konusundaki çekincelerini ifade ederken kullandığı "Türklerin AB'ye girmesiyle İngiltere'nin ulusal güvenliğinin tehdit edileceği" yönündeki haber için bkz. http://www.bbc.com/turkce/haberler/2016/05/160522_ ingiltere_turkler_ab_referandum. Türkiye'de 2008 finansal krizi sırasındaki sırasında oraya çıkan işsizlik rakamları ile 2016'daki rakamlar aynı olmasına karşın işsizlik sorunun kaynağı olarak Suriyelilerin gösterilmesi konusundaki haber için bkz. http://www.gazetevatan.com/10-suriyeli-gocmen-6-issiz-turk-916716-ekonomi/. AB ülkelerinde terör olaylarının birkaç ülke ile sınırlı olmasına karşın, aşırı sağ politikalarla göçmen karşıtlığının tüm ülkelerde yayılması ve politika kurucu bir argüman haline gelişi için bkz. https://www.statista.com/chart/5416/ survey_-europeans-fear-refugees-will-heighten-terror-threat/. Örnekler çoğaltılabilir.

Daha önce belirtildiği üzere Arendt'e göre devletsiz olma hali hak sahibi olma hakkının yitirilmesi ile eş anlamlıdır. Bu haliyle ona göre hak sahibi olma hakkını tanıyan dinamik bir siyasal olanın kurulması için öncelikle, bireysel mobilite hakkı olan insanların devlet aidiyetini seçme hakları olduğu kabul edilmelidir. Devletsiz olma hali ve bunu mümkün ve sürekli kılan statik siyaset araçları göçmenlerin yaşamsal sorunlarının kaynağıdır. Göçe ilişkin istatistikler incelendiğinde göçün sorun, göçmenin bir tehdit olmadığı; tersine devletsiz bırakmanın ve bunu ortaya çıkaran koşulların göçü sorun, göçmeni tehdit haline getirdiği görülür. Göç/göçmen, tehdit/sorun niteliği kazandıkça hareketin hukuk dışı yollarla gerçekleşme potansiyeli artmaktadır. Göçmenlerin hukuk dışı yollarla göçe yönelmeleri ve bu şekilde kayıt dışına çıkarılmaları yurttaşlık haklarından yararlanmaksızın yaşamaya zorlanmalarına neden olmaktadır. Daha da ötesi çocuk/kadın ticareti ve çalışma süreçlerinde çocukların[77]/kadınların yüksek sömürü ilişkilerinin nesnesi haline gelmeleri kaçınılmaz hale gelmektedir.[78]

Sonuç olarak göç eden nüfusu hangi nedenle göç etmiş olursa olsun küresel hukuk sisteminin parçası olarak düşünmek ve "hak sahibi olma hakkı"nı küresel çerçevede tanımlamak elzem görünmektedir. Kant merkezli bir kategori olarak "kosmopolitan yurttaşlık" fikri derinlemesine tartışılmalıdır. Buna göre insan "hak sahibi olma hakkı" küresel çerçevede tanımlanan bir varlık olarak görülmelidir (Benhabib, 2014, s. 66-71). Arendtçi bir bakışla bugün devredilemez olan hakların tatbik edilemez olduğu bir dünya pratiğini yaşıyoruz. Onun bakışıyla siyaset "devrimci" bir gözle yeniden ele alınmalıdır. Aksi takdirde statik siyaseti kuran koşullar göç ve göçmenliği kendi siyasal anlayışını tesis etmek için bir araç olarak kullanmaktan vazgeçmeyecektir. Çoğulcu ve ortak yaşam kültürünü küresel biçimde öne çıkaran siyaset, insanı hangi coğrafyada bulunursa bulunsun ilkeler düzleminde ve anayasal yurttaşlık temelinde tanımlamalıdır. Tersi durumda kadın ve çocuk bedenleri başta olmak üzere tüm göçmenler sayısal bir veri olarak değerlendirilecek ve statik siyaseti kuran nesneler haline getirileceklerdir. Bu anlayış tepkisel biçimde, içinde bulundukları yaşam pratiğini sorgulayan göçmenleri, hızlı bir şekilde köktenci ve radikal grupların siyasal araçları olmaya yönlendirebilecektir.[79] Bu çerçevede bugün modern yaşam ve siyasetin kurgusal olarak önümüze koyduğu "göç sorunu"nu, sorun olmanın ötesinde küresel yurttaşlık hakları ile dinamik siyasetin özgürlükçü bir olanağı olarak okumamız gerekir. Aksi halde kısa vadede bugünkü yönetimlerin kendi statik yönetimsel gücünü kuvvetlendiren bu olgu onların kendi mezar kazıcıları olacaktır.

Kaynakça

Arendt, H. (1998). *Totalitarizmin Kaynakları 2/ Emperyalizm,* İletişim Yayınları.

Arendt, H. (2003). *İnsanlık Durumu,* İletişim Yayınları.

Arendt, H. (2011). *Elemente und Ursprünge Totaler Herrschaft.* Piper Verlag.

Arendt, H. (2013). *Devrim Üzerine,* İletişim Yayınları.

---

[77] Bhabha bu çocukları "Arendt'in Çocukları" olarak tanımlar. Ona göre bu şekilde bir yaşama zorlanan bu çocuklar sürekli bir istisna halinin yaşandığı bir dünyada hak sahib olma halinin dışlandığı, insan hakları uygulamalarının yok sayıldığı bir politikanın nesnesi haline getiriliyor. Bhabha, 2009, s. 449)

[78] Söz konusu veriler için bkz. http://www.unfpa.org/migration

[79] Etnik ekonomi ve bu ekonomiye dahil olan göçmenlerin deneyimlediği sömürü ilişkileri için yapılan ayrıntılı çalışma için bkz. (Bilecen, 2015).

Arendt, H. (2014). *Formasyon, Sürgün, Totalitarizm Anlama Denemeleri 1930-1954.* Dipnot Yayınları

Bhabha, J. (2009). Arendt's Children: Do Today's Migrant Children Have a Right to Have Rights? *Human Right Quarterly,* 31. pp. 410-451.

Bilecen, T, Araz, M. S. (2015). Londra'da Yaşayan Türkiyeli Göçmenlerin Etnik ve Mezhepsel Aidiyetlerinin Siyasal Tutum ve Davranışlara Etkisi, *Göç Dergisi,* Cilt 2, Sayı 2, s. 189-207.

Castles, S. (2010). Understanding Global Migration: A Social Transformation Perspective. *Ethnic and Migration Studies*, 36: 10, 1565-1586.

Dinçer, E. H. (2015), Hannah Arendt Düşüncesinde Siyasal Olan, Yayınlanmamış Doktora Tezi.

Faist, T. (2016). Cross-Border Migration and Social Inequalities, *The Annual Review of Sociology. 42, 1-24.* Received from www.annualreviews.org. Access provided by Cornell University on 06/07/2016.

Kümbetoğlu, B. (2003). Küresel Gidişat, Değişen Göçmenler ve Göçmenlik, *A. Kaya, G. G. Özdoğan (Der.) Uluslararası İlişkilerde Sınır Tanımayan Sorunlar,* Bağlam Yayınları, s. 271-298.

Öner, N. A. Ş. (2012). Göç Çalışmalarında Temel Kavramlar, *S. G. Ihlamur, N.S. Ş. Öner. Küreselleşme Çağında Göç,* İletişim Yayınları, s. 13-27.

Parekh, S. (2014). Beyond the Ethics of Admission: Stateless People, Refugee Camps and Moral Obligations. *Philosophy and Social Critisism.* Vol. 40/7, pp. 645-663.

Portes, A. (2010). Migration and Social Change: Some Conceptual Reflections. *Journal of Ethnic and Migration Studies*, Vol. 36, No. 10, 1537-1563.

San Martin, M. (2009). Immigrants' Rights in the Public Sphere: Hannah Arendt's Concepts Reconsidered. *Societies Without Borders.* 4/2, pp.141-57.

Toker, N. (2005). Hannah Arendt Neden Feminist Olmadı, *Amargi.* No:1, 64-67.

Urbinati, N. (2015). The Joined Destiny of Migration and European Citizenship. *Phenomenology and Mind.* No.8, pp. 78-92. Received from www.fupress.net/index.php/pam on 06/06/2016.

Diğer Kaynaklar

http://www.unfpa.org/migration
http://www.tradingeconomics.com/turkey/remittances
http://www.bbc.com/turkce/haberler/2016/05/160522_ingiltere_turkler_ab_referandum
http://www.gazetevatan.com/10-suriyeli-gocmen-6-issiz-turk-916716-ekonomi//

https://www.statista.com/chart/5416/survey_-europeans-fear-refugees-will-heighten-terror-threat/

1980 Sonrası Türkiye'nin Büyük Kent Sorunu ve Göç Olgusu

Ece Demiray Erol[80], İbrahim Erol[81]

Giriş

Türkiye'de 1980 sonrası değişen bölgesel politikalar çerçevesinde büyük şehirlerin nüfusları aşırı bir biçimde artmıştır. Türkiye'deki göç hareketlerinin artışında Neo-liberal politikalar ve küreselleşme hareketleri etkili olmuştur. Bu göç olgusunun perde arkasında büyük kentlerdeki daha iyi yaşam koşullarının varlığı, yeni iş fırsatları, eğitim ve sağlık hizmetlerinden daha iyi yararlanma ile kültür olanakları ön plana çıkmaktadır.

Bu çalışmanın amacı büyük kent sorununu analiz etmek, büyük kentlerin olumlu ve olumsuz etkilerini tartışarak optimal şehir büyüklüğünü ortaya koymak ve bu çerçevede göç olgusunu değerlendirmektir. Değerlendirmeyi zorlaştıran en önemli etken bu alandaki çalışmaların çok az olmasıdır.

Kent Kavramı

Kent kavramını tanımlamak oldukça güçtür, çünkü 10.000 yıldan beri değişik bilim dalları şehir(Kent) kavramını incelemiş ve değişik tanımlarda bulunmuşlardır. İstatistiki verileri dayanak kabul ettiğimizde, nüfusu 20.000 ve üzerindeki yerleşkeler şehir olarak kabul edilmektedir. Şehir ve Kent kavramları aynı anlamda kullanılmıştır. Bu veriyi dikkate aldığımızda aşağıdaki gibi bir yerleşke oluşturmak mümkündür.

Tablo 1. Yerleşkelere Göre Şehir Büyüklükleri

Büyük Şehirler (İller)	750.000 ve üzeri
Merkezi Şehirler(İlçeler)	20.000 – 100.000
Beldeler	5000 ve üzeri
Köyler	150-5000

Bu gruplandırmaya göre 2014 yılı adrese dayalı nüfus kayıt sistemi dikkate alındığında, Türkiye'nin nüfusu 77.695.904 olarak gerçekleşmiştir. 1927 yılında nüfusun %75'i kırsal alanlarda yaşarken, %24,2'i şehirlerde yaşamıştır. 2011 yılına gelindiğinde, bu oran tersine dönmüş ve nüfusun %23,2'si kırsal alanlarda yaşamaya başlamış ve %76,8' i kentsel alanlarda yoğunlaşmıştır. Kentsel nüfus oranı 2012 yılında %77,3 iken, 14 ilde büyükşehir belediyesi kurulmuş ve büyük şehir statüsündeki 30 ildeki belde ve köylerin ilçe belediyelerine mahalle olarak katılmasıyla birlikte 2013 yılında kentleşme oranı %91,3'e çıkmıştır. Bir kentin nüfusu tek başına bir gösterge değildir. Daha çok sosyal ve ekonomik ilişkiler ön plana

---

[80] Yrd. Doç. Dr., Celal Bayar Üniversitesi, İktisadi ve İdari Bilimler Fakültesi, İktisat Bölümü. E-Mail: ecehan.erol@hotmail.com
[81] Prof. Dr. Celal Bayar Üniversitesi, İktisadi ve İdari Bilimler Fakültesi, İktisat Bölümü. E-Mail: ibrahim.erol@cbu.edu.tr

Yazgan, P., Tilbe, F. (der.) (2016).
Türk Göçü 2016 Seçilmiş Bildiriler I.
London: Transnational Press London.

geçmek zorundadır. İstatistiki verilerin yanında kentlere olan yığılma(kümeleşme) koşullarının da analiz edilmesi kaçınılmazdır.

Kentsel Ekonomi Faaliyetlerini Belirleyen Faktörler

Hane halkının (Tüketicilerin) ve üreticilerin belirli kentlerde yoğunlaşmalarını gerektiren nedenler, kaçınılmaz olarak dışsal faktörlerin etkisiyle olmuştur. Bu durumu kentlerdeki yığılma etkileriyle açıklamak mümkündür (Ahlers 2006:15).

Bölgesel ekonomide kümeleşme etkileri kalabalık sıkılaştırma ve ya kalabalık yerleşim alanlarını ifade etmektedir. Bu çerçevede mekânsal olarak pozitif kümeleşme alanları ile negatif kümeleşme alanlarını birbirinden ayırmak mümkündür. Kümeleşme demek değişik türdeki işletmeleri ve araştırma merkezlerini belirli bir yerde tutmak ve yerleştirmek demektir. Bu merkezlerde nüfusun çoğalmasıyla birlikte kümeleşme etkisi yaratılmış olmaktadır veya nüfusun yoğun olduğu yerler seçilerek bu merkezlere sanayi ve araştırma kurumları yerleştirilerek ekonomik gelişme etkisinin yayılması arzu edilmektedir. Literatürde Kent kavramını açıklayabilmek için pozitif ve negatif kümeleşme etkilerinden hareket edilmekte ve bu konu "Agglomerationsvorteile/-nachteile-Agglomeration economies/ Diseconomies-) adı altında incelenmektedir.

Pozitif Kümeleşme Etkileri

Pozitif kümeleşme etkilerini üç grup altında özetlemek mümkündür.

Kümeleşme Etkisi Olarak Verimlilik Artışı

Kümeleşme (cluster) etkileri veya yığılma etkileri üzerine yapılan tartışmaların özünde verimlilik artışı yatmaktadır. Ancak verimlilik artışının olabilmesinin ilk başlangıç noktası belirli alanlarda kümeleşmenin veya nüfus yığılmasının oluşmasıdır. Kümeleşme belirli kurumsal çerçevede, belirli sanayi dallarının, belirli bir bölgede kendi aralarında birleşerek yerleşmelerini ifade etmektedir. Ancak daha geniş anlamıyla da kümeleşme birbirlerine bağlı sanayi işletmelerini ve rekabet için gerekli olan organizasyon birimlerini (Örneğin: Araştırma, Geliştirme, Üniversite ve Yüksekokulları, Meslek Odalarını, belirli kurumları) içermektedir. Buradaki amaç yüksek verimlilik artışının sağlanabilmesi için belirli enformasyon ve bilgilere ulaşımın kolay olduğu, yoğun kaliteli emek piyasasının bulunduğu, özel kamu hizmetlerini elde etmenin mümkün olduğu, kaliteli ulaşım ve komünikasyon hizmetlerinin var olduğu mekansal alanların kurulmasıdır

Maliyetlerde Tasarruf ve Minimizasyon Hedefi

Kentlerde kümeleşme etkilerini tartışırken ulaşım ve trafik koşulları en önde gelen sorunları oluşturmaktadır. Ulaşım sisteminin düzelmesiyle ulaşım zamanı ve maliyeti düşmekte, ekonomik faaliyetlere katılım artmaktadır. Bu durumda da fayda ve maliyet analizi yapmak gerekecektir. Altyapı veya ulaşım yatırımları pozitif dışsallıkları oluşturmakta ve kentlerdeki ekonomik faaliyetlerin gerçekleşmesi için gerekli görülmektedir. Kentler büyüdükçe iş piyasası da büyümekte ve daha büyük tedarikçi piyasalar oluşmakta ve daha büyük sürüm pazarlarına ulaşılmaktadır.

Bilgi Yayılma Etkisi

Bilgi yayılma etkisi bilgi toplumun yararına olduğu kadar dışsal etkileri de beraberinde getirmektedir. Tarihte ilk defa Marshall (1890) belirli bir mekan içindeki sanayilerde çalışan işçiler arasındaki değişimin, onların öğrenme becerilerinin gelişmesine hizmet ettiğini ortaya koymuştur. İş deneyimi konularındaki bilgi alış verişi işletmelerdeki iş verimliliğini arttırmaktadır. Buradan hareketle büyük şehirlerdeki üniversiteler ve yüksek okullar bilgi ve yeniliklerin yayılmasına hizmet etmektedirler. İngiltere'de Çambridge Üniversitesinin kuruluşu ile birlikte sanayi kuruluşları da ilgili alana yerleşmeye başlamışlar ve bu alanda büyük bir kent oluşmuştur. Avusturalya'da teknoparklar hem şehirleşmenin ve hem de sanayileşmenin öncüleri olmuştur.

Mekansal Negatif Yayılma Etkileri

Burada büyük kentlerin daha da büyümesiyle birlikte oluşabilecek negatif etkiler üzerinde durulacaktır.

Altyapıya Aşırı Yüklenme

Büyük kentlerdeki aşırı kalabalık nüfus yoğunluğunun olması insan üzerindeki stresi arttırmakta ve hava kirliliğini de çoğaltmaktadır. Hava kirliliği belirli alanlarda, özellikle belirli zamanlarda, yani kış aylarında kendini hissettirmekte ve yaşlılar ile çocuklar üzerinde etkili olmaktadır. Büyük işletmelerin işyerlerinin en büyük sorunlarından bir tanesi ulaşım altyapısında görülmekte, işyerlerine zamanında ulaşmak pek mümkün olamamaktadır. Büyük kentlerde bir yerden diğer bir yere otomobille gitmek bir işkence halini almaktadır. Büyük işletmelerin işyerlerinin bulunduğu kentlerde mekânsal insan yoğunluğu artmakta ve kent merkezlerinden işyerlerine olan işgücü akımı büyük sorun yaratmaktadır (Ecoplan 2013).

Çevre Problemi

Büyük kentlerin en büyük sorunu yaşam kalitesinin bozulması ve stres yüklü bir toplumun oluşmasıdır. Bu durumda da toplumsal barış ve dayanışmayı sağlamak pek mümkün olamamaktadır. İçme su sıkıntısı, hava kirliliği, aşırı gürültü, yeşil alanların yok olması, betonlaşmanın artması gibi etkenler kent merkezleri büyüdükçe bireylerin yaşam kalitesini düşürmekte ve bireyler daha da problemli hale gelmektedir.

Toprak Rantı

Toprak rantının artması ile birlikte büyük kentlerde toprağa talep artmakta ve buna bağlı olarak da maliyetler yükselmektedir. Bir konut sahibi olabilmek zorlaşmakta veya kira şartları ağırlaşmakta, bunun bedelini daha çok işsizler, yaşlılar ve fakir aileler çekmektedir. Büyük kentlerde toprak rantı arttıkça ayrıcalıklı insanlar yaratılmakta, mafyalaşma kendini göstermekte ve bürokrasi daha da önemli konuma yükselmektedir. Bu durum da refah toplumunun oluşmasını engellemektedir.

Gecekondulaşmanın Artması

Şehir merkezlerinde iş imkanları yüksek olan gruplar yaşamasına karşın, şehrin kenar semtlerinde gecekondu mahalleleri bulunmakta ve bu gruplar geçimlerini zorlukla karşılamaktadırlar. Tarım sektörünün ihmal edilmesiyle birlikte işsizliğin artması ve kırsal alanlardaki fakirlik insanların kentlerin kenar mahallelerine yığılmalarına neden olmaktadır. Kentleşmenin negatif ve pozitif etkilerini belirledikten sonra şimdi de optimal kent büyüklüğü tartışılacaktır.

Optimal Kent Büyüklüğü

Şimdiye kadar sayısız çalışma yapılmış olmasına rağmen, pratik açıdan hiçbir çalışma optimal kent büyüklüğünü belirleyememiştir. Bir taraftan kentlerin büyümesi ekonomik açıdan teşvik edilirken, diğer taraftan kentler belirli bir büyüklüğe ulaştıklarında maliyetler çok artmakta ve kentler yaşanmaz bir hal almaktadır. Kentlerin devamlı büyümesiyle kendini gösteren negatif etkiler, belirli bir zaman sonra insanların yaşam kalitesini çok etkilemekte ve tersine göç dediğimiz bir olguyu ortaya çıkarmaktadır, ancak kentten kaçış çok değişik nedenlerden dolayı minimal düzeyde kalmaktadır.

Optimal kent büyüklüğünü teorik bazdan hareketle oluşan düşünce bazında, bu alanda dünya kentleri üzerine yapılmış olan ampirik gözlemleri de ekleyerek yaklaşık olarak belirlemek mümkündür. Bu alandaki en önemli sorun optimal kent büyüklüğünün bir model çerçevesinde ele alınıp belirlenmesidir.

Şekil 1. Optimal Kent Büyüklüğü

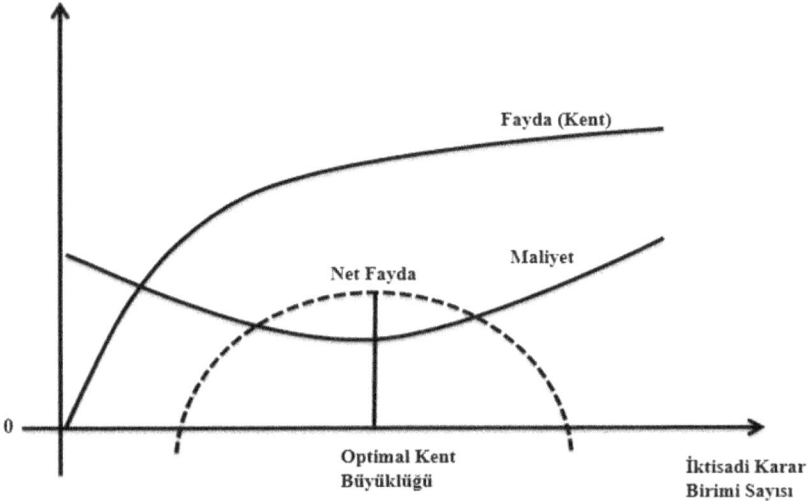

Kaynak: Ahlers, R. (2005:20)

Çalışmamızda optimal kent büyüklüğünün temelini fayda ve maliyet analizi almaktadır. Şekil 1'de görüldüğü gibi başlangıçta her ilave iktisadi karar birimi için fayda artmakta ve belirli bir sayıdan sonra azalarak artmaya devam etmektedir. Maliyet tarafında ise bu gelişmenin tam tersi yaşanmaktadır, yani maliyetler önce düşmekte ve belirli bir sayıdan sonra tekrar artışa geçmektedir. Her bir iktisadi karar

196

biriminin fayda ve maliyetlerinin yoğunluk kazandığı yerden türev alınarak bulunan net fayda optimal şehir büyüklüğünü vermektedir. Bu noktadan itibaren her ilave iktisadi karar birimi ilave maliyet artışına neden olmaktadır.

Ancak bu modelin uygulamaya aktarılması yolu ile optimal kent büyüklüğünün bulunması oldukça zordur, çünkü daha önce anlattığımız dışsallıkların ekonomik açıdan sayısal olarak değerlendirilmesi çok zordur. Bazı alanlarda, örneğin: ulaşım sektöründe bu modelin uygulanması mümkündür, çünkü ulaşım sektöründe şehirleşmenin pozitif ve negatif etkilerinden hareketle sayısal olarak fayda ve maliyeti belirlemek mümkündür. Bu çerçevede kentleşmenin fayda ve maliyet analizlerini de dikkate alarak değişik ülkelerdeki kentleşmeyi gözlemleyerek optimal şehir büyüklüğüne ulaşmak mümkündür (Ahlers 2006).

Literatür Araştırması

G.M. Nutze Avusturalya şehirleri için yaptığı araştırmasında nüfusları 200.00 ile 500.000 arasındaki kentlerde kentleşmeyi negatif yönde etkileyen maliyetlerin düşme eğilimi içinde olduğunu ortaya koymuştur. Sonuç olarak kendisi sanayicilerin karlarını nüfusu 200.000 ile 1 milyon arasındaki kentlerde maksimize ettiklerini bulmuştur (Erol 1986:104).

Colin Clark Amerika, Kanada ve Avusturalya kentlerinin yapılarını analiz etmiş, nüfusu 200.000 olan şehirlerin altyapılarını optimize edebildiklerini iddia etmiştir. Nüfusu 500.000 üzerinde olan şehirlerin ulusal gelire katkılarının çok daha fazla olduğunu vurgulamıştır.

Dachmann değişik açılardan kentlerin özelliklerini araştırmıştır. Özellikle kendisi Amerika Birleşik Devletleri'nin kentlerindeki suç oranlarını, trafik kaza yoğunluklarını, ulaşım ihtiyaçlarını ve gürültü yoğunluğunu dikkate almış ve sonuçta nüfusu 250.000 üzerindeki kentlerde nüfus başına düşen marjinal maliyetin artış gösterdiğini hesaplamıştır.

Tuğrul Akçura Türkiye'de nüfusu 1 milyonu aşan kentlerde altyapı maliyetlerinin arttığını vurgulamış, fakat bu araştırmasını fayda ve maliyet analizine dayandırmamıştır (Erol 1986:105).

Türkiye'de Büyük Kent Sorunları

Bu bölümde kentleşmenin pozitif ve negatif etkilerinden hareketle Türkiye'nin seçilmiş bazı büyük kentlerindeki sorunlara değinilecektir.

2013 yılında dünya çapındaki metropolleri trafik sıkışıklığına göre sıralayan navigasyon sistemleri firması Tom Tom trafik sıkışıklık endeksi verilerini dikkate alarak, İstanbul'da trafiğin yoğun olduğu saatler ile trafiğin yoğun olmadığı saatleri birbirine oranlayarak trafik yoğunluk endeksini hesaplamış ve dünyada trafiğin en yoğun olduğu üçüncü kentin İstanbul olduğunu, ilk sırayı Mexico City(Meksika), ikinci sırayı Bangkok'un aldığını ve sonra da İstanbul'un geldiğini Rio de Janeiro(Brezilya) Moskova(Rusya) ve Salvador(Brezilya)'nın onu takip ettiğini ortaya koymuştur(TOMTOM (Trafic İndex 2015). 14 milyon nüfusu olan İstanbul'un trafik çilesi insanları bunalıma sokmaktadır. Almanya'nın şehirleşme politikasında şehir nüfuslarının birbiriyle dengeli olarak geliştiğini, trafik yoğunluğunun da Türkiye'deki büyük şehirlerden daha az olduğunu ve karayolları trafik alt yapısının daha iyi olduğunu bir örnek olarak görebilmekteyiz (Güven 2015:271; Just und Stephan 2009:18).

Diğer taraftan büyük kentlerin nüfusları arttıkça gürültü kirliliği de artmaktadır. Gürültü kirliliği toplumun yaşam kalitesini bozmakta ve bu nedenle de Şehircilik ve Çevre Bakanlığı Türkiye illerinin gürültü kirliliği haritasını çıkarmak için çalışmış ve 2015 yılı itibarıyla da bitirmiş bulunmaktadır. İstanbul'un hava kirliliği 2015 yılında 10 günden daha fazla artmıştır. 126 gün hava kirliliği ile ilgili rekor Esenyurt'ta kırılmıştır ve bu değer Avrupa Birliği standardının iki katı kadarıdır.

TMMOB Çevre Mühendisleri odasının hazırlamış olduğu raporda hava kirliliğinin bir çok ilde tehlike sınırlarını aştığı vurgulanmaktadır. Düzce'de 13 kat, Denizli'de 4 kat, Samsun'da 210 gün, Ankara'da 297 gün hava kirliliği değerleri aşılmıştır. İzmir'de hava kirliliği hızlı nüfus artışı, plansız kentleşme ve sanayileşme ile atmosfere bırakılan zehirli gazlar sayesinde Avrupa Birliği değerlerinin çok üstüne çıkmıştır (Haberler com 2016).

Kentler büyüdükçe yol, kanalizasyon ve su şebekesi gibi altyapı hizmetleri ihtiyaca cevap verememekte, iklim koşullarının elverişli olmadığı yıllarda barajlardaki doluluk oranları azalmakta ve su kullanımında hemen tüm büyük kentlerde sıkıntılar yaşanmaktadır. Ayrıca yağmurların şiddetli yağdığı kış aylarında da tüm büyük kentlerde kanalizasyon şebekeleri yetersiz kalmakta ve çarpık kentleşme nedeniyle de su baskınları yaşanmaktadır.

World Cities Culture Form'un 2013 yılında yayınladığı rapora göre yeşil alanlar kentlerimizde gittikçe azalmaktadır. Halka açık yeşil alanlar, parklar ve bahçeler İstanbul'un sadece %1,5' lik bir dilimine tekabül etmektedir. Londra'da bu oran %38,4, New York'ta %14, Berlin'de %14, Hong Kong'ta %41 ve Paris'te %9,1 kadardır. Dünya Sağlık Örgütünün ve Birleşmiş Milletler Gıda ve Tarım Örgütü'nün kabul ettiği minimum yeşil alan oranı %9 iken, İstanbul'da kişi başına düşen yeşil alan miktarı %6 civarındadır.

İzmir'de kişi başına düşen yeşil alan miktarı dünya standartlarında 9,5 m² iken, bu oran İzmir'de 2,8 m² dir (World Cities Cuture Report 2013).

Türkiye İstatistik Kurumu "İllerde Yaşam Endeksi" çalışmasıyla ilk defa Türkiye'nin kentlerinde Çalışma hayatı, konut, gelir ve servet, sağlık, eğitim, çevre, güvenlik, sivil katılım, altyapı hizmetlerine ulaşım, sosyal yaşam memnuniyeti olmak üzere 11 boyutlu 41 göstergeyi dikkate alarak yaşam kalitesini ölçen bir araştırma yapmıştır. Konut endeksinde ilk sırayı Isparta almakta, onu Sakarya, Bolu ve Sinop gibi orta nüfuslu kentler takip etmekte ve son sırayı da yine Mardin, Ağrı, Ardahan almaktadır (Tüik Haber Bülteni).

Yaşam memnuniyeti boyutunda da ilk sırayı Sinop, Afyonkarahisar, Bayburt almakta ve sürpriz bir gelişme olarak da altyapı hizmetlerine erişim ile komünikasyon hizmetleri de bu çerçevede değerlendirildiğinde, ilk sırayı sırasıyla İstanbul, İzmir ve Ankara paylaşmışlardır.

İpsos MORI(İngiltere) 2013 yılında 24 ülkeden 18.000 kişiye yaşam koşulları, iş yapmak ve seyehat etmek için dünyanın hangi şehirlerini tercih ettiklerini sormuş, ilk sırayı New York, Londra, Paris alırken, orta sıralarda Berlin bulunmakta ve en son sıraları da İstanbul, Madrid, Kopenhag ile Moskova paylaşmaktadır (İpsos MORİ 2013).

Türkiye'de 1980 Sonrası Kentleşme Olgusu

Türkiye'nin kentleşme tarihinde, iç göç olgusunun 1980'li yıllardan sonra değişime uğradığı görülmektedir. Bunun birinci nedeni iç göçlerin giderek yoğunlaştığı ve nüfusun kentlerdeki oranının daha önceki yıllara oranla kırlardaki orandan daha fazla olduğudur. Diğer bir deyişle, Türkiye'de kır- kent dağılımı kentler lehine değişmiştir.

Tablo 1. Kırsal ve Kentsel Nüfus Dağılımı

Yıllar	Kentsel Nüfusun Toplam Nüfus İçindeki Payı %	Kırsal Nüfusun Toplam Nüfus İçindeki Payı %
1980	43,9	56
2000	64,9	35
2012	77,3	22,7
2013	91,4	8,7
2014	91,8	8,2

Kaynak: DİE Kaynaklarından derlenmiştir.

Tablo1'i değerlendirdiğimizde kırsal alanlardan kent merkezlerine çok hızlı bir göç dalgalarının oluştuğunu görüyoruz. 1980 yılında kentsel nüfusun toplam nüfus içindeki payı %43,9 iken, 2014 yılına gelindiğinde %91,8'e yükselmiş ve aynı dönemler içinde kırsal nüfusun toplam nüfus içindeki payı %65 dan %8,2'ye düşmüştür. Türkiye'deki kentlerin bu kadar ağır bir yükü kaldırmaları mümkün değildir. Sadece bu durum bile Türkiye'de bölgesel politikaların iflas ettiğinin bir kanıtıdır.

İkinci neden 1960'lı ve 1970'li yıllarda uygulanan aktif bölgesel gelişme politikası terkedilmiş ve yerine daha pasif bir bölgesel gelişme politikası yerleşmiştir. Büyük kentleri özendirici yatırım ve kamu politikaları ön plana geçmiştir (Ece 2012). Sermaye yoğun teknolojilerin ön plana çıktığı ve teknoloji merkezlerinin mega kentlerde oluşabileceği olgusu büyük şehirleri daha da büyütmüş ve göç çekim merkezi konumuna dönüştürmüştür. Oysa orta ölçekli kentlerde de teknoloji ve innovasyonların(yeniliklerin) geliştirilebileceği Avrupa kentlerinde ispatlanmıştır.

1980 sonrası Neo-liberal politikalar çerçevesinde uygulanan ekonomi politikaları kır-kent ölçeğinde gelir dağılımını bozmuş ve yaşanan ekonomik krizlerin de etkisiyle köyden kente göç devam etmiştir. !990'lı yıllara gelindiğinde büyük kentlere gelen göçmenlerin %70'i yardıma muhtaç olarak yaşamlarını sürdürmek zorunda kalmışlardır (Gerşil, Temel 2015:423). Yeni göçmenlerin büyük kentlerde yeni iş imkanları bulmaları her geçen gün daha da güçleşmektedir. İşsizlik, part time çalışma artmış, düzenli iş bulma olanakları azalmış ve bu durum da yoksullaşmayı beraberinde getirmiştir.

Tablo 1'de Türkiye İstatistik Kurumunun verilerine dayandırılarak yapılan analizde, 2009-2014 yıllarında en fazla net göç alan seçilmiş İller incelendiğinde büyük kentlerin daha da büyüdüğü ve net iç göçlerin ülkemizin batı kesimlerindeki illerde yoğunlaştığı görülmektedir.

İç göçlerden kaynaklanan en önemli sorunlardan birisi de konut sorunudur. İç göçlere paralel olarak büyük kentlerde konut planlamaları yapılamadığı için kentlerin kenar mahallelerinde gecekondulaşma kendini göstermiş ve çarpık kentleşme doğmuştur. 1980'li yıllardan itibaren kentleşme tırmanışa geçmiş ve hükumetlerin populist politikaları da bu gelişmede etkili olmuştur.

Neo-Liberal politikalar ve küreselleşme sürecinde tarım sektörü kendi haline bırakılmış, tarımsal destek politikaları gevşetilmiş, emeklilik sisteminin de genişletilmesiyle birlikte köylerde ihtiyarlar kalmış ve gençlerin birçoğu daha iyi iş imkanları için büyük şehirlere göç etmiştir. Tarım sektörünün teknoloji, eğitim, tedarik, pazarlama ve organizasyon gibi problemlerinin göz ardı edilmesiyle de bugün tarımsal ürünlerde yaşanan fiyat artışları bu ihmallerin bir sonucudur.

Tablo 1: Türkiye'nin 2009-2014 yıllarında Seçilmiş En Fazla Göç Alan İlleri

İller	5 Yıllık Net Göç (Kişi Sayısı)
İstanbul	335. 400
Ankara	199.100
Antalya	125700
Kocaeli	80.700
İzmir	67.200
Bursa	67.00
Muğla	40.100
Eskişehir	32.500
Çanakkale	25.100
Kayseri	24.200
Sakarya	18.100
Gaziantep	15.300

Kaynak: Türkiye'nin İlleri değişik kaynaklardan seçilerek derlenmiştir.

1980'li yıllardan itibaren ülkemizin Doğu ve Güneydoğu bölgelerindeki terör nedeniyle halkın bir çoğu güvenlik nedeniyle büyük kentlere göç etmiştir. Bu göç hareketleri kentsel dokuyu büyük ölçüde bozmuş ve gecekondulaşmayı hızlandırmıştır.

Sonuç

Optimal şehir büyüklüğünü teorik açıdan belirlemek mümkün olmasına rağmen, bunun uygulamaya aktarılmasında önemli güçlükler bulunmaktadır. Bu alanda yapılan çalışmalar çok azdır. Avrupa, Amerika ve Avustralya'da yapılan araştırmalar bize kentlerin nüfusunun 1 milyonu geçtiği takdirde, kentlerin büyümesine oranla maliyetlerin daha da artacağını göstermektedir. Türkiye'nin büyük kentlerine olan nüfus yığılmaları bu şehirleri yaşanmaz duruma sokmuştur. Trafik yoğunluğu, altyapı yetersizliği, içme su sıkıntısı, park yerlerinin yetersiz oluşu, betonlaşma, yeşil alanların tahrip edilmesi, arsa spekülasyonu, toprak rantı gibi problemler insanlarımızı strese sokmaktadır. Ancak kırsal alanlarda yeni iş olanaklarının yaratılamaması da büyük kentlerde yaşamayı zorunlu kılmaktadır.

Tarım sektöründeki üretim maliyetlerinin düşürülmesi, bu alandaki kurumsal organizasyon yapılarının düzeltilmesi, kooperatifleşme olanaklarının geliştirilmesi, innovasyon ağının geliştirilmesi, kırsal alan projelerine öncelik verilerek toplumun kırsal alanlarda yerleşiminin sağlanması ve en önemlisi bürokrasi engelinin kaldırılması oldukça önemlidir. Kentlerin daha da büyümesini önleyecek bir bölgesel politikanın oluşturulması kaçınılmazdır.

Kaynaklar

Ahlers, R.(2005), Eine theoretische Herleitung des Begriffs" Renaissance der Stadt", ZÖSS(Zentrum für Ökonomische und Soziologische Studien) EXMA-

Papers,Exemplarische Masterarbeiten,İSSN 1868-5005/05, www.wiso.uni-hamburg.de/soess

Ece Demiray Erol (2012), Küresel Rekabet Sürecinde Bölgesel Kalkınma Ajanslarının Rolü, Hukuk ve İktisat Araştırmaları Dergisi, cilt 4,No.1,87-95

Ecoplan (Forschung und Beratung in Wirtschaft und Politik) (2013) Positive und Negative Effekte von Ballungsraumen, Qualitative Überblickstudie, Bereinigte Schlussbericht,28 Martz 2013

Erol, İ. (1986) Regional politische Entwicklung der Türkei,Probleme und Perspektiven, Volkswirtschaftliche Beiträge Band 106, Reihe 4, Schulz-Kirchner Verlag İdstein

Gerşil, Gülşen S. & Temel, Yeşil Yurt H. (2015) Türkiye'de İşgücü Piyasaları Açısından Göç Olgusu, Siyaset Ekonomi ve Yönetim Araştırma Dergisi, 16 Çalışma Ekonomisi ve Endüstri İlişkileri Kongresi Özel Sayısı

Just, T & Stephan, P.(2009) Deutsche Bank Research: Die Seltsam Stabile Grössenstruktur deutscher Städte, 3 Juni 2009, Workingspaper Series, Research Notes 31,Marburg

İpsos MORİ(2013), New York beliebteste Stadt der Welt, Berlin im Mittelfeld http://www.ipsos.de/publikationen-und-presse/pressemitteilungen/2013/new-york-beliebteste-stadt-der-welt-berlin-im-mittelfeld, available on 13.09.213

Şeker, G.(2015), Bir Kamu Politikası Olarak Hız Limiti Belirleme Yöntemleri, 6 KARA YOLU TRAFİK GÜVENLİĞİ SEMPOZYUMU VE SERGİSİ,Bildiriler Ed. Doç.Dr.Şenol Yaprak, Aralık 2015

TOMTOM Trafic İndex(2015), Measuring Congestion wordwide 2015, https://www.tomtom.com/tr_tr/trafficindex/list, available on 20.05.2015

TUİK(Türkiye İstatistik Kurumu, Haber Bülteni), sayı:24561, 22 ocak 2016 www.tuik.gov.tr/preHaberBultenleri.do?id=24561

Haber Türk, www.habertürk.com/yasam/haber/1172178-istanbulda-hava-kirliliğ-değerleri-korkutuyor,available on 25.12.2015

Tuik-İnternet.com,07. Nisan 2016 Perşembe, www.tuik-internet.com/portal/yazıgöster.phd?yaziid=47084, available on 12 Nisan 2016

Şehircilik ve Çevre bakanlığı, Hava Kalitesi İzleme İstasyonları Web Sitesi, Ulusal Hava Kalitesi İzleme Ağı, www.havaizleme.gov.tr/Default.htm, avaible on 15.05.2016

Haberler Com, Çevre Mühendisleri Odası: Türkiye zehir soluyor, acil önlem alınmalı,29 Aralık 2015, www.haberler.com/cevre-muhendisleri-odasi-türkiye-zehir-soluyor-8012630-haber/, avaible on 29.12.2015

World Cities Culture Forum, World Cities Culture Report 2013, www.worldcitiescultureforum.com/publications, avaible on 2014

Vali ve Büyükşehir Belediye Başkanının Ulus Ötesicilik Kavramı Çerçevesinde Yeni Rolleri ve Kamu Yönetiminde Ortaya Çıkan Yeni Yapı

Cemal Öztürk[82]

Giriş

Küreselleşmeyle birlikte ulus devlet sınırlarının birçok alanda etkisini yitirdiği bir dönemde göç gibi ulus ötesi hareketler devletlerin maruz kaldığı etkiyi büyütmektedir. Göç olgusu yalnızca insanların fiziki olarak bir yerden bir yere gitmesi değil, aynı zamanda gittiği yerde bir takım etkilere maruz kaldığı gibi belki o kadar olmasa da gittiği bu yerde bir takım etkilemeler de yaptığı gerçeğidir. Ulus devletlerde gördüğümüz ve etkileme ve etkilenmelerin vatandaşlar tarafından gerçekleştiği ortamlar, bahsettiğimiz tarzdaki ulus ötesi hareketler sonrasında tabiyetten bağımsız bir takım ulus ötesi toplumsal ve ekonomik bağlar kurulmasına yol açmakta, bu bağlar sonucunda da uluslararası sistem ve devletin yapısında değişiklikler ya da en azından değişikliklere yol açabilecek hareketler meydana gelmektedir. Ulus ötesinden gelen kendi uluslarının sınırlarını aşan yapılar gittikleri yerde bir takım kurallar, formasyonlarla karşılaşmakta ve bu genelde uygulamada resmi olarak yetkilendirilmiş ve görevlendirilmiş kişi veya makamlarca dizayn edilmektedir. Ülkemize oluşan bu tür ulus ötesi hareketlerin düzenlenmesi, organize edilmesi, bunların üstünde yetki kullanılması ve bunlara hizmet verilmesi bağlamında gerçekleştirilecek olan uyum süreci çok önemlidir. Bu süreçte yetkili ve görevli olanlar, yetki ve görev sınırları, bu bağlamdaki konumları ortaya konulmalı, aşikar kılınmalıdır. Bu alandaki mevcut durum ortaya konulduktan sonra ancak üstüne olumlu girişimler yapmak mümkün olacaktır. Ülkemiz açısından konuya bakıldığında, ulus ötesi hareketlerle gelenlere yapılacak muameleler hususunda yasal olarak en yetkili merciler mülki amirlikler ve belediyelerdir. Valiler özellikle illerdeki mülki amir ve hükümetin ildeki temsilcisi olmaları sıfatıyla, belediyeler de yürüttükleri hizmetler açısından kanunlarla bir takım çerçevesi belli yetki ve görevlerle donatılmışlardır. Valilerin konumu daha ziyade yetki, belediyelerin konumu da daha ziyade hizmet noktasında dikkate çekmekte ise de yetki ve görev ilintisi nedeniyle birbirleriyle bağlantısında şüphe bulunmamaktadır. Konuya küreselleşme ve ulus ötesicilik kavramıyla başlayıp bunlarla bağlantılı ve etkileşimi yüksek olan göç konusu ve etkileşimleri incelendikten sonra Vali ve genelde belediye başkanları özelde büyükşehir belediye başkanlarının konumları, ctki ve etkinlikleri ortaya konulacaktır.

Küreselleşme

1940'larda bilgisayarın icadı ve 1990'larda internetin ortaya çıkması ve 1980 ve 1990'lı yıllarda bilgisayar kullanımındaki hızlı artışla birlikte hız kazanan Bilgi Ekonomisinin de desteklediği Dünya Bankası (World Bank), IMF, OPEC, AB gibi

---

[82] Yrd. Doç. Dr., Bitlis Eren Üniversitesi, İİBF, Kamu Yönetimi Bölümü, cemalozturk1974@hotmail.com

Yazgan, P., Tilbe, F. (der.) (2016).
Türk Göçü 2016 Seçilmiş Bildiriler I.
London: Transnational Press London.

kurum ve birlikteliklerin de desteklediği nihayetinde gelişmiş ülkelerin diğer ülkeleri sömürme ya da emperyalizmin başka bir söylenişini yerine getirme uğraşındaki çok uluslu şirketlerin (ÇUŞ) önündeki engelleri ortadan kaldırma gayretleri, başta ekonomik konularda olmak üzere devletler arasındaki sınırları ortadan kaldırmaya başlamıştır. Bu durum yalnızca ekonomik değil beraberinde sosyo-kültürel yapıyı ve üniter yapıları da tehdit ederek Sovyet Sosyalist Cumhuriyetler Birliği'nin dağılmasıyla birlikte 1990'lardan sonra hızla artan küreselleşmeyi ortaya çıkartmıştır. 1970'lerde yaşanan ekonomik kriz 1980'lerin ilk yıllarında neo-liberal iktisat politikalarının devreye girmesi ve 1990'lı yıllardaki ABD deneyimi ile hızlı bir değişim sürecini göstermeye başlamıştır (Kevük, 2006: 320). Merkantilist Kapitalizm ve Sömürgecilik (1500-1800), Girişimci ve Finansal Kapitalizm (1800-1875), Uluslararası Kapitalizm (1875-1945), Çok Uluslu Kapitalizm (1945-1960) gibi süreçlerden sonra nihayet 1960'tan itibaren küreselleşen bir kapitalizm ortaya çıkmıştır (Başoğlu vd, 2001: 11 vd). Küreselleşme ÇUŞ'in yararına olmak üzere devletlerin idari yapılarında da değişiklikler yapmış ve yapmaktadır. Böylece ticaretin serbestliği ya da ÇUŞ'in önünde engelleri kaldırma gayesine hizmet eden birçok kurumun gayret ve teşvikleri, teknolojinin desteğiyle devletlerarasındaki sınırlar büyük oran da ortadan kalmış ya da geçişi kolay hale getirilmiştir.

Ulus Ötesicilik

Türk Dil Kurumunun Büyük Türkçe Sözlüğe baktığımızda "ulus" kelimesinin anlamı şu şekillerde verilmektedir: Belli bir sınır içinde yaşayan ve halk kültürüyle seçkin kültürünü yaratan insanların oluşturduğu siyasal toplum; 1. Göçebe. 2. Oba. 3. Aşiret, kavim; Aşiret, halk, millet, kavim; Millet, halk, insan topluluğu. Aynı kurumun imla kılavuzunda bazen "ulusötesi" olarak kullanılan terimin "ulus ötesi" şeklinde yazılması gerektiği görülmektedir (http://www.tdk.gov.tr).

Ulusalcılık tek bir çerçeve içindeyken ulus ötesicilik, ulus-devlet sınırlarını aşan çoklu tecrübeler hakkındadır (Şimşek, 2012: 35). Ulus ötesicilik (transnasyonalism), uluslararası ilişkilerde vatandaşlık, tabiiyet ve millî kimlikten bağımsız olarak hareket eden çıkar gruplarının, ulus sınırlarını aşarak toplumsal ve ekonomik bağlar kurması ve bu bağların uluslararası sistemi ve devletin yapısını değiştirmeye başlamasına dair bir görüştür (Özen vd, 2013: 10).

Karl Deutsch'a göre ulus, belirli bir toprak parçası üzerindeki iletişimin yoğun olarak artmasından doğar (Deutsch, 1969) ilhamını Deutsch veya Benedict Anderson'ın milliyetçilik modellerinden alan küreselleşme kuramcılarına göre, ulus ötesi süreçler de ulusların inşasıyla sonuçlanan süreçlere benzemektedir (Dieckhoff ve Jaffrelot, 2010: 337).

Ulusal olanla ilgili kavramlar; yer, vatan, coğrafi görünüm (landscape), kökler ve aidiyet iken ulus ötesini çağrıştıran kavramlar; yurtsuzlaşma, köksüzlük, kökünden arınmak, küresel kültür mekânları, ayrışma, ve yeni yerler arzu etme ile ilgili kavramlar olmaktadır (Uysal, 2015: 759). Nitekim ulus ötesi göç konusundaki önemli isimlerce (Kütük, 2015: 206) ulus ötesicilik çalışmalarında şu beş soru kullanılabilir; akrabalık ilişkileri, aile kurumu ve yapısı, sosyal ağların yapısı ve işleyişi gibi alanların ulus ötesiciliği nasıl etkilediği, aile ilişkileri içerisindeki çoklu sınıf yapısı ve bunun nasıl yeniden üretildiği, ulus ötesi ağların yeni ekonomik etkiler oluşturup-oluşturmadığı, ulus ötesi göçmenlerin organizasyonlarını nasıl geliştirdikleri ve ulus ötesi medyanın nasıl geliştiği ve bunun ulus ötesi sosyal alanlara etkisidir (Schiller, 2006: XXİİ).

Ulus ötesicilik (Transnasyonalizm) uluslararası göç çalışmalarında, tek yönlü ve durağan algılayışa karşı bir bakış açısı sağlamıştır (Sirkeci, 2012: 1). Faist'in üç kuşak olarak tarif ettiği göç kuramlarında, ulus ötesicilik göç nedeniyle çıkılan ve göç edilen ülkeleri bağlayan göç deneyimlerini dikkate alarak üçüncü kuşağı temsil eden (Thomas, 2000: 12) bir yaklaşım olarak ifade edilmektedir.

1990'ların başında Antropologlar insanların göç fikirleri, mal ve ulusal sınırların ötesine sivil ve siyasi bağlılığın bir avantajını üreten farklı yolları vurgulayan anlayış ile ortaya çıkan araştırmaların ortaya çıkmasını tetiklemiştir. Ayrıca "ulus ötesi ilişkiler" – "kişiler, koalisyonlar ve hükümetlerin merkezi dışında kalan dış politika organları tarafından kontrol edilmeyen devletin var olan sınırları boyunca etkileşimleri" olarak belirtilmektedir -bunların "Ulus ötesi ilişkiler ve devletlerarası sistem arasındaki karşılıklı etkiler" olarak bunların çağdaş dünya siyasetinin anlaşılmasında merkezi önemde olduğunu belirtmektedir. Ulusötesiciliğin zıttı fikir olarak bazı zenginlerin sonradan fakirlere fikir olarak önerdikleri bir ideoloji olarak hiçbir zaman ayrıntılı olarak ne olduğu ortaya konulabilen bir kavram olmayacaktır (Cidell, 2012: 600).

Ulus ötesicilik kavramının sosyal ve ekonomik ulus ötesi uygulamaları sınırlı ve kurumsallaşma seviyesi düşüktür. Uyum tarafında ise kavramın kullanım ölçüsünde "sosyo-kültürel" uyum kavramı ile örtüştüğü görülmektedir. Kavram ayrıca "yapısal uyum" kavramının zıttına yabancının geri dönüşünü ilgilendiren (return migration) göç kavramı ile ilgili olarak istihdam ve eğitim gibi ayrı ayrı ele alınan boyutları kapsar (Carling, ve Pettersen, 2014: 14-15).

Göç

Kavram ile ifade edilen insan hareketliliği, insanlık tarihinin başlangıcından beri toplumsal yaşamın ve günümüz modern dünyasının önemli unsurlarından biri olmuştur. Bu kapsamda uluslararası göç ve neden olduğu sorunlar, 20. Yüzyılın ikinci yarısından itibaren küreselleşme ile birlikte ön plana çıkmıştır (Deniz, 2014: 177). Göç kısaca, bir hareketliliği ifade etmektedir. Göç olgusunun özünü oluşturan bu "bir yerden bir yere hareket" eylemi, göçü, sosyal, ekonomik, kültürel, siyasî, coğrafî ve diğer birçok açıdan ele almayı zorunlu kılmaktadır (Thomas F, 2000: 12).

Tarihsel süreç içerisinde bakıldığında sömürge dönemine kadar olan göç hareketlerini sömürgecilik ile başlayan göç hareketlerinden ayıran en önemli özelliğin, Batı'nın iş gücü ihtiyacını karşılama amacı gütmesi olduğunu söyleyebiliriz. XV. Yüzyılda sömürgeciliğin başlaması ile beraber Batı'nın temel gereksinmesi olan insan gücü, köle ticareti ile karşılanmaya başlanmıştır (Yılmaz, 2014: 1687). Sanayi toplumlarında bireylerin konut ve işyerleri genellikle farklılaşmıştır, bireyin işyerini ve konutunu bu emek pazarı dışına çıkarmasının eş zamanlı olacağı da sanayi toplumları için kolayca kabul edilebilecektir (Tekeli, 2008: 173).

Bir çok farklı sınıflandırmanın yanında göçü; zorunlu-gönüllü göç, emek göçü, sürekli göç, mevsimlik göç, iç göç ve dış göç olarak sınıflandırmak ta mümkündür (Öztürk, 2016: 80). Zorunlu göçler, insanların isteğine bırakılmadan, devlet tarafından bazı olaylar ve durumlar karşısında mecburi olarak yaptırılan göçler iken gönüllü göçler, hiçbir baskıya maruz kalmadan insanların kendi tercihleri doğrultusunda yaptıkları göçlerdir. Emek göçleri; tayin nedeniyle yapılan göçler ve işgücü göçleri diye ayrılabilir. Tayin nedeniyle yapılan göçler, geçici olabileceği gibi sürekli de olabilir, memurların durumu gibi. İşçi göçleri ise, emeğiyle çalışıp para kazanan insanların iş nedeniyle başka bölgelere, şehirlere gitmesiyle gerçekleşen göçlerdir

(Koçak ve Terzi, 2012: 171). Yaşadıkları ülkede iş imkanı bulamayan ya da yaptığı işten herhangi bir nedenden dolayı (ekonomik ve sosyal tatminsizlik, fırsat eşitsizliği) başka ülkelere iş bulabilmek veya halihazırda bulduğu işte çalışmak amacıyla giden göçmenlerin bu yer değiştirmeleri "işçi göçü" olarak tanımlanabilir. Sürekli Göç: İnsanların yaşadıkları yerden bir başka yere, temelli yerleşmek üzere gitmelerine "sürekli göç" denir. Sürekli göçler, gönüllü olabileceği gibi zorunlu olarak da yapılmaktadır. Eğer beklenmedik anda çıkan savaşlar, doğal afetler ya da terör olaylarından dolayı devlet tarafından yapılmaya zorlanan göçler olursa bunlar zorunlu göçler olarak tanımlanmaktadır. Mevsimlik Göç: İnsanların her yıl belirli aylar içerisinde bulundukları ortamdan başka bir ortama çalışmak (pamuk ve fındık toplamak gibi), gezmek (tatil amaçlı gidilen yerler gibi) ya da dinlenmek (bağ evlerine gidilmesi gibi) için bir süreliğine gitmeleri olayına mevsimlik göç denilmektedir (Koçak ve Terzi, 2012: 171). İç Göç: Bir ülke içinde bölge, kent, kasaba ve köy gibi yerlerin birinden diğerine yerleşme amacıyla yapılan hareket" şeklinde ifade edilmektedir. İç göç çevresel, ekonomik, sosyolojik, siyasal ve kültürel yönleri bulunan karmaşık bir olgudur (Özdemir, 2012: 1). Dış Göç: Küreselleşmeyle birlikte 20. Yüzyılın son çeyreğinden itibaren gündemden inmemeye başlamıştır. Siyasi istikrarsızlık, insan hakları ihlali, baskıcı rejimler, iç savaşlar, etnik çatışmalar, iş gücü talebinin azlığı, ekonomik sıkıntılar, coğrafi koşulların yetersizliği ve can güvenliği korkusundan kaçan insanlar en azından daha insanca yaşayabileceği kadar para kazanabilmek, ailelerine mali yardım sağlayabilmek ve daha iyi yaşam koşullarına sahip olabilmek amaçlarıyla canlarını hiçe sayarak ucuz iş gücüne ihtiyaç duyan batı ülkelerine yönelmektedirler (Deniz, 2014: 178).

Yerleşilen ülkelerde ulus ötesi uygulamaların göçmenlerin siyasi bağlılıklarını nasıl beslediği ya da gizlediği ile ilgili çalışmalar bulunmaktadır; bunların çok azı siyasi uygulamaların nasıl geliştirileceği ile ilgili araştırma yapmaktadır (Global Networks, 2014: 80-102).

Uluslararası göçün düzensiz şekilde artmasının ulus-devletlerin zayıflama ve güçsüzleşmesine sebebiyet verdiği de değerlendirilmektedir (Şemşit, 2010: 27). Avrupa Birliği gibi Bölgesel birlikteliklerin, küreselleşme sürecinde, ulus ötesiciliği destekleyen bölgesel bütünleşmeler sayesinde ulus devletleri küreselleşme sürecinde koruduğu da söylenmektedir (Stephen ve Miller, 2008: 132).

Uluslararası göç doğal sınır ötesi bağlantıları oluşturur: göçmen gelirleri, mektuplar, telefon aramaları, ziyaretler, kendi ülkelerine yapılan yatırımlar ek ülkeden ayrılmaları teşvik etmekte; yeni gelenlerin sahip oldukları kanallar yerleşimi sağlamakta, sınır ötesi ağlar sayesinde göçün sosyal, psikolojik ve ekonomik maliyetleri azalmakta böylece bu yollar ile nüfusun büyümesi ortaya çıkmaktadır. Bu devam eden geri bildirim göçün neden bir şekilde çok yavaş başladığını ve çok zor bir şekilde durdurabileceğini açıklamaktadır (Cidell, 2012:606).

Küreselleşmede göç süreçlerinin varlığı ile ilgili mevcut gidişatın anlaşılması için "sistematik faktörün" ele alınması, ikinci temel olarak anlaşılan, "çağdaş toplumsal yaşamın tüm yönleriyle genişletilmesi, derinleştirilmesi ve dünya çapında birbirine hızla bağlı hale getirilmesidir" (Boccagni, 2012: 121).

Benzer şekilde, ulusötesicilik için 'göç' ilişkisini vurgulayan, bazı insanların ulus ötesi bağlılık özelliği olmasa da devam eden nüfus hareketi anlamına geldiği vurgulanmaktadır. Levitt (2001a: 198) 'in belirttiği gibi, 'Hareket ulus ötesi uygulamalara geçilmesi için bir önkoşul değildir', ve bunun ikinci ve daha sonraki nesillerde göz önüne alındığında unutulmaması çok önemlidir. Terimdeki bu kaymayı önlemek için, pek çok göçmen ve onların göçmen çocuk ve torunları açısından hayatın gerçeklerini açıklamak için uluslararası göç ve diğer uluslar üstü uygulamaları arasında net bir ayrım, yapılması gerekir (Lee, 2013: 296).

Finansal gelirler genelde "bir göçmenin göç ettiği hedef ülkeden menşe ülkesine gönderilen kazanç bölümü' olarak: Kazanılan gelirleri ülkelerine havale gönderme mültecilerin ülkelerinden ayrılmalarının en temel nedeni olmasa da genellikle eve para göndermeye başlarlar. Bu durumdaki göçmenlerin finansal gelirlerini yollama işlemleri devletin kontrolü altında değildir. Bu tür para gönderme faaliyeti resmi bankacılık sistemleri ve küresel havale sistemleri dışında çalışır (en azından Tayland Burma'da) bu tür para gönderme birbirini bilen ve tanıyanlar ya da birbiriyle ilişkili kişiler arasında para transferi şeklinde ortaya çıkmaktadır (Brees, 2010: 285). Bu ilişkilerde ulus ötesi para hareketliliği olarak ifade edilebilecektir.

Hareketlilik üzerine yapılan son çalışmalar uçma, araba kullanma, yürüme, bisiklete binme, demiryolları ile seyahat etmenin bir parçası olan uygulama ve deneyimleri araştırmakta, bunları da göç, turizm ve ticari ulus ötesi süreçler olarak sunmaktadır, bu arada ulaşım coğrafyacıları gibi gruplarda bu akımları geçerli kılacak araçların ve altyapının arkasında bulunan politik ekonominin önemini ortaya koymaya devam etmektedir (Cidell, 2012: 593-594).

Vali ve Büyükşehir Belediye Başkanı

Yukarda ulus ötesicilik kavramının anlamı, küreselleşme ve göç olgularından bahsettikten sonra Türkiye'de Vali ve Belediye Başkanlarının ulus ötesicilik perspektifinden bakarak yetki ve sorumluluklarını göz önünde tutarak durumlarını ortaya koymaya çalışılacaktır. Burada geçerli olan durumu ortaya koymak için geniş olarak mevzuattan yararlanılacaktır. Aşağıdaki şekilde, dünyadan Türkiye'ye ya da Türkiye'den dünyaya ulus ötesi hareketleri sağlamadaki kilit rollerini de göz önüne alarak Vali ve belediye başkanlarını bir geçiş hattı olarak gösterilmiştir.

Vali

İl genel idaresinin başı ve mercii validir. Bakanlıkların kuruluş kanunlarına göre illerde lüzumu kadar teşkilat bulunur. Bu teşkilatın her birinin başında bulunanlar il idare şube başkanlarıdır. Bunların emri altında çalışanlar ilin ikinci derecede memurlarıdır. Bu teşkilat valinin emri altındadır (İl İdaresi Kanunu (http://www.mevzuat.gov.tr) -İİK m.4). Valiler, İçişleri Bakanlığının inhası, Bakanlar Kurulunun kararı ve Cumhurbaşkanının tasdiki ile tayin olunurlar (İİK m.6). Valiler, Devlet genel ve özel hukuku hükümlerine ve ikamet, seyahat, konsolosluk, ticaret ve seyrisefain mukavelelerine göre yabancıların hukuki durumlarını ve deniz, kara ve hava ticaretlerini ilgilendiren işlerde konsolosluklarla muhabere ve bunların müracaat ve ziyaretlerini kabul ederler (m.12).

İl İdaresi Kanununda Valinin Türkiye idari yapısındaki yeri ve temsil durumu ortaya konulurken Uluslararası Koruma Kanunu'nda ulus ötesi hareketlerdeki yetki vesorumluluk açıklanmaktadır. Bu bağlamda Vali yetkilerının çokluğu karşısında Türkiye'ye giriş yasağı ve sınırdışı etme kararı, Vize, İkamet izni ve seyahat Belgesi, Uluslararası koruma başvurusu, İdari gözetim ve İdari para cezası ve Kişisel veriler ve Vatansızlığın Tespiti başlıklarında ilgili görevler ifade edilmektedir.

Türkiye'ye giriş yasağı ve sınırdışı etme kararı; Türkiye'den sınır dışı edilen yabancıların Türkiye'ye girişi, Genel Müdürlük veya valilikler tarafından yasaklanır.

Türkiye'ye giriş yasağının süresi en fazla beş yıldır. Ancak, kamu düzeni veya kamu güvenliği açısından ciddi tehdit bulunması hâlinde bu süre Genel Müdürlükçe en fazla on yıl daha artırılabilir. Vize veya ikamet izni süresi sona eren ve bu durumları yetkili makamlarca tespit edilmeden önce Türkiye dışına çıkmak için valiliklere başvuruda bulunup hakkında sınır dışı etme kararı alınan yabancıların Türkiye'ye giriş yasağı süresi bir yılı geçemez (YUKK m.9). Sınır dışı etme kararı, Göç İdaresi Genel Müdürlüğünün talimatı üzerine veya resen valiliklerce alınır (YUKK m.53).

Vize; Türkiye'de doksan güne kadar kalacak yabancılar, vatandaşı oldukları veya yasal olarak bulundukları ülkedeki konsolosluklardan geliş amaçlarını da belirten vize alarak gelirler. Vizenin veya vize muafiyetinin Türkiye'de sağladığı kalış süresi, her yüz seksen günde doksan günü geçemez. Vizeler, konsolosluklarca, istisnai durumlarda ise sınır kapılarının bağlı olduğu valiliklerce verilir (YUKK m.11). Vize almadan sınır kapılarına gelen yabancılara, süresi içinde Türkiye'den ayrılacaklarını belgelemeleri hâlinde, sınır kapılarında istisnai olarak vize verilebilir. Sınır vizesi, sınır kapılarının bağlı olduğu valiliklerce verilir. Valilik bu yetkisini sınırda görevli kolluk birimine devredebilir. Bakanlar Kurulunca farklı bir süre belirlenmediği sürece, bu vize Türkiye'de en fazla on beş gün kalma hakkı sağlar (YUKK m.13). Vizeler; a)Sahteciliğe konu olduğunun tespiti, b)Üzerinde silinti, kazıntı veya tahrifat yapıldığının anlaşılması, c) Vize sahibinin Türkiye'ye girişinin yasaklanması, ç)Yabancının suç işleyebileceği yönünde kuvvetli şüphe bulunması, d) Pasaport veya pasaport yerine geçen belgenin sahte olması veya geçerliliğinin sona ermesi, e) Vize veya vize muafiyetinin amacı dışında kullanılması, f) Vizenin verilmesine temel olan şartların veya belgelerin geçerli olmadığının anlaşılması, hâllerinde, vizeyi veren makamlar veya valiliklerce iptal edilir. Vizenin geçerlilik süresi içinde yabancıyla ilgili sınır dışı etme kararı alınması hâlinde vize iptal edilir (YUKK m.16)

İkamet İzni ve seyahat belgesi: İkamet izni başvuruları bazı hallerde istisnai olarak valiliklere de yapılabilir (YUKK m.22). İkamet izinleri valiliklerce uzatılabilir. Uzatma başvuruları, ikamet izni süresinin dolmasına altmış gün kalmasından itibaren ve her koşulda ikamet izni süresi dolmadan önce valiliklere yapılır. Uzatma başvuruları, valiliklerce sonuçlandırılır (YUKK m.24). Türkiye içinden yapılan ikamet izni talebinin reddi, ikamet izninin uzatılmaması veya iptali ile bu işlemlerin tebliği valiliklerce yapılır (YUKK m.25). Türkiye'de kesintisiz en az sekiz yıl ikamet izniyle kalmış olan ya da Göç Politikaları Kurulunun belirlediği şartlara uyan yabancılara, Bakanlığın onayıyla valilikler tarafından süresiz ikamet izni verilir (YUKK m.42). Bazı durumlarda ikamet izinlerinin verilmesindeki şartlar aranmadan, Bakanlığın onayı alınmak ve en fazla birer yıllık sürelerle olmak kaydıyla, valiliklerce insani ikamet izni verilebilir ve bu izinler uzatılabilir (YUKK m.46). İnsani ikamet izni Bakanlığın onayı alınmak kaydıyla, iznin verilmesini zorunlu kılan şartlar ortadan kalktığında valiliklerce iptal edilir ve uzatılmaz (YUKK m.47). İnsan ticareti mağduru olduğu veya olabileceği yönünde kuvvetli şüphe duyulan yabancılara, yaşadıklarının etkisinden kurtulabilmeleri ve yetkililerle iş birliği yapıp yapmayacaklarına karar verebilmeleri amacıyla valiliklerce otuz gün süreli ikamet izni verilir. Bu ikamet izinlerinde, diğer ikamet izinlerinin verilmesindeki şartlar aranmaz (YUKK m.48). Mültecilere, valiliklerce Sözleşmede belirtilen seyahat belgesi düzenlenir (YUKK m.84).

Uluslararası Koruma Başvurusu: Uluslararası koruma başvuruları valiliklere bizzat yapılır. Başvuruların ülke içinde veya sınır kapılarında kolluk birimlerine yapılması hâlinde, bu başvurular derhâl valiliğe bildirilir. Başvuruyla ilgili işlemler valilikçe yürütülür. Hürriyeti kısıtlanan kişilerin uluslararası koruma başvuruları, valiliğe derhâl bildirilir (YUKK m.65). Uluslararası koruma başvuruları valiliklerce kaydedilir. Mülakat zamanı ve yeri kayıt esnasında bildirilir. Başvuru sahibine kayıt esnasında; kimlik bilgilerini içeren, uluslararası koruma başvurusunda bulunduğunu belirten, otuz gün geçerli kayıt belgesi verilir. Kayıt belgesi, gerektiğinde otuz günlük sürelerle uzatılabilir (YUKK m.69). Kabul ve barınma merkezleri, valilikler tarafından işletilir (YUKK m.95).

İdari gözetim ve İdari para cezası: Yabancılar ve Uluslararası Koruma Kanununun 54. Maddesi kapsamındaki yabancılar, kolluk tarafından yakalanmaları hâlinde, haklarında karar verilmek üzere derhâl valiliğe bildirilir. Bu kişilerden, sınır dışı etme kararı alınması gerektiği değerlendirilenler hakkında, sınır dışı etme kararı valilik tarafından alınır. Değerlendirme ve karar süresi kırk sekiz saati geçemez. Hakkında sınır dışı etme kararı alınanlardan; kaçma ve kaybolma riski bulunan, Türkiye'ye giriş veya çıkış kurallarını ihlal eden, sahte ya da asılsız belge kullanan, kabul edilebilir bir mazereti olmaksızın Türkiye'den çıkmaları için tanınan sürede çıkmayan, kamu düzeni, kamu güvenliği veya kamu sağlığı açısından tehdit oluşturanlar hakkında valilik tarafından idari gözetim kararı alınır. Hakkında idari gözetim kararı alınan yabancılar, yakalamayı yapan kolluk birimince geri gönderme merkezlerine kırk sekiz saat içinde götürülür. İdari gözetimin devamında zaruret olup olmadığı, valilik tarafından her ay düzenli olarak değerlendirilir. Gerek görüldüğünde, otuz günlük süre beklenilmez. İdari gözetimin devamında zaruret görülmeyen yabancılar için idari gözetim derhâl sonlandırılır. Bu yabancılara, belli bir adreste ikamet etme, belirlenecek şekil ve sürelerde bildirimde bulunma gibi idari yükümlülükler getirilebilir (YUKK m.57).

Uluslararası Korumada Başvuru sahipleri, sadece uluslararası koruma başvurusunda bulunmalarından dolayı idari gözetim altına alınamaz. Başvuru sahiplerinin idari gözetim altına alınması istisnai bir işlemdir. Valilik, idari gözetim yerine başka usuller belirleyebilir. Bu tedbirler yeterli olmadığı takdirde, idari gözetim uygulanır (YUKK m.68). Diğer kanunlara göre daha ağır bir ceza gerektirmediği takdirde; bazı Yabancılar ve Uluslararası Koruma Kanununu hükümlerine aykırılıklarda yabancılara valilik veya kolluk birimlerince idari para cezası uygulanır. Verilen para cezaları tebliğ tarihinden itibaren otuz gün içinde ödenir (YUKK m.102).

Kişisel veriler ve Vatansızlığın Tespiti: Yabancılara, başvuru ve uluslararası koruma statüsü sahiplerine ait kişisel veriler, Genel Müdürlükçe veya valiliklerce ilgili mevzuata ve taraf olunan uluslararası anlaşmalara uygun olarak alınır, korunur, saklanır ve kullanılır (YUKK m.99). Vatansızlığın tespiti Göç İdaresi Genel Müdürlüğünce yapılır. Vatansız kişiler, Vatansız Kişi Kimlik Belgesi almakla yükümlü olup, belge Genel Müdürlüğün uygun görüşü alınarak valiliklerce düzenlenir. Hiçbir harca tabi olmayan bu belge, ikamet izni yerine geçer ve iki yılda bir valiliklerce yenilenir (YUKK m.50).

Büyükşehir Belediye Başkanı

Büyükşehir Belediye Başkanın Ulusötesicilik bağlamındaki konumu ortaya koymak için öncelikle 5393 Sayılı Belediye Kanunu, 5216 Sayılı Büyükşehir Belediyesi Kanunu ve son olarak da On Dört İlde Büyükşehir Belediyesi Ve Yirmi Yedi İlçe Kurulması İle Bazı Kanun ve Kanun Hükmünde Kararnamelerde Değişiklik Yapılmasına Dair Kanun'a bakılacaktır.

5393 Sayılı Belediye Kanunu'nun (http://www.mevzuat.gov.tr) (BK) 3. maddesinde belediyenin tanımı yapılmaktadır, buna göre bahse konu kanunun uygulanmasında Belediye: Belde sakinlerinin mahallî müşterek nitelikteki ihtiyaçlarını karşılamak üzere kurulan ve karar organı seçmenler tarafından seçilerek oluşturulan, idarî ve malî özerkliğe sahip kamu tüzel kişisini ifade etmektedir. Belediyenin yetki ve imtiyazlarını gösteren 15. maddede "Belde sakinlerinin mahallî müşterek nitelikteki ihtiyaçlarını karşılamak amacıyla her türlü faaliyet ve girişimde bulunmak." şeklinde olup o beldede oturmak belediyenin hizmet vermesi için yeterlidir. Belde halkının huzur, esenlik, sağlık ve mutluluğu için gereken önlemleri almak, belediye başkanının görevlerindendir (BK m.38). Hatta hizmette aksaklık olması halinde bu durumun halkın sağlık, huzur ve esenliğini hayati derecede olumsuz etkilediğinin İçişleri Bakanlığının talebi üzerine yetkili sulh hukuk hâkimi tarafından belirlenmesi durumunda İçişleri Bakanı, hizmetlerde meydana gelecek aksamanın giderilmesini, hizmetin özelliğine göre makul bir süre vererek belediye başkanından ister (BK m.57). Ayrıca belediye, belediye meclisinin kararına bağlı olarak görev alanıyla ilgili konularda faaliyet gösteren uluslararası teşekkül ve organizasyonlara, kurucu üye veya üye olabilir (BK m.74).

Belediye Kanunu'nda hemşehri hukuku şu şekilde düzenlenmiştir: "Herkes ikamet ettiği beldenin hemşehrisidir. Hemşehrilerin, belediye karar ve hizmetlerine katılma, belediye faaliyetleri hakkında bilgilenme ve belediye idaresinin yardımlarından yararlanma hakları vardır. Yardımların insan onurunu zedelemeyecek koşullarda sunulması zorunludur. Belediye, hemşehriler arasında sosyal ve kültürel ilişkilerin geliştirilmesi ve kültürel değerlerin korunması konusunda gerekli çalışmaları yapar. Bu çalışmalarda üniversitelerin, kamu kurumu niteliğindeki meslek kuruluşlarının, sendikaların, sivil toplum kuruluşları ve uzman kişilerin katılımını sağlayacak önlemler alınır. Belediye sınırları içinde oturan, bulunan veya ilişiği olan her şahıs, belediyenin kanunlara dayanan kararlarına, emirlerine ve duyurularına uymakla ve belediye vergi, resim, harç, katkı ve katılma paylarını ödemekle yükümlüdür" (m.13). Görüldüğü gibi o belde de ikamet etmekle birlikte kişiler hak sahibi olurken aynı zaman da sorumluluklar da üstlenmektedirler. Madde 14. Her ne kadar Belediyenin görev ve sorumluluklarının sayıldığı 14. Maddesinde belediye hizmetleri vatandaşa en yakın yerde ve en uygun yöntemlerle sunulur demekte ise de, aynı kanunun 3. Maddesinde açıkça belde sakinlerinin hepsinin mahalli müşterek nitelikteki ihtiyaçlarını karşılamak üzere kurulduğu ve 15. maddesinde belde sakinlerinin ihtiyaçlarını karşılamak amacıyla her türlü faaliyet ve girişimde bulunacağından cihetle, hizmet götürülmesi ve sunumunda vatandaş ya da vatandaş olmayan ayrımı yapılması mümkün değildir.

5216 Sayılı Büyükşehir Belediyesi Kanunu'nun (http://www.mevzuat.gov.tr) (5216 SK) 3. maddesinde büyükşehir belediyesinin tanımı yapılmaktadır. Bahse konu kanunun uygulanmasında Büyükşehir belediyesi, sınırları il mülki sınırı olan ve sınırları içerisindeki ilçe belediyeleri arasında koordinasyonu sağlayan; idarî ve malî özerkliğe sahip olarak kanunlarla verilen görev ve sorumlulukları yerine getiren, yetkileri kullanan; karar organı seçmenler tarafından seçilerek oluşturulan kamu tüzel kişisini ifade etmektedir. Büyükşehir belediye başkanı da büyükşehir belediye idaresinin başı ve tüzel kişiliğinin temsilcisidir (5216 SK m.17). Toplam nüfusu 750.000'den fazla olan illerin il belediyeleri kanunla büyükşehir belediyesine dönüştürülebilir (5216 SK m.4). Büyükşehir belediyelerinin sınırları, il mülki sınırlarıdır (5216 SK m.5). Büyükşehir ve ilçe belediyeleri; görevli oldukları konularda bu Kanunla birlikte Belediye Kanunu ve diğer mevzuat hükümleri ile ilgisine göre belediyelere tanınan yetki, imtiyaz ve muafiyetlere sahiptir (5216 SK m.10).

5216 Sayılı Kanuna göre, Belediye teşkilatının en üst amiri olarak belediye teşkilâtını sevk ve idare etmek, beldenin ve belediyenin hak ve menfaatlerini korumak ve bütçede yoksul ve muhtaçlar için ayrılan ödeneği kullanmak (5216 SK m.18) büyükşehir belediye başkanının görev ve yetkilerinden bazılarıdır. Büyükşehir belediyesinin giderlerinden biri de yabancı ya da vatandaş ayrımı yapmadan dar gelirli, yoksul, muhtaç ve kimsesizler ile engellilere yapılacak sosyal hizmet ve yardımlardır (5216 SK m.24). Başka bir maddeye göre, büyükşehir belediyelerinde engellilerle ilgili bilgilendirme, bilinçlendirme, yönlendirme, danışmanlık, sosyal ve mesleki rehabilitasyon hizmetleri vermek üzere engelli hizmet birimleri oluşturulur. Birçok hizmeti olan belediyelerin bu hizmetlerini sağlama ve sunma sırasında yasal olarak vatandaş-yabancı ayrımı gözetilmediği görülmektedir.

ŞEMA: Kanunlarda Vali ve Belediye Başkanı Görev ve Yetkileri

İl İdaresi Kanunu-5442	6458 YUKK (Valiler için)	Belediye Kanunu-5393	Büyükşehir Belediyesi Kanunu-5216	Ondört İlde Büyükşehir Kurulması 6360
Vali, ilde Devletin ve Hükümetin temsilcisidir	Türkiye'ye giriş yasağı ve sınırdışı etme kararı.	Belediye başkanı, belediye idaresinin başı ve belediye tüzel kişiliğinin temsilcisidir.	B. belediye başkanı, büyükşehir belediye idaresinin başıdır.	Nitelik ve göreve dair 5393 ve 5216 sayılı yasalara uygundur.
İl genel idaresinin başı ve mercii validir.	Vize	Belde sakinlerinin mahallî müşterek nitelikteki ihtiyaçlarını karşılamak üzere kurulur.	Sınırları il mülki sınırıdır ve ilçe belediyeleri arasında koordinasyonu sağlar.	Büyükşehir belediye başkanlarının 14 ilde aynı yetki ve görevleri var.
Ayrı ayrı her Bakanın mümessili ve bunların idari ve siyasi yürütme vasıtasıdır.	İkamet İzni ve seyahat belgesi. Uluslararası Koruma Başvurusu.	Belediye başkanının görevi, belde halkının huzur, esenlik, sağlık ve mutluluğu için gereken önlemleri almaktır.	Görevli oldukları konularda bu Kanunla birlikte Belediye Kanunu ve diğer mevzuat hükümleriyle uyumlu görev.	
İl sınırları içinde huzur ve güvenliğin, ... önleyici kolluk yetkisi valinin ödev ve görevlerindendir.	İdari gözetim ve İdari para cezası.	Hizmette aksama olması halinde İçişleri Bakanı aksamanın giderilmesini makul bir süre vererek belediye başkanından ister	Başkanın görevlerinden biri, Beldenin ve belediyenin hak ve menfaatlerini korumak	
Valiler, yabancıların hukuki durumlarını ilgilendiren işlerde konsolosluklarla muhabere ve bunların müracaat ve ziyaretlerini kabul ederler.	Uluslararası Korumada Başvuru sahipleri.	Herkes ikamet ettiği beldenin hemşehrisidir. Hemşehrilerin, belde halkının karar ve hizmetlerine katılma, belediye faaliyetleri hakkında bilgilenme ve belediye idaresinin yardımlarından yararlanma hakları vardır.	B. belediyesinin giderlerinden biri: Dar gelirli, yoksul, muhtaç ve kimsesizler ile engellilere yapılacak sosyal hizmet ve yardımlar.	

Vali, yabancıların deniz, kara ve hava ticaretlerini ilgilendiren işlerde konsolosluklarla muhabere ve bunların müracaat ve ziyaretlerini kabul eder.	Kişisel veriler ve Vatansızlığın Tespiti	Belediye, hemşehriler arasında sosyal ve kültürel ilişkilerin geliştirilmesi ve kültürel değerlerin korunması konusunda gerekli çalışmaları yapar.	Engellilere dair hizmet ve merkezleri de olan belediyeler bu hizmetleri vatandaş ya da değil diye ayrım yapmadan yapar.	

6360 Sayılı On Dört İlde Büyükşehir Belediyesi Ve Yirmi Yedi İlçe Kurulması İle Bazı Kanun Ve Kanun Hükmünde Kararnamelerde Değişiklik Yapılmasına Dair Kanunla (http://www.mevzuat.gov.tr) birlikte on dört adet daha büyükşehir belediyesi oluşturulmuştur, bahse konu on dört adet Büyükşehir Belediyesi kurulan iller; Aydın, Balıkesir, Denizli, Hatay, Malatya, Manisa, Kahramanmaraş, Mardin, Muğla, Ordu, Tekirdağ, Trabzon, Şanlıurfa ve Van'dır (6360 SK, m.1, 1. fk). Ayrıca aynı kanunla Adana, Ankara, Antalya, Bursa, Diyarbakır, Eskişehir, Erzurum, Gaziantep, İzmir, Kayseri, Konya, Mersin, Sakarya ve Samsun büyükşehir belediyelerinin sınırları il mülki sınırları olarak belirlenmiştir (6360 SK, m.1, 2. fk).

Halen Türkiye'de 81 il (http://www.illeridaresi.gov.tr) ve bunların 30'unda büyükşehir belediyesi bulunmaktadır (http://www.ivdb.gov.tr). Büyükşehir belediyesi olan iller; Adana, Ankara, Antalya, Bursa, Diyarbakır, Erzurum, Eskişehir, Gaziantep, İçel, İstanbul, İzmir, Kayseri, Kocaeli, Konya, Samsun, Sakarya, Şanlıurfa, Hatay, Manisa, Balıkesir, Kahramanmaraş, Van, Aydın, Denizli, Tekirdağ, Muğla, Mardin, Malatya, Trabzon ve Ordu'dur.

Sonuç

Ulus devlet sınırlarının küreselleşme ve ulus ötesi hareketlerle birlikte hızla zayıflaması ve geçirgen hale gelmesi, bu hareketlerin ulus devletlerinin toplumsal yapı ve ekonomik durumunu hızla etkiler hale gelmiştir. Ülke dışındakiler ve ülkede yaşayanların tabiyetten bağımsız olarak, bu hareketlerle birbirlerini etkiledikleri ortadadır. Sınır ötesi hareketler birçok şekillerde olabilmekte ama bunların başında iktisadi kaygılar ve göç hareketleri gelmektedir. Şüphesiz ki ulus ötesi hareketlerin yalnızca olumsuz olarak değerlendirilmesi mümkün olmayıp olumlu etki yapması için çalışma yapmak gerekmektedir. Günümüzde ne küreselleşmenin ne de insani, hukuki vb çeşitli nedenlerle göç hareketlerinin tamamen durdurulması pek mümkün gözükmemektedir.

Hal böyle olunca bu hareketleri stratejik ve doğru yönetebilmek önem kazanmaktadır. Bu hareketin içinde bulunanlarca ilk karşılaşacakları hareket, bu hareketi ortaya koyacak kişiler son derece önemlidir. Yasalarımız bu tür hareketin içinde yer alanlara ne tür muameleler yapılacağı, bu konudaki yetkili ve görevlileri belirlemiştir. Bu bağlamda, merkezi idarenin uzantısı olan valiler ile yerel yönetimlerin başında olan belediye başkanları bariz olarak öne çıkan kişiler olmaktadır. Büyükşehir belediyelerinin son dönemde sayısal olarak artmış olması ve ülkemiz nüfusunun büyük kısmına hizmet götürüyor olmaları diğer belediye başkanları yerine büyükşehir başkanlarını öne çıkarmaktadır. Ülkemize gelecek olan ulus ötesi hareket içindekilerin illerde ilk karşılaşacakları bu yetkililer, onların uyumu, onlarla uyum ve bu hareketin olumlu olarak netice vermesi anlamında son derece kritik bir pozisyondadırlar.

Valiler ülkeye giriş yasağı koyma, ülkeden sınır dışı etme kararı alma, vize verme ya da uzatma, iptal etme, ikamet izni ve seyahat belgesi verme, uluslararası koruma başvurularının yapılması, kabulü ve mülakatlarının yapılmasının yanında kişisel verilerin alınması, vatansızlıkların tespitinin yapılması yetki ve görevinin yanında idari gözetim ve idari para cezası verme karar ve yetkisine de sahiptirler. Belediye başkanları ve özellikle geniş etki alanıyla büyükşehir belediye başkanları kanunda açıkça belirtildiği gibi, orada yaşayan herkese belediye hizmetlerini götürmek, belde sakinlerinin mahalli müşterek nitelikteki ihtiyaçlarını karşılamak, onları bilgilendirmek, yardımlardan yararlandırmak, ikamet edenler arasında sosyal ve kültürel ilişkileri geliştirmekle görevli ve yetkilidir. Belde sakinlerine bu hizmetler giderken aynı zamanda bu sakinler belediyenin kanunlara dayanan kararlar, emir ve duyurularına uymak ve bir takım vergi, katılma payları vb.lerine de katılmakla sorumludurlar.

Ulus ötesi hareketlerde farklı yasalarla çok geniş yetki ve sorumluluklarla donatılmış olan vali ve belediye başkanları özellikle büyükşehir belediye başkanları yukarıda belirttiğimiz ulus ötesi hareketlerin başarılı bir şekilde yönetilmesi, bu hareketlere katılanların uyumu ya da bu hareketlere katılanlarla uyum bağlamında ulus ötesi etkiye sahip bir konumdadırlar. Bu konumları ulus ötesi hareketlerle uyum kadar bu hareketleri yönlendirme ve yönetme güçlü ihtimalini de içinde barındırılmaktadır. Bu bağlamda söz konusu yetkililerin özel ve stratejik eğitimlerden geçirilmeleri ve ülkenin duruşunu tam olarak kavrayabilmelerinin sağlanması söz konusu ulus ötesi hareketlerin başarıyla yönetilmesinde yadsınamaz bir yere sahiptir.

Kaynakça

Başoğlu U., Ölmezoğulları N. ve Parasız İ., (2001). *Dünya Ekonomisi*, 2. B, Ezgi Kitabevi, Bursa.

Boccagni, P. (2012). "Rethinking Transnational Studies Transnational Ties and The Transnationalism of Everyday Life", *European Journal of Social Theory*, 15(1), 117-132.

Brees, I. (2010). "Refugees and transnationalism on the Thai–Burmese border", *Global Networks*, 10(2), 282-299.

Carling, J., & Pettersen, S. V. (2014). Return Migration Intentions in the Integration–Transnationalism Matrix. *International Migration*, *52*(6), 13-30.

Cidell, J. (2012). "Fear of A Foreign Railroad: Transnationalism, Trainspace, and (im) Mobility in The Chicago Suburbs", *Transactions of the Institute of British Geographers*, 37(4), 593-608.

Deniz, T. (2014). "Uluslararası Göç Sorunu Perspektifinde Türkiye", *TSA*, 18(1), 175-204.

Deutsch K. (1969). *Nationalism and Social Communication. An Inquiry into the Foundation of Nationality*, Cambridge (Mass.), MIT Press.

Dieckhoff A. Ve Jaffrelot C. (2010). *Milliyetçiliği Yeniden Düşünmek*, Çvr Devrim Çetlikasap, Yayına Hazırlayanlar, İletişim Yayınları, İstanbul

Global Networks. (2014). Ecuadorians in Barcelona, Madrid and Milan: the role of individual resources, organizational engagement and the political context. 14(1), 80-102.

Kevük S, (2006). "Bilgi Ekonomisi", *Journal of Yasar University*, Cilt:1, Sayı:4, ss. 319-350.

Koçak, Y. ve Terzi, E. (2012). "Türkiye'de Göç Olgusu, Göç Edenlerin Kentlere Olan Etkileri ve Çözüm Önerileri", KAÜ-İİBF Dergisi, 3(3), 163-184.

Kütük B. Ş. (2015). Hollanda'da Yaşayan Türklerde Kimlik Ve Ulusötesi Medya Kullanımı, Hacettepe Üniversitesi Türkiyat Araştırmaları Dergisi, Bahar (22), ss.203-218.

Lee, H. (2011). "Rethinking Transnationalism Through the Second Generation", *The Australian Journal of Anthropology*, 22(3), 295-313.

Özdemir, H. (2012). "Türkiye'de İç Göçler Üzerine Genel Bir Değerlendirme", Akademik Bakış Dergisi, 30, 1-18.

Özen Ç., vd. (2013). *Uluslararası Örgütler*, Editörler Çınar Özen, Özgür Tonus, Anadolu Üniversitesi Yayın NO: 2920, Açıköğretim Fakültesi Yayını No: 1877, 2. B, Baskı: Anadolu Üniversitesi Web-Ofset Tesisleri, Eskişehir.

Öztürk C., (2016). Kamu Yönetiminde Stratejik Yaklaşımlar, Sage Yayınları, Ankara.

Schiller G., Basch, N. G. L. ve Blanc-Szanton, C. (2006). Towards a Definition of Transnationalism Introductory Remarks and Research Questions. Annals of the New York Academy of Sciences, 645(1), ss.9-14.

Sirkeci İ. (2012). Transnasyonal Mobilite ve Çatışma, *Migration Letters*, Volume: 9, No: 4, ss. 353 – 363 ISSN: 1741-8984 & eISSN: 1741-8992.

Stephen C. ve Miller M.J. (2008). Göçler Çağı, Çev. Bülent Ugur Bal ve İbrahim Akbulut, İstanbul Bilgi Üniversitesi Yayınları, İstanbul.

Şemşit S. (2010). Avrupa Birliği Göç Politikasının Güvenliklestirilmesi ve Dışsallastırılması: Türkiye'ye Yansımaları, Dokuz Eylül Üniversitesi Sosyal Bilimler Enstitüsü, Doktora Tezi, İzmir.

Şimşek, D. (2012). Identity formation of Cypriot Turkish, Kurdish and Turkish Young People in London in a Transnational Context, Doktora Tezi, Londra: City University London.

Taşçı, F. (2009). "Bir Sosyal Politika Sorunu Olarak Göç", Kamu-İş, 10(4), 177-204.

Tekeli, İ. (2008). Göç ve Ötesi, Tarih Vakfı Yurt Yayınları, İstanbul.

Thomas F. (2000). *The Volume and Dynamics of International Migration and Transnational Social Space*s. Oxford: Oxford University Press.

Uysal A., (2015). "Bir Diaspora Mekânı Olarak Londra Türk Okulları", *Uluslararası Sosyal Araştırmalar Dergisi The Journal of International Social Research*, Cilt: 8, Sayı: 41, Aralık 2015, www.sosyalarastirmalar.com, Issn: 1307-9581, ss.756-768.

Yılmaz, A. (2014). "Uluslararası Göç: Çeşitleri, Nedenleri ve Etkileri", Turkish Studies – International Periodical For The Languages, Literature and History of Turkish or Turkic, 9(2), 1685-1704.

http://cografyaharita.com/haritalarim/3g_dunya_siyasi_haritasi3.png

http://www.tdk.gov.tr/index.php?option=com_yazimkilavuzu&view=yazimkilavuzu

http://www.turkiyeharitasi.gen.tr/turkiye-siyasi-haritasi/

http://www.ivdb.gov.tr/pratik/oranlar/buyuksehirler.htm

http://www.mevzuat.gov.tr/

http://www.illeridaresi.gov.tr/ortak_icerik/illeridaresi/İl%20ve%20İlçe%20Kurul uş%20Tarihleri.pdf.

BÖLÜM IV. TARİH, SANAT ve GÖÇ

Çerkes Sürgününü Müzik ve Dans Eşliğinde Yeniden Düşünmek*

Sümeyye Aydın[83]

Giriş

Göç tecrübesi esnasında insanların gelenek ve kültürel dünyalarından ayrı koyamadıkları şeylerden biri de müzik ve dans pratikleridir. Toplumlar kendi müzik dünyalarını kültürel unsurlarla sıkıca örülmüş bir halde inşa ederler. Bu durumda müziğin toplumsal olanı şekillendiren birçok işlevinin yanı sıra aynı zamanda o topluluğa aidiyeti ifade eden bir "anlatı" oluşturduğu ifade edilebilir. Öyle ki bu anlatı sayesinde insanlar bir araya gelebilir, bir şeyler paylaşabilir ve hayatları boyunca ters giden şeyler karşısında birçok şeye "yeniden" başlayabilirler. Bu anlamda göç kavramının özellikle yersiz yurtsuzluğu, arada kalmışlığı anımsatan anlam dünyasına karşılık müzik insanlar için bir tür ortak bir anlam dünyasının anlatısına dönüşmektedir. Böylece göç ve müzik arasındaki ilişkide özellikle müzik, geleneğin taşınması, dönüştürülmesi ve canlı bir pratik olarak güncellenmesi noktasında temel bir anlam dünyasının üretilmesinde ve pratik hale getirilmesinde kritik bir yerde durmaktadır.

Bugün Çerkeslerin Türkiye'de kimliklerini koruma ve hayata tutunma noktasında geliştirdikleri stratejilerin dikkate değer bir bölümü dil, müzik ve dans pratikleri üzerinden devam etmektedir. Özellikle 1950'li yıllardan itibaren görülmeye başlanan dernek faaliyetleri, günümüzde büyük oranda "asimilasyona karşı birer direnç noktası" ve "Çerkes Aydınlarının yetiştiği ortamlar" olarak işlev görmektedir. (Konuş, 2010) Bir başka iletişim yolu da göçmen dayanışma ağları olarak ifade edilebilecek sanal ortamlardır. (Ihlamur-Öner ,2015, s: 311)

Bununla birlikte asimilasyona karşı en önemli direnç noktalarını ifade eden dil, din, gelenek ve görenek, sanat, dünya görüşü, tarih gibi unsurların pratik hayata kazandırılmasında, bireylerin ve toplumun gündelik yaşamında anlamlı hale getirilmesinde dernekler bünyesinde devam eden faaliyetlerin kritik bir yeri söz konusudur. Bunların büyük kısmı da dernek faaliyetleri içinde gerçekleştirilen gösteriler, kurslar gibi vasıtalarla icra edilmektedir. Dille olan bağın özellikle politik duruma bağlı olarak zayıflamış olması nedeniyle Çerkes diaspora kültüründe geleneğin aktarılmasında müzik ve dansın önemi daha fazla artmıştır. Dolayısıyla Çerkes kültür ve kimliğinin ifadesinde önemli bir yer tutan Çerkes müzik ve dans geleneği büyük oranda dernek bünyesindeki faaliyetler yoluyla toplumun kültür ve kimliğini koruyan bir tutunma noktası olarak karşımıza çıkmaktadır.

---

* Görüşmelerimiz boyunca yardımlarını nezaketle sunma konusunda son derece hassas davranan Çerkes topluluğunun saygı değer insanlarına teşekkürü bir borç bilirim.
[83] Research Assistant, Department of Philosophy and Religious Studies in the Faculty of Theology, 19 Mayis University, Samsun, Turkey. e-mail: sumeyyeaydin1@hotmail.com

Bu tebliğde Çerkes müzik ve dansını sürgün süreci bağlamında ele alacağız. Bunun için ilk bölümde sürgün ile ilgili tarihsel kısa bir açıklama yapacak, ardından Çerkes müzik ve dansının Çerkes kültüründeki yerine değinecek ve son olarak da bugün Çerkes müziğinin Çerkes topluluğu için sosyolojik anlamını karşılıklı ilişki içinde ele almaya çalışacağız.

Yöntem

Çalışmanın evrenini Kafakasya'dan sürgüne mecbur bırakılan Çerkesler oluşturmaktadır. Samsun merkezli oluşturduğumuz örneklem ise Samsun merkezde faaliyet gösteren dört aktif dernek ile Büyükşehir Belediyesi bünyesindeki Kafkas Halk Dansları ekibi olarak belirlenmiştir. Biz bu çalışmada Samsun'da dernekler ve Belediye konservatuarı aracılığıyla Çerkes müzik ve dans geleneğini yaşatmaya çalışan kişilerle görüşmeler gerçekleştirdik. Bu kişilerle sürgün bağlamında müzik ve dans geleneğinin dönüşümünü, diasporadaki rolünü, Çerkes toplumu için farklı anlamlarını konuştuk. Görüşmelerimiz ise 20 Mart-7 Haziran 2016 tarihleri arasında gerçekleşmiştir. Bunun dışında dernek faaliyetleri bağlamında gerçekleştirilen etkinlikler izlenmiş, müzik ve dansın güncel icrasına yönelik gözlemler elde edilmiştir. Ayrıca Samsun dışında müzik konusuna emek vermiş, bu anlamda Çerkes topluluğu için önemli çalışmalar yapmış kişilerin yazıları, röportajları da çalışmada göz önüne alınmıştır.

Tarihsel Bakış

Sürgün

Kırım ve Kakasya'dan Osmanlı topraklarına yapılan göçlerin Rusya'nın bu topraklarda yaşayan insanlara karşı uygulamış olduğu politika ve stratejileri doğrultusunda gerçekleştiği bilinmektedir. Özellikle Türk-İslam ya da Osmanlılara bağlı olan Müslüman kitleleri yabancı ve düşman unsurlar olarak niteleyerek baskı ve zorlamalara maruz bırakması göçü adeta bir mecburiyet haline getirmiştir. (Saydam, 2010, s: 63)

İlk göçün başladığı 1785-1788 yıllarında deniz kıyılarına limanlara yakın yerleşmiş olan halk, yapılan baskılar sonunda mal ve mülklerini yok pahasına satarak Osmanlı Devleti'ne göç etmek mecburiyetinde kaldılar. Ekonomik baskı ve yıldırma politikasıyla birlikte Türk nüfusunun asimile edilebilmesi için kültürel propagandaya ağırlık verilmiştir. Ortodoks Kilisesi aracılığıyla Rus kültürü benimsettirilmeye çalışılmıştır. Birçok cami kiliseye çevrilerek din adamları üzerinde baskı arttırılmıştır. (İnalcık, ... s: 65-7) 21 Mayıs 1864'te göç başlamıştır. 1 milyon 200 bin ile 1.5 milyon Kafkasyalı ülkesini terk etmek zorunda kalmıştır. Binlercesi zor şartlarda yollarda, denizde ölmüş, Osmanlı topraklarına ulaşanların da binlercesi hastalık ve açlıktan kaybedilmiştir. (Kuday, 2015; Kaya, 2015) Samsun Türkiye'de en fazla Çerkes nüfusun yerleştirildiği yerlerden birisidir. Özellikle dönemin iskan politikaları neticesinde oldukça dağınık bir yerleşkesi vardır.

Çerkes topluluğu tarihte yaşamış oldukları göçü sürgün ya da soykırım olarak adlandırmayı tercih etmektedirler. Bu sürgün ve soykırım olayının tarihsel sembolü ise 21 Mayıs'tır. Bu tarih Çerkeslerin 1864'te uğradığı soykırım ve sürgünü hatırlatan sembolik bir anlam taşır. Tarihin çok eski dönemlerinden bu yana yaşamış oldukları anayurtları Kafkasya'dan Çarlık Rusya'nın kolonyalist politikaları ve stratejik hedefleri doğrultusunda soykırıma maruz kaldıkları ve anayurtlarından koparıldıkları olayın bir sembolü olarak bu tarih unutulmaz ve diasporada ve anavatanda her yıl 21 Mayıs tarihi Çerkes topluluklar tarafından bir anma günü olarak kutlanır.

Müzik ve Dans

Kafkas halkının binlerce yıldan bu yana üretmiş olduğu ulusal destanlarının bütünü olan Nart destanları aynı zamanda Kafkas müziğinin günümüze aktarılmasında en önemli kültürel birikim olarak görülmektedir. Özellikle Çerkes mitolojisinden oluşan bu destanlar Çerkes müziğinin bilinen en eski eserleridir. Müzik aletlerine bakıldığında ise günümüze ulaşabilen dört müzik aleti bilinmekte ve kullanılmaktadır: Phapşıne (şık'etspşıne), kamıl, pşıne, pşıne phenc. (Kaya, 2015, s: 212-5) Diasporada müzik aletlerinin değiştiği ifade edilmektedir. Özellikle dernekleşme faaliyetleri ile otantik icraların mümkün hale gelmesi sağlanmış bunun için anavatandan enstrüman getirme ve onu diasporada kullanma eğilimi artmıştır.

Şarkılar bireylerin kahramanlığı, ahlak, erdem ile yüklü aşk ve sevgi duygularını dile getirir. İçeriğindeki öğeler, insanı coşturan, vatana-ulusa bağlılığı, saygıyı perçinleyen ve insanlara dürüstlüğü, sevgiyi, işbirliğini hissettirecek tarzda seçildiği ifade edilir. (Kaya, 2015, s. 209) Bununla birlikte özellikle sürgün sürecinde bahsedilebilecek bir tür de ağıtlardır. Doğan Özden'in "Bir Göç Ağıdı" şarkısı tam da bu sürgün hikayesinin en yakın tanığı olarak derlenmiştir. Bu şarkı bir anlamda savaş, işgal, milyonlarca Çerkes'in katledilmesi, sürgün gibi en acı deneyimlerin bir belgesi olarak farklı ağızlardan ortak bir hafızanın ortaya çıkmasını ifade eder. (Vardar, 2012) Bunun yanında Rahşan Erdoğan Yılmaz da ağıtlar konusunda eserler veren bir başka isimdir. "Samsun Sahili" ve "Suriye Ağıdı" sürgün olayının işlendiği iki çalışmasıdır. Diasporada müziğin oluşumu kısmen sözlü müzik geleneğinin kayda alınması ile gerçekleşmiştir. Kusha Doğan'ın köylerde gezerek kayda geçirdiği eserler Çerkes müzik repertuvarına önemli bir katkı oluşturmaktadır.

Kafkas halkı için dans hayatın ayrılmaz bir parçasıdır. Dans ritm, müzik ve figürler açısından ele alındığında, farklı grupların tarih, karakter ve toplumsallığını yansıtması noktasında oldukça özgün niteliklere sahiptir. Dolayısıyla dans toplumsal ilişki ve duyguların bir anlatımı olarak neşe, hüzün, barış, savaş gibi yaşamın önemli bir ifade biçimi olmuştur. Bilinen en eski Çerkes danslarından birisi olan "wuic" nart mitolojisi müziği ile ömrün başlangıcı ve sonu olmadığını anlatır ve genellikle düğünlerin başında ve sonunda oynanır dolayısıyla bir ritüeli çağrıştıran özelliği vardır. Çerkes hayatının vazgeçilmez unsuru olan atların hareketlerinden esinlenilerek kareografisi yapılan "zığathlet" hızlı ritmli bir danstır. Çerkes atlılarının çevikliğini ve aralarındaki tatlı sert rekabeti anlatır. (bireysel görüşme)

Tartışma

Salt ulus-devlet odaklı perspektiften göç konusunun anlaşılamayacağı açıktır. Bugün göç olayı yaşanılan topraklardaki toplumsal dönüşümler ekseninde ele alınmalı dolayısıyla göç eden insanlar bu değişim ve dönüşümlerle birlikte toplumda hareket eden bireyler olarak görülmelidir. (Özkul, 2015, s. 499) Bunun sağlayacağı fayda ise toplumsal duruma dair göçün ortaya çıkardığı sorunlar, ilişki tarzları bir karşılıklılık ilişkisi içinde ele alınabilir olmasıdır. Dolayısıyla göçün diaspora ayağı kültürel, siyasi, sosyal birçok farklı alanda uyum sorunlarını beraberinde getirmiştir. Bu tarz bir perspektiften bakıldığında toplum içinde hareket eden bireyler olarak göç eden kimselerin uyum pratikleri anlamlı hale gelebilir. Bir kültürün yaşam alanını tehdit eden unsurlar ortaya çıktığında ayakta kalabilmesi, kimliğini, kültürünü koruyarak devam ettirebilmesi içinde bulunduğu koşullardaki üretici pratikleri ile mümkün görünmektedir. Bu da göç bağlamında diaspora olarak adlandırılan yerde kültürü devam ettirebileceği pratikleri geliştirmesiyle alakalıdır. Dolayısıyla Çerkeslerin sürgün süreci boyunca müzik, dans ve dil gibi kültürel pratiklerine tutunma, onu üretme noktasında göstermiş oldukları çabalar diasporada ayakta kalma pratikleri olarak karşımıza çıkar. Bu pratikler içerisinde müzik ve dansın dil pratiği yanında daha önemli bir unsur olarak varlığını devam ettirebilmesi bu çalışmada dikkate taşınacak olan şeydir. Bu yönüyle müzik ve dans yaşanılan toplumsal durumu anlamlandırmada kritik yerde durmaktadır.

Bu bağlamda ifade edilmelidir ki müzik yalnızca toplumsal olguların bir yansıması olarak görülemez. Müzik bu süreçte inşa edici ve eyleme geçirici toplumsal bir güç olarak ortaya çıkmaktadır. (Ayas, 2015, s. 64) Böylece göç ve müzik arasındaki ilişkinin ele alındığı sosyolojik zemin bir karşılıklılık ilişkisi göstermektedir. Yani göç süreci bir yanıyla müzik ve dans pratiklerini etkilerken diğer yandan müzik ve dans pratiklerinin de göç sürecini etkilediği bir durum söz konusudur. Bunu iki ayrı noktadan irdelemek mümkün görünmektedir. Bunlardan biri müzik ve dans bağlamında sürgünü anlamak diğeri ise sürgün olayı bağlamında müzik ve dansı ele almaktır.

Müzik ve Dans Bağlamında Sürgün

Müzik ve dans bağlamında *sürgün* olayını ele aldığımızda müzik ve dansın sürgün sürecinde ne işe yaradığını sorarak başlayabiliriz: Müzik diasporada göçmenin ne işine yarar? (Öğüt, 2016, s. 76) Müziğin burada kritik rolü kültürel bir birikimi işaret eden yapısı ile kolektif hafıza (Halbwachs, 1992) oluşturma gücüdür. Bununla birlikte zaman ve mekan açısından sürekliliği mümkün kılmaya olan katkısıdır. Müzik ve dansın diasporada bir uyum sağlama işlevini de gerçekleştirdiğinden bahsedilebilir.

Bir yurtsuzluk halinin ifadesi olan diasporada müzik öncelikle anavatandan çıkarılmanın koşullarını betimler ve yerinden edilmiş bir kültürü anavatana bağlayan tarihi ve kültürü kayda alır. Diaspora müziği yurtsuzluk halini ikame eden bir yurt hissinin imgelenmesi anlamına gelir ve böylece diasporayı tanımlayan yol boyunca derlenmiş repertuvarların oluşturduğu bir melezlik üretir. Dolayısıyla bu süreçte müzik, ortak geleneğin en güçlü simgelerinden biri olarak ortaya çıkmaktadır. Bu iki yönlü bir ilişki biçiminden oluşur: bir yandan anavatana ait bir izin taşıyıcısı olarak diğer yandan ise diasporada diğer kültürlerle ilişki kurma imkanı olarak kendini devam ettirir. (Bohlman, 2015, s. 164-5)

Görüşmemiz neticesinde de elde ettiğimiz veriler göstermektedir ki Çerkes toplumu diasporada var olmak, kimliğini korumak ve devam ettirmek noktasında müziği bir tutunma noktası olarak ele almıştır. Hatta müzik ve dansın dilin unutulması karşısında daha önemli bir tutunma noktası haline geldiği ifade edilmiştir ki bu bize müziğin kültürü aktarma konusunda kritik yeri ve sahip olduğu gücü işaret eder. Müziğin kültürel birikimi aktarması bir yönüyle geleneğe ait parçaların korunmasını işaret eder. Yani Çerkes kültürüne ait kodlar müziğin melodileri ve sözleri, dansın figürleri ile kendine bir yer edinir. Kusha Özden'in Çerkes müziği derlemeleri bu anlamda Çerkes toplumu için çok önemli bir pratik olarak görülür. Çünkü bu sayede topluluk yaşadıkları geçmişi bugüne getiren kültürel kodların taşıyıcılarını elde etmişlerdir. İnsanların hafızalarında korunan bu müzikler Çerkes tarihine yönelik verileri taşımıştır. Bir anlamda bu müzik ve dans topluluğun tarihsel pratiklerini içinde saklayan bir kaynak durumundadır.

Bu taşıma işiyle ilişkili bir diğer şey ise bugün Çerkes topluluğunu devam ettiren, gelenek ve kültürünü koruyan bir alana işaret eder. Yani müzik ve dans bugün diasporada Çerkes topluluğunun kendini ifade etmek için kullanmakta olduğu en önemli kültürel kaynaklar olarak görünmektedir. Dolayısıyla Çerkesler için diasporada yaşama tutunmanın, toplumsal ilişkileri şekillendirmenin sosyal yollarından birini müzik ve dans pratikleri oluşturur. Dernekler aracılığıyla yapılan müzik ve dans etkinlikleri, köylerde düğünlerde icra edilen mahalli müzik ve dans pratikleri insanların hem bir araya gelmelerini sağlarken hem de kültürel kodların sosyal hayat içinde anlamlı hale gelmesini de mümkün kılmaktadır. Müzikal eserlerin anadilde icra edilmesine yönelik hassasiyet, dans figürlerinin otantik olmasına verilen önem insanlarda otantik Çerkes topluluğuna yönelik bir ilgi ve merak uyandırmakta böylece müzik ve dans pratikleri Çerkes topluluğunun devamını sağlayan onun karakteristiğini koruyan bir alana da dönüşmüş olmaktadır.

Diğer açıdan müzik ve dans yoluyla insanların diasporada kendilerine bir hareket alanı açtıklarından bahsedilebilir. Samsun özelinde bu alan özellikle dernekler aracılığıyla oluşturulmuş görünmektedir. Bu derneklerde Çerkes kültür ve geleneğine dair birçok farklı etkinliğin yanı sıra müzik ve dans çalışmalarına özel bir önem atfedildiğini ifade edebiliriz. Derneklerin bazen kendi programlarını yaptıklarını bazen de farklı derneklerin bir araya gelerek ortak etkinlikler düzenlediklerinden bahsedilebilir. 21 Mayıs etkinliği de Türkiye genelinde derneklerin katılımıyla gerçekleşmektedir. İnsanlar farklı dernekler aracılığıyla bir araya geldiklerini düşündüğümüzde, müzik ve dans yoluyla kültürel kimliklerini korumak ve devam ettirmek amacıyla dernekleri toplumsal ve bireysel yönleriyle bir eylem alanı olarak gördüklerinden bahsedilebilir. İnsanlar dernekler aracılığıyla sosyal olaylara yönelik ortak tavırlar benimsemekte, kendi seslerini buradan duyurabilmektedirler. 21 Mayıs etkinlikleri kapsamında sürgün olayı topluluk üyeleri için her yıl bir kez daha dile getirilmekte ve hem kendi hem de dışarıdan bir farkındalık oluşturulmaya çalışılmaktadır.

Dernek faaliyetleri bir yönüyle şehre açılma pratikleri olarak ele alınabilir. Özellikle dernekler bünyesinde müzik ve dans ekiplerinin çalışmaları ya da belediye bünyesindeki Kafkas Halk Dansları Ekibinin çalışmaları bu anlamda şehirde yaşayan Çerkes toplulukları için bir ifade alanına dönüşmektedir. Şehirde yaşayan Çerkesleri kültürel etkinlikler çerçevesinde bir araya getiren mekanlar olarak dernekler önemsenmektedir.

Diasporada dernekler aracılığıyla bir anma ve direniş ifadesi haline getirilen 21 Mayıs etkinliklerinden de bahsedilmelidir. Sürgün ve soykırımı anma günü olarak kutlanan bugün müziğin sürgünü en etkili ifade ettiği şekli ağıtlar olmaktadır. Çerkeslerin yaşadıkları soykırım trajedisini müzikle bugüne taşıma noktasında daha aktif olmaları gerektiğini ifade eden ve bu alanı kendi adına bir ihtiyaç ve tarihe not düşme olarak değerlendiren Samsun Sahili ve Suriye Ağıdı bestelerini yapan Rahşan Yılmaz Erdoğan şunları söylüyor:

"Ben bunu bir ihtiyaç olarak yaptım. Anma törenlerinde çok sınırlı sayıda ağıtlar seslendiriliyor. Yistanbulako bu sınırlı sayıda ağıtlardan biridir. Trajediyi ağıt yoluyla insanlara aktarılması için bestelenmiş bir ağıttır. Bu parça Çerkes toplumunun soykırımla gerçek bir yüzleşmesinin belki ilk nüvesidir. Kafkasya'da bir tiyatro topluluğunun 1900'lü yıllarda yazdığı bir ağıttır bu. Kafkasya'dan diğer

219

yerlere yayılan bir parçadır bu. Trajedinin derinliklerinin anlaşılması açısından yeterli görülmemeli diye düşünüyorum. Bu Kafkasya'dan gelen bir sesti. Gidenlerin ardından yazılan bir parçaydı. Bunun diğer coğrafyalardaki yansımalarını da görmek gerekiyordu. Samsun ise çok sayıda Çerkesin çıktığı ve kaybedildiği bir yer burası. Bireysel olarak bir ihtiyaç da bunun yanında bahsedilebilir. Suriye ağıdını da onların yaşamış olduklarının tarihe bir not düşülmesi amacıyla besteledim. Muzdarip olduğumuz bir şeyi ifade etme, gördüğümüz bir acıyı ifade etme ihtiyacı."(Erdoğan-Yılmaz, Bireysel Görüşme)

Uzun yıllar boyunca tecrübe edilen neşe, keder, savaş, sürgün gibi birçok olay, müzik ve dans pratiklerinde hem bir kaynak hem de bugün Çerkes topluluğunu şekillendiren ve devamını sağlayan bir kültürel muhafaza imkanı olarak ortaya çıkmaktadır. Müzik ve dans bağlamında sürgün baş edilebilir bir hale gelmektedir. Hayata tutunmayı sağlama, kimliğiyle var olma açısından vazgeçilmez bir pratik alanı işaret etmektedir. Leperife (Leperuş) dansının anavatanda unutulmuş bir dans olmasına karşın diasporada hala oynanıyor olması (Kaya, 2015, s. 248) Çerkes toplumunun diasporada tutunma dediğimiz pratiğini daha anlamlı hale getirmektedir.

Sürgün Bağlamında Müzik ve Dans

Müzik ve dansı sürgün bağlamında düşünmek bize şu soruyu sordurur: Sürgün esnasında müzik ve dansa ne olmaktadır? Bu yapısal ve varoluşsal anlamda irdelenebilecek bir sorudur. Bir başka deyişle yapısal değişimlerle birlikte müzik ve dansın Çerkes toplumu için anlamında ne tür değişikliklerin söz konusu olduğunu sormaktayız.

Bugün diğer müzik türleri de dahil olmak üzere Çerkes müziğini etkileyen bir unsur olarak modern dünyanın pratikleri kritik bir etki alanı oluşturmaktadır. Bununla ilişkili olarak da Çerkes müziğinin diasporada özellikle modern yaşam biçimlerinden etkilenerek devam ettiğini görmekteyiz. Bu bir başka deyişle de müzik ve dans pratiklerinin popüler kültürden etkilenmesi anlamına gelmektedir. Çerkes müziğinin diaspora ve anavatan gibi farklı coğrafyalarda karşılaşmış olduğu popüler kültürle olan ilişkisi dikkate değer görünmektedir. Görüşmecilerimizin belirttiği şekliyle diasporada Çerkes müzik ve dansı daha otantik haliyle icra edilmektedir. Bu bir yönüyle diasporada müzik ve dansla uğraşan insanların nadir olmasıyla alakalı görünürken diğer yandan Çerkes topluluklarının diasporada dışa kapalı bir toplum olma niteliğini uzun yıllar sürdüren bir toplumsal yapıya sahip olmalarına bağlı olarak ifade edilmektedir. Ancak her ne kadar kendi toplumsal ve kültürel kodlarını devam ettirme noktasında oldukça hassas davransalar da içinde bulundukları toplumun dönüşüm pratiklerinden bağımsız kalmaları söz konusu olamamıştır.

Bununla ilişkili olarak müzik ve dans açısından biçim, içerik gibi konularda göçe bağlı değişimlerden bahsedilebilir. Sürgün sürecinin enstrümanlar açısından ortaya çıkardığı farklılıklardan birisi olarak Çerkes otantik müzik enstrümanı olarak ifade edilen *Phapşıne (şık'etspşıne)*nin diasporada kullanılmadığı bunun yerine akordeon ve mızıkanın büyük oranda kullanılmaya başladığı söylenebilir. Yine bunun gibi ritm için *baraban, nagara, dogi* gibi aletlerin kullanılmaya başlanması aynı bağlamda ifade edilebilir. Bugün dernek bünyesinde otantik icralara verilen önemin göstergesi olarak eski müzik aletlerinin Kafkasya'dan getirilmesi ve buradaki insanlara bunun icrasının öğretilmesine önem verildiği görülmektedir. Bu anlamda dernekler hem modern dünyayla karşılaşmanın bir ara mekanı haline gelmekte hem de modern dünyanın istenmeyen dönüşümlerini farketme ve önlem alma noktasındaki çabaları kapsamaktadır.

Sürgünde müzik ve dansa ne olur sorusu bağlamında popüler olanla ilişkisi ele alınmaya değer görünmektedir. Popüler olanla ilişkisi müzik ve dans pratiklerinin anlamını dönüştürmede nasıl bir rol edinmiştir? Çerkes toplumunda müzik ve dansın eğlence kültürü haline getirilmiş olduğundan bahsedilebilir mi? Müziğin araçsallaşması dediğimiz hususu göz önüne alırsak müzik ve dansın popüler kültür haline gelmesi gibi bir durum söz konusu mudur? Yoksa bu değişimi müziğin kaynak ve muhafaza etme gibi işlevlerini göz önüne aldığımızda bir strateji olarak mı değerlendirmeliyiz?

Bu konuya yaklaşım tarzı görüşmeciler arasında farklı perspektiflerden ifade edilmiştir. Genelde popülerleşmenin önüne geçmek için ortak bir tavır söz konusudur.

1. Popülerleşme anavatanda daha açık bir şekilde gözlemleniyor. Özellikle elektronik enstrümanların müziğin icrasında kullanılmaya başlaması pop müzik efektleri üzerinden müziğin inşa edilmesi söz konusudur. Diasporada popülerleşme dediğimiz durum daha dikkatli bir şekilde ele alındığı için özellikle dernekler müzik ve dansın otantik icrasına daha fazla önem veriyorlar. Dolayısıyla geleneksel yapının korunmaya çalışıldığı gözlemleniyor. Bu anlamda popülerleşmenin kısmen önüne geçilme çabaları söz konusu.

2. Bir başka açıdan popülist damarın çağın dediklerine kulak verme noktasında anlamlı olduğu ifade edilmektedir. Kendi öz, otantik değerlerini kaybetme riskini beraberinde getirdiği için riskli yönleri olsa da günümüzde bir ifade alanı oluşturması bakımından bu popülist eğilimi tamamen dışlamanın imkansızlığı da ifade ediliyor. Mesela Yeni Türkü'nün Wahayra adlı Çerkes şarkısını Türkçe ve Çerkes diliyle birlikte seslendirmesini bu bağlamda örnek veriyor.

Çerkes topluluğunda müzik ve dans konusunda duyarlılık göstererek bu konuda kültürel kimliklerinin korunması ve devam ettirilmesi noktasında bir şeyler yapan insanların geleceğe yönelik düşüncelerini besleyen şey sahip oldukları müzik ve dansın toplumsal hafızalarında yer edinmesidir. Buradan geleceğe daha da umutlu bakabildiklerini ifade etmektedirler. Modern hayatın getirdiği değişimler karşısında bir ifade ve direniş imkanı olarak görünen kültürel kodlardan müzik ve dans bugün olduğu gibi gelecek zaman içinde de Çerkes topluluğu için anlamını devam ettirecek gibi görünmektedir.

Sonuç

Bir kültürün, var oluş ve yaşam alanını tehdit eden unsurlar ortaya çıktığında ayakta kalabilmesi, kimliğini, kültürünü koruyarak devam ettirebilmesi, içinde bulunduğu koşullardaki üretici pratikleri ile mümkün görünmektedir. Bu durum göç bağlamında sürgün olarak adlandırılan yerde kültürünü devam ettirebileceği pratikleri geliştirmesiyle de alakalıdır. Müzik ve dans ise göç sürecinde ortak geleneğin en güçlü simgelerinden biri olarak ortaya çıkmaktadır. Araştırma esnasında elde ettiğimiz veriler göstermektedir ki Çerkes toplumu diasporada var olmak, kimliğini korumak ve devam ettirmek noktasında müziği bir tutunma noktası olarak ele almıştır. Hatta müzik ve dansın dilin unutulması karşısında daha önemli bir tutunma noktası haline geldiği ifade edilmiştir ki bu bize müzik ve dansın kültürü aktarma konusunda kritik yeri ve sahip olduğu gücü işaret etmektedir.

Görüşmecilerimizin belirttiği şekliyle diasporada Çerkes müzik ve dansı daha otantik haliyle icra edilmektedir. Bununla birlikte Çerkes müziğinin diasporada özellikle modern yaşam biçimlerinden etkilenerek devam ettiğini de görmekteyiz. Dolayısıyla sürgünde müzik ve dansa ne olur sorusu bağlamında popüler olanla ilişkisi dikkate değer bir konu haline gelmektedir. Çerkes müziğinin bugün bir eğlence kültürü ya da ideolojik yönlendirmeler ekseninde anlamını kaybetme riskini göz önüne aldığımızda çalışmamızda elde ettiğimiz veriler göstermektedir ki sürgün sürecinde dans ve müzik bir tutunma noktası olarak anlamlandırılmaktadır. Dolayısıyla bir bütün olarak diasporada müzik ve dansı bir strateji olarak ele almak yanlış olmayacaktır. Bu bağlamda dans(müzik) ve strateji birbirleriyle güçlü bir etkileşim içindedirler çünkü müzik ve dans hem birey hem de toplum için kültürel anlamda benlik duygusunu güçlendiren ve devam ettiren bir üretim alanı olarak ortaya çıkmaktadır.

Kaynakça

Ayas, G. (2015). *Müzik sosyolojisi: Sorunlar-Yaklaşımlar-Tartışmalar,* İstanbul: Doğu Kitabevi.

Bolhman, P. (2015). *Dünya Müziği,* Çev: Hakan Gür, Ankara: Dost Kitabevi.

Halbwachs, M. (1992). *On Collective Memory,* edited, translated and with anintroduction by Lewis A. Coser. Chicago and London University of Chicago Press.

Ihlamur-Öner, S.G. (2015). Ulus-Ötesi Göç Sürecinde Dini Ağlar ve Örgütler. Ihlamur-Öner, S.G ve Öner, A.Ş. (derl) *Küreselleşme Çağında Göç: Kavramlar, Tartışmalar.* İstanbul: İletişim Yayınları. ss: 309-335.

Kaya, Y. (2015). *Çerkesler 1: Tarih Mitoloji Gelenek,* İstanbul: Dahi Yayınları. (2015). *Çerkesler 3: Sürgün ve Soykırım,* İstanbul: Dahi Yayınları.

Öğüt, E.H. (2015, Aralık). Müzik Göçmenin Ne İşine Yarar? *Birikim,* ss: 72-77.

Özkul, D. (2015). Ulus-Ötesi Göç: Uluslararası Göç Yazınında Yeni Bir Paradigma. *Ihlamur-Öner, S.G ve Öner, A.Ş. (derl) Küreselleşme Çağında Göç: Kavramlar, Tartışmalar. İstanbul: İletişim Yayınları. ss:483-500.*

Saydam, A. (2010). Kırım ve Kafkas Göçleri (1856-1876), Ankara: Türk Tarih Kurumu Basımevi.

Online Kaynaklar

Çerkes Kültürü-Danslar, http://blog.milliyet.com.tr/cerkes-kulturu-danslar/Blog/?BlogNo=21556 (online erişim: 7.6.2016)

İnalcık, H. (2002). Kırım, *İslam Ansiklopedisi,* cilt:25, ss: 450-458. http://www.islamansiklopedisi.info/index.php?klme=K%C4%B1r%C4%B1m (online erişim: 7.06.2016)

Konuş, Ş. (2013). Samsun Kafkas Derneği 2011-2013 Faaliyet Raporu, http://samsuncerkesdernegi.com/faaliyet/#/Features%20Book/58 (online erişimi: 9.05.16)

Kuday, C. (2015). 1864- 21 Mayıs Çerkes Soykırımı, http://www.milliyet.com.tr/1864-21-mayis-cerkez-soykirimi-gundem-2062112/ (online erişim: 12.04.2016)

Vardar, N. (2012). Bir Göç Ağıdı: Yistambılakue, http://bianet.org/biamag/sanat/138456-bir-goc-agidi-yistambilakue (online erişim: 12.04.2016)

Şahıs Adlarından Hareketle Göç ve İskan Tarihi Çalışmalarına Bir Katkı: Cincife Nahiyesi Örneği

Yasin Dönder*, Alpaslan Demir**

Giriş

Timar sisteminin bir çıktısı olarak oluşturulan Tahrir defterleri; içerdiği demografik, ekonomik ve idari bilgiler sebebiyle; 15-16. yüzyıl şehir tarihi çalışmaları için en önemli başvuru kaynaklarından biridir. Bu doğrultuda, Tahrir kayıtlarından hareketle elde edilen göç verileri bir yerleşim yerinin 15-16. yüzyıldaki demografik yapısının aydınlatılmasında önemlidir. Yüzyıl içerisinde meydana gelen nüfus artışı ya da eksilişinin nedenlerini belirlemek ve sağlıklı çıkarımlar ortaya koyabilmek için iç ve dış göç verilerinin dikkatli incelenmesi gerekmektedir (Demir, 2011a, s. 53).

Tahrir defterlerindeki göçle ilgili verileri dolaylı ve doğrudan olmak üzere ikiye ayırmak mümkündür. Dolaylı verilere, toponomiyle ilgili bilgilerden ulaşılabilir. Mahalle ya da köy ismi olarak kullanılan Koçhisar, Erzurum, Tiflisi, Karamani, Erzincani, Engirilü (Ankaralı) gibi ifadeler, bu yerleşim yerlerinde yaşayanların yerleşim yerine ismi verilen bölgelerden geldiklerini gösterebilir. Diğer bir veri çeşidi ise, köy/mezralarda daha önceki tahrir verilerine göre ortaya çıkan ya da kaybolan nüfustur. Dolaylı olarak nitelendirilebilecek bu tür veriler göç eğilimini göstermesi açısından dikkate alınmalıdır. Fakat tahrir defterlerindeki esas göç verileri (doğrudan veriler) incelenen bölge açısından gelen göçler ve giden göçler olarak ikiye ayrılabilir. Çok yoğun olmasa da isimlerin yanına düşülen "der X", "gaib", "perakende olmuş" veya "birûnî" benzeri kayıtlar giden göçmenleri ifade eder. Gelen göçlere, yani bölgeye dışarıdan gelen göçlere dair veriler ise: a) Açık bir şekilde isimlerin üzerine düşülen notlar: "an X amed", "an karye-i X tabi'-i X", "an karye-i X", "an reaya-yı X"; b) İsimlerin altına düşülen kayıtlar: "Malatya", "Gergerî", "Erzincanî", "Şarkî"; c) İsimlerin altında baba adı olarak geçen kayıtlar "Halil veled-i Artukabadî", "Seydi veled-i Erzincanî"; d) Deftere düşülen kayıtlar; e) İlk defa çıkan gruplar olarak beş gruba ayırmak mümkündür (Demir, 2007; Demir, 2009; Demir, 2012; Demir 2015a; Gümüşçü, 2004).

Şahis Adları, Nüfus Hareketleri ve İskan

Bu çalışma, yukarıdaki yöntemlerden farklı bir yol izlenerek, dolaylı verilere örnek olabilecek şekilde, tahrirlerdeki şahıs adlarından yola çıkılarak nüfus hareketleri bağlamında bir bölgenin demografik yapısının tahliline katkı sağlamayı hedeflemektedir. Daha açık bir ifadeyle, şahıs adlarından hareketle göç/nüfus hareketleri konusunda çıkarımlar yapmak ve bu durumun bölgenin yerleşmelerine etkisini irdelemektir. Ayrıca, Osmanlı yerleşmeleri sakinleri ile oğul ve torunlarının

---

* Doktora Öğrencisi, Gaziosmanpaşa Üniversitesi Sosyal Bilimler Enstitüsü TOKAT, nesa1035@hotmail.com
** Doç.Dr., Gaziosmanpaşa Üniversitesi Fen Edebiyat Fakültesi Tarih Bölümü TOKAT, alpaslandemirtr@yahoo.com

Yazgan, P., Tilbe, F. (der.) (2016).
Türk Göçü 2016 Seçilmiş Bildiriler I.
London: Transnational Press London.

yüzyıl içerisinde bulundukları bölgede meskûn kalıp kalmadıkları, yerleşmelerde bir nüfus sirkülasyonu yaşanıp yaşanmadığı da incelenecektir (Benzer çalışmalar için bkz. Demir, 2015b; Demir, 2016a; Demir 2016b). Bu bildirinin konusunu oluşturan Cincife, 15-16. Yüzyıl idari yapılanması içerisinde Tokat kazasına bağlı sekiz nahiyeden biridir. Tokat-Niksar arasında bulunan Cincife nahiyesi, konum itibari ile Tokat'ın Karadeniz'e bağlantı yolu olan Tokat-Niksar-Akkuş-Ünye ana yolu üzerinde yer almaktadır.

1455 yılında Cincife nahiyesinde Cincife-i Büzürk, Cincife-i Küçük, Zazara, Boyalı, Sideni ve Bizeri köyleri olmak üzere 6 köy kayıtlıdır. Bu köylerin tamamı 1485 ve 1520 yılı tahrirlerinde de bulunmaktadır. Bu köylere ek olarak 1485 ve 1520 yıllarına ait tahrir defterlerinde geçen Elma Ağacı köyü ile, 1520 yılı tahririnde kaydedilen ve nüfus barındıran Selman Damı mezrası bulunmaktadır. Bu çalışmada şahıs isimlerinin okunuşundaki zorluk nedeniyle gayrimüslimler kapsam dışı bırakılmıştır. Dolayısıyla tamamı gayrimüslimlerden oluşan Bizeri köyü ve Cincife-i Büzürk'te Müslümanlar ile birlikte kaydedilen gayrimüslim şahıs adları değerlendirmeye alınmamıştır. Tahrir defterlerine göre Cincife nahiyesine bağlı köylerde, gayrimüslimler hariç, 1455 yılında 297, 1485 yılında 310 ve 1520 yılında 296 nefer kaydedilmiştir (BOA.TD. 2, s. 165-175; BOA.TD. 19, s. 27-33; BOA.TD. 79, s. 28-34).

Bir yerleşmenin tahrir defterleri arasındaki nefer sayısı farkı göç çalışması için ipucu teşkil eder. Ancak, nüfus iki, üç, dört kat arttı/azaldı veya % 50, % 100, % 150 arttı/azaldı gibi ifadeler değerlendirme sırasında tam olarak kullanılabilecek sağlıklı bir veri değildir. Özellikle başka bir bölgeyle kıyas yapılacağı zaman bu ifadeler doğru ve sağlıklı bir yoruma katkı sağlayamayabilir. Nitekim bölgeler arasında tahrirlerin tutuluş yılları farklı olabilir. Bu nedenle duruma yıllık nüfus artış hızı bazında bakmak daha doğru olacaktır. Daha önce yapılan çalışmalardan da hareketle (Demir, 2007; Demir, 2009; Demir 2011a; Demir 2011b) 15-16. yüzyılda Anadolu için ön görülen yıllık nüfus artış hızı %o (binde) 10-15 aralığındadır. Bir bölgenin yıllık nüfus artış hızının bu oranın altında veya üstünde olması ortada açıklanması gereken bir problemin varlığına delalet eder. Bu bildirinin konusunu teşkil eden Cincife nahiyesi köylerinin yıllık nüfus atış hızlarına bakıldığında, çoğu zaman eksi yönlü bir artış hızı bulunurken artı yönlü artışlar da çok düşük seviyelerde kalmıştır. Dolayısıyla demografik açıdan ortada bir problemin varlığı aşikardır. 1455 yılında köylerde kayıtlı 297 vergi neferi, yıllık nüfus artış hızının %o 10-15 aralığında olması gerektiği düşünüldüğünde, 1485 yılına gelindiğinde 400-480 aralığında olması gerekirken defterde %o (binde) 1,32 yıllık nüfus artış hızı ile 310 kişinin kaydedildiği görülmektedir. Benzer şekilde 1485 yılında defterde kayıtlı 310 nefer 1520 yılına gelindiğinde 450-530 nefer aralığında olması gerekirken %o -1,41 (eksi yönde) yıllık nüfus artış hızı oranı ile 296 nefer olarak kaydedilmiştir.

Genel olarak bakıldığında sadece yıllık nüfus artış hızlarına göre bölgenin demografik yapısında bir hareketliliğin olduğu ortadadır. Buradaki temel problem, bu durumun sadece köylerdeki reayanın başka taraflara göç etmesi ile alakalı olup olmadığıdır. İşte bu noktada problemin çözümü için tahrirlerde kayıtlı şahısların ve onların kardeşleri, çocukları veya torunlarının birbirini takip eden defterler arasında mevcut olup olmadığının belirlenmesi önemlidir. Bunun nasıl yapılabileceğine dair bir örnek olması hasebiyle Cincife-i Küçük köyündeki şahısların durumuna bakılabilir. 1455 yılında Cincife-i Küçük köyünde 32 vergi neferi var iken 1485 yılında bu sayı 29'a düşmüş ve yıllık nüfus artış hızı binde -4,3 (eksi yönlü) olarak gerçekleşmiştir. Bu durum görünürde köyden 3-5 kişinin eksilmesi ile oluşmuş olduğu izlenimini vermektedir. Fakat şahıs adları incelendiğinde durumun farklı olduğu ortaya çıkmaktadır. Öncelikle 1455 yılında kayıtlı 32 kişiden sadece 9'u bir sonraki tahrir dönemi olan 1485 yılına ulaşmıştır. Bir başka ifade ile 30 yıl sonra bu kişiler halen köyde yaşamlarını sürdürmektedir. Bu kişiler Süleyman veled-i İlyas, Meliki veled-i Davud, Salı veled-i Seyyid Ahmed, Ahmed veled-i Evliya, Şeyh Ahmed veled-i Börk, Bayezid veled-i Yakub, Ahmed veled-i Hasan, Şeyh Ali veled-i Hacı ve İbrahim veled-i Yahya'dır. 1455 yılında kayıtlı olan Hamza veled-i Şeyh Ömer, Şeyh Mahmud veled-i Salı, Hasan veled-i Beylü, İbrahim Fakih ve köyün imamı olan Yusuf Fakih'in isimlerine 1485 yılında rastlanmamakta fakat bu şahısların, baba adlarından anlaşıldığı üzere, çocukları (toplam 6 kişi) halen köyde yaşamlarını sürdürmektedir. Dolayısıyla bu 5 kişinin, çocuklarının halen aynı köyde olmaları nedeniyle, vefat etmiş oldukları açıkça söylenebilir. Bu nedenle 5 kişi hazırladığımız tabloda "1. tahrirdeki ilintili kişi (dede olarak)" sütununa kaydedilmiştir. 1455 yılı tahririne göre bir sonraki tahrirde isimleri bulunan 9 kişi ile kendileri hayatta olmayıp çocukları halen aynı köyde olan 5 kişi dışında kalan 18 kişinin 1485 tahririndeki şahıslarla bir akrabalık bağı bulunmamaktadır. Dolayısıyla bu kişiler hazırlanan tabloda "1. tahrirden 2. tahrire ilintili olarak ulaşmayan kişi" sütununa kaydedilmiştir. Bu 18 kişinin belki cüzi bir kısmı çocuk bırakmadan veya deftere kaydedilecek yaşa henüz ulaşmış çocuk olmadan bu köyde ölmüş olabilir ama büyük bir kısmının 1455 sonrası başka yerleşmelere gitmiş oldukları söylenebilir. 1485 yılındaki kayıtlara bakıldığında ise bir önceki tahrirde de ismi bulunan 9 kişinin bir kısmının çocuklarının köyde kaydedilmiş oldukları görülmektedir. Salı veled-i Seydi Ahmed'in Yar Ahmed ve Sadullah isimli çocukları mevcut iken, Meliki veled-i Davud'un Sultan Ahmed, Süleyman veled-i İlyas'ın Halil ve İlyas, Ahmed veled-i Evliya'nın Mihmad ve Evliya, Hasan veled-i Ahmed'in Hasan isimli çocukları bulunmaktadır. İlyas, Hasan ve Evliya örneklerinde olduğu üzere çocuklara dede ismi verme geleneğinin, isimler incelendiğinde, çok yaygın olduğu görülmektedir. 1485 tahririnde babaları ile yazılmış olan 8 kişi ile babaları vefat etmiş ama baba adlarından anlaşıldığı üzere halen aynı köyde kalmaya devam eden 6 kişi (toplam 14 kişi) hazırlanan tabloda "2. tahrirdeki ilintili kişi (oğul veya torun)" sütununa kaydedildi. Her iki tahrirde de olan 9 kişi, bunların 8 çocuğu ve babaları vefat etmiş ama halen aynı köyde kalan 6 kişi ile birlikte toplam 23 kişinin bir önceki tahrirle ilintileri bulunmaktadır. Dolayısıyla 1485 yılında kaydedilen 29 kişiden geri kalan 6 kişinin 1455 yılında kaydedilen kişilerle bir akrabalık bağı bulunmamaktadır. Bu nedenle bu kişilerin Cincife-i Küçük köyüne dışarıdan geldikleri söylenebilir. Bütün bu anlatılanlardan da anlaşıldığı üzere 1455 sonrası köyden giden önemli sayıda kişiye karşılık daha az sayıda göçmen gelmiş ve köyde meskun olmuştur. Bu durum "nüfus sirkülasyonu" yaşandığının bir göstergesidir (bkz. Tablo II).

Cincife-i Küçük örneğinde olduğu üzere, Cincife nahiyesine bağlı bütün köylerin toplam verileri aynı yöntem doğrultusunda değerlendirildiğinde ortaya çıkan tablo şu şekildedir. Cincife nahiyesinde kayıtlı Müslüman vergi neferi 1455 yılında 297 ve 1485 yılında 310'dur. Bu dönemde yıllık nüfus artış hızı %o 1,32 olmuştur. Görünürde bir nüfus artışı olmasına karşın aslında yıllık nüfus artış hızının %o 10-15 aralığı esas alındığında 400-480 arası bir vergi nüfusu bulunması gerekirken bu sayı 310'da kalmıştır. Bu durum bu köylerden bir nüfus göçünün yaşandığını açıkça gösterir. Fakat, isimler incelendiğinde köylerden giden nüfusun aslında çok daha fazla olduğu ortaya çıkmaktadır. Nitekim 1455 yılında kaydedilen 297 kişiden sadece 57'si 1485 yılına ulaşmıştır. Bir başka ifade ile 1455 yılında defterde kayıtlı olanlardan 57'si 1485 yılında halen kayıtlı oldukları köylerde yaşamlarını sürdürmektedir. 60 kişi ise bir sonraki tahrire ulaşamamış olmasına karşın bu kişilerin oğul ve torunları halen bu köylerde ikamet etmektedir. Bu nedenle bahsi geçen 60 kişinin vefat etmiş olduğu rahatlıkla söylenebilir. Ama asıl ilginç olan 1455 yılında kayıtlı olanların yaklaşık %61'inin (180 nefer) bir sonraki tahrirle akrabalık ilişkisi bağlamında hiçbir bağı kalmamasıdır. Bunlardan cüzi bir kısmının öldüğü varsayılabilir, fakat önemli bir kısmı bu köylerden göç etmiş olmalıdır. 1485 yılında kaydedilen 310 neferden 57'si bir önceki tahrirde de kayıtlı olup, 108'i ise bir önceki tahrirle akrabalık bağı ile (kardeş, oğul veya torun) bağlıdır. 1485 yılında kaydedilenlerin %47'sinin (145 kişi) bir önceki tahrirle hiçbir şekilde bağı yoktur. Dolayısıyla bu kişilerin adı geçen köylere 1455 sonrası dönemde geldiği söylenebilir. Nitekim 1485 yılında ilk defa kaydedilen ve 6 vergi neferi bulunan Elma Ağacı köyü sakinlerinin daha önceki tahrirde kayıtlı olanlar ile akrabalık bağlarının bulunmaması bu kişilerin Cincife nahiyesi dışından göç etmek suretiyle geldiklerini göstermektedir (bkz. Tablo I).

Tablo I: Cincife Nahiyesi Köylerindeki Şahısların 1455-1520 Arası Toplam Durumu

Tahrir Dönemleri	Nefer	Cincife-i Büzürk; Cincife-i Küçük; Zazara; Boyalı; Sideni; Elma Ağacı; Selman Damı					
		Yıllık Nüfus artış Hızı %o (binde)	1. tahrirden 2. tahrire ilintili olarak ulaşmayan kişi	1. tahrirdeki ilintili kişi (dede olarak)	Her iki tahrirde de ismi bulunan kişi	2. tahrirdeki ilintili kişi (oğul veya torun)	1. tahrirle ilintisi olmayan kişi
1455	297	1,32	180	60	57	108	145
1485	310						
1485	310	-1,41	184	72	54	144	98
1520	296						

1485-1520 aralığında ise bu durum çok daha belirgindir. 1485 yılında 310 olan vergi nüfusu 1520 yılında, daha önceki tahrirlerde kayıtlı olmayan, Selman Damı mezrasının 7 kişilik göçmen reayasının da katılmasına rağmen %o -1,41 (eksi yönlü) yıllık nüfus artış hızı ile 296 olmuştur. Normalde %o 10-15 hesabıyla bu sayı 450-530 aralığında olmalıydı. Dolayısıyla bu köylerin önemli oranda nüfus kaybettiği aşikardır. 1485 yılında kaydedilen 310 neferden sadece 54'ü 1520 yılına ulaşmıştır. Ölmüş olmaları kuvvetle muhtemel 72 neferin ise kardeş, oğul veya torunlarından müteşekkil 144 nefer halen köylerde meskun durumdadır. 310 kişiden yaklaşık %60'ının (184 kişi) 1520 yılı tahriri ile hiçbir bağı kalmamıştır. Bunların bir kısmının ölmüş olduğu düşünülebilir, fakat önemli bir kısmı kesinlikle köyleri terk etmiştir. 1520 yılında kayıtlı 296 kişiden % 33'ünün (98 kişi) bir önceki tahrirle bağı olmadığından bu köylere 1485 yılı sonrası yerleştikleri ifade edilebilir (bkz. Tablo I). Ayrıca halen hayatta bulunanlar dışındakilerin tamamı bir sonraki defterde kayıtlı olanlar ile kıyaslanmış ve Cincife nahiyesi dışındaki bölgelere göç ettiği düşünülen reayanın nahiye içerisindeki diğer köylerde olmadığı tespit edilmiştir.

1455-1520 aralığında Cincife nahiyesini de kapsayan bu havalide önemli siyasi gelişmeler yaşanmıştır. Akkoyunlu hükümdarı Uzun Hasan tarafından gönderilen 30 bin kişilik kuvvet 1472 yılında Tokat'ı yakıp yıkmış ve çevre bölgelerde tahribat yapmıştır. Tahribat'ın boyutu Tokat şehir nüfus bilgilerinden de anlaşılabilir. 1455 tahririne göre Tokat merkezinde 3065 nefer kayıtlı iken 1485 tahririnde bu sayı 1887 olarak kaydedilmiştir (Demir, 2012, s. 88). 1510-1511 yıllarında süregelen Şah Kulu ayaklanması (Emecen, 2010, s. 284-286) Antalya ve çevresinde başlasa da Alevi-Türkmen desteği nedeniyle Tokat, Sivas ve çevresini de etkiledi. Bu isyandan yaklaşık bir yıl sonra 1512 yılında Tokat, Sivas, Amasya ve Çorum bölgesinde Nur Ali Halife ayaklanması meydana gelmiş ve isyancılar Tokat'ı ele geçirip Şah İsmail adına hutbe dahi okutmuşlardır. Fakat Tokat halkının muhalefete geçmesi üzerine şehri yakıp Erzincan'a çekilmişlerdir. 1519 yılında Tokat civarında Turhal halkından olan Bozoklu Şeyh Celal mehdilik iddiasıyla bölgede özellikle Alevileri ayaklandırmış ve yaklaşık 20 bin kişi ile Osmanlı Devleti'ne karşı gelmiştir. Başarılı olamayacağını anladığında Safevilere sığınmak üzere hareket etmiş fakat Erzincan yakınlarında öldürülmüştür. Bu isyanın hemen akabinde Bozoklu Şeyh Celal'in müridi Şeyh Veli 1519 yılında ayaklanmış ama devlet kısa sürede ayaklanmayı bastırmıştır (Üzüm, 2002, s. 550).

Sonuç

İsimlerden hareketle, Cincife nahiyesinde bir nüfus hareketliliği olduğu anlaşılmaktadır. Cincife'ye bağlı köyleri terk ederek ayrılan önemli oranda nüfusa karşılık bölgeye yine önemli oranda göçmen gelmiştir. Dolayısıyla bu bölgede bir **nüfus sirkülasyonu** yaşandığı rahatlıkla söylenebilir. Bir başka ifade ile kırsalda dikkat çekici bir nüfus hareketi bulunmaktadır. Bu durum da Osmanlı Devleti'nin bir politikası olan raiyyet ve raiyyet oğullarını bulundukları yerlerde tutma politikasının (mevcut çalışmalarımıza göre) pek de işe yaramadığını göstermektedir. Yaptığımız diğer çalışmalar da göz önüne alındığında Osmanlının en güçlü olduğu dönemlerde bile özellikle doğudan batıya doğru bir nüfus kayması söz konusudur. Cincife nahiyesi de ana yol üzerinde bulunmasının da etkisiyle bu nüfus sirkülasyonunun yaşandığı bölgelerden biri olmuştur. Bölgede yaşanan siyasi hadiseler de bu olguyu tetiklemiştir. Nitekim, Akkoyunlu hükümdarı Uzun Hasan tarafından gönderilen 30 bin kişilik kuvvetin 1472 yılında Tokat'ı yakması ve çevre bölgelerde tahribat yapması, 1510-1511 yıllarında süregelen Şah Kulu ayaklanması, 1512 yılında Tokat, Sivas, Amasya ve Çorum bölgesinde Nur Ali Halife ayaklanması, 1519 yılında Tokat civarında Bozoklu Şeyh Celal ayaklanması ve hemen akabinde Bozoklu Şeyh Celal'in müridi Şeyh Veli ayaklanması bu bağlamda değerlendirilebilir.

Kaynakça

I- Yayımlanmamış Arşiv Kaynakları:

İstanbul Başbakanlık Devlet Arşivleri Genel Müdürlüğü Osmanlı Arşivi: (BOA.TD.)
- Tahrir Defterleri No: 2, 19, 79.

II- İncelemeler:

DEMİR, Alpaslan (2007). *16. Yüzyılda Samsun-Ayıntab Hattı Boyunca Yerleşme Nüfus ve Ekonomik Yapı*. Ankara Üniversitesi Sosyal Bilimler Enstitüsü. (Basılmamış Doktora Tezi).

DEMİR, Alpaslan (2009). 16. Yüzyılın İlk Yarısında Diyarbakır Şehir Demografisine Göçlerin Etkisi. *Bilig*. 50, 15-28.

DEMİR, Alpaslan (2011a). XVI. Yüzyıl Anadolusunda Dış Göçler: Şarkiyan. *Karadeniz Araştırmaları*. 28, 51-66.

DEMİR, Alpaslan (2011b). XVI. Yüzyılda Koğans Nahiyesi: Nüfus ve Yerleşme. *History Studies International Journal of History*. 3/2, 125-145.

DEMİR, Alpaslan (2012). XV. Yüzyılın İkinci Yarısında Tokat Şehrinde Göçmenler. *Tokat Sempozyumu Bildirileri*. 1, 83-97.

DEMİR, Alpaslan (2015a). 15-16. Yüzyıl Göçlerinin Osmanlı İskan Yapısına Etkisi. *Tarih Araştırmaları Dergisi (TAD)*. 34/58, 563-581.

DEMİR, Alpaslan (2015b). Şahıs Adlarından Hareketle Nüfus Hareketleri ve İskan Tarihi Çalışmalarına Bir Katkı: Sivas Kazası Örneği. *Altay Toplulukları Sempozyumu*. 20-22 Temmuz 2015 Antalya, Basılmamış Bildiri.

DEMİR, Alpaslan (2016a). XV-XVI. Yüzyıllarda İnebazarı Şahıs Adları Üzerine Bir Değerlendirme. *Rodosto'dan Süleymanpaşa'ya Tekirdağ*. Kitabevi Yay. İstanbul, 429-436.

DEMİR, Alpaslan (2016b). Şahıs Adlarından Hareketle Nüfus Hareketleri ve İskan Tarihi Çalışmalarına Bir Katkı: Karahisar-ı Behramşah Nahiyesi Örneği. *Uluslararası Bozok Sempozyumu*. 5-7 Mayıs 2016 Yozgat. Basılmamış Bildiri.

EMECEN, Feridun (2010). Şahkulu Baba Tekeli. *TDVİA*. 38, 284-286.

GÜMÜŞÇÜ, Osman (2004). Internal Migration in Sixteenth Century Anatolia. *Journal of Historical Geography*. 30/2, 231-248.

ÜZÜM, İlyas (2002). Kızılbaş, *TDVİA*. 25, 546-557.

Tablo II: Cincife Nahiyesi Köylerindeki Şahısların 1455-1520 Arası Ayrıntılı Durumu

Cincife-i Büyük

Tahrir Dönemleri	Nefer	Yıllık Nüfus artış Hızı ‰ (binde)	1. tahrirden 2. tahrire ilintili olarak ulaşmayan kişi	1. tahrirdeki ilintili kişi (dede olarak)	Her iki tahrirdede ismi bulunan kişi	2. tahrirdeki ilintili kişi (oğul veya torun)	1. tahrirle ilintisi olmayan kişi
1455	141	1,38	92	28	21	42	85
1485	148						
1485	148	-1,98	95	32	21	69	49
1520	139						

Cincife-i Küçük

Tahrir Dönemleri	Nefer	Yıllık Nüfus artış Hızı ‰ (binde)	1. tahrirden 2. tahrire ilintili olarak ulaşmayan kişi	1. tahrirdeki ilintili kişi (dede olarak)	Her iki tahrirdede ismi bulunan kişi	2. tahrirdeki ilintili kişi (oğul veya torun)	1. tahrirle ilintisi olmayan kişi
1455	32	-4,3	18	5	9	14	6
1485	29						
1485	29	-5,2	14	7	8	10	7
1520	25						

Zazara

Tahrir Dönemleri	Nefer	Yıllık Nüfus artış Hızı ‰ (binde)	1. tahrirden 2. tahrire ilintili olarak ulaşmayan kişi	1. tahrirdeki ilintili kişi (dede olarak)	Her iki tahrirdede ismi bulunan kişi	2. tahrirdeki ilintili kişi (oğul veya torun)	1. tahrirle ilintisi olmayan kişi
1455	56	-7,85	37	11	8	18	19
1485	45						
1485	45	-8,6	31	5	9	15	10
1520	34						

Boyalu

Tahrir Dönemleri	Nefer	Yıllık Nüfus artış Hızı ‰ (binde)	1. tahrirden 2. tahrire ilintili olarak ulaşmayan kişi	1. tahrirdeki ilintili kişi (dede olarak)	Her iki tahrirdede ismi bulunan kişi	2. tahrirdeki ilintili kişi (oğul veya torun)	1. tahrirle ilintisi olmayan kişi
1455	27	5,49	12	6	9	14	10
1485	33						
1485	33	6,06	11	13	9	24	9
1520	42						

Sideni

Tahrir Dönemleri	Nefer	Yıllık Nüfus artış Hızı ‰ (binde)	1. tahrirden 2. tahrire ilintili olarak ulaşmayan kişi	1. tahrirdeki ilintili kişi (dede olarak)	Her iki tahrirdede ismi bulunan kişi	2. tahrirdeki ilintili kişi (oğul veya torun)	1. tahrirle ilintisi olmayan kişi
1455	41	5,15	21	10	10	20	19
1485	49						
1485	49	-2,38	28	14	7	25	14
1520	46						

Elma Ağacı

Tahrir Dönemleri	Nefer	Yıllık Nüfus artış Hızı ‰ (binde)	1. tahrirden 2. tahrire ilintili olarak ulaşmayan kişi	1. tahrirdeki ilintili kişi (dede olarak)	Her iki tahrirdede ismi bulunan kişi	2. tahrirdeki ilintili kişi (oğul veya torun)	1. tahrirle ilintisi olmayan kişi
1455							
1485							
1485	6	-23,92	5	1	0	1	2
1520	3						

Abbasi Bağdat'ının Kuruluşunda Göçün Rolü

Mustafa Hizmetli[84]

Giriş

Hz. Muhammed'in Medine'ye hicretten sonra orada kurduğu İslam devleti Dört halife döneminden sonra Emeviler hanedanının idaresine geçmişti. Emevilere karşı başlayan hoşnutsuzluğu yönetme başarısını gösteren Hz. Muhammed'in amcası Abbas'ın soyundan gelenler iktidarı devraldılar. Emevi iktidarına karşı olan ancak farklı beklentilere sahip çok sayıda hizbi aynı hedefe odaklamak Abbasileri bekleyen en önemli görevdi. Bu yüzden de es-Seffah'tan sonra gelen ikinci Abbasi Halifesi Ebû Cafer el-Mansûr'u bekleyen en önemli görev kendi amaçları için harekete katılan farklı çıkar gruplarının uzlaştırılmasıydı. İlk Abbasi halifelerinin kendilerini bütün gruplar nezdinde meşrulaştırmak için seçtikleri yol, imparatorluk ideolojisini İran unsurlarının kaygılarını giderecek şekilde genişletmekti. Bu yüzden bir yandan Sünni ve Şiî Müslüman kitleyi hoşnut etmek için Hz. Muhammed'in soyundan olduklarını ifade ederken öte yandan Babillilerden Sasanilere kadar Irak ve İran'daki eski imparatorlukların varisleri olduklarını ilan ettiler. Böylelikle Sasani kültürünü Abbasi potasına katabildiler. Bu politikanın mimarı da el-Mansûr'du (Gutas, 2015: 38-39). Söz konusu politikanın en iyi yansımalarından biri de yeni başkentin kurulmasıdır. Bağdat'ın yerinin seçiminden dairevi planına, hatta buraya yerleştirilen gruplara kadar yeni devletin kurucu ideolojisinin etkileri gözlenebilmektedir. Merkezinde halifenin Sarayı ile devlet dairelerinin bulunduğu dairevi planda devletin bütün gruplara eşit mesafede olduğunu göstermeyi amaçlamıştır. Mansûr, şehrin inşası için de ülkenin dört bir yanından meslek ve sanat erbabının getirilmesini sağlamıştı. Sayılarının yüz bini bulduğu rivayet edilen bu meslek ve sanat erbabı arasında Haccac b. Ertat ve Ebu Hanife Numan b. Sabit de bulunmaktaydı (Taberi, IV: 459; Bağdadi, I: 66-67; Hamevi, I: 458). Bu yüz bin işçinin önemli kısmının inşaattan sonra Bağdat'ta kalmayı seçtiği düşünüldüğünde, Abbasi başkentinin ülkenin dört bir yanından göç alarak kurulduğu anlaşılır.

Bu işgücü göçünün yanında başkente bir de beyin göçünden söz etmek gerekir. Yalnızca Dört büyük Sünnî mezhebin kurucularından üçünün -Malikî mezhebi imamı İmam Malik Medine'de yaşamıştır- Bağdat'ta yaşadığı dikkate alınırsa bu şehrin ülkenin dini, fikri ve sosyal yapısındaki yeri anlaşılabilir. Hanefi mezhebi imamı İmam-ı Azam Ebu Hanife'nin şehrin inşasında çalışmak üzere Bağdat'a gelişinden az önce söz edildi. Şafiilerin imamı Muhammed b. İdris eş-Şafiî de Medine'den sonra Bağdat ve Kahire'de eğitim görmüştür. İmam Şafiî'nin talebesi Hanbelilerin İmamı Ahmed b. Hanbel de Bağdat'ta yaşamıştır.

Özellikle halifelerin ve ileri gelen devlet adamlarının himaye ve teşvikleriyle Bağdat İlmi, kültür ve sanatta ülkenin cazibe merkezi haline gelmiş, söz konusu alanlarda pek çok önemli sima Bağdat'a gelerek burada yetişmiştir. Sadece Bağdat'ta bu sahalarda yetişen şahsiyetlerin isimlerini saymak bile ortaya çıkan birikimin büyüklüğünü ifadeye yeterlidir.

---

[84] Doç. Dr., Bartın Üniversitesi, Edebiyat Fakültesi.

Yazgan, P., Tilbe, F. (der.) (2016).
Türk Göçü 2016 Seçilmiş Bildiriler I.
London: Transnational Press London.

Bağdat'ın kuruluşu ve göçler

İlk İslâm fetihlerinin ardından askeri ve idari merkezler olarak yeni şehirler kurulmuş ve bunlara Arapların göç ettiği şehirler anlamında *daru'l-hicre* adı verilmiştir. Kûfe, Basra, Fustat, Kayrevan bu nitelikte şehirlerdir. Hükümet tarafından merkezi bir planla askeri mülahazaları ve kabile gruplarını esas alarak kurulan bu şehirlerde cadde ve sokakların merkezinde Cuma mescidi, bitişiğinde çarşı ve daru'l-imâre yer alıyordu.[85] Halife gerekli gördüğü yeni merkezlere göçü destekliyordu. *Daru'l-hicre*'nin artan ihtiyaçları çok sayıda sanatçı, zanaatkâr ve işçinin gelmesine sebep oldu; tüccarlar da buralarda geniş iş imkânları buldular. Kendisinden önce kurulan yukarda niteliklerini sıraladığımız şehirlerin *daru'l-hicre* olarak kurulmasına karşın, Bağdat yeni ideolojiyi sembolize eden halifeliğin merkezi olan bir *daru'd-dava* idi. İdari ve askerî bir merkez olarak kurulan bu şehir ana ticaret yollarının üzerinde bulunuyordu. İçerisinde eşrafın evleri, birkaç mevali, divânlar ve hazinenin (*beytülmâl*) bulunduğu Dairevi Şehir, Bağdat'ın özünü oluşturuyordu. Şurta sorumlusu, baş muhafız ve cephanelikler içteki dairedeydiler. Kumandanlar da bu dairenin etrafında iki ana duvarın arasında bulunuyordu. Esas yaşanılan yerler surun dışındaydı ve dört ana bölgeye (*rub'-erba'*) ayrılmışlardı. Her birinin kendi pazarı vardı ve Sarat kanalıyla Dicle (*Tigris*) arasında kuzeye doğru uzanıyordu. Katia, kumandanlara, sahâbeye ve mevaliye verilmişti. Banliyöler (*rabaz-arbaz*) ise askerlere ve diğer kesimlere ayrılmıştı. Hepsinin kendi pazarları vardı (Dûrî, 1991:66).

Bu plan İslâmî idealleri, Arap kavramlarını ve bazı Doğu geleneklerini somutlaştırıyordu. Dairevi Şehir (*Medinetü'l-Müdevvere*) başta halifenin sarayı dâru'l-hilafe olmak üzere, devlet daireleri, muhafızların ve şurta sorumlusunun yerlerini bünyesinde barındırıyordu. Halife el-Mansûr, bunların etrafındaki rabazlarda mevalisine, komutanlarına, iktâlar verdi. Yerleşim planına baktığımızda orduya kuzey ve kuzey batıdaki bölgelerin, zanaatkârlar ve tüccarlara ise Sarat'ın altındaki kısımların verildiğini görürüz. Halife, orada binalar yapmalarını emretti. Sokak ve mahallelere komutanların, ileri gelenlerin veya oraya yerleşen belde halkının adlarının verilmesini emretti (Taberî, VIII: 39; Yakubî, II: 374; El-Büldân, 31, 44; El-Hamevî, I: 460- IV: 376; El-Bağdadî, I: 99, 106; İbnü'l-Fakih: 294). Etnik kökenler ise ayrı bir kapsamda yer alıyordu. Harbiyye'de genellikle İranlılar ve Semerkand civarından gelen gruplar oturuyordu. Baş muhafız Abdullah b. Harb rabazı vardı. Sonra Merv halkından el-Mansûr'u destekleyenlerin rabazı vardı. Horasanlılar Şam Kapısı tarafındaki rabazlara yerleşmişlerdi. Bunlar arasında Belh, Huttel, Buhara, İsbişab, İstahnec, Kabilşah ve Harezmliler vardı. Her belde halkının bir komutanı ve başkanı vardı. Dairevî Şehir'in kuzey tarafında köle (*rakik*) rabazı vardı. Orada Ebu Cafer el-Mansûr'un köleleri vardı. Onun yakınında Kirmanlılar rabazı vardı. Sonra Soğdluların iktâsı, sonra Sameğaniyye[86] ve Faryab[87] halkının iktâları vardı. Şehrin doğusunda ise Horasan Kapısından başlayan çeyrekte *(rub')* Cürcanlıların, Afrikalıların, Deylemlilerin ve Bağlıların (Bağiyyin) iktâları bulunuyordu (Yakubî: 40-41; Taberî, VIII: 147, 411, 412, 423, 497; Dûrî: 66).

Bağdat'ta mevalilerin varlığıyla ilgili olarak *"derbi'l-mevâlî"* isimli bir mahallenin bulunduğunu söylemek yeterlidir (El-Bağdadî, III: 320, V: 84). El-Mansûr'un iktâ

---

[85] Bu şehirler üç ayrı merkezden oluşuyordu: Sosyo-politik bir merkez olan ana mescit; Yönetim merkezi olan darü'l-imare ve iktisadi bir merkez olan çarşı (Dûrî, 1991: 140).

[86] Sameğan: Taberistan sınırında Cebel bölgesinin vilayetlerindendir (El-Hamevî, III: 390).

[87] Faryab: Horasan'da Belh'in batısında meşhur bir şehirdir El-Hamevî, IV: 229).

verdiği bu kimseler devlet ve ordu hizmetlerine katılıyordu. Ayrıca Araplardan Bağdat'a davet edilenler veya göç edenler de vardı. El-Mansûr, bunlar arasından taraftarlarına-ailesine (*ehli beytine*) iktâlar vermiş ve onlar için vasiyette bulunmuştur (Yakubî: 37-40; El-Bağdadî, I: 106). El-Mansûr'un arkadaşları (*ashâb*) ve yardımcılarının (*ensâr*)-Taberî bunları hâssa olarak isimlendirir- sayısı 700 kişi (*racul*) dir. El-Mansûr onlara Basra Kapısı'na bakan aşağı Sarat Nehri'nin kıyısında "katiatu's-sahâbe" yi iktâ olarak vermişti. Bunlar Kureyş dışındaki Arap kabilelerine, Ensâr'a, Rebia, Mudar ve Yemen kabilelerine mensuptu. Sarat ve Hendek arasında ise Yemen Araplarının evleri yer alıyordu. Kûfe Caddesi ile Suriye Kapısı arasında Kahâtibe evleri bulunuyordu. Böylece Araplar güneyde, özellikle Basra Kapısı civarında ve kısmen de şehrin batısında yerleşmişlerdi. El-Mansûr, oğlu el-Mehdî için de taraftarlarından (*ehl-i beyt*) yardımcılar (*ensâr*) tayin etmiş, onlara maaş bağlamıştır (El-Bağdadî, I: 105-106; Yakubî: 33; Taberî, VIII: 37, 64-65, 96, 203; Dûrî: 66). Yakubî, Araplardan Kûfe, Basra, Vâsıt gibi şehirlerden göç ederek Bağdat'a gelenlerden söz ediyor. Onlar arasında Arapların ileri gelenlerinin seçkinleri, zengin tüccarlar da bulunuyordu (Taberî, VIII: 38; Yakubî: 18).

Bağdat'ta maddi farklılıklar sonucunda, yaşam standardında farklı beklentiler ortaya çıkmıştı. Göçler ve ticarî hareketlilik sonucunda, Bağdat'ta ırklar ve halklar çeşitlendi. Ülkenin yakın uzak bütün bölgelerinden pek çok insanın göç ettiği Bağdat'ta, her belde halkının kendine mahsus mahallesi ve çarşısı vardı. Bağdat'ın inşası için hemen her şehirden sanatkârlar dört bir yandan oraya geldiler (Yakut, IV: 24). Her sanat ve meslek erbabı veya hemşeriler kendi isimleriyle bilinen bir mahalle veya sokakta toplanmıştı. Her türlü malın ticaretinin yapıldığı Babü'ş-Şam çarşısında Belhliler, Mervliler, Huttelliler, Buharalılar, Kabilşahlılar ve Harezmliler toplanmıştı (Yakubî: 20-21). Tüsterliler Kerh çarşılarında toplanmışlar ve Tüster elbiseleri imalatında uzmanlaşmışlardı. Oturdukları mahalle de Tüsterliler Mahallesi olarak biliniyordu (El-Hamevî, II: 31; Le Strange: 97-98). Mahalle, cadde ve sokaklar orada oturan veya çalışan meslek sahiplerinin adlarını taşıyordu: Derbi'l-Akfas (*kafesçiler sokağı*) ve Derbi'l-Kassarîn (*çömlekçiler sokağı*), Kâğıtçılar, demirciler caddeleri, Derbi'l-esâkife (*ayakkabıcılar sokağı*), fildişiciler, yağcılar, sucular sokakları, manifaturacılar ve kasaplar mahalleleri, sabuncular, mızrakçılar (*ashabul- kına*) mahalleleri, katrancı-ziftçiler ve lokantacılar caddeleri gibi (Yakubî: 19, Taberî, V: 131, 412; El-Bağdadî, I, 81, 113; Cehşiyarî: 289; İbnü'l-Fakih: 299-300). İsâ Nehri civarında yağcılar, nar ve üşnan (*çöven*) satıcıları oturuyordu. Mesleğe, iskâna, aşiret ve kabileye dayalı bu toplanmaların sonucu olarak Bağdat şehrinde sosyal gruplaşma ve tabakalaşmalar ortaya çıkmıştı (El-Bağdadî, I: 111-112).

Beyin göçü ve kültürel dönüşüm

Abbasi devrimi, Bağdat'ın kuruluşu sonucu hilafet merkezinin Irak'a taşınması gibi faktörler Arap imparatorluğunun kültürel yönelimini baştanbaşa değiştirdi. Bağdat'ta Şam'daki Bizans tesirinden uzakta, Irak nüfusunun bütünüyle farklı demografik yapısına dayalı çok kültürlü yeni bir toplum yapısı ortaya çıktı. Bu toplum şu unsurlardan oluşmaktaydı:

a. Hıristiyanlar ve Yahudiler: Aramca konuşuyorlar ve yerleşik nüfusun çoğunluğunu oluşturuyorlardı.

b. İranlılar. Farsça konuşuyorlar ve daha çok şehirlerde yoğunlaşmışlardı.

c. Araplar: Kısmen yerleşik hayata geçmiş ve Hıristiyanlığı benimsemiş veya kısmen göçebe kalmışlardı.

Başkent Bağdat'ın dışındaki Müslüman Araplar Musul ve Sevad'ın yanı sıra Kûfe, Basra, Vâsıt gibi kendi kurdukları garnizon şehirlerinde yaşıyorlardı.

Şam'ı yönetim merkezi yapan Emevilerin idarede bölgedeki Bizanslılara ve Hıristiyan Araplara bel bağladıkları gibi, Abbasiler de Bağdat'taki İranlılara, Hıristiyan Araplara ve Aramilere bel bağlamak durumundaydılar. Helenleşmiş bir kültüre sahip bu halklar arasında Şam'daki Ortodoks Hıristiyan Bizans çevrelerinin Yunan bilim düşmanlığı görülmediğinden Yunan mirasının korunması bunlar eliyle sağlanacaktı. Sonuçta hilafet merkezinin Yunanca konuşulan Şam'dan Yunanca konuşulmayan Irak'a taşınması Bizanslıların neredeyse kökünü kuruttukları Yunan kültür mirasının himayesi sonucunu doğurmuş oldu (Gutas, 2015: 30-31).

Çeşitli dillerden Arapçaya yapılan tercümelerin İslam medeniyet tarihinde önemli ve ayrı bir yeri vardır. Abbasiler döneminde sistematik olarak sürdürülen bu faaliyetlerde Hint ve İran menşeli eserler tercüme edildi. Peki, bu faaliyetlerde kimler rol aldı?

Hellenizmin iki büyük merkezinden biri olan Cündişapur akademisindeki Süryaniler, Hintliler, Harranlılar ve Nabatiler Halife Harunürreşid ve Bermekîlerin teşvikiyle bir araya gelerek bir ilmi faaliyet başlattılar. Bunun sonucunda Yunanca, Pehlevice, Latince, Sanskritçe, Nabatice ve Süryanice yazılmış birçok eser Arapçaya çevrildi. Bu faaliyetler sonucu Arapça bilim ve felsefe dili haline geldi (Özaydın, I: 437).

Abbasiler dönemi mütercimlerini Birinci dönem mütercimleri (başlangıçtan el-Mansûr dönemine kadar) ve İkinci dönem mütercimleri (Me'mûn ve sonrası dönem) şeklinde ayırmak bir gelenek halini almıştır. İlk dönem tercümeleri daha çok insanların günlük hayatlarında faydalanacakları tıp, matematik, astronomi gibi ilimlerden ibaret kalmıştır. Bu dönemin çoğunluğu gayri müslimlerden oluşan mütercimleri İbnü'l-Mukaffa'(ö. 759), oğlu Abdullah İbnü'l-Mukaffa' ve Yuhanna b. Bıtrîk (ö. 815) idi. İkinci dönem mütercimleri Cibrail b. Buhtîşû' (ö. 828), İbn Naima el-Hımsî (ö. 845), Huneyn b. İshak (ö. 260/873), İshak b. Huneyn (ö. 910), Sabit b. Kurre el-Harranî (ö. 288/901), Kusta b. Luka(ö. 912), Ebu Osman ed-Dımaşkî (ö. 914), Mattâ b. Yunus (ö. 940), Yahya b. Adî (ö. 975), İbn Zür'a (ö. 1008), İbnü'l-Hammâr (ö. 1019)'dır (Vural, 2016: 73, 75; Hodgson, 1993: 252-253).

İlim ve kültürün halifeler ve devlet adamları tarafından himaye edilmesi çok sayıda bilim adamı ve mütercimin Bağdat'a akın etmesi sonucunu doğurmuş, şehirdeki kâğıtçı ve kitapçıların sayısı artmış, edebi münazara ve toplantılar çoğalmıştır. Halk arasında da kitaplara ve içerdikleri ilimlere karşı merak ve ilgi ortaya çıktı. Zamanla Müslümanlar sadece tercümeyle yetinmemeye, gerek dini gerekse din dışı ilimleri sistematik olarak ele alarak araştırmaya başladılar. Bütün bu faaliyetler sonucunda büyük âlim, filozof, düşünür ve edipler yetiştiren Bağdat dini ve dindışı ilimler için önemli bir merkez haline geldi.

Bağdat'ta yetişen bu şahsiyetler arasında cebirin kurucusu olarak kabul edilen Muhammed b. Musa el-Harizmî (ö. 235/850), İlk İslam filozofu Kindî, Astronomi âlimi Fergânî(ö.247/861'den sonra), Ebu Maşer el-Belhî (ö. 272/886), tabip ve riyaziyeci Sabit b. Kurre el-Harranî, tabip, kimyacı ve filozof Ebu Bekir er-Razî (ö. 313/925), Astronomi âlimi el-Bettânî (ö. 317/929), İslam felsefesinin en ünlü simaları Farabî (ö. 339/950) ve İbn Sina (ö. 428/1037), matematik, astronomi, coğrafya, jeoloji, eczacılık vb. sahalardaki geniş bilgisi ve araştırıcı zihin yapısıyla Bîrûnî (ö. 443/1051) ve çok yönlü bir ilim ve tefekkür şahsiyeti Gazzâlî (ö. 505/1111) gibi âlimler, Cahiz (ö. 25/869), İbn Kuteybe (ö. 276/889) ve Müberred (ö. 285/898) gibi edipler, Vâkıdî (ö. 823), İbn Tayfûr (ö. 893), Taberî (ö. 923), Hatîb el-Bağdadî (ö. 1071), İbnü'l-Cevzî (ö. 1201) gibi tarihçiler sayılabilir (Özaydın, I: 437-440; Hodgson, 1993: 252-253).

a. Sonuç

Abbasilerin ideolojik mülahazalar ve pratik ihtiyaçları birlikte gözeterek yerini seçtikleri başkentleri Bağdat, ülkenin dört bir yanından getirtilen ve sayılarının yüz bini bulduğu rivayet edilen mimar, mühendis, usta ve işçilerin eliyle kısa sürede inşa edilmiş ve kuruluşundan bir asır sonra bir milyonu bulan nüfusuyla dünyanın belli başlı metropollerinden biri haline gelmiştir. Bağdat yerleşime açıldıktan sonra halife dairevi şehirdeki sarayının etrafında devlet dairelerinin yanı sıra muhafızlar ve yakınlarına yerleşme izni vermişti. Bunların çevresinde mevalisi ve komutanları kendilerine tahsis edilen iktâlara yerleşmişti. Şehrin kuzeyi orduya ayrılırken güney ise zanaatkâr ve tüccarlara ayrılmıştı. Harbiyye'de İranlılar ve Semerkandlılar yerleşirken Horasanlılar ise Şam kapısı civarına iskân edilmişlerdi. Şehrin kuzey tarafında el-Mansûr'un kölelerinin yanı sıra Kirmanlılar, Soğdlular, Sameğanlılar ve Faryablılar kendi iktâlarında meskûndu. Şehrin doğusunda ise Horasan kapısından itibaren başlayan rub-çeyrekte Afrikalılar, Cürcanlılar, Deylemliler ve Bağlıların iktâları yer alıyordu.

Çevre bölgelerden gelen bu farklı halkların yanında Araplardan Bağdat'a davet edilenler veya göç edenler de vardı. Halifenin yakın arkadaş ve yardımcıları olarak gördüğü bu kimselere aşağı Sarat nehrinin kıyısındaki "Katiatü's-sahâbe" yi iktâ olarak verdiği biliniyor. Bunlar Kureyş dışındaki Arap kabilelerine, Ensar, Rebia, Mudar ve Yemen kabilelerine mensuptu. Araplar şehrin güneyinde Basra kapısı civarında ve kısmen de şehrin batısında yerleşmişlerdi. Bağdat ayrıca Kûfe, Basra ve Vâsıt gibi şehirlerden yoğun göç almıştır. Göçler ve ticari hareketlilik sonucunda Bağdat'a yerleşen her sanat veya meslek erbabı yahut şehir halkı-hemşehriler kendi adlarıyla anılan mahalle veya sokaklarda toplanmıştı. Bâbü'ş-Şam çarşısında Belh, Merv, Huttel, Buhara, Kabilşah ve Harezm halkı toplanmıştı. Tüster elbiseleri imalatıyla meşhur olan Tüster halkı Kerh çarşısında toplanmışlardı ve mahalleleri de Tüsterliler Mahallesi adını taşıyordu.

Abbasi devrimi imparatorluğun kültürel yönelimini bütünüyle değiştirmişti. Başkentlerini Bağdat'a taşıyan Abbasiler buradaki toplumsal unsurlara dayanmak durumundaydılar. Bunlar İranlılar, Hıristiyan ve Yahudiler ile Aramilerdi. Böylelikle Helenleşmiş bir kültüre sahip olan ve Yunan bilimine düşmanlık beslemeyen bu halklar eliyle Yunan kültür mirasının ihyası ve himayesi gerçekleşmiş oldu.

Abbasiler döneminde sistematik olarak sürdürülen tercüme faaliyetleri sonucunda Hint, İran ve Yunan menşeli pek çok eser Arapçaya çevrilerek tarihin en önemli kültür transferlerinden biri gerçekleştirilmiş oldu. Cündişapur akademisindeki Süryaniler, Hintliler, Harranlılar ve Nabatiler bir araya gelerek Halife ve ileri gelenlerin desteğiyle bir ilmi faaliyet başlatıp Yunanca, Pehlevice, Latince, Sanskritçe, Nabatice ve Süryanice yazılmış birçok eser Arapçaya çevrildi. Abbasiler dönemi tercüme faaliyetlerinde İbnü'l-Mukaffa', Cibrail b. Buhtîşu, Huneyn b. İshak ve Sabit b. Kurre gibi çoğunluğu gayri Müslimlerden oluşan mütercimler görev yapmıştır. Bu ilmi faaliyetler sonucunda Arapça bir bilim ve felsefe dili haline gelmiştir.

İlim ve kültürün Halifeler ve ileri gelenler tarafından himaye edilmesi sayesinde çok sayıda bilim adamı ve sanatçı Bağdat'a akın etmiş, şehirdeki kâğıtçı ve kitapçıların sayıları artarken, edebi ve ilmi münazara ve toplantılar çoğalmıştır. Halkta da kitaplara ve ilme karşı merak ve ilgi ortaya çıkmıştır. Bütün bu faaliyetler sonucunda bu muazzam bilgi ve kültür birikimiyle beslenen Müslümanlar zamanla tercümeyle yetinmemeye, dini ve din dışı ilimleri sistematik olarak ele alıp incelemeye başladılar. Bu ilim kültür faaliyetleri sonucunda birçok büyük âlim, filozof, düşünürü ve edipler yetiştiren Bağdat, hemen her türlü bilginin öğrenilip öğretildiği önemli bir merkez haline gelmiştir. Bağdat'ta yetişen ve her biri kendi semasının yıldızı olarak kabul edilen şahsiyetlere örnek olarak el-Harizmî, el-Kindî, Fergânî, el-Bettânî, Fârâbî, İbn Sinâ, Bîrûnî, Gazzâlî gibi bilginler; Câhiz, İbn Kuteybe, el-Müberred gibi edipler; Vâkıdî, İbn Tayfûr, Taberî, Hatîb el-Bağdadî gibi tarihçiler verilebilir.

İnsanlık tarihi boyunca hep medeniyet kurucu bir unsur olarak kabul edilen göç (hicret) Abbasilerin başkent olarak kurdukları Bağdat'ın inşasında da şehrin fiziki ve mimari yapılanmasının yanı sıra ilim, kültür ve sanat unsurlarına katkıda bulunarak İslam rönesansının oluşumunda başlıca rolü oynamasında etkili olmuştur. Mimar, mühendis, usta ve işçiler şehrin maddi medeniyet alanında şekillenmesine katkıda bulunurken, bilim adamları, mütercimler ve edipler ise başkentin bir bilim, kültür ve sanat merkezi haline gelmesinde önemli rol oynamışlardır.

Kaynakça

Cehşiyarî, Ebû Abdullah Muhammed b. Abdus b. Abdullah el-Kufi El-Vüzera ve'l-Küttab, thk. Mustafa es-Sekka, 2. bs. Kahire: Mustafa el-Babi el-Halebi, 1980. 420 s.

Dûrî, Abdülaziz, "Hükümet Kurumları", s. 66. (İslam Şehri, Editör, R. B. Serjeant, İstanbul 1997 içinde)

Dûrî, Abdülaziz, İlk Dönem İslam Tarihi, çev. H. Yücesoy, Endülüs yayınları, İstanbul 1991, s. 140.

Gutas, Dimitri, Yunanca Düşünce Arapça Kültür, Bağdat'ta yunanca-Arapça çeviri hareketi ve erken Abbasi toplumu, çev. Lütfü Şimşek, İstanbul 2015, 240 s.

Hatîb El-Bağdadî, Ebû Bekr el-Hatîb Ahmed b. Ali b. Sabit, 463/1071, Tarihu Bağdad ev Medineti's-Selam, Beyrut: Dârû'l-Kütübi'l-İlmiyye, [t.y.] c. I, c. III, c. V.

Hodgson, Marshall G. S. (çev. Heyet), İslam'ın Serüveni, bir dünya medeniyetinde bilinç ve tarih: İslamın klasik çağı, İstanbul 1993, c. I.

İbnü'l-Fakih, Ebû Bekr Ahmed b. Muhammed b. İshak el-Hemedani, 289/902; El-Büldân, thk. Yusuf Hadi, Beyrut: Âlemü'l-Kütüb, 1996/1416.

İbnü'l-Esîr, Ebü'l-Hasan İzzeddin Ali b. Muhammed b. Abdülkerim İbnü'l-Esir, 630/1233, El-Kâmil fi't-Tarih, Beyrut: Dâru Sadır, 1979/1399. 1. c. (697 s.), (Leiden: E. J. Brill, 1867'nin tıpkıbasımı) c. V.

Le Strange, Guy Le, Baghdad During the Abbasid Caliphate, London 1924, p. 97-98.

Özaydın, Abdülkerim "Bağdat" (Kültür ve Medeniyet), DİA, İstanbul, TDV Yayınları, c. I, s. 437-440.

Taberî, Ebû Cafer İbn Cerir Muhammed b. Cerir b. Yezid Taberi, 310/923, Tarihü't-taberi: tarihü'l-ümem ve'l-müluk, thk. Muhammed Ebü'l-Fazl İbrâhim, Beyrut: Dâru Süveydan, 1967, c. IV, s. 459; c. V, s. 131, 412; c. VIII, s. 147, 411, 412, 423, 497.

Vural, Mehmet, İslam Felsefesi Tarihi, Ankara 2016.

Yakubî, İbn Vazıh Ahmed b. İshak b. Ca'fer Ya'kubî; el-Büldân, Bril, Leiden, 1860, s. 20-21.

Yakubî, Tarih, Beyrut, Daru Sadır, c. II, s. 374.

Yakut El-Hamevî, Ebû Abdillâh Şihâbüddîn Yâkût b. Abdillâh Hamevî Bağdâdî Rûmî, 626/1229, Mu'cemü'l-Büldân, Beyrut: Dâru Sadır, [t.y.] c. I, s. 460; c. IV, s. 376.

1933 Sonrası Türkiye'ye Sığınan Nazi Karşıtı Aydınlar ve Karşılaştırmalı Edebiyatın İki Kurucu Adı: L. Spitzer ve E. Auerbach

Gülnihal Gülmez

Giriş

7 Nisan 1933'de, Almanya'da, Hitler hükümetinin ırkçı yasalarından ilki olan ve Nazi yöneticilere rejim düşmanlarından, özellikle de Yahudilerden kurtulma fırsatı sunan, "devlet memurluğu mesleğinin ihyasına dair yasa" kabul ediliyordu. Ari ırktan olmadıkları için üniversitelerdeki kürsülerinden kovulan çok sayıda bilim adamının Nazi Almanya'sını terk etmek zorunda kaldığı bu 1933 yılında, hemen hemen aynı tarihlerde, kuruluşunun henüz onuncu yılındaki genç Türkiye Cumhuriyeti de bizzat Atatürk'ün öncülüğünde, kökten bir üniversite reformu gerçekleştirme çabasındaydı. Her iki ülkenin tarihindeki bu ilginç kesişme, Nazilerin kovduğu birçok akademisyenin mesleklerine Türk üniversitelerinde devam edebilmelerini sağladı.

Nazi yasalarının üniversiteden uzaklaştırdığı ve Türkiye'ye sığınan bu bilim adamları arasında, Yahudi inancında olan ya da Yahudi soyundan gelen ya da bir Yahudi'yle evli olan kişilerle birlikte, daha az sayıda olmak üzere, nasyonal sosyalizmin düşmanları sayılan liberaller, sosyalistler ve komünistler de vardı. 1938'de Avusturya'nın ilhakından (Anschluss) ve altı ay sonraki Münih Antlaşmasından sonra, bu sığınmacılar grubuna Avusturyalı ve Çek bilim adamları, mimarlar, müzisyenler... de eklendi. İster göçmen ister sürgün, isterse sığınmacı / mülteci olarak adlandırılsınlar, bu aydınlar ne etnik ne de politik açıdan tamamen bağdaşık bir topluluk oluşturuyordu. Bu yüzden, büyük çoğunluğu Alman da olsa, aslında onlardan Almanca konuşan göçmen aydınlar diye söz etmek gerekir.

Türkiye, dünyada Amerika'dan sonra en çok sayıda Alman profesörü, asistanlarıyla birlikte, kabul eden ülkedir (Dölen, 2010: 477). Ne var ki, Batı Avrupa ve Amerika'ya yönelen Alman beyin göçü oldukça kapsamlı biçimde incelendiği halde, bu göçmen aydınların Türkiye'deki göreceli olarak uzun misafirlikleri pek de dikkat çekmemiştir (Başaran, 2008).

Almanca konuşan aydınların Nazi rejimi nedeniyle göçlerinin diğer bütün sürgün hikâyelerinden hangi yönüyle ayrıldığını sorgularsak, önce şu gerçekle karşılaşırız: "[bu göç] çağımız tarihinde neredeyse biricik olan bir kültür ve bilgi aktarımına meydan vermiştir" (Waechter, 2011). Nitekim Türkiye'de yaşanan da budur: 1933'de, ünlü pozitivist filozof Hans Reichenbach'la birlikte akademik dünyanın daha başka "süper starlarının" da gelişiyle, İstanbul Üniversitesi neredeyse bir gecede "en iyi Alman üniversitesi" (Reisman, 2011: 270) diye ünlenmiştir.

Ama bu göçmen aydınların Türkiye'ye kabul edilişleri de diğer bütün "sığınma / koruma" hikâyelerinden ayrılır çünkü tamamen ulusal bir politikanın sonucu olarak gerçekleşmiştir. Özetlemek gerekirse, yüzünü kesin olarak moderniteye dönmüş bir ülke, "kendi kültürel amaçlarına ulaşmayı kolaylaştırmak üzere, başka yerde gözden çıkarılmış bir entelektüel sermayeyi kurtarmaya yönelik" (Reisman, 2011:2) girişimleri bizzat planlamıştır. Bu şekilde, Boğaziçi'ne sığınan (Neumark, 1982) akademisyenler ve bilim adamları üniversite reformunu büyük ölçüde

Yazgan, P., Tilbe, F. (der.) (2016).
Türk Göçü 2016 Seçilmiş Bildiriler I.
London: Transnational Press London.

kolaylaştırırken, Ankara'da da örneğin Devlet Konservatuvarı, neredeyse yalnızca Almanya'dan ve Avusturya'dan sürülen sanatçılar tarafından kurulmuştur.

Savaştan önce ve sonra, büyük çoğunluğu ya ülkelerine geri dönmüş ya da özellikle Amerika'ya gitmiş olsa da Almanya'dan kaçan aydınların Türkiye'ye sığınmaları, hiçbir şekilde, her iki ülkeyi de pek etkilememiş geçici bir göç hikâyesi gibi düşülemez.

Sığınılan ülke: Avrupa modelini benimsemiş genç bir cumhuriyet

Genç Türkiye cumhuriyeti laiklik ve milliyetçilik ideolojik temellerine oturtulan bir ulus devletti; bir yandan İmparatorluktan devralınan sistemi kökünden değiştirmeyi ve İslam devletinin ideolojik temellerini tümden terk etmeyi, öte yandan da eğitim yoluyla bir ulusal Türk kimliği oluşturmayı amaçlıyordu. Böyle düşünüldüğünde, 1933 Üniversite Reformu da yalnızca "bir kanun ya da kadro değişikliği" (Kazancıgil ve Bozkurt, 1981: XV) olmayıp "1924'den beri başlayan kültür hareketinin önemli bir parçası ve devamlılığının bir yerde simgesidir" (a.y.). Atatürk bütün konuşmalarında "yüksek düzeyde kültür kuruluşlarının millî kültür için vazgeçilmez olduklarına kesin inancı"nı belirtmektedir (a.y.). Millî Eğitim Bakanlığında da, "akademik düzeyde güçlü ve genç bir maarifçi kuşağı üniversite konusuna sahip çıkmıştır; çok başarılı bir çalışma örneği vermiştir" (a.y.).

Üniversite Reformu, ülkenin mevcut tek üniversitesi olan Darülfünun'u gerek eğitim gerekse teşkilat yönünden yenileme amacıyla yapılmıştır. 1863'te eğitim-öğretime başlayan Darülfünun "çeşitli nedenlerle dört kere açılıp kapanmak zorunda kalmış […] Cumhuriyet dönemine İstanbul Darülfünunu adıyla girmiş […] 1924'de katma bütçe ile mali özerklik ve aynı zamanda tüzel kişilik kazanmıştır" (Namal ve Karakök, 2011: 19). Atatürk'ün bu özerkliğe verdiği önemi, Meclis'in 23 Mayıs 1926 tarihli oturumunda Maarif Bakanı Mustafa Necati şu sözlerle dile getiriyordu: "Darülfünun doğrudan doğruya bağımsız bir kurumdur. Ulusun manevî gücünün temsilcilerinden biridir" (Namal ve Karakök, 2011: 30). Ancak aynı Mustafa Necati 15 gün sonra Darülfünun hocalarına şöyle seslenmek zorunda kalıyordu: "Bir ulusun uygarlık yeteneğini ve yaşam gücünü en yüksek kertede temsil eden kurum üniversite olduğu için, Darülfünunumuzun her alanda öteki uygar ulusların üniversiteleri düzeyine çıkma zorunluluğunda olduğunu özellikle belirtmek isterim" (Namal ve Karakök, 2011: 31).

Gerçekten de Darülfünun konusunda değişik ortamlarda dile getirilen genel bir hoşnutsuzluk vardı. Bir yandan, beklenen ilerlemeyi gösteremediği, ciddi, orijinal ve topluma yararlı bilimsel çalışmalar yapmadığı, ezberciliğe dayalı bir eğitim sürdürdüğü, öte yandan da devrimlere ve resmî devlet ideolojisine karşı ilgisiz ya da olumsuz tavır takındığı için eleştiriliyordu.

Çağdaş bilimin ve tekniğin gerektirdiği düzeyde gençlerin yetiştirileceği bir üniversiteye kavuşmak için çözüm üretme sürecinde, Milli Eğitim Bakanı Dr. Reşit Galip Bey Cenevre Üniversitesi eski rektörü, pedagoji profesörü Albert Malche'le ilişkiye geçerek, Darülfünun'da incelemelerde bulunmasını ve bir rapor yazmasını ister. 1932 yılında Malche'in Türk hükümetine sunduğu rapor çalışma araç ve gereçleri, çalışma organizasyonu ve üniversitenin kendi dışına açılması konularında ayrıntılı reform teklifleri içerir.

Uygun bulunarak büyük övgüyle karşılanan raporun sunuluşundan yaklaşık bir yıl sonra, 31 Mayıs 1933'de açıklanan bir kanunla, İstanbul Darülfünunu'nun, kendisine bağlı tüm kuruluşlar, öğretim kadrosu ve ana yapısıyla birlikte 31 Temmuz 1933'te ortadan kaldırılması ve 1 Ağustos 1933'ten itibaren de yeni bir kuruluşun "İstanbul Üniversitesi" adı altında kurulması karara bağlanır. (Widmann, 1981: 37).

Üniversitenin yeniden kuruluşunun ana problemi, bizzat Malche'in sözleriyle, "yeni bir ruh yaratacak" ve bu ruhu öğrencilere aktaracak öğretim üyelerinin bulunmasıydı (Widmann, 1981: 38). Darülfünun hocalarını yeterince tanımadığı için hükümetin bu hocalar hakkında alacağı kararlarda sorumluluk üstlenemeyeceğini, mevcut öğretim kadrosunun zaman içinde ölüm, istifa, emekliye ayrılma yoluyla azaltılmasından yana olduğunu belirten Malche'e rağmen (Kazancıgil, 2000: 192-193), Darülfünun'un 240 hocasından157'si görevden alınmıştır; bunların 71'i ordinaryüs ve profesördür (Bilsel, 1943: 37) ve aralarında eski rektör İsmail Hakkı Baltacıoğlu gibi çok sevilen isimler de vardır. Bu geniş çaplı tasfiye Türkiye'de günümüze kadar tartışma konusu olmayı sürdürmüştür.

Millî Eğitim Bakanlığında oluşturulan komisyon, öğretim kadrosunu üç ana kaynaktan sağlamayı planlar:
-    Darülfünun'dan kadroya alınan hocalar;
-    Darülfünun'un dışından alınan, büyük kısmı da Cumhuriyet döneminde Avrupa üniversitelerine gönderilmiş ve öğrenimlerini ya da ihtisaslarını başarıyla tamamlayarak dönmüş olan Türkler;
-    Yabancı profesörler.

Yabancı profesörlerin bulunması için de yardımı istenen Malche, "belirli kültürel ve politik etkileri yeni üniversiteden uzak tutabilmek için, her milletten küçük profesör gruplarını görevlendirmeyi arzu ediyordu" (Widmann, 1981: 38). Fakat bu hiç de kolay değildi ve reform kanununun çıkarıldığı mayıs ayında, yani yeni üniversitenin açılışından yalnızca üç ay önce, henüz hiçbir atama yapılamamıştı. İşte böyle zor bir dönemde, Zürih'te kurulan Notgemeinschaft deutscher Wissenschaftler (Alman Bilim Adamları Yardım Cemiyeti) temsilcisi Profesör Philipp Schwartz, Malche ile ilişki kurar ve temmuz ayı başında Türkiye'de gelerek cemiyeti aracılığıyla çok sayıda üstün nitelikli Alman profesörün İstanbul Üniversitesinde görev alabilmesi için görüşmeler gerçekleştirir.

İlk günkü görüşmeler sonunda, 30 mülteci Alman profesörün hemen işe başlaması kararlaştırılır. Bu sayı daha sonra hızla artmıştır:

"Notgemeinschaft'ın önerdiği kırktan fazla Alman sığınmacı İstanbul Üniversitesi tarafından hemen işe alınmış; daha niceleri de diğer üniversitelerde, devlet enstitülerinde, müzelerde ve ülkenin dört bir tarafındaki envai çeşit kurumda iş bulmuştur. […] Yalnızca bu kanallar yoluyla, yaklaşık sekiz yüz Alman mütehassısın ve ailesinin Türkiye'ye kaçarak kurtulduğu tahmin edilmektedir" (Konuk, 2011: 97-98).

Terkedilen *heimat*[88]: Hitler tehdidi altındaki Avrupa ülkeleri

Hitler'in Almanya'da başa geçmesinden sonra, önce Almanya'dan, sonra Avusturya'dan daha sonra da işgal altındaki ülkelerden Türkiye'ye sığınan entelektüellerden söz edilirken, İlber Ortaylı (2000: 122) da cesur bir saptamada bulunuyor:

"Bu gelen insanların birtakımı o günün şartlarında, normal bir hayat devam etse buraya turist olarak bile gelmezdi... […] Türkiye'nin tarihte böyle bir olayı değerlendirme gibi bir durumu var. O bakımdan biz o devrimleri şükranla anıyoruz

---

[88] Anavatan

çünkü Hitler'in önünden kaçan adamları Alman kültürünü bilen ve Alman kültürüne hayran olan bir sürü Avrupa ülkesi kabul edemedi. [...] O bakımdan Kemalist Türkiye'nin orada bir kendine göre tarafsız bakışı, aldırmazlığı, "Gemüt"ü vardır."

Göçmen bilim adamlarının çaresizliği konusunda Reisman (2011: 10) da şu hatırlatmada bulunuyor:

"O dönemde ABD veya Büyük Britanya'daki kısıtlı göçmen yasaları göz önüne alınırsa, çoğunun bu ülkelere gitme imkânı olmadı. Hepsi, Amerika'nın ekonomik bunalım döneminden henüz çıkmış olması ve üniversite istihdamında yaygın antisemitizm yüzünden, üniversitelerde iş bulma imkânları olmadığını gayet iyi biliyorlardı".

Oysa bilimsel çalışmaları dahası hayatları tehlikede olan bu akademisyenlerin her biri, güçlü bir bilimsel rekabete ve ırkçı engellemelere rağmen, kendi alanlarında önemli yerlere gelebilmiş kişilerdi. Sığınmacı durumuna düşen bu akademisyenlerin büyük çaresizlikleri ve Ankara'da bakanlık yetkilileriyle görüşmelerde beliren umut ışığı, Schwartz'ın anılarında (2003:43) şöyle ifade bulur:

"Almanya'dan utanç verici bir şekilde kovulmamızın o an onların gözünde bizi kahraman mertebesine yükselttiğini hissediyordum. Batı pisliğinin elini değdirmediği, yepyeni ve harika bir ülke keşfetmiştim. [...] Böylece ben, çok yakında buruk bir şekilde yıkılacak olan dünyanın seçkin parçalarını bir araya getirdim. Bir yüzyılı simgeleyen eski gelenekleriyle öğretmenlerin ve kâşiflerin [sic] görev yeri bundan sonra burası olmalıydı." (Schwartz, 2003: 43)

Sığınmacı akademisyenlerin temsilcisinin bu hisleri ile Ankara'daki anlaşma imzalanırken Reşit Galip'in söylediği coşkulu sözlerin koşutluğu ilginçtir:

"500 yıl kadar önce İstanbul'u kuşattığımız zaman Bizanslı bilginler göç etmişti ve buna engel olamamıştık. Bu bilginlerin büyük çoğunluğu İtalya'ya gitti. Sonuç olarak Rönesans gerçekleşti. Bugün Avrupa'dan bunun karşılığını alıyoruz. Ulusumuzun yenileştirilmesini umut ediyoruz. Bilim ve yöntemlerinizi getirin, gençlerimize bilginin yollarını gösterin" (Witmann, 1981: 44).

Her iki taraf da hümanist bilimin ve onun saygın temsilcilerinin Nazilerce tehdit edildiği bir zamanda, Avrupa kültürünün Türkiye'de yeniden doğma imkânını kutlamaktadır.

Spitzer İstanbul'da

Kader Konuk (2011: 100), Reşit Galip'in İtalyan Rönesans'ına göndermede bulunan sözlerini klasik bilime dayanan bir eğitim sistemi idealine bağlar: "Türk reformcuların çoğu, Osmanlı İmparatorluğu'ndan Batılılaşmış ve laik bir Türkiye'ye geçişi, Rönesans modeli ve hümanizmin Türk pedagoji sistemine entegrasyonu vesilesiyle tahayyül ediyordu".

Yine Konuk'un aktardığına göre (2011: 102), yalnızca Türk hümanistleri değil, Malche de "hakiki bir edebi kültürün temeli olarak hümanist ilmi, filolojiyi ve karşılaştırmalı yöntemi" savunuyor, "yazdığı raporda aklın rafine edilmesi bakımından beşerî bilimlerin önemini vurguluyor ve üniversiteye filoloji bölümleri kurabilecek bir dilbilimciyi işe almayı öneriyordu".

Bu dilbilimci, Köln Üniversitesi'ndeki görevinden 1933'de Yahudi kimliği yüzünden uzaklaştırılan Avusturyalı ünlü dilbilimci, Romanolog ve karşılaştırmalı filoloji uzmanı Leo Spitzer oldu. Spitzer'in İstanbul Üniversitesi Edebiyat Fakültesinde yeni kurulan "Garp Filolojileri" kürsüsüne çağrılması, Türkiye'de filolojinin kurumsallaştırılması işini tam da ehline vermek anlamına geliyordu.

Uluslararası bir üne sahip olan, "daha sonraları bir Amerikalı meslektaşının (Harry Levin) 'herhalde metin açıklamaları dalında yaşayan en büyük üstat' diye nitelendirdiği" (Widmann, 1981: 220) Spitzer, daha 1934'de John Hopkins Üniversitesinden bir davet almış (Apter, 2006: 35, dipnot 14) ama Türk hükümetiyle üç yıllık sözleşmesi gereği ancak 1936'da Amerika'ya gitmiştir.

Üç yıllık reform süreci boyunca Roman filolojisi bölümünün temellerini atan, aynı zamanda tüm fakültelerindeki binlerce öğrenciye yabancı dil eğitimi vermesi öngörülen Yabancı Diller Okulu'nun kuruluşuna da çok önemli katkılarda bulunan Spitzer, kendi "bilimsel çalışmalarını ilerletmek için pek az imkân bulabildi" (Widmann, 1981: 90). Ama Romanoloji bölümünde, öğrencilere "Fransız sözdizimi tarihinden Orta çağ tiyatrosuna, 19. Yüzyıl gerçekçiliğinden çeviri, klasisizm ve romantizme kadar her şeyi içeren geniş bir ders yelpazesi", Cervantes, Calderon ve Latince derslerinin yanı sıra Grekçe ve Almanca'yı da içeren bir müfredat sunuyordu. (Konuk, 2011: 169). Dil ve edebiyat eğitiminde karşılaştırmalı düşünmeye yatkınlığı sayesinde Spitzer, Romanoloji bölümünü disiplinlerarası fırsatların değerlendirildiği bir karşılaştırmalı edebiyat programına dönüştürmüştür (Konuk, a.y.).

İstanbul Üniversitesi'nde ilk kez 1937'de yayımlanan Romanoloji Semineri Dergisi'nde yer alan yenilikçi, çok dilli-çokkültürlü ve disiplinlerarası yazılara dikkat çeken Emily Apter da Spitzer'in İstanbul'daki sürgün koşullarının daha sonra Amerika'da gelişecek olan karşılaştırmalı edebiyat disiplinine temel oluşturduğunu söyler:

"(…) Atatürk tarzı Avrupai hümanizmin, Alman temelli filolojiyi daha sonra Amerika'da beşeri bilimler bölümlerinde kurumsallaştığında karşılaştırmalı edebiyat olarak tanınacak küresel bir disipline dönüştürmekte nasıl kilit bir rol oynadığının ipuçlarını bu dergide görebiliriz" (Apter, 2006: 43).

Gerçekten de, "Spitzer'in dilbilim, edebiyat tarihi ve bireysel üslup incelemesini uzlaştırma çabalarından ilham almıştır" (Konuk, 2011:173) denilebilecek dergi, kozmopolit yapısıyla dikkat çeker: Doğu ve Batı dünyalarının birbiriyle temasının izlerini sözcüklerin etimolojik bağlarında arayan yazılardan (Rosemarie Burkart), Türk halk fıkralarıyla Fransız şiiri arasında benzerlik kuran yazılara (Sebahattin Eyüboğlu) ve "üslup ilminde yeni bir usul" başlığı altında Spitzer'in anladığı anlamda bir "yeni filolog" tanımını savunan yazılara (Azra Erhat) kadar uzanan yelpazede, "çok özgün biçimde küreselleşmiş bir karşılaştırmacılığın ilk örneğini" (Apter, a.y.) bulmak mümkündür.

Auerbach ve Mimesis'i

Spitzer, İstanbul'dan ayrılmadan önce yerine kendisi gibi Romanolog ve karşılaştırmacı olan Erich Auerbach'ın geçmesi için gerekli temaslarda bulunur. Aslında, İstanbul Üniversitesi'ndeki kadrolar cazibe merkezi olmayı sürdürmektedir ve örneğin, Yahudi kökeninden ötürü Dresden Teknik Üniversitesi'ndeki işinden atılan ünlü romanist Victor Klemperer, günlüğünde "Spitzer'ın İstanbul'daki kadrosunun sonunda Auerbach'a verildiği"ni hatırlattıktan sonra, Auerbach'ın oldukça zayıf düzeydeki Fransızca'sına rağmen, Benedetto Croce'yi etkileyerek bu görevi nasıl elde ettiğini bir parça kırgınlıkla anlatır" (Apter, 2006: 39).

İstanbul'a gelen Auerbach da Spitzer ve daha pek çok göçmen profesörün yaşadığı Bebek'te, Boğaz'a bakan Aslanlı Konak da yaşamaya başlar. Spitzer'in, "Köln'de işten atılan ve onunla birlikte yurtdışına kaçan aryan asistanı Rosemarie Burkart" (Vialon, 2010: 22) ve Türkiye'ye varışını bir "yerinden kopartılmadan çok entelektüel anlamda kendini buluş olarak niteleyen" öğrencisi Traugott Fusch ile birlikte "yoktan var ettiği kurumu Auberbach'ın 1936 yılının sonundan itibaren geliştirmeyi başardığını görürüz" (Vialon, a.y.).

Auerbach, Spitzer'den bu iki asistanın yanı sıra, Filoloji Bölümünde öğretim görevlisi ve Yabancı Diller Okulunda okutman olarak çalışan Liselotte ve Hans Dieckmann, Hans Marchand, Eva Buck, ve Heinz Anztock'un da bulunduğu birçok genç devralmış, daha sonraları bu ekibe önce İsviçre'ye göç etmiş bulunan tarihçi Ernst Engelberg, savaştan sonra Amerika'da Türkoloji profesörü olarak çalışacak olan Andreas Tietze, okutmanlar Robert Anhegger, Karl Weiner, Kurt Lauquer de katılmıştı. Bu genç mülteciler ve aynı zamanda Spitzer'in öğrencileri de olan, Süheyla Bayrav, Nesteren Dirvana, Mina Urgan, Safinaz Duruman, Fikret Elpe, Güzin Dino ve Doçent Sabahattin Eyüboğlu gibi yetenekli Türk çalışma arkadaşları, Auerbah'ın için "birbirlerine üniversitedeki iş ilişkilerinin ötesinde bir dostlukla bağlı akademik bir çevre" (Vialon, 2010: 25) oluşturuyordu.

Auerbach'ın Türkiye'deki 11 yıllık sürgün dönemi entelektüel üretkenlik açısından çok verimli geçmiş ve yazmayı İstanbul'da tamamladığı ama 1946'da Bern'de yayımlanan baş eseri Mimesis ile taçlanmıştır. Batı Edebiyatında Gerçekliğin Temsili alt başlıklı bu kitap karşılaştırmalı edebiyat tarihinde çığır açıcı bir eser olarak anılırken, melankolik sonsözü de çok çeşitli yorumlara yol açmıştır:

"Kitabın savaş yıllarında, İstanbul'da yazıldığını eklemekte fayda var. Kütüphanelerde Avrupa araştırmaları için yeterli kaynak yoktu, uluslararası iletişim sekteye uğramıştı; dolayısıyla neredeyse hiçbir dergiye, yakın dönemde yapılmış araştırmaya, hatta kullandığım metinlerin güvenilir eleştirel basımlarına erişimim olmaksızın çalışmam gerekiyordu... Kuvvetle muhtemel ki kitabımı tam da bu eksikliğe, zengin ve uzmanlaşmış bir kütüphanenin olmamasına borçluyum. Çeşitli konularda birçok çalışmaya erişim imkânım olsaydı, hiçbir zaman yazma noktasına gelemeyebilirdim." (Çev. Kader Konuk, 2011: 204)

Örneğin, Edward Said bu sözleri kendi sürgün hümanizmine temel alacak biçimde yorumlamıştır. "Kitap varlığını Doğulu, yani Batılı olmayan sürgüne ve yurdundan koparılmaya borçludur" (Apter, 2006: 31). Auerbach'a hayranlığı bilinen Said, filoloğun başarısını, kendi kütüphanesinde temel kaynakların bulunduğunu varsayılsa bile, "esasen hafızasına ve kitaplar ile ait oldukları dünya arasındaki ilişkileri aydınlatma konusundaki o şaşmaz yorum becerisine" bağlar. Oysa Kader Konuk'un çok haklı olarak vurguladığı gibi, Mimesis'in üstün bir başarı olarak alkışlanması, eserin üretildiği ortamla ilgili yanlış ve haksız bir görüşün beslenmesini gerektirmemelidir. Kitabının "İstanbul'da Mimesis'i Yazmak" başlıklı bölümünde, Konuk (2011, 200-243), "Auerbach'ın yazarlığına özgünlük kazandırdığı düşünülen üç meseleyi" yani "kitap kıtlığı, akademinin ve entelektüel diyaloğun zayıflığı ve eleştirel düşüncenin önkoşulu olarak kopuş kavramı" (a.g.e., s. 206) meselelerini enine boyuna inceler. Vardığı sonuç, "Auerbach'ın ortaya attığı ve okurların da nesiller boyu yinelediği iddianın" tam tersidir: "Auerbach'ın etrafı basılı malzemelerle doluydu, epey hareketli bir entelektüel çevre vardı ve memleketinden uzaktaki bu memlekette hümanist ilme olağanüstü bir önem atfediliyordu" (a.y.). Ne var ki, Spitzer gibi Amerika'ya göç edenlerin hayatlarının geri kalanını orada geçirmek gibi bir güvenceleri varken, Auerbach gibi savaş sonrasında Türkiye'de kalan Alman akademisyenlerin çoğu için sığınmacı statüsünün doğurduğu bir belirsizlik ve güvensizlik söz konusuydu. Nihayet, Auerbach da 1947 yılında, "belli bir angajmanı" olmaksızın (Bayrav, Keskin: 2000: 152) Amerika'ya gider.

Sonuç

Göçmen bilim adamları için, 1933-1945 yılları arasında İstanbul'da olmak, hayatta kalmak ve mesleğini yapabilmek demekti. Dahası, mektuplar, anılar ve arşivler gibi çok çeşitli kaynaklar, Türkiye'deki yıllarının sığınmacı profesörlere maddi açıdan çok elverişli koşullarda (Dölen, 2010: *494-496)* ve birbirine sıkı sıkıya bağlı bir Alman akademisyenler ortamında (Neumark, 1982: 180, 449), "Alman bilimci kimliklerini sürdürme imkânı tanıdığını" (Konuk, 2011: 137) doğrular. Buna karşılık, filoloji geleneğinin iki büyük ismi Spitzer ve Auerbach'ın Türk Hümanizminin parlak isimlerinin yetişmesine katkısı da çok değerli olmuştur.

Kaynakça

Apter, E. (2006). "Translatio globale: l'invention de la littérature comparée, Istanbul 1933", Armand Colin/Littérature, 144: 25-55. [Elektronik Sürüm]. Cairn.Info. Erişim: 10 Mayıs 2016.
http://www.cairn.info/revue-litterature-2006-4-page-25.htm
Başaran, E. (2008, 07 Aralık). "Soykırım Tarihinde Türkiye'ye Kaçan Yahudi Bilim Adamlarıyla İlgili Tek Satır Yok. A. Reisman ile söyleşi". Erişim: 16.06.2016
http://www.hurriyet.com.tr
Bayrav, S., Keskin, F. (2000). "Siz misiniz? Burada İşiniz Ne?", *Cogito,* n° 23, Yapı Kredi Yayınları, 146-154.
Dölen, E. (2010). *Türkiye Üniversitesi Tarihi. Darülfünun'dan Üniversiteye Geçiş,* cilt 3, İstanbul, İstanbul Bilgi Üniversitesi Yayınları.
Kazancıgil, A. (2000) " Fihrist", *Cogito,* 23, Yapı Kredi Yayınları, s. 173-205.
Kazancıgil, A., Ortaylı, İ., Tanyeli, U. (2000). " Niye Geldiler, Niye Gittiler? Kimse Anlamadı ", *Cogito,* n° 23, Yapı Kredi Yayınları, s. 119-132.
Kazancıgil, A. ve Bozkurt, S. (1981). *Türkçe çevirinin önsözü,* Horst Widmann, *Atatürk Üniversite Reformu,* İstanbul: İstanbul Üniversitesi Cerrahpaşa Tıp Fakültesi Yayınları.
Konuk, K. (2011). *Doğu Batı Mimesis. Auerbach Türkiye'de,* İstanbul, Metis Yayınları.
Namal, Y., Karakök, T. (2011). "Atatürk ve Üniversite Reformu (1933)". *Yükseköğretim ve Bilim Dergisi,* 1, 1, 27-35. DOI: 10,5961/jhes.2011.003
Neumark, F. (1982). *Boğaziçine Sığınanlar. Türkiye'ye İltica Eden Alman İlim Siyaset ve Sanat Adamları 1933-1945,* İstanbul: İstanbul Üniversitesi Maliye Enstitüsü Yayınları.
Reisman, A. (2011). *Nazizmden Kaçanlar ve Atatürk'ün Vizyonu,* İstanbul, Türkiye İş Bankası Kültür Yayınları.
Schwartz, P. (2003). *Kader Birliği,* İstanbul, Belge Yayınları.
Vialon, M. (2010). Yabanın Tuzlu Ekmeği, İstanbul: Metis Yayınları.
Waechter, M. (2011). " Repenser l'histoire en exil. L'exil comme lıeu de réinterprétation de l'histoire allemande" [Elektronik Sürüm]. *Cahiers de la Méditerranée* 82 | 2011. Erişim: 16 Haziran 2016. http://cdlm.revues.org/5720
Widmann, H. (1999). *Atatürk Üniversite Reformu,* İstanbul, İstanbul Üniversitesi Cerrahpaşa Tıp Fakültesi Yayınları, 1981 (*Exil und Bildungshilfe, Die*

deutschsprachige akademische Emigration in die Türkei nach 1933, Bern / Frankfurt: Herbert Lang / Peter Lang, 1973.)

Camın Doğudan Batıya Göçü

Gül Geyik Karpuz[89]

Cam, keşfinden günümüze kadar, farklı şekillerde ve değişik amaçlarla insan hayatında varlık göstermiştir. Arkeolojik veriler, camın M.Ö. III. binin sonlarına doğru, Mezopotamya'da, boncuklarda, fayanslarda, seramik gibi nesnelerde kullanılmış olan sır üretimi sonucunda keşfedildiğini ortaya koymaktadır (Mehlman, 1982, s.30).

Camın üretimi ile ilgili formüllerin ilk yazılı kaynakları arasında, M.Ö. II. ve I. bine ait Mezopotamya'da bulunmuş olan çivi yazılı tabletler yer almaktadır. Oppenheim'in tabletler üzerine yapmış olduğu araştırmalara göre Sümerce "anzah", Akadca "anzahhu" kelimeleri ve Mısır'da da "ehlipakku" ve "mekku" kelimeleri "cam" anlamına gelmektedir (Oppenheim, 1970, ss.2-104; Oppenheim, 1973).

Cam üretiminin günümüze ulaşan en erken örneği, Babil'in Eşnunna (Tell Asmar) kentinde bulunmuş olan mavi renkli, silindir biçimli cam çubuk M.Ö. 2600'lere tarihlendirilmektedir. Diğer erken tarihli arkeolojik veri ise Eridu'da (Tell Abu Şahreyn) bulunan, işlenmemiş cam kütle yine mavi renkli olup M.Ö. 2200'lerden kaldığı ileri sürülmektedir (Erten, 2012, s.87). Camın malzeme olarak icadı ile boncuk yapımı da başlamış olup cam boncukaların kullanımı M.Ö. III. bin yıldan itibaren gerçekleşmiştir (Erten, 2010, s.61). Kap formunda ise ilk arkeolojik veriler, Hurriler'in Doğu Anadolu ve Kuzey Mezopotamya'da kurmuş oldukları Mitanni Devletinin hakim olduğu topraklarda M.Ö. XVI. yüzyılda görülmektedir. Bu dönemde diğer önemli cam merkezleri arasında Ninive, Nuzi, Ashur, Tell Brak, Tell el Rimah vardır. Bulunmuş olan eserler daha çok bardak ve sivri dipli şişeler olup iç kalıp ve mozaik tekniğinde üretilmiş eserlerdir (Barag, 1970, ss.131-202). Buraya kadar çalışmamıza konu olan camın doğudan batıya göçünde, camın icadının Mezopotamya olduğu yazılı ve arkeolojik veriler ışığında özet şeklinde sunulmuştur.

Camın Mısır'a gelişi, III. Tutmozis'in (M.Ö. 1504-1450) Asya istilası dönüşünde beraberinde getirdiği Asyalı camcılara Mısır'da cam endüstrisini başlatması ile gerçekleşmiştir (Canav, 1985, s.19). Böylece Mezopotamya'dan Mısır'a sıçrayan camın, M.Ö. XIV. yüzyılda el-Amarna, Lisht, Gurob ve diğer yerlerdeki atölyelerde çeşitli biçim ve renklerde üretimi yapılmış olduğu bilinmektedir (Lilyquist-Brill-Wypyski, 1995, ss.5-22).

M.Ö. II. binde Hititlerin, Boğazköy'de bulunan tabletlerinde cam için "anzahhu" kelimesi geçmekte ve cam yapım reçeteleri verilmekte ve bu anlamda Anadolu'daki camcılığın Mezopotamya'ya dayandığı düşünülmektedir (Erten, 2010:61). Ancak bu dönemde Boğazköy'de bulunan boncuk kalıbı ve tabletlere rağmen cam üretimini destekleyen arkeolojik verilere henüz rastlanmamıştır (Erten, 1998, ss.34-36).

Tunç Çağında Mitanni, Hitit ve Myken Devleti çağdaştır. Yunanistan'da hüküm süren Miken uygarlığında daha çok boncuk ve pendant üretilmiş olup hammaddenin ihraç edildiği ileri sürülmektedir. Girit, Rodos, Myken ve Kıbrıs'ta cam merkezleri tespit edilmiştir. Boncukların karakteristik olarak mavi ve tonlarında oluşu ile Uluburun'dan çıkarılan külçelerin de aynı renkte oluşu Myken'e ithal edilen cam

---

[89] Yrd. Doç. Dr., Atatürk Üniversitesi, Edebiyat Fakültesi, Sanat Tarihi Bölümü

külçelerin işlenerek kendilerine özgü boncukları yaptıkları görüşünü desteklemektedir (Özgümüş, 1992).

Bu dönemde, camın hammadde olarak ticaretinin yapıldığını kanıtlayan Antalya Kaş Uluburun Batığı, M.Ö. II. bine tarihlendirilmekte ve batıkta bulunan mavi cam külçeler Myken'de kullanılan camla benzerlik göstermektedir (Rehren, 2006, ss.535-542). Geminin İsrail Hayfa Körfezinden hareket ederek Ege Denizi'ne giderken Kaş Körfezinde battığı düşünülmektedir (Eker, 2014, ss.31).

M.Ö. 1200'lerde Tunç Çağı'nın bitimi ile gerileyen camcılık M.Ö. IX. yüzyılda yeniden canlanmıştır. Cam yapımındaki ilk tekniklerden biri olan iç kalıp tekniğiyle yapılan cam vazolar, küçük farklılıklarla Helenistik dönemin sonuna kadar, İspanya, Afrika, Alplere kadar geniş bir coğrafyada görülmektedir. Bu camların üretim yerinin Fenike ve yayılmalarının bu ülke ile yapılan ticaret olduğu düşünüldüğü gibi Fenikelilerin ticaret yoluyla Mısır'ın ürünlerini Ege adalarına taşıdıkları da ileri sürülmektedir (Hayes, 1975, s.5; Harden, 1934, s.141).

İç kalıp tekniğinin uygulandığı bir diğer bölge de Etrüsklerin hüküm sürdüğü, M.Ö. VIII. yüzyıldan itibaren cam yapımının bilindiği İtalya'dır. Bu tekniğin Mezopotamya'dan İtalya'ya gitmesi konusu tartışmalı olup Anadolu ve Balkanlar üzerinden İtalya'ya ulaştığı düşünülmektedir (Canav Özgümüş, 2013, ss.34-35). İç kalıp tekniğinde üretilen çok sayıda eser Rodos'ta da bulunmuştur. Bu eserlerin Mezopotamya'da üretilip ihraç edilme ihtimalinin yanında Rodos'a giden Mezopotamyalı ustaların üretimi olması da söz konusudur. Rodos, M.Ö. VI. yüzyılda önemli bir merkez olup cam yapımının buradan Akdeniz ve Karadeniz bölgelerine yayıldığı ileri sürülmektedir (Lightfoot-Arslan, 1992, s.3).

Döküm tekniğinin bulunması ile cam malzemeden yapılmış yarı küresel kaseler üretilmeye başlanmıştır. Üzerindeki yazıttan tarihi bilinen bu tekniğin ilk örneği, M.Ö. 721-705 tarihli Asur şehri Nimrud'da bulunan Sargon Vazosu'dur. Bu teknikte yapılmış olan eserlerin yayılım alanları arasında Girit, İtalya, İspanya ve Anadolu yer almaktadır (Barag, 1985, s.53).

Mezopotamya'da üretilen camların İran'a M.Ö. XV. yüzyılda gittiği bilinmektedir. Burada mozaik teknikte yapılmış olan eserler dikkat çekicidir. İran'da kurulan ve geniş bir alanı hakimiyeti altına alan Akhamenid Hanedanlığı döneminde, M.Ö. VI. ve V. yüzyılda, renksiz cam üretimi gerçekleştirilmiştir. Pers metal kaplarına benzeyen, döküm tekniğinde yapılan eserler Akhamenid etkisi altındaki topraklarda, örneğin Mezopotamya Nippur, Filistin Atlit, Kıbrıs Idalion, İtalya Cumae'de görülmektedir (Erten, 1993, s.41).

M.Ö. VI. yüzyıl ile M.Ö. I. yüzyıllar arasında daha çok iç kalıp tekniğinde üretilen cam kaplar, Yunan kapları taklit edilerek yapılmış olup Akdeniz ülkelerinde yaygın olarak görülmektedir (Lightfoot, 2001, s.59). Bu dönemde cam üretimi yapan Rodos, Kıbrıs, İtalya, Fenike'nin dışında, başka üretim merkezlerinin de olduğu düşünülmektedir (Lightfoot-Arslan, 1992, s.4).

Helenistik dönemde, Suriye'de Fenike gibi sahil şehirleri ile Mısır'da Ptolema Krallığı'nın başkenti İskenderiye, cam üretiminin önemli bir merkezi olmuştur. İskenderiye'de, kalıplama tekniğinde yapılan cam kaplar, kesme tekniğinde süslenmiş, sonraki dönemlerde ise cam yapımında üfleme ve altın sandviç teknikleri ustalıkla kullanılmıştır (Eisen, 1919, s.93).

Roma döneminde camcılık, Helenistik dönemin bilgi ve tecrübeleri kullanılarak geliştirilmiştir. M.Ö. I. yüzyılda, Akdeniz kıyısı Suriye-Filistin bölgesinde, üfleme tekniğinin keşfi ile üretimde büyük bir artış görülmüştür (Israeli, 1991, s.46). Doğulu cam ustaları, Roma İmparatorluğu'nun batı topraklarına, özellikle İtalya'ya sanatlarını götürmüş, üfleme tekniğinde yapılan, en önemli özelliği inceliği ve hafifliği olan Roma camcılığını geliştirmişlerdir (Stern, 1999, s.443). Üfleme tekniğinin olanakları ile daha çeşitli, hızlı ve ucuz yapılabilen cam kaplar, günlük hayatta da yaygın olarak kullanılmaya başlamıştır. Cam üretimi özellikle İmparator Augustus döneminde Roma sınırlarını aşmıştır. Bu yayılımdaki ana etken gezici ustaların varlığı ve serbest üfleme tekniğinin getirdiği seri üretimdir.

Doğu Roma (Bizans) İmparatorluğu dönemi (IV. yüzyıl-1453) gelişen cam endüstrisi Roma İmparatorluğu'ndan devam eden gelenekle devam etmiştir (Olcay Uçkan-Burgulu-Çömezoğlu, 2007, s.42).

Filistin, İran, Irak, Suriye, Anadolu ve Mısır'da hakimiyet kuran Erken İslam devletleri, İslam öncesi cam sanatını devralmış ve yeni kültür ve inanca özgü cam sanatının oluşmasına kadar, antik medeniyetlerin cam sanatını devam ettirmiştir (Carboni, 2001, ss.15-16). Bu sebeple Erken İslam camları ile Geç Roma ve Bizans devri camlarının birbirinden ayırt edilmesi zordur (Honey, 1946, s. 39).

Fatımi (969-1171) camcılığı konusunda ayrıntılı bilgi veren Marmaris Serçe Limanı Batığı'nda bulunan lüks tüketim ve günlük ihtayaca yönelik cam eşyalar ile içi sıvı dolu cam kaplar, XI. yüzyıla tarihlendirilmekte, bu dönemde Mısır'dan batıya ithal edilen İslam camcılığın varlığını kanıtlamaktadır (Özet, 1998, s.25).

Eyyubi (1171-1250) ve Memluk (1250-1517) döneminde Halep ve Şam cam yapım merkezi haline gelmiş olup cam pazarı doğuda Çin, batıda Avrupa'ya kadar uzanmıştır (Geyik Karpuz, 2014, s.44). Hristiyan hacılar ve Haçlılar tarafından batıya götürülen mineli ve yaldızlı cam eserler büyük beğeni toplamıştır (Dimand, 1944, s.73).

Timur'un 1400 yılındaki istilasından sonra Suriye cam ustaları Semerkant'a götürülmüş ve Suriye camcılığı tamamen bitmese de eski canlılığını yitirmiştir. Daha önceden Doğulu ustaların etkisi ile cam endüstrisi kurulmuş olan Venedik, bu tarihlerde dünya cam pazarında Memluk etkili mineli ve yaldızlı camlarıyla önemli bir yer edinir (Özgümüş, 2000, s.14).

Sonuç olarak, araştırmacılar tarafından, camın icadının Mezopotamya kökenli olduğu yazılı ve arkeolojik veriler altında ıspatlanmış olup, geliştirilen teknikler ve kap formları, dönem, üretim yeri, inanç ve ihtiyaçlar bağlamında cam, çeşitlenip farklı özellikler göstererek üretimi gerçekleşmiştir. Cam, Mezopotamya'daki icadından sonra ilk defa Akdeniz ülkelerine doğru ticari malzeme olarak ve gezici ustaların hammadeyi yanlarında götürüp küçük atölyelerde üretim yapması ile yerel üretimlere dönüşerek yayılım göstermiştir. Az üretilen cam eserlerin özellikle saraylarda ve tapınak ve ölü kültünde kullanıldığı bilinmektedir. Erken dönemlerde geniş topraklara hükmeden imparatorluklar zamanında doğu camı, sarayların himayesinde geliştirilerek batıya götürülmüş, doğuda cam yapımı yeni keşiflerle devam etmiştir. XV. yüzyıldan sonra batıda kurulan önemli cam merkezleri, dünya cam ticaretinin merkezi haline gelmiş ve doğu eski ihtişamını yitirerek doğudan batıya göç etmiştir.

Kaynakça

Barag, D. (1985). Catalogue of Western Asiatic Glass in the British Museum, Vol. I. London: Trustees of the British Museum.

_____ (1970). "Mesopotamian Core-Formed Glass Vessels (1500-500 B.C)". Glass and Glassmaking in Ancient Mesopotamia. New York: Corning Museum of Glass, 131-199.

Canav Özgümüş, Ü. (2013). Çağlar Boyu Cam Tasarımı. İstanbul: Arkeoloji ve Sanat Y.

Canav Ü. (1985). Türkiye Şişe ve Cam Fabrikaları A.Ş. Cam Eserler Koleksiyonu. İstanbul: Türkiye Şişe Cam Fabrikaları Anonim Şirketi Bilgi ve Belge Merkezi.

Carboni, S. (2001) Glass from Islamic Lands. London: Thames&Hudson Ltd.

Dimand, M. S. (1944). "An Enameled-Glass Bottle of the Memluk Period". The Metropolitan Museum of Art Bulletin, New Series, Vol.3, No.3, 73-77.

Eisen, G. A. (1919). "Antique Glass". The Art Bulletin, 2(2), 87-119.

Eker, F. (2014). Kahramanmaraş Müzesi'ndeki Cam Eserler. Erzurum: Atatürk Üniversitesi Sosyal Bilimler Enstitüsü Arkeoloji Anabilim Dalı.

Erten E. (1998). "İÖ 2. Binde Anadolu'da Cam". OLBA I, 29-44.

_____ (2010). "Camın Erken Tarihi: Anadolu'da Tunç Çağı'nda Cam Konusunda Düşünceler". Camgeran 2010 Uluslararası Katılımlı Uygulamalı Cam Sempozyumu (11-21 Ekim 2010) Bildiri Kitabı. Eskişehir: Anadolu Üni. Güzel Sanatlar Fakültesi, 59-64.

_____ (2012). "Eskiçağ Camcılığında Renk ve Biçim İlişkileri". II. ODTÜ Arkeometri Çalıştayı/6-8 Ekim 2011 (Türkiye Arkeolojisinde Cam: Arkeolojik ve Arkeometrik Çalışmalar) Bildiriler Kitabı. Ankara, 80-101.

Erten Yağcı, E. (1993). Başlangıcından Geç Antik Dönem Sonuna Kadar Anadolu'da Cam. Ankara: Ankara Üniversitesi Sosyal Bilimler Enstitüsü.

Geyik Karpuz, G. (2014). Adıyaman, Elâzığ, Hatay, Mardin, Şanlıurfa Müzelerinde Bulunan İslami Dönem Cam Eserler. Erzurum: Atatürk Üniversitesi Sosyal Bilimler Enstitüsü.

Harden, D. B. (1934). "The Glass of the Greeks and Romans". Greece&Rome, Vol.3, No.9, 140-149.

Hayes, J. W. (1975). Roman and Pre-Roman Glass in the Royal Ontario Museum. Toronto: The Hunter Rose Company-Canada.

Honey, W. B. (1946). Glass, A Handbook for the Study of Glass Vessels of All Periods and Countries & A Guide to the Museum Collection, Victoria and Albert Museum. London: Shenval Press.

Israeli, Y. (1991). "The Invention of Blowing". Roman Glass: Two Centuries of Art and Invention (Ed. Martine Newby-Kenneth Painter). London: The Society of Antiquaries, 46-55.

Lightfoot, C. (2001). "The Pendant Possibilities of Core-Formed Glass Bottles". Metropolitan Museum Journal, Vol.36, 59-66.

Lightfoot, C.-Arslan, M. (1992) Anadolu Antik Camları: Yüksel Erimtan Koleksiyonu. Ankara: Ünal Offset Ltd.Şti.

Lilyquist, C.-Brill, R. H.-Wypyski, M. T. (1993). Studies in Early Egyptian Glass. New York: The Metropolitan Museum of Art.

Mehlman, F. (1982) Phaidon Guide to Glass. Oxford: Phaidon Press Ltd.

Olcay Uçkan, Y.-Burgulu, V.-Çömezoğlu, Ö. (2007). "Lüks Üretimde ve Günlük Kullanımda Cam Sanatı". Kalanlar 12. ve 13. Yüzyıllarda Türkiye'de Bizans (Ed. Ayla Ödekan). İstanbul: Ofset Yayımevi, 42-47.

Oppenheim, A. L. (1970). "Glass in Mesopotamian Sources". Glass and Glassmaking in Ancient Mesopotamia. New York: Corning Museum of Glass, 2-104.

_____ (1973). "Towards a History of Glass in the Ancient Near East". Journal of the American Oriental Society, Vol.93, No.3, 259-266.

Özet, A. (1998) Dipten Gelen Parıltı Bodrum Sualtı Arkeoloji Müzesi Cam Eserleri. Ankara: T.C. Kültür ve Turizm Bakanlığı Anıtlar ve Müzeler Genel Müdürlüğü.

Özgümüş, Ü. (1992). "Miken Döküm Boncukları Üzerine Düşünceler". Sanat Tarihi Araştırmaları Dergisi, 11, 78-80.

_____ (2000). Anadolu Camcılığı. İstanbul: Pera Yayıncılık.

Rehren, T. (2006). "Geç Tunç Çağı'nda Cam Üretimi". Uluburun Gemisi 3000 Yıl Önce Dünya Ticareti (Ed. Ünsal Yalçın-Cemal Pulak-Rainer Slotta) (Çev. H. Gönül Yalçın). Bochum: Deutsches Bergbau-Museum Bochum Yayınları, 535-542.

Stern, E. M. (1999). "Roman Glassblowing in a Cultural Context". American Journal of Archaeology, Vol.103, No.3, 441-484.

Muhacir Gazetesi'ne Göre Göçerler ve Sorunları

Özgür Tilbe[*90]

Giriş

Kavramlar ve onlara yüklenen anlam zaman içinde değişebilir. Kavramlara yüklenen anlam olumlu olmasının yanı sıra olumsuz da olabilir. "Göçmen" kavramı bu bağlamda değerlendirilebilir. TDK Büyük Sözlükte, "Göçmen" kelimesi, "Kendi ülkesinden ayrılarak yerleşmek için başka ülkeye giden (kimse, aile veya topluluk), muhacir" olarak açıklanır. Uluslararası Göç Örgütü'nün yayını olan Göç Terimleri Sözlüğünde ise "Göçmen" maddesi açıklanırken; "Uluslararası ölçekte, evrensel olarak kabul edilmiş bir 'göçmen' tanımı bulunmamaktadır" tespiti yapılır. Açıklama şöyle devam eder; "Göçmen terimi genellikle, bireyin göç etme kararını, zorlayıcı dış faktörlerin müdahalesi olmaksızın kendi özgür iradesiyle ve 'kişisel uygunluk' sebepleriyle aldığı tüm durumları kapsar şekilde anlaşılmıştır. Dolayısıyla bu ifade, maddi ve sosyal koşullarını iyileştirmek ve kendileri ve ailelerine ilişkin beklentilerini geliştirmek amacıyla başka bir ülkeye veya bölgeye hareket eden kişiler ve aile fertleri için geçerli kabul edilmiştir. Birleşmiş Milletler göçmeni, sebepleri, gönüllü olup olmaması, göç yolları, düzenli veya düzensiz olması fark etmeksizin yabancı bir ülkede bir yıldan fazla ikamet eden bir birey olarak tanımlar." (Perruchoud, 2009, s.37.) İlk bakışta Göçmen kavramını tanımlama veya açıklama konusunda fikir birliği olmadığı göze çapar.

Göç olgusunun insanlık tarih kadar eski olduğu, tarihin akışına yön vermesi bakımından çok önemli bir yeri ve belirleyici bir rolü olduğu bilinir. İçinde bulunduğumuz yüzyılda da göç ve göçmen kavramı oldukça sık karşımıza çıkar. Ancak bu kavramlara zamanla olumsuz anlamlar yüklenmesi ön yargı oluşturur. Bu sebeple ön yargılardan ve olumsuz tanımlamalardan uzak yeni kavramlara ihtiyaç duyulmaktadır. Bu ihtiyaç yalnız günümüz Türkçesinde değil farklı dillerde de ortaya çıkar. Bu bağlamda İngilizce göçmen kavramı için, İbrahim Sirkeci ile Jeffrey Cohen'in *"Not Migrants and Immigration, but Mobility and Movement"* adlı ortak makalesinde; "Migrants (göçmen)" ile "İmmigration (göç)" sözcüklerinin yerine, "göçer / yer değiştiren için Movers" ile "devinim / hareketlilik için de Mobilitiy" kavramlarını önerirler. Türkçe karşılığı olarak ise göçmen yerine *"göçer"* kavramı ön plana çıkar. Ali Tilbe *"Göç/göçer Yazını İncelemelerinde Çatışma ve Göç Kültürü Modeli"* adlı makalesinde "Göçer" kavramını kullanarak, bu arayışa destek verir. Çalışmasında "Göçmen" yerine "Göçer" ifadesini tercih etmesinin sebeplerine de açıklık getirir (Tilbe, 2015, s.459) . Tüm bu tartışmalara destek vermek için çalışmada göçmen kavramı yerine "göçer" kavramını kullanılacaktır.

---

[*] Bartın Üniversitesi, Atatürk İlkeleri ve İnkılap Tarihi Bölümü, Okutman.
[90] Sakarya Üniversitesi, Sosyal Bilimler Enstitüsü, Tarih Anabilim Dalı Doktora Öğrencisi.

Yazgan, P., Tilbe, F. (der.) (2016).
Türk Göçü 2016 Seçilmiş Bildiriler I.
London: Transnational Press London.

Osmanlı Devleti'nin Göçer Politikası

İki büyük dünya savaşının yaşandığı, imparatorlukların yerine ulus devlet anlayışının ön plana çıktığı geçtiğimiz yüzyılda, göç tüm coğrafyalarda olduğu gibi Osmanlı Devleti içinde önemli bir mesele halini alır. Devletin kuruluşu ve Avrupa'ya geçişinde göç, olumlu ve itici bir etken olur. Devlet Duraklama Döneminden sonra toprak kayıplarının başlamasıyla farklı coğrafyadaki Müslüman unsurlar için geri dönüş göçleri başlar. Sayısı milyona yaklaşan göçer gruplar, peyderpey devletin ana karası olan Anadolu'ya döner veya dönmek zorunda kalır. Göç dalgaları beraberinde birçok sorunu da getirir. Göçerlerin yer değiştirmesi sırasında ve sonrasın ortaya çıkan sorunları hem devlet hem de göçerler çözüme kavuşturma noktasında yoğun çaba sarf eder. Osmanlı Devleti, Rusya ile girdiği mücadeleyi kaybetmesi sonucu oluşan ilk büyük göç dalgasına hazırlıksız yakalanır. Sonraki göç dalgalarına karşı deneyimleri çerçevesinde tedbirler almaya çalışır. 1856 yılında İlk defa göçerlerin nasıl yardım edileceği, ne şekilde iskân edileceği ve diğer hususlara dair talimatname hazırlanır (Ağanoğlu, 2010, s.148). Büyük bir göç dalgasıyla, yüz binlerce göçer Osmanlı sınırına dayanınca, göçer işlerini yürütmek üzere ilk olarak 5 Ocak 1860'da Muhacir Komisyonu kurulur.   Sonraları ise İdâre-i Umumiyye-i Muhâcirîn Komisyonu ve "Muhacirin Komisyonu Âlisi" gibi idare merkezleri kurulur. (İpek, 1999, s.68.)

Devlet, göçer ve mülteci ayrımına gider. Devlet, göçer olmanın şartını, ailesiyle gelerek, memleketine bir daha dönmemek üzere alakasını kesip, hükümetçe gösterilen yerde ikamet ederek ticaret ve sanatla uğraşmak olarak belirler. Ayrıca göçerlere, zirai alet, çift hayvanı ve tohumluk zahire gibi yardımda bulunur. Mültecilerin bu yardımlardan faydalanması mümkün değildir. Onlar geçici olarak devlet topraklarında bulundukları için bu haklardan yararlanamazlar. .(Ağanoğlu, 2010, s.143).

Göç dalgaları büyüdükçe devletin aldığı tedbirler yetmez. Bu sorunun çözümüne devlet kuruluşlarının yanı sıra halk ve sosyal yardım kuruluşları katkıda bulunur. Göçerler için devlet eliyle kurulan çeşitli komisyonlar dışında göçerlerin menfaatleri doğrultusunda gerek onların ihtiyaçlarını karşılamayı gerekse karşılaşacakları sorunları giderebilmeyi amaçlayan cemiyetler kurulur. Bu cemiyetlerden biri de çalışmamıza esas teşkil eden ve "Muhacir" gazetesini çıkaran Rumeli Muhacirin-i İslamiye Cemiyeti (RMİC)'dir.

RMİC'nin amacı, göçerlere yardım etmek, kültürel alanda faaliyet göstermek, yayın faaliyetlerinde bulunmak, göçerlere dönük iskân politikasını yakından takip etmek, göçerlerle yerli halk arasında köprü vazifesi görmek, derneğe gelir temin etmek ve bunları göçerler yararına harcamaktır. Bununla birlikte hükümetle iş birliği içinde, Padişahla yakın ilişkiler kurarak faaliyetlerinde ellerini güçlendirmek ister. (Ağanoğlu, 2000, s 155-158.) Cemiyet gerek Osmanlı sınırları içinde gerekse sınırları dışında kalan Müslümanların haklarını tüm gücüyle savunmuştur. Cemiyet, gazetesi yaklaşık bir sene yayın hayatında kalmasına rağmen gerek şubeleri ile gerekse düzenledikleri eğlence ve müzayedeler vasıtasıyla yoğun bir şekilde çalıştığı anlaşılmaktadır. Bu durum, gazetenin göçerlerin menfaati için büyük bir gayretle mücadele ettiğini göstermektedir. (Çelik, 2010, s.408)

Muhacir Gazetesi

Muhacir gazetesi, siyaset, ziraat ve sanayi bilgileri veren, Cumartesi ve perşembe günleri hafta iki gün çıkan Türkçe gazetedir[91]. Yayımlayan Rumeli Muhacirin-i

---

[91] Hasan Duman, Başlangıcından Harf Devrimine Kadar Osmanlı - Türk Süreli Yayınları ve Gazeteleri Bibliyografyası ve Toplu Kataloğu (1828 - 1928), Cilt: 1, sayfa 596 da Muhacir

İslamiye Cemiyet-i, imtiyaz sahibi Bekir Sıtkı, sorumlu müdür Mehmet Hulusi, Başyazar Ahmet Şükrü olup İstanbul'da Metin Matbaası ve Necmi İstikbal Matbaasında basılmıştır. (Duman, 2000, s.596.) 22 Aralık 1909'da İstanbul'da yayımlanmaya başlayan gazete, 1 Aralık 1910 tarihine kadar 90 sayı çıkar. 1-62. sayılar arası Mehmet Hulusi'nin, 62. Sayıdan itibaren Şükrü'nün mesul müdürlüğünde yayımlanır (Çelik, 2010, s.409). Yurt içi satış fiyatı nüshası 10 paradır. Yurt dışı satış fiyatı ise altı aylığı 6 Frank olarak belirlenir.

Gazetenin yazarları: Lofçalı Muhammed Hulûsi, Varnalı Ahmet Hilmi, Pravadili Bekir Sıtkı, Ahmet Şükrü, Yusuf Kenan, Ahmet Fikri, İbrahim Hakkı, Ebu'l-Bahâ ve Köstenceli Doktor İsmail İbrahim'dir. Gazetede ayrıca; İsmail Hakkı, Edhem, Vecdi, Fikri, Zühdü, Filibeli Harun er-Reşid ve Döbrüceli Şükrü adlarında birçok yazar vardır. Yine, *Basir* adıyla birçok yazı yazan ve Anadolu gezisine çıkarak Anadolu'nun çoğu şehrini dolaşan, gördüklerini *Anadolu Mektubu* başlığıyla 16 makale halinde anlatan bir muhabir vardır. Son olarak, Osmancık (Karahisarışarki muhabiri) ve Gemici (Bulgaristan seyyar muhabiri) adlı muhabirleri vasıtasıyla yayınlanan haberler yanında birçok isimsiz yazı, yerli ve yabancı ajans haberleri ile dönemin gazetelerinden alınmış parçalar bulunur. (Çelik, 2010, s.409)

Yaşanan hırsızlık hadisesi sonrası yayına bir süre ara vermek zorunda kalınır. Tekrar yayıma devam edileceği ifade edilse de gazetenin 90 sayısı son sayısı olur. [Muhacir, Sayı 90(11 Aralık 1910), 2].

Muhacir Gazetesinde Göçerler ve Sorunları

Gazetenin sorumlu müdürü Mehmet Hulusi, gazetenin 22 Aralık 1909 tarihli ilk sayısında isminin neden "Muhacir" olduğunu belirten bir yazı kaleme alır. Hulusi yazısında; isim tartışmalarına değinir ve neden bu ismi tercih ettiklerine dair açıklamalarda bulunur. Buna göre; "gazetemizin bu isimle çıkarılmasının sebeplerinden biri cemiyetimizin ismi ile benzerliği diğeri ise dinimizin Hicret olayı sonrası genişleyip yayılması sebebiyle bizce mukaddes bir isimdir" [Muhacir, Sayı 1(22 Aralık 1909), 1] açıklamasında bulunur. Yazarın, Muhacir ismine yüklediği dini anlamın önemine vurgu yaptığını açıkça görmekteyiz. Yazının ilerleyen kısmında herkesin bu isme sıcak bakmadığı aksine kimilerinin bu ismi aşağılamaya çalıştığından da bahseder. [Muhacir, Sayı 1(22 Aralık 1909), 2].

Mehmet Hulusi, gazetenin gerçek amacına değinir. Ona göre asıl amaç;

> "Rumeli topraklarında bulunan ve oradan göç ederek Osmanlı Devleti topraklarına yerleşen göçerlerin ya da göç etmeyenlerin / gayri göçerlerin Rumeli Müslümanlarından bulundukları memleketlerin kanunlarına mevzuatlarına göre korunmasına, yeteneklerine göre tarım, sanayi, zanaat mesleklerine yönlendirilmesine, yardımda bulunanların yükselmelerine hizmet etmenin asıl amaçları olduğu belirtilir. Amaçlarına ise ulaşmanın yolunun, dini ve medeni hukukun korunmasını, o günün siyasetini bilen, yüksek ahlaka sahip olmaktan geçtiğini yazar. Sonuç olarak, göçer kardeşlerimize dolayısıyla bütün Osmanlılara, ticaret, ziraat, meslek, zanaat hakkında sırası geldikçe bilgiler vermek ve fikir birliği uyandırmaktır. Tüm bu amaçlar sonuç olarak Osmanlı birliğini temin etme düşüncesi için savunulur. [Muhacir, Sayı 1(22 Aralık 1909), 2].

---

gazetesi hakkında bilgi verirken gazetenin Cumartesi ve Perşembe günleri çıktığını yazmıştır. Ancak gazetenin nüshalarında Cumartesi ve Çarşamba günleri çıktığı yazmaktadır.

Gazetenin göçerlerin çalışkanlığına inanıcının ve güvenin tam olduğunu görülmektedir. Bu düşünceyi destekleyen bir yazıya rastlıyoruz. Göçer kardeşlerimize gerekli imkânlar sağlanırsa onların memlekete ne kadar faydalı olacağı örneklerle ortaya konmaya çalışılır. İstibdat döneminde bile muhacirler kadar faaliyet gösteren ve her fırsatta şahsi teşebbüste bulunan az bulunur. Lakin bu girişimlerden en fazla zarar görende yine göçerler/muhacirler olmuştur. Geçinmek şöyle dursun aciz bir durumda türlü işkencelere hedef oldukları herkesçe bilinir diye iddialı bir düşünce paylaşılır. [Muhacir, Sayı 1(22 Aralık 1909), 1].

Gazete, göçerlerin hislerini duygulu bir şekilde yansıtır. Bu yazılardan birinde geride bırakılan vatana özlem anlatılırken, "Muhacir Hemşerilerimiz" başlığı altında; Bir muhacirin kalbinde ne sesiz hıçkırıklar. Ne ateşten bir ayrılık. Öylece bırakıp da şimdi arkasından bile ağlamaya korktuğu vatanı artık onu yaşatamayacağı ve bütün o köy hayatının, kırların başka bir ruha büründüğüne ihtimal vererek ağlar ağlar... ve zanneder ki bundan sonra yaşamak sanki bir felaket. Hayatında ailesinde çocuklarında velhasıl her şeyde zillet bir sefalet duyar. [Muhacir, Sayı 1(22 Aralık 1909), 1].

Gazete, Ahmet Fikri imzasıyla "Ziraat ve Fevâid" başlıklı yazı dizisini, 25 Aralık 1909 tarihli 2. nüsha, 29 Aralık 1909 tarihli 3. nüsha, 8 Ocak 1910 tarihli 6. nüsha, 12 Ocak 1910 tarihli 7. nüsha, 20 Ocak 1920 tarihli 9 nüsha, 24 Ocak 1910 tarihli 13. nüsha ve 10 Mart 1910 tarihli 23. nüshalarda okuyucuyla buluşturur. Yaz dizisinde hem göçerlere hem de yerel halka tarımdaki son gelişmeler ve tarımın faydaları ile ilgili bilgiler verilir. Gazetede, 2 Mart 1910 tarihli 21. nüshada "Sanayi, Ticaret ve Ziraatın Teşviki" başlıklı yazı ile sanayi ve ticaret hakkında bilgiler verilir. Yukarıdaki örneklerden anlaşılacağı üzere gazete, amaçları doğrultusunda bir yayın politikası takip eder. RMİC yayını olan gazetenin siyasi haberlerin yanı sıra sosyal bir sorumlulukla takipçilerini bilgilendirme amacı taşıdığı da açıkça görülür.

26 Ocak 1910 tarihli 11. nüshada Sırbistan'dan, 29 Ocak 1910 tarihli 12 nüshada Bulgaristan ile ilgili siyasi haberlere yer verilir. Gazetenin 5 Şubat 1910 tarihli 14. nüshasında "Bulgar Kralı İstanbul'da" başlığıyla verilen haber gazetede ilk sayfada kendine yer bulur. Gazetenin hemen hemen her sayısında özellikle Balkan devletleri hakkında habere rastlanır. Bu yayın politikası göçerlerin bu coğrafyayı terk etmiş olmalarına rağmen hâlâ bölgenin gelişmelerini yakından takip ettiklerini gösterir. 29 Ocak 1910 tarihli 12. nüshada *"Bosnalı Müslüman Kardeşlerimizden"*, 12 Şubat 1910 tarihli 16. nüshada *"Bosnalı Müslümanlardan Sadalar"* başlığıyla Rumeli'deki Müslümanların durumları aktarılır. Bu yayın politikasıyla gazete Rumeli'deki Müslümanların sesi olmayı da amaç edinir.

Gazete haberlerinde göçerlerin göç sayılarına ait rakamlara ve hangi illere yerleştirildikleri bilgilerine yer verilir. Gazetenin 26 Mart 1910 tarihli 28. nüshasında 1907 senesinde başkente(İstanbul) gelen ve oradan taşraya sevk edilen, misafirhane ve hastanelerde vefat eden, teklif edilen bölgelere gitmeyen göçerlerin sayısına ilişkin bir tablo yayınlanır (Tablo 1.).

Tablo 1. Gelenler

Geldiği Bölge	Hane	Nüfus
	21	91
	2	8
Bulgaristan	460	2183
Rusya	100	431
Romanya	28	161
Karadağ	6	21
Bosna	64	319
Anadoludan Tekrar Sevk olan	16	81
TOPLAM	**697**	**3295**

[Muhacir, Sayı 28 (26 Mart 1910) s.3]

Gidenler

Sevk Bölgeleri	Hane	Nüfus
Edirne	167	847
Ankara	44	198
İstanbul	5	13
Aydın	6	40
İşkodra	-	1
Adana	28	112
Selanik	42	223
Suriye	19	167
Sivas	1	6
Kastamonu	-	1
Konya	70	276
Kosova	7	30
Elazığ	2	9
Yanya	3	10
İzmit	31	160
Çatalca	1	8
Biga Sancağı	7	35
Teklif olunan bölgelere gitmeyen	9	47
Misafirhane/hastanede vefat eden		3
Sevk edilen		4
Toplam	**697**	**3295**

[Muhacir, Sayı 28 (26 Mart 1910) s.3]

Tabloya bakıldığında göçerlerin düzenli olarak memleketın dort bir tarafına yerleştirildiği görülür.

Gazetenin, göçerleri koşulsuz şartsız koruyan ve kollayan tek taraflı bir yayın anlayışına sahip söylenebilir. Örneğin; Gazete 21 Şubat 1910 tarihli 20. Nüshasında Osmancık imzası ile;

"Muhacir Kardeşlerimize Hitap" başlıklı yazıda, "bazı art niyetli kişilerin Rumeli göçerleri ile Anadolu ve Rumeli de bulunan yerli kardeşlerimiz arasına nifak sokmak istendiğine haberde yer verilir. Bu tutumun yanlış olduğunu Osmanlı-Rus savaşının bağırlarda açtığı yarayı hep birlikte hissedip hep birlikte ağladılar. Muhacir ve yerli halkların kaderi birdir. Muhacir kardeşlerimiz, en zor zamanlarında bile yerli halk sizi köylerine kasabalarına kabul etti. Eğer yerli halka nefret ve kötülük besliyorsanız bir an önce buna son vermelisiniz. Mazi hatıralarda ders olarak kalmalı. O halde birlik olmazlar ise yerlilerde muhacirlerde ecnebilere mahkûm hale gelecekleri görüşü okuyuculara aktarılır." [Muhacir, Sayı 20 (21 Şubat 1910), s.1-2].

Yazıda açıkça göçerlere yerli halkın yaptığı iyilikler hatırlatılarak onların yerli halkla kaynaşması gerektiği ve aralarındaki husumeti bir an önce bitirmeleri gerektiği tavsiyesi verilir.

Dış basında yer alan göçer haberlerine yer verilir. Gazetenin 20 Nisan 1910 tarihli 35. nüshasında *"Bulgar Gazeteleri"* başlığıyla Bulgar basınında çıkan göçer haberlerine yer verir. Dış basında yer alan haberdeki,

"Rumeli'ne Muhacir Yerleştiriliyor" başlığı eleştirilir. "Sanki Bulgaristan'daki Müslümanlara ettikleri zulüm ve hakaretler yetmiyormuş gibi şimdi de Türkiye'deki göçerlere dil uzatıyor diye tepki gösterilir" [Muhacir, Sayı 35 (20 Nisan 1910), s.1] ifadeleriyle sert bir şekilde tepki gösterilir.

Göçerlerden gelen talepler, sorunlar, şikâyetler gazeteye mektupla iletilir ve tüm sayılarda gelen bu istekler kendine yer bulur. Gazetenin 8 Mayıs 1910 tarihli 39. nüshanın 4. sayfasında "Edremit Muhacirleri" başlığıyla bir şikâyet gündeme taşınır. Buna göre, Edremit'in Zeytinli karyesine göç etmiş olan 18 hane ve 60 nüfustan oluşan göçerlerin perişan bir halde oldukları ve onlara bir arazi tahsis edilmesine[Muhacir, Sayı 39 (3 Mayıs 1910), s.4] dair habere gazete yer verilecektir.

Sonuç

Osmanlı devletinin son yüzyılında mücadele etmek zorunda olduğu en büyük sorunlardan birisi göçerler ve onların sorunları olur. Devlet, halk ve sivil toplum kuruluşları meselenin çözümü için çalışır. Devletin o günün şartlarında çok büyük kitlelere yeni yaşam alanları açması, onların geçmiş yaşantılarıyla yerleştirildikleri bölgeyle ve yerel halkla uyumunu sağlamaları oldukça zor bir durumdur. Bu zorlukları hafifletmeye yardımcı kuruluşların ortaya çıkması, hem yeni bir hayat kurmak zorunda olan göçerleri hem de devleti rahatlatır. Rumeli Muhacirini İslamiye Cemiyeti bu derneklerden birisi olur. Cemiyet göçerlerin çektiği tüm zorluklara karşı var gücüyle çalışır. Muhacir gazetesi bu çalışmaların basındaki meyvesidir. Gazete, RMİC'nin amaçları doğrultusunda bir yayın politikası izlediği açıkça görülür. Bunun yanı sıra ise gazete de, gerektiğinde göçerleri ve onların tutumlarını eleştiren haber ve yazılara yer verildiği görülür. Gazete gündemi yakından takip eden, yararlı bilgilerle göçerlerin ve yerel halkın bilgilendirilmesini hedefleyen yayın anlayışı takip eder. Buna ek olarak, göçerlerle devlet arasında bir köprü vazifesi görür. Sesini duyuramayan göçerlerin sesi olur. Ayrıca, göç ve göçerliğin yoğunlaştığı 20. yüzyılın başında doğrudan göç ve göçer konusunu ele alan bir gazetenin (tematik gazete) yayımlanması oldukça önemlidir. Osmanlı basınında konusu doğrudan göç ve göçer olan bir gazetenin yayımlanması, devletin renkli bir basın yelpazesinin olduğunun göstergesidir.

Kaynakça

_____, (1909, Aralık 22) "Muhacir Hemşerilerimiz". *Muhacir*, s.1.

_____, (1910, Ocak 29) "Bosnalı Kardeşlerimizden" *Muhacir*, s.2.

_____, (1910, Şubat 12) "Bosnalı Müslümanlardan Sadalar" *Muhacir*, s.3.

_____, (1910, Mayıs 3) "Edremit Muhacirleri" *Muhacir*, s.4.

Ahmet Fikri, (1909, Aralık 25) "Ziraat ve Fevaid I" *Muhacir*, s.2-3.

_____, (1909, Aralık 29) "Ziraat ve Fevaid II" *Muhacir*, s.2.

_____, (1910, Ocak 8) "Ziraat ve Fevaid III" *Muhacir*, s.3.

_____, (1909, Ocak 12) "Ziraat ve Fevaid III" *Muhacir*, s.2.

_____, (1909, Ocak 20) "Ziraat ve Fevaid IV" *Muhacir*, s.2-3.

_____, (1909, Ocak 24) "Ziraat ve Fevaid V" *Muhacir*, s.2-3.

Mehmet Hulusi, (1909, Aralık 22) "İfade-i Meram". *Muhacir*, s.1.

Osmancık, (1910, Şubat 21) "Muhacir Kardeşlerimize Hitap" *Muhacir*, s.1-2.

Ağanoğlu, H. Y. (2010), Osmanlıdan Cumhuriyete Balkanların Makus Talihi. Kum Saati Yayınları.

Büyük Türkçe Sözlük, Türk Dil Kurumu. Erişim Tarihi:25.05.2016.

Çelik, Z. (2010). Osmanlının Zor Yıllarında Rumeli Göçmenlerinin Türk Basınındaki Sesi:'Muhacir' Gazetesi (1909-1910). 403-413. http://sutad.selcuk.edu.tr/sutad/article/view/478/468 Erişim Tarihi: 20.05.2016.

Duman, H. (2000). Başlangıcından Harf Devrimine Kadar Osmanlı-Türk Süreli Yayınlar Ve Gazeteler Bibliyografyası Ve Toplu Kataloğu, 1828-1928: Cilt. I. Enformasyon ve Dokümantasyon Hizmetleri Vakfı.

İpek, N. (1999). Rumeli'den Anadolu'ya Türk Göçleri (1887-1890). Türk Tarih Kurumu Basımevi.

Perruchoud, R., (2009), Uluslararası Göç Terimleri Sözlüğü. http://www.goc.gov.tr/files/files/goc_terimleri_sozlugu(1).pdf. Erişim Tarihi:20.05.2016

Tilbe, A. (2015). "Göç/göçer Yazını İncelemelerinde Çatışma ve Göç Kültürü Modeli". 458-466. *Transnational Press London.*

www.ingramcontent.com/pod-product-compliance
Lightning Source LLC
Chambersburg PA
CBHW032347280326
41935CB00008B/475